航空公司运行管理

陈琳 张炳祥◎编著

A
AIRLINE
OPERATION
MANAGEMENT

清华大学出版社
北京

图书在版编目（CIP）数据

航空公司运行管理 / 陈琳，张炳祥编著. —北京：清华大学出版社，2021.3（2025.2重印）

ISBN 978-7-302-57388-3

Ⅰ．①航…　Ⅱ．①陈…②张…　Ⅲ．①航空运输企业－交通运输企业管理－教材

Ⅳ．①F562.6

中国版本图书馆 CIP 数据核字(2021)第 020262 号

责任编辑：梁云慈
封面设计：汉风唐韵
责任校对：王荣静
责任印制：杨　艳

出版发行：清华大学出版社
　　　　网　　　址：https://www.tup.com.cn，https://www.wqxuetang.com
　　　　地　　　址：北京清华大学学研大厦 A 座　　　　　邮　　编：100084
　　　　社 总 机：010-83470000　　　　　　　　　　　邮　　购：010-62786544
　　　　投稿与读者服务：010-62776969，c-service@tup. tsinghua. edu. cn
　　　　质量反馈：010-62772015，zhiliang@tup. tsinghua. edu. cn
印 装 者：天津鑫丰华印务有限公司
经　　销：全国新华书店
开　　本：185mm×260mm　　印　张：23.75　　　　字　　数：544 千字
版　　次：2021 年 3 月第 1 版　　　　　　　　　印　　次：2025 年 2 月第 4 次印刷
定　　价：65.00 元

产品编号：090441-01

前 言

　　民航飞行签派员被称为"不上天的机长"，与飞行员、机务等人才一样，是航空公司重要的战略人才资源。面对迅速发展的民航业，如何迅速提高飞行签派人员的业务能力和职业素养，提高他们的岗位核心胜任力，是航空公司运控部门和民航院校都十分关注的问题。

　　本书以中国民航局 CCAR-121 部《大型飞机公共航空运输承运人运行审定合格规则》为参考，借鉴民航局的相关规章和航空公司的《运行手册》《运行规范》等，结合笔者多年的教学和实践经验编写而成。本书与《签派放行与简易飞行计划实践》一书是民航交通管理专业重要的规划教材，旨在从理论和实践两方面助力民航飞行签派人才的培养。民航交通运输和交通管理专业的本科生、航空公司运控部门新入职的员工以及对民航航班运行管理感兴趣的社会读者，都可以把上述两本书作为学习参考书。

　　全书共有 25 章，按照航班运行组织实施的过程分为 5 个部分，分别是运行管理的基本概念、航班预先准备阶段、航班直接准备阶段、航班实施阶段和航班讲评阶段。编者意在通过这样的方式，让读者对航空公司的运行控制部门建立全面的认知、熟悉航空公司运行控制的基本概念、了解运行控制的操作流程和业务内容，最重要的是掌握飞行签派员的业务技能和核心胜任力，提升行业的人才培养水平。

　　本书最终能够得以顺利出版，首先要感谢中国国际航空股份有限公司运行控制中心的尹晗、常玥、李明早、任晓京、刘雪涛、谢纯、段黄科、张序，以及厦门航空运行控制中心总签派室的欧阳仁杰，他们在本书的成稿过程中提出了很多的宝贵意见和专业见解，在此借机对他们表示衷心的感谢。同时在与他们的无数次的沟通交流中，他们对行业认知和未来发展的意见与建议，也启发了笔者对未来民航交通管理人才培养更多的思考。

　　其次还要感谢很多航空公司和局方的朋友、同仁、同事，正是在与他们不断沟通学习的过程中，笔者对签派这个行业的认知不断提升，对本书的内容也不断地修正。在此对他们的帮助表示感谢。同时天津航空运控中心黄博文，国航北京运控中心米永胜、祝贺，东航青岛的汤帅在本书的编写过程中做了大量的文献查找、资料整理和校对等工作，在此一并表示感谢。

　　最后要感谢清华大学出版社的梁云慈编辑，正是梁老师专业的涵养和耐心的帮助才促成了这本书与大家的见面，在此表示衷心的感谢。

希望本书能够对民航院校的学生、航空公司运控中心的从业人员以及广大的民航爱好者的学习都能够有所帮助。同时由于笔者水平有限,书中难免存在疏漏等不足之处,敬请广大读者批评指正。

编者

2020 年 10 月

目 录

第一部分　运行管理的基本概念

第二部分　航班预先准备阶段

第三部分　航班直接准备阶段

第四部分　航班实施阶段

第五部分   航班讲评阶段

第 一 部 分

运行管理的基本概念

第 1 章

航空公司的运行环境

　　航空公司是航空器运行的组织者,也是旅客的直接面对者。航空公司作为民航交通运输行业最直接的参与单位,承担着重要的运输载体的功能。航空运输企业的运行组织机构的架设和实施要以专业业务为主线,采用系统管控的模式,构建组织管理(行政、资源、质量、安全和应急)、飞行训练与运行、飞行运行控制、维修工程、客舱运行、地面保障、航空安保和分公司/基地运行等业务系统,体现出航空法规政策和飞行标准管理、运行规范流程和运行实施的一致性,减少管理层级,简化协调程序,提升系统的管理水平和人员的整体素质,从职能界定和工作重点上确保整个运行系统上下贯通、横向协作。

　　各个管理支持部门需要按照公司职能定位的要求,在公司授权范围内履行本业务系统的政策制订、业务指导、运营监管等职责。各分公司(基地)、事业管理单位的相关部门或岗位,在公司授权范围内,接受总部的业务指导,行使区域内的职能管理、业务监管、运行实施等职责;各事业部在管理责任范围内,行使本业务系统的政策制定、业务指导、运行实施等职责;所有单位均有责任对公司政策、标准、流程的执行情况(效果)提出意见和反馈。

视频 1-1 中国民航发展史　视频 1-2 中国民航签派发展史　视频 1-3 中国民航发展概述(1)　视频 1-4 中国民航发展概述(2)

1.1　管理人员

　　航空公司按照规章要求、局方批准的运行合格证和运行规范的要求设置必要的公司运行管理人员,这些人员必须符合下列要求:

　　(1) 在训练、经验、专业知识上保持合格水平,应符合《大型飞机公共航空运输承运人运行合格审定规则》(CCAR-121 部)的任职资格要求。

　　(2) 在其职责范围内,能够理解与公司运行相关的:①有关中国民用航空规章;②公司运行规范;③航空安全标准和安全运行规则;④CCAR-121 部及其他中国民用航空规章中所有适用的维修和适航要求;⑤公司运行手册。

（3）严格履行其职责，以符合适用的规章要求，并保证公司运行安全。

公司总裁、安全总监、运行副总裁、机务副总裁、总飞行师、总工程师在内的管理人员不得在同一时间任职于其他按照 CCAR-121 部运行的合格证持有人。除经局方批准外，安全总监不允许由上述其余职务的人员兼任。

1.2　航空公司基本职能设置

1.2.1　航空安全管理部及其职能

航空公司的航空安全管理部一般由公司航空安全管理部和管理支持部门的安全管理部门组成。

航空安全管理部是独立运行的安全监督机构，在安全总监的直接领导下，其主要职能为：

（1）组织实施公司航空安全管理体系，对公司安全水平持续监督和定期评估。

（2）调查安全相关事件，就有关安全事务提出建议和组织员工安全教育。

（3）组织贯彻落实国家、行业和上级单位的航空安全规定和安全工作要求。

（4）按公司授权，协调与政府和行业内其他单位之间的航空安全管理相关工作。

（5）落实公司安全运行的监督责任，指导并督促各生产运行单位的安全管理工作。

1.2.2　标准质量管理部及其职能

公司标准质量管理部一般由公司运行标准部和管理支持部门的质量和规章管理部门组成。运行标准部总经理向公司运行副总裁负责，其部门职能为：

（1）按照中国民航规章制定公司运行政策和标准，根据国际民航组织、国际航协和运行所在国家（地区）的相关规定，修订完善公司政策和运行标准，保证公司运行的合法性。

（2）负责公司运行合格审定工作，根据公司发展、新技术应用和运行条件的变化，保证新机型、新飞机、新开航航线、航线机型变更、新航站工作的正常运行。

（3）负责公司运行质量政策和质量保证体系的持续改进；在公司内部定期进行运行质量审计，分析和评估运行系统中存在的不足，提高公司的运行水平。对外部合作的航空公司、供应商和代理服务单位进行运行质量审计，保证公司获得符合标准的服务及保障。及时与飞行运行、运行控制、客舱运行、地面服务和适航维修部门的总经理沟通，协调解决质量保证问题。

（4）负责制定国际、国内货物（包括危险品）运输的运行政策和标准，保证公司飞机运载的货物得到有效控制。

（5）负责组织编写和翻译运行手册，制作、分发和管理公司运行手册，保证运行手册的有效性。

（6）按公司授权负责与局方沟通协调运行合格审定，协助局方的持续监察工作；负责与局方、国际民航组织、国际航协、联盟和合作航空公司就运行事务进行协调，组织接受国际民航组织、国际航协、联盟和合作航空公司对公司的运行质量审计。

1.2.3　飞行技术管理部及其职能

飞行技术管理部一般由公司和飞行队的飞行技术管理部门组成。飞行技术管理部总经理在公司飞行技术标准和资源管理方面向公司运行副总裁负责,在飞行员培训和培训质量管理方面同时向总飞行师负责,其部门职能为:

(1) 负责制定公司飞行运行管理政策、飞行技术标准与飞行程序,管理公司各机型飞行手册、检查单、机组标准操作程序(SOP),以及各机型 MEL 运行限制的技术标准。

(2) 负责制定公司飞行训练的政策和标准,管理公司各机型飞行员训练大纲;负责飞行人员技术标准资格的检查、审批、聘任和考核,保证飞行人员资质符合运行要求。

(3) 按公司授权与局方飞行标准部门沟通协调,审查和办理公司飞行人员各类飞行证照和证书,报批公司各机型飞行手册和检查单。

(4) 全面掌握公司飞行员的技术状况,定期分析飞行技术难点,对关键性、趋势性、重复性的飞行品质问题进行评估,并组织公司飞行技术和训练管理研讨,对国内外航空业有关安全飞行训练问题进行研究,推广先进的飞行技术与管理方法。

(5) 负责新技术应用、新开航线和新开机场的飞行技术开发和验证。

(6) 负责建立健全公司飞行技术信息管理系统,对公司飞行人员训练记录、技术档案进行管理,监督、检查飞行员技术档案的完整性和准确性。

(7) 根据飞机设备厂商提供的原始资料负责翻译公司各机型飞行手册、检查单、飞行咨询通告及其他技术资料。搜集、翻译、整理、分析和印发国内外航空飞行训练技术管理信息,促进新知识、新技术的推广和应用。

1.2.4　飞行运行部及其职能

飞行运行部在公司运行副总裁的领导下,保证飞行运行符合公司运行标准、运行规范要求和限制,并承担其安全和安保的直接责任。飞行运行部门的主要职能为:

(1) 落实公司的发展规划和工作目标,改善生产运行管理。

(2) 保持飞行员运行资格,保证公司运行正常。

(3) 实施飞行机组排班,完成生产任务。

(4) 完善飞行运行系统的安全管理体系,开展风险管理,预防飞行事故发生,实现公司制定的安全责任目标。

(5) 加强安全保卫管理,预防不安全事件发生,实现公司制定的安保责任目标。

1.2.5　运行控制中心及其职能

在公司运行副总裁的领导下,运行控制中心总经理负责管理公司运行控制系统,运行控制中心主要职能为:

(1) 负责公司飞行的运行控制,保证公司运行符合公司运行标准及运行规范的要求和限制。

(2) 在运行控制系统中实施安全管理体系,对运行控制中心的安全和安保承担直接责任。

(3) 按公司授权负责与空管部门联系以及与局方航务管理部门协调。

（4）根据飞机制造厂商提供的原始资料,负责公司飞机性能和载重平衡数据管理。

（5）负责维护公司应急处置程序的有效性和可操作性,当出现应急情况时负责启动应急处置程序。

1.2.6　维修工程部及其职能

公司的维修副总裁负责组织保障飞机的适航性,公司的维修总工程师负责飞机的工程技术管理。主要职能为:

（1）组织落实公司飞机适航性责任。

（2）实施维修系统的安全管理体系,管理维修运行中的风险,保证维修运行安全和质量管理。

（3）对公司维修系统的安全和安保承担直接责任。

（4）负责制定公司维修工程、质量管理、可靠性管理、航材、生产管理和维修人员培训政策和程序,保证所有飞机维修工作必须按照各机型维修大纲进行。

（5）负责维修活动的监管和控制,保证维修符合相关规章要求、运行规范的限制和公司运行标准。

（6）按公司授权负责与局方适航管理部门、飞机制造商、维修单位、服务供应商等机构/单位的对外联络。

1.2.7　客舱运行部及其职能

公司客舱运行部一般由产品服务部和客舱服务部组成。运行副总裁负责客舱安全运行的控制,对客舱运行安全承担管理职责,负责客舱运行系统的服务管理、安保管理和乘务员资格管理。

产品服务部的主要职能为:

（1）落实民航规章、运行规范和公司运行标准,制定客舱安全政策、标准及客舱安全工作程序,修订《客舱乘务员手册》,参与机舱内应急设备的选型。

（2）组织修订、审核和评估公司客舱乘务员培训大纲,负责组织对外培训机构并对其培训质量进行评估。

（3）按公司安全管理体系要求,搜集整理客舱安全信息,识别和警示客舱安全风险,对客舱安全运行进行监控,定期发布客舱安全信息。

（4）负责客舱乘务员的资质审核,并根据授权签发客舱乘务员训练合格证,监督、检查各部门对乘务员的资格管理。

（5）根据公司授权,沟通和协调与局方主管部门的业务关系,保证沟通渠道的畅通。

客舱服务部的主要职能为:

（1）落实公司的发展规划和工作目标,完善生产运行管理,完成生产任务。

（2）管理乘务员的运行资格,落实客舱机组排班,保证公司运行正常。

（3）不断完善客舱运行系统的安全管理体系,开展风险管理,加强安全和安保管理,预防客舱不安全事件发生,实现公司制定的安全和安保责任目标。

（4）实施对所管辖飞行活动的客舱运行安全和服务管理及监管。

(5) 根据授权对客舱服务产品的供应进行管理,保证其符合安全、安保和服务质量的要求。

1.2.8 地面运行保障部及其职能

地面运行保障部一般由航站管理部、地面服务部、地面勤务保障,以及地面服务代理公司和其他辅助保障单位共同构成。

航站管理部、地面服务部总经理承担其运行范围内的服务质量、安全和安保的直接责任,并向公司主管副总裁负责。各相关单位主要管理职能为:

(1) 落实民航规章、运行规范和公司运行标准,制定地面运行安全和服务政策的标准及地面运行工作流程和业务规程。

(2) 考察、审核地面服务代理,签署服务协议,监督代理人安全、安保和服务质量,实施考核评价。

(3) 负责建立航站和地面代理人培训体系,审核和评估公司地服人员培训大纲。

(4) 按公司安全管理体系要求,搜集航站运行安全和服务保障信息,识别和警示地面运行安全风险,对安全运行和服务质量进行监控,定期发布信息。

(5) 实施所辖范围内的地面运行和服务,保证符合规章、运行规范的限制和要求,以及公司运行标准。

(6) 根据公司授权,沟通和协调与机场主管部门的业务关系,保证沟通渠道的畅通。

1.2.9 航空安全保卫部及其职能

航空安全保卫部一般由保卫部、空保支队和安保责任部门组成。保卫部总经理和保卫部经理、安保部门负责人承担所辖范围内的航空安全保卫管理的直接责任;空保支队领导承担航班飞行的航空安全保卫管理的直接责任。保证空防安全和安保相关的重要信息由公司安全总监直接向总裁报告。航空安全保卫部的主要职能为:

(1) 推动建立航空安保管理体系,完善公司航空安全保卫风险管理机制。

(2) 负责制定公司安全保卫政策和程序,确保公司运行符合国家法规、民航空防安全规章,以及国际民航公约和所飞越及飞至国家的航空安保规定。

(3) 负责公司安保经费的预算、安保设施和设备的管理。

(4) 负责审核公司安保培训大纲,制订安保培训计划,参与培训实施。

(5) 定期组织非法干扰事件的应急演练。

(6) 负责人员的个人背景调查及安保证件管理工作。

(7) 负责航空安全保卫协议的签订工作,收集相关安保信息、安保检查、事件调查,为公司航空安全保卫决策提供支持。

(8) 按公司授权负责与局方和上级主管机构协调空防安保的相关问题。

1.2.10 人力资源部及其职能

人力资源管理部与生产运行相关的职能为:

(1) 负责完善、优化机构岗位设置。建立公司标准岗位管理体系及编制管理办法,设置满足公司生产运行所需的机构和岗位,并根据实际运行需求对机构、岗位设置进行调整和优化,支撑公司生产运行需求。

（2）负责科学配置人员。建立招聘管理办法,规范招聘方式和程序,部署实施人员招聘工作;建立人员聘用标准及聘用管理办法,并根据管理权限,开展人员聘用、晋升等管理工作,为生产运行系统提供人力资源保障。

（3）负责开展绩效管理。建立绩效管理体系,研究设立安全、生产、运行类考核指标,并实施绩效兑现;指导开展员工考核工作,实现从目标到指标的有效传导,激发员工的积极性。

（4）负责薪酬管理。依法合规制定生产运行岗位的薪酬、福利及社保标准,保证生产运行人员按时得到工作报酬和福利保障。

1.2.11　培训管理部及其职能

培训管理部一般由公司培训部、机务工程部、飞行运行部、客舱运行部、运行控制中心及相关管理支持部门的培训主管部门组成。其主要职能为:

（1）培训部负责整合、编制和维护资质类(机务专业由机务工程部负责、飞行专业由飞行技术管理部负责)、通用及基层管理类培训大纲。

（2）航空安全管理部负责审核航空安全培训方面及相应资质类培训课程。

（3）运行标准部对相应培训大纲及相应资质类培训课程进行审核,并负责呈报各类需局方批准的培训大纲。

（4）产品服务部对乘务专业及公司产品与服务方面的培训大纲进行审核,参与相应资质类培训课程审核。

（5）航站管理部对地面服务专业培训大纲及地面服务专业相应资质类培训课程进行审核。

（6）保卫部负责安保管理体系、安保管理人员和航空安全员的训练大纲管理工作,监督安保培训的落实。

（7）组织开发、实施与评估资质类、通用及基层管理类培训项目和培训课程,对培训项目和培训课程进行不断开发、更新与优化,对于培训部暂不具备条件承接的培训项目和培训课程,可与相应的公司所属单位培训主管部门协商,委托其组织开发、实施与评估,但培训部仍要承担管理责任,提供指导,进行质量监控,并有计划地逐步扩大对学习地图的承接范围。

（8）负责资质类、通用及基层管理类培训档案的管理及培训证书的管理、认证和发放,并通过培训管理信息系统实现与相关单位间的共享。

（9）负责公司所有专/兼职教员队伍建设与管理,及公司所属单位培训主管部门人员培训管理专业能力提升。

 本章测试

第 2 章

运行合格审定

　　人们日常出行购票所指的航空公司,实际是公共航空运输企业。所谓公共航空运输,是指公共航空运输企业使用民用航空器经营的旅客、行李或者货物、邮件的运输,包括公共航空运输企业使用民用航空器办理的免费运输。而公共航空运输企业指以营利为目的,使用民用航空器运送旅客、行李、货物或者邮件的企业法人。

　　为了确保航空器的运行安全、正常和高效,必须制定一系列有关航空器运行的方针、政策、规章制度和标准,并用《运行规范》《运行手册》予以公布。民航局对航空公司的运行合格审定,主要是对《运行手册》的审定。为此,中国民航局颁布了《大型飞机公共航空运输承运人运行合格审定规则》(以下简称 CCAR-121 部)。这一规则是航空公司运行的依据,也是航空公司运行的指南,它在规章条款的层面对航空公司的运行工作加以制约和指导,既维护了运行安全,又确保了公众利益。保证航空公司在制度上的健全,对航空公司的发展和建设以及保障安全运行有着十分重要的意义。本章依据 CCAR-121部对航空公司运行合格审定的要求及运行规范的颁发做基本介绍。

视频 2-1
运行合格审定

2.1　运行合格审定的适用范围

　　CCAR-121 部适用于在中华人民共和国境内依法设立的航空运营人实施的下列公共航空运输运行:

　　(1) 使用最大起飞全重超过 5 700 千克的多发飞机实施的定期载客运输飞行;

　　(2) 使用旅客座位数超过 30 座或者最大商载超过 3 400 千克的多发飞机实施的不定期载客运输飞行;

　　(3) 使用最大商载超过 3 400 千克的多发飞机实施的全货物运输飞行。

　　对于适用于上述三条规定的航空运营人,称为大型飞机公共航空运输承运人。

　　对于按照 CCAR-121 部审定合格的大型飞机公共航空运输承运人,中国民用航空局授权相关的民航地区管理局按照审定情况在其运行合格证和运行规范中批准其实施下列一项或者多项运行种类的运行:

　　(1) 国内定期载客运行,是指符合上述三条的第(1)条规定,在中华人民共和国境内两点之间的运行,或者一个国内地点与另一个由局方专门指定、视为国内地点的国外地点之间的运行；

（2）国际定期载客运行，是指符合上述三条的第（1）条规定，在一个国内地点和一个国外地点之间，两个国外地点之间，或者一个国内地点与另一个由局方专门指定、视为国外地点的国内地点之间的运行；

（3）补充运行，是指符合上述三条的第（2）、（3）条规定的运行。

大型飞机公共航空运输承运人应当遵守其他有关的涉及民航管理的规章，但在规则对相应要求进行了增补或者提出了更高标准的情况下，应当按照本规则的要求执行。

大型飞机公共航空运输承运人在运行中所使用的人员和大型飞机公共航空运输承运人所载运的人员应当遵守规则中的适用要求。

视频 2-2
运行合格审定
的适用范围

在 CCAR-121 部中，对于载运邮件的飞行，视为载运货物飞行；对于同时载运旅客和货物的飞行，视为载运旅客飞行，但应当同时满足本规则中有关货物运输的条款的要求。

2.2　运行合格审定和持续监督

民航局对大型飞机公共航空运输承运人的合格审定和运行实施统一监督管理。

民航局飞行标准职能部门依据本规则组织指导大型飞机公共航空运输承运人的运行合格审定和持续监督检查工作，制定必要的工作程序，规定《运行合格证》《运行规范》及其申请书的统一格式。

民航地区管理局负责对其所辖地区内设立的大型飞机公共航空运输承运人实施运行合格审定，颁发运行合格证及其运行规范，并及时向民航局飞行标准职能部门备案。

大型飞机公共航空运输承运人取得《运行合格证》及其《运行规范》后，即成为 CCAR-121 部规定的运行合格证持有人。

视频 2-3
运行合格审定
的持续监督

民航地区管理局及其派出机构负责对其所辖地区内设立的或者在其所辖地区内运行的合格证持有人实施持续监督检查。局方是指民航局和民航地区管理局及其派出机构。

2.3　运行合格证和运行规范

2.3.1　申请和颁发程序

大型飞机公共航空运输承运人在适用范围内实施规定的运行，应向其主运营基地所在地的民航地区管理局申请颁发运行合格证及其运行规范。民航地区管理局按照预先申请、正式申请、文件审查、演示验证和发证五个步骤进行审查。运行合格证及其运行规范的申请人应当按照规定的格式和方法向其主运营基地所在地的民航地区管理局提交申请书，申请书应当至少附有下列材料：

(1) 审查活动日程表;

(2) 手册内容总体要求;

(3) 训练大纲及课程;

(4) 管理人员资历;

(5) 飞机及运行设施、设备的购买或者租用合同复印件;

(6) 说明申请人如何符合本规则所有适用条款的符合性声明。

初次申请运行合格证的申请人,应当在提交申请书的同时,提交说明计划运行的性质和范围的文件,包括准许申请人从事经营活动的有关证明文件。

民航地区管理局应当在收到申请书之后的 5 个工作日内书面通知申请人是否受理申请。申请人未能按照要求提交齐全的材料或者申请书格式不符合要求,需要申请人补充申请材料的,民航地区管理局应当在该 5 个工作日内一次告知需要补正的全部内容。

民航地区管理局受理申请后,将对申请人的申请材料是否符合本规则的要求进行审查,对申请人能否按照本规则安全运行进行验证检查。对于申请材料的内容与本规则要求不符或者申请人不能按照本规则安全运行的,应当书面通知申请人对申请材料的相关内容作出修订或者对运行缺陷进行纠正。

民航地区管理局应当在 20 个工作日内做出是否颁发运行合格证和运行规范的决定,但由于申请人的原因延误的时间和民航地区管理局进行验证检查、组织专家评审的时间不计入前述期限。

申请人属于不予颁发运行合格证和运行规范的,民航地区管理局应当书面通知申请人,说明理由并告知申请人享有依法申请行政复议或者提起行政诉讼的权利。

2.3.2 运行合格证及其运行规范的颁发条件

申请人经过审查后符合下列全部条件,可以取得大型飞机公共航空运输承运人运行合格证及其运行规范:

(1) 满足《大型飞机公共航空运输承运人运行合格审定规则》和中国民用航空规章所有适用条款的要求;

(2) 按照涉及民航管理的规章的规定,配备了合格和足够的人员、设备、设施和资料,并且能够按照本规则的规定及其运行规范实施安全运行;

(3) 符合安全保卫相关的涉及民航管理的规章的要求。

申请人具有下列情形之一的,不予颁发运行合格证:

(1) 申请人没有配备合格的或者足够的人员、设备、设施和资料,或者不能按照有关涉及民航管理的规章实施安全运行;

(2) 申请人或者对其经营管理有控制权的人员,存在严重失信行为记录的;

(3) 申请人安排或者计划安排担任主要管理职位的人员,存在严重失信行为记录的。

2.3.3 运行合格证和运行规范的内容

大型飞机公共航空运输承运人运行合格证包含下列内容:

（1）合格证持有人的名称；

（2）合格证持有人主运营基地的地址；

（3）合格证的编号；

（4）合格证的生效日期和有效期；

（5）负责监督该合格证持有人运行的局方机构名称和联系方式；

（6）被批准的运行种类；

（7）说明经审定，该合格证持有人符合本规则的相应要求，批准其按照所颁发的运行规范实施运行。

大型飞机公共航空运输承运人的运行规范包含下列内容：

（1）主运营基地的具体地址，作为合格证持有人与局方进行通信联系的不同于其主运营基地地址的地址，以及其文件收发机构的名称与通信地址；

（2）对每种运行的实施规定的权利、限制和主要程序；

（3）每个级别和型别的飞机在运行中需要遵守的其他程序；

（4）批准使用的每架飞机的型号、系列编号、国籍标志和登记标志，运行中需要使用的每个正常使用机场、备降机场、临时使用机场和加油机场。经批准，这些项目可以列在现行有效的清单中，作为运行规范的附件，并在运行规范的相应条款中注明该清单名称。合格证持有人不得使用未列在清单上的任何飞机或者机场；

（5）批准的运行种类；

（6）批准运行的航线和区域及其限制；

（7）机场的限制；

（8）机体、发动机、螺旋桨、设备（包括应急设备）的维修时限或者确定维修时限的标准；

（9）批准的控制飞机重量与平衡的方法；

（10）飞机互换的要求；

（11）湿租飞机的有关资料；

（12）按照规定颁发的豁免或者批准的偏离；

视频 2-4
运行合格证和
运行规范内容

（13）按照规则需要局方批准的手册和训练大纲；

（14）按照规则实施运行所必需的管理人员和机构；

（15）按照规则需要局方批准的其他项目。

2.3.4　运行合格证及其运行规范的有效性

运行合格证在出现下列情形之一时失效：

（1）合格证持有人自愿放弃，并将其交回局方；

（2）局方暂扣、撤销或者以其他方式终止该合格证。

在出现下列情形时，运行规范全部失效或者部分条款失效：

（1）局方暂扣、撤销或者以其他方式终止运行合格证，则运行规范全部失效；

（2）局方暂停或者终止该运行规范中批准的全部运行，则运行规范全部失效；

（3）局方暂停或者终止该运行规范中批准的部分运行，则运行规范中关于该部分运

行的条款失效;

（4）对于某一运行种类,合格证持有人没有满足规定的近期经历要求,并且没有按照规定的程序恢复该种类运行时,运行规范中关于该种类运行的条款失效。

视频 2-5

运行合格证和运行规范的合格期限

当运行合格证或者运行规范被暂扣、撤销或者因其他原因而失效时,合格证持有人应当将运行合格证或者运行规范交还局方。

2.3.5　运行合格证和运行规范的检查

合格证持有人应当将其运行合格证和运行规范保存在主运营基地,并能随时接受局方的检查,合格证持有人的飞机上应携带运行合格证及其运行规范复印件。

2.3.6　运行合格证的修改

在下列情形下,局方可以修改颁发的运行合格证:

（1）局方认为为了安全和公众利益需要修改;

（2）合格证持有人申请修改,并且局方认为安全和公众利益允许进行这种修改。

合格证持有人申请修改其运行合格证时,要适用规定的程序和期限并应当遵守下列规定:

（1）合格证持有人应当在不迟于其计划的修改生效之日前适当的时间向其主运营基地所在地的民航地区管理局提交修改其运行合格证的申请书;

（2）申请书应当按照规定的格式和方法提交。

当合格证持有人对其运行合格证修改的申请被拒绝或者对局方发出的修改决定有不同意见,请求重新考虑时,应当在收到通知后 20 个工作日内向局方提出重新考虑的请求。

第 3 章

航空器重量

3.1 航空器重量控制

航空器重量控制就是根据航空器本身各种重量之间的相互关系,在载油量能符合燃油政策的情况下,准确计算出航空器允许的最大起飞重量和业务载量,根据航空器载重平衡表,确定航空器重心的位置,再根据其他条件算出航空器起飞决断速度和安全起飞高度,是防止航空器超载,保证飞行安全的手段之一,是飞行签派人员需要掌握的最基本知识。在直接准备阶段中,签派员必须进行认真、准确的计算和核实。

3.1.1 各种重量定义

空机重量:航空器装配完毕时的重量。

结构重量:航空器出厂时的重量,包括空机重量加某些系统中的固定油量加出厂时航空器上装备的固定工具。

基本重量:指除业务载量和燃油以外,已完全做好执行飞行任务准备的航空器重量。包括,结构重量加滑油重量加随机工具设备重量加服务设备重量加空勤组重量。

最大起飞重量:在标准条件下,航空器起飞的最大重量。

允许的最大起飞重量:航空器受机场条件、气温、航程、航空器性能、机场标高等条件限制,航空器不能按最大起飞重量起飞时航空器所能允许的起飞重量。

最大着陆重量:是航空器受机翼、起落架结构强度的限制,在着陆时所能承受的着陆冲击载荷所不能超过的重量。

最大无油重量:是航空器受机翼和机身接合处结构强度的限制,在航空器没有燃油时航空器基本重量和业务载量的总和所不能超过的重量。

最大业载:指承载旅客、行李、货物、邮件的最大总重量。

3.1.2 业务载量的计算

在航空器的各种重量中,最主要的是最大起飞重量、最大着陆重量和最大无油重量。这三种重量限制都影响航空器的业务载量和起飞油量。为了便于计算特规定下列代号:

干使用重量:DOW(Dry Operation Weight)

起飞重量:TOW(Take-Off Weight)

最大起飞重量:MTOW(Max Take-Off Weight)

着陆重量:LDW(Landing Weight)

最大着陆重量:MLW(Max Landing Weight)

最大无油重量:MZFW(Max Zero Fuel Weight)

业务载量:PLD(Pay Load)

最大业载:MPL(Max Pay Load)

起飞油重:TOF(Take-Off Fuel)

空中耗油量:TF(Trip Fuel)

备份油量:QAL

下面分别介绍三种重量限制的业务载量计算方法。

1. 有最大起飞重量限制

$$MTOW = DOW + TOF + PLD \qquad ①$$

$$PLD = MTOW - TOF - DOW \qquad ②$$

公式②是计算业务载量的基本公式。在这个公式中最大起飞重量和干使用重量是不变的。因此,业务载量和起飞油量二者呈反比例关系,航程远,飞行时间长,起飞油量多,则业务载量少,反之则业务载量大。这两个公式只适合于虽然规定了最大起飞重量,最大着陆重量和最大无油重量,但三种重量差别比较小的中、小型飞机。

例 3-1:某运-7 飞机,最大起飞重量 21 800 千克,干使用重量 15 000 千克,起飞油量 3 600 千克,求飞机的业务载量。

解:
$$PLD = MTOW - DOW - TOF$$
$$= 21\ 800 - 15\ 000 - 3\ 600$$
$$= 3\ 200(千克)$$

2. 有最大着陆重量限制

飞机从起飞到着陆,飞机上重量的变化仅是飞机在飞行中耗掉的油量。因此,对飞机最大着陆重量的限制,实际上是对最大起飞重量的限制。根据飞机的空中耗油量来确定飞机的最大起飞重量,在飞机降落时,才不致超过最大着陆重量,其计算方法是:

$$MTOW = MLDW + TF \qquad ③$$

公式③说明,当空中耗油量小于最大起飞重量与最大着陆重量之差时,必须限制飞机的最大起飞重量。当空中耗油量等于或大于最大起飞重量与最大着陆重量之差时,可按最大起飞重量起飞。

公式③还说明下列问题:

(1) 当空中耗油量小于最大起飞重量与最大着陆重量之差时,飞机的着陆重量为最大着陆重量,则推导出下列公式。

$$MLDW = DOW + QAL + PLD \qquad ④$$

$$PLD = MLW - DOW - QAL \qquad ⑤$$

在公式⑤中,最大着陆重量和基本重量不变,业务载量随备用油量的变化而变化,所选择备降机场的远近也影响飞机的业务载量,故大型飞机在中、短程航线飞行时,其业务载量相差不大,不随航程远近、飞行时间长短而变化。

(2) 当空中耗油量大于最大起飞重量与最大着陆重量之差时,飞机的着陆重量小于最大着陆重量。业务载量按公式②计算,故大型飞机在远程航线飞行时,其业务载量随空中耗油量的增加而减少。

（3）有最大着陆重量限制的飞机,用公式⑤或公式②计算的业务载量,如果超过了飞机的最大业务载量,即最大无油重量与基本重量之差,只能按最大业务载量配载。

例 3-2:某伊尔-18 飞机,最大起飞重量 61 000 千克,最大着陆重量 51 000 千克,最大无油重量 47 500 千克,基本重量 35 000 千克,备用油量 2 小时,每小时耗油量 2 300 千克,求飞行 1 小时和 5 小时的最大起飞重量和业务载量。

解:

$$\Delta W = MTOW - MLW$$
$$= 61\,000 - 51\,000$$
$$= 10\,000(千克)$$

（1）飞行 1 小时的 TF

$$TF = 2\,300 \times 1 = 2\,300(千克)$$

因 $TF < \Delta W$,不能按最大起飞重量起飞。故:

$$MTOW = MLW + TF$$
$$= 51\,000 + 2\,300$$
$$= 53\,300(千克)$$

按公式⑤

$$PLD = MLW - DOW - QAL$$
$$= 51\,000 - 35\,000 - 4\,600$$
$$= 11\,400(千克)$$

（2）飞行 5 小时的 TF

$$TF = 2\,300 \times 5 = 11\,500(千克)$$

因 $TF > \Delta W$,可按最大起飞重量起飞,故最大起飞重量为 61 000 千克。

按公式②

$$PLD = MTOW - DOW - TOF$$
$$= 61\,000 - 35\,000 - 2\,300 \times 7$$
$$= 9\,900(千克)$$

（1）、（2）的计算验证没有超过最大业务载量,所以是正确的。

3. 有最大无油重量限制

飞机的无油重量为基本重量与业务载量之和,限制最大无油重量,实际上是对业务载量的限制。故按最大无油重量计算的业务载量为最大业务载量。即:

$$PLD = MZFW - DOW \qquad \qquad ⑥$$

因无油重量为干使用重量与业务载量之和,故公式①可改写为:

$$MTOW = MZFW + TOF \qquad \qquad ⑦$$

公式⑦说明,能否按最大无油重量计算飞机的最大业务载量,取决于飞机的起飞油量,故得出下列结论:

（1）当起飞油量小于等于最大起飞重量与最大无油重量之差时,业务载量最大,可按公式⑥计算飞机的业务载量。

（2）当起飞油量大于最大起飞重量与最大无油重量之差时，业务载量随起飞油量的增加而减少，可按公式②计算飞机的业务载量。

（3）有最大无油重量限制的飞机，在按公式⑥或公式②计算的业务载量配载时，如果超过了飞机的最大着陆重量（即基本重量、业务载量和备用油量之和超过最大着陆重量），还应按公式⑤计算其业务载量。

例 3-3：某伊尔-62 飞机，最大起飞重量 161 600 千克，最大着陆重量 105 000 千克，最大无油重量为 93 800 千克，基本重量 70 600 千克，备用油量 2 小时，每小时耗油量 7 800 千克，求飞行 6 小时和 8 小时的业务载量。

解：

$$\Delta W = MTOW - MZFW$$
$$= 161\ 600 - 93\ 800$$
$$= 67\ 800（千克）$$

（1）飞行 6 小时的起飞油量为

$$TOF = 7\ 800 \times 8 = 62\ 400（千克）$$

因 TOF<ΔW，业务载量最大。

按公式⑥

$$PLD = MZFW - DOW$$
$$= 93\ 800 - 70\ 600$$
$$= 23\ 200（千克）$$

按此业务载量配载，飞机降落时的着陆重量为

$$LDW = DOW + PLD + QAL$$
$$= 70\ 600 + 23\ 200 + 2 \times 7\ 800$$
$$= 109\ 400（千克）$$

按上述配载超过最大着陆重量，则业务载量应按最大着陆重量限制计算，

$$MPL = MLW - DOW - QAL$$
$$= 105\ 000 - 70\ 600 - 2 \times 7\ 800$$
$$= 18\ 800（千克）$$

（2）飞行 8 小时的起飞油量为

$$TOF = 7\ 800 \times 10 = 78\ 000（千克）$$

因 TOF>ΔW，业务载量随起飞油量的增加而减少。

按公式②

$$MPL = MTOW - DOW - TOF$$
$$= 161\ 600 - 70\ 600 - 78\ 000$$
$$= 13\ 000（千克）$$

按此业务载量配载，飞机降落时的着陆重量为

$$LDW = DOW + MPL + QAL$$
$$= 70\ 600 + 13\ 000 + 2 \times 7\ 800$$
$$= 99\ 200（千克）$$

因着陆重量小于最大着陆重量，业载是适用的。

从上面的例题中不难看出,当有三种重量限制时亦可先分别求出三种重量限制时的业务载量,其中最小者即是正确的业务载量。

例 3-4:某图-154 飞机,最大起飞重量 100 000 千克,最大着陆重量 80 000 千克,最大无油重量 74 000 千克,基本重量 56 000 千克,起飞油量 19 520 千克,备用油量 11 000 千克,求业务载量。

解:按公式②计算

$$MPLD = MTOW - DOW - TOF$$
$$= 100\,000 - 56\,000 - 19\,250$$
$$= 24\,750(千克)$$

按公式⑤计算

$$MPLD = MLW - DOW - QAL$$
$$= 80\,000 - 56\,000 - 11\,000$$
$$= 13\,000(千克)$$

按公式⑥计算

$$MPLD = MZFW - DOW$$
$$= 74\,000 - 56\,000$$
$$= 18\,000(千克)$$

故业务载量为 13 000 千克。

3.2　航空器的使用

3.2.1　飞机的使用寿命

飞机的使用寿命,大型飞机一般按机身飞行总时间和起落架次计算;中、小型飞机一般按机身总飞行时间计算。在具体的计算中以飞机的使用手册和维修手册为基本依据。除民航局和飞机所属公司另有规定外,为了保证飞行安全和合理使用飞机,航空公司应严格建立下列记录:

(1) 整个飞机总使用时间;

(2)飞机各主要部件的总使用时间、上次翻修时间、上次检验时间;

(3) 按使用时间决定其可用性和使用寿命的仪表和设备的使用时间记录和上次检验日期。

上述各项记录可用《飞机使用情况简报》予以公布,此项记录要有专人保管,并应保存到有关部件的使用寿命终止 90 天。

3.2.2　飞机航程日志

飞机航程日志就是每一次飞行的简报,一般飞机自出厂或投入使用就应建立飞机的航程日志,飞机航程日志一般包括下列各项:

(1)飞机国籍和登记标志;

（2）日期；

（3）空勤组成员名单；

（4）空勤组各成员担任的职务；

（5）起飞地点；

（6）到达地点；

（7）起飞时间；

（8）到达时间；

（9）飞行小时；

（10）飞行性质（私人飞机、专业飞行、定期或不定期飞行）；

（11）意外事件观察情况（如有）；

（12）负责人签名。

飞机航程日志中的各项应用不易擦除的墨水当时填写，填完的航程日志应加以保存，以保存最近 6 个月来飞行的连续记录。

3.2.3　飞机的维护与放行

飞机的维护检查通常分航行前检查、航行后检查、定期维护或分区维护、进厂大修等。各型飞机的维护均有不同的规定和要求，都应严格按各机型维护手册进行维护，各机型飞机根据飞行时间的长短对飞机进行维护又分为 A 检、D 检等。飞机的维护手册一般包括以下各项内容：

（1）勤务及维护工作程序；

（2）每种检修、翻修或检验的周期；

（3）各级维护人员的职责；

（4）飞机所属公司事先批准的各种勤务及维修方法；

（5）填写维护放行单的程序，要求签发此维护放行单的情况和签证人资格。

维护放行单是对飞机航行前机务保障工作各项内容的认可，是证明维护工作已按维护手册所规定的方法圆满完成的签证，每次飞行都应严格填写维护放行单，并加以保存，以备查考。

3.2.4　飞机文件

民用飞机，在执行生产飞行任务前，必须向有关单位办理和取得下述文件后方可飞行，民用飞机的文件包括：

（1）飞机注册登记表；

（2）飞机适航证；

（3）飞机无线电台执照；

（4）飞行手册；

（5）飞行记录本。

没有上述文件的民航飞机禁止飞行。

3.2.5　最低设备清单与缺件放行清单(MEL/CDL)

最低设备清单 MEL(Minimum Equipment List)是航空公司根据批准的飞机制造厂商的主最低设备清单(MMEL)为基础,依据相关适航规定,结合航线运行的特殊要求编写的飞机最低放行标准,主要包括 MEL 正文和外形缺件清单(CDL)两部分,它是维修方案的组成部分之一。航空公司所属各机型的 MEL 由航空公司机务工程部负责组织有关部门和人员制定和修改,由航空公司 MEL 审定委员会负责审定,并由局方批准。最低设备清单是每一个飞机制造厂家制订的在飞机发生故障时能否签派放行的依据性文件,由于各种机型不同,其内容也各不相同,但一般主要包括下述五个部分:

第一部分:手册的使用和查找方法;

第二部分:最低设备清单;

第三部分:外形偏差单;

第四部分:飞行中偏差单;

第五部分:其他偏差单。

1. 相关定义

不工作:是指飞机一个系统或部件功能丧失,不能完成预定目的,或在批准运行限制和容限内不能始终如一地正常起作用。

维修间隔:规定航空承运人必须在最低设备清单要求的时间内完成维修的限制。尽管最低设备清单允许带有某些不工作设备运行一段时间,但航空承运人必须尽可能早地维修受影响的项目。

发现日期:发现日期是将设备故障记录在飞机维护记录本或维护记录中去的那个日历日。

O:表示要求一个特定的运行程序。对于带有不工作项目的运行,该程序必须按计划完成。通常,这些程序由飞行组来完成。

M:表示要求一个特定的维护程序。这个程序必须在带有不工作项目运行前完成。这些程序由机务维修人员或公司指定的承修人(包括与公司签有地面维修协议的各场站机务部门)完成。

CDL:为便于使用发动机指示系统和机组警告系统(DDPG、EICAS)交叉检查,经批准的飞机制造厂商的外形缺损清单(CDL)作为 MEL 的一部分以附录的形式编入公司MEL 作为参考。

2. MEL 使用程序

机务使用 MEL 的程序:

当飞机设备、系统不工作或飞机遗失次要的零部件时,按照机务工程手册办理,并获得批准故障保留 DDL 单。飞机所属基地的维修控制中心按规定通知公司维修控制中心、飞行部门、飞行签派部门和载重平衡部门。地面机务放行人员应按《最低设备清单》机务放行程序,将下列故障保留项目必须夹入"故障保留单专用夹",并同 TLB、CLB 等一起放在驾驶舱内:

(1) MEL 中载明需飞行机组和维修人员采取措施的项目。

（2）与驾驶舱仪表、设备有关的项目。

（3）对乘务、装载以及对地面勤务工作有影响的项目。

（4）需飞行机组和/或乘务人员/或机务人员进行观察的项目。

飞行签派员使用 MEL 的程序：

机务维护控制部门用故障保留（DD 单）方式向飞行签派通报飞机的保留故障项目及对飞机运行的影响和限制。

（1）飞行签派员根据 MEL 必须全面了解签派放行的限制条件，并以此为依据进行签派放行准备。

（2）在机组进行直接准备时，由签派员和机长共同协商有保留故障飞机的签派放行。

（3）签派放行后，得到机务部门临时通知飞机有影响飞行运行的保留故障，签派员应与飞行机组协商，如果不能按预定计划运行，修改计划或重新放行。

（4）飞行签派员应了解在飞行过程中发现或出现的飞机故障或缺陷，飞行机组必须按照《操纵手册》处置，MEL 相关限制不适用。当机长认为故障或缺陷可能影响飞行安全时，签派员协助机组选择最近的合适备降机场尽早着陆。

飞行机组使用 MEL 的程序：

（1）机长在每次离港前有责任核实飞机配有 MEL 手册。

（2）机组必须了解的保留故障，根据 MEL 的规定进行飞行前准备。

（3）飞机未依靠自身动力滑行前，出现临时故障机组可根据机务放行人员在《技术记录本》内签署的适航性放行意见，按 MEL 的规定处理。

（4）飞机故障影响飞机按已签派的飞行计划运行时，机长报告飞行签派员，修改签派放行计划或重新签派放行，这份新的签派放行计划必须包括对飞机不工作项目的限制。

（5）一旦飞机用自身动力移动，飞行组必须根据批准的《快速检查单》处理设备失效，并参阅 MEL 是否适航。

3. 故障保留单（DDL）

保留故障项目的分类为：

（1）障碍性项目（代码 H），指对飞机性能、飞行计划、飞行路线有直接影响的故障。

（2）重要项目（代码 I），指不影响飞机性能，但会降低飞机系统裕度或增加机组工作量或影响机组正常工作程序的故障。

（3）次要项目（代码 M），指除上述 H 和 I 项目之外的不重要项目。

（4）特殊项目（代码 S），指不属于 H 和 I 类，也不需要立即采取措施的 DDL，该 DDL 可保留到下次 C 检或以上，及更高一级组件更换时最终排除。

4. 关于保留故障的一般规定

（1）对所有的保留故障，都必须办理《故障保留单》（DDL），并按 MEL 要求贴挂标牌。

（2）对所有的故障保留项目都必须规定一个明确的保留期限。

（3）在基地或有维修条件的航站，对于故障缺陷的保留，必须能够确保有故障的系统或部件不会影响以后航段的正常性。尽最大可能避免因所保留故障的发展或保留故障受限条件的变化等原因造成飞机在基地之外的航站抛锚。

（4）对于某一架飞机而言，多套系统或部件失效时，即使这些失效的系统或部件均在

MEL 之允许范围内,也要在对它们进行保留时确保其不会因相互关联或相互作用而导致飞机的整体性能降低。

(5) 当按照 MEL 进行故障保留时,不得在任何方面,其中包括系统或部件的失效模式、部位、数量、使用及维修限制条件、措施等低于 MEL 规定的标准和限制条件。

(6) MEL 中 A 类和 D 类保留项目不允许延期,当 B 类和 C 类项目确因航材原因不能在 MEL 规定的保留期限内排除故障时,只允许延长一个周期并报适航部门批准。

3.3　跑道强度和消防等级

民用运输机场跑道在设计时,要符合一定的运行标准,即能够承载多重的航空器起降,对航空器起飞、着陆有何限制。反之航空器对承载的道面有何要求与限制,这在设计中要有一个统一的标准,为此国际民航组织专家小组提出了 ACN-PCN 法,并于 1981 年公布,要求各会员国从 1983 起必须用 ACN-PCN 法通报供飞机最大起飞重量大于 5 700kg 的飞机使用的道面强度。本节引用飞机等级序号 ACN(Aircraft Classification Number)和道面等级序号 PCN(Pavement Classification Number)的方法来表示。

3.3.1　ACN-PCN 的概念

机场道面一般分为柔性道面和刚性道面两种。沥青混凝土道面、砖和块料铺砌的道面以及未予铺砌的道面(压实土、碎石和草皮)属于柔性道面;而水泥混凝土道面则属于刚性道面。水泥混凝土道面和沥青混凝土道面称为高级道面。

ACN:表示飞机对具有规定标准土基强度的道面的相对影响的数字。

PCN:表示不受运行次数限制的道面承载强度的数字。

ACN-PCN 这个方法用道面在运行次数不受限制的基础上所能承受的飞机的荷载评价来报告道面强度。此办法先计算出关键的飞机的 ACN,然后将此数字换成相当的 PCN 作为该道面的评价荷载在航行资料中公布。按此办法 PCN 将表示,ACN 等于或小于此数的飞机可在轮胎压力有何限制下,在该道面上运行。如果飞机 ACN 值大于道面 PCN 值,则表示飞机超载,飞机的运行将受到限制或禁止运行。

ACN-PCN 方法的意图是在一个连续的尺度上来报告道面强度,对飞机和道面用同样的尺度来衡量荷载的评价。

为了便于使用此方法,飞机制造厂按两种质量计算 ACN,最大停机坪质量和有代表性的基本质量,并分别按刚性和柔性道面,以及四种标准土基强度计算出若干飞机的 ACN 数值。应予注意,计算 ACN 时用的质量是静质量,并未考虑动态效应的荷载增加。当飞机质量介于上述两种质量之间时,可用线性插值法求出。

3.3.2　ACN-PCN 报告方法

ACN-PCN 方法主要报告每个道面的下述情况:

(1) 道面类型;

(2) 土基类型;

(3) 最大允许胎压；

(4) 所用评价道面的方法。

3.3.3　标准值及术语

飞机的经营者为了确定可用的机型和运行质量，能使飞机适应机场道面，经常采用下列术语：

道面类型：刚性道面代号用英文字母 R 表示，柔性道面代号用英文字母 F 表示。

刚性道面：将荷载分布到土基上的，其面层为具有较高抗弯能力的波特兰的水泥混凝土面层的道面结构。

柔性道面：与土基保持紧密接触，并将荷载分布到土层上，其稳定性依据骨料的嵌锁作用，颗粒摩阻力和结合力的道面结构。

土基分类：在 ACN-PCN 法中，使用标准土基值，即四种刚性道面的 K 值（K 值，用直径为 75cm 的承压板确定的值）和四种柔性道面的 CBR 值（California Bearing Ratio，加州承载比）。将土基分组并将每组的中间值作为标准值，土基强度分为高、中、低及极低四种，并规定其数值如下：

(1) 高强度：对刚性道面用 $K=150\mathrm{MN/m^3}$ 表示其特性，并代表所有大于 $120\mathrm{MN/m^3}$ 的 K 值。对柔性道面用 CBR15 表示其特性，并代表所有大于 10 的 CBR 值。高强度字母代号为 A。

(2) 中强度：对刚性道面用 $K=80\mathrm{MN/m^3}$ 表示其特性，并代表 60 至 $120\mathrm{MN/m^3}$ 的 K 值。对柔性道面用 CBR10 表示其特性，并代表 8 至 13 的 CBR 值。中强度字母代号为 B。

(3) 低强度：对刚性道面用 $K=40\mathrm{MN/m^3}$ 表示其特性，并代表 25 至 $60\mathrm{MN/m^3}$ 的 K 值。对柔性道面用 CBR6 表示其特性，并代表 4 至 8 的 CBR 值。低强度字母代号为 C。

(4) 极低强度：对刚性道面用 $K=20\mathrm{MN/m^3}$ 表示其特性，并代表所有低于 $25\mathrm{MN/m^3}$ 的 K 值。对柔性道面用 CBR3 表示其特性，并代表所有低于 4 的 CBR 值。极低强度字母代号为 D。

胎压：用四组分级为：高、中、低、极低，并规定下述数值：

(1) 高：无胎压限制，字母代号为 W；

(2) 中：胎压限于 1.50MPa，字母代号为 X；

(3) 低：胎压限于 1.00MPa，字母代号为 Y；

(4) 极低：胎压限于 0.50MPa，字母代号为 Z。

评定方法：道面等级序号 PCN 值。用下述两种方法评定：

(1) 技术评定：用字母代号 T 表示。

(2) 经验评定：用字母代号 U 表示。

3.3.4　报告与计算方法

根据上述分类，航行资料在公布跑道道面时将使用下述方法：

例 3-5：在中等强度土基上的刚性道面，无胎压限制，用技术评定法确定的道面等级序号为 70,则应报告为:PCN70/R/B/W/T。

例 3-6:设在低强度土基上的特性以柔性为主的组合道面,而最大允许胎压为 1.00MPa,用经验评定法确定的道面等级序号为 50。则应报告为:PCN50/F/C/Y/U。

例 3-7:求出质量为 157 400kg 的 DC-10-10 飞机在柔性道面上其土基为中强度 (CBR10)的 ACN。主起落架的胎压为 1.28MPa。

从表中查出飞机的 ACN 分别是:57 和 27,用线性插值法公式求得:

视频 3-1
跑道强度

ACN＝43.6 或 44

该飞机的 ACN 为 44。

3.3.5　超载运行

驾驶员在运行时应核实所驾驶的航空器等级号(ACN)等于或小于报告的机场道面等级号(PCN),方能在规定的胎压或规定的机型的最大起飞重量的限制下使用该道面。运行中偶尔出现的 ACN 大于 PCN 的情况需满足下列准则:

(1) 对柔性道面,ACN 不超过所报告的 PCN 值 10％的航空器的偶然起降不会对道面有不利影响;

(2) 对刚性道面或以刚性道面层作为结构主要组成部分的组合道面,ACN 不超过所报告的 PCN 值 5％的航空器的偶然起降,不会对道面有不利影响;

(3) 如果道面结构不清楚,则应采用 5％的限度;

(4) 年度超载起降架次应不超过年度总的航空器起降架次的约 5％;

(5) 当道面呈现破损迹象或其土基强度减弱时,不允许上述超载运行。

注:若道面强度受明显季节变化影响,可能会报告几个不同的道面等级号(PCN)。

各机型的 ACN 值可向公司或厂商咨询。

3.3.6　消防等级

当获悉机场消防等级降低时,飞行签派员通告机长,机长应通告全体飞行机组成员和乘务长,做好预案。[当机场消防等级低于机型等级一个级别时,应根据限制条件考虑是否放行,低于两个(含)以上级别时不能放行。]当机型消防等级减去机场消防等级,值≥－1,则满足消防等级要求。机场消防等级分类见表 3-1。

表 3-1　机场消防等级分类

机 场 类 别	机身全长(米)	最大机身宽度(米)
1	0～9(不含)	2
2	9～12(不含)	2
3	12～18(不含)	3
4	18～24(不含)	4
5	24～28(不含)	4

续表

机 场 类 别	机身全长（米）	最大机身宽度（米）
6	28～39（不含）	5
7	39～49（不含）	6
8	49～61（不含）	7
9	61～76（不含）	7

注：首先使用机身长度，其次使用机身宽度，机身宽度超出时，类别提高一档。

本章测试

测试 3.1

测试 3.2

测试 3.3

测试 3.4

测试 3.5

测试 3.6

第 4 章

试航试飞与其他飞行

随着民航业的快速发展,国内新建机场数目不断增加,新成立航空公司也如雨后春笋,航空公司的航线规模也在不断扩展,新开航线不断增加。新航线的开辟、新机场建成投入使用和机场导航设备维修后的使用以及航空器维修以后重新投入使用,都必须进行试航和试飞。由于机场所处区域的差异,终端区飞行程序的不同,航线航路情况复杂多变,飞行的组织和实施比较复杂,特别是新机场建成后飞行人员对附近地形生疏,在开航前组织试航和试飞工作必不可少,同时也是民航运输安全保证工作中的重要一环。航线试飞涉及的部门和专业面较广,飞行签派工作在组织实施中的作用必不可少。

4.1 概　述

4.1.1　有关名词的含义

国际航线:是指我国境内一点或多点与外国一点或多点之间的航空运输线。

地区航线:我国内地一点或多点至香港、澳门、台湾地区的航空运输线。

国内干线:是指我国境内连接或跨越三个(含)以上省、市、自治区之间的航空运输线。

国内支线:是指连接省、市、自治区内的两点或多点以及相邻省、市、自治区两点或多点之间的航空运输线。

起降新机型的机场试飞:是指该机型过去未曾在这个机场起降过,而其进近速度或重量大于目前这个机场起降的机型。

迁建、改、扩建机场:指机场飞行区设施和通信导航设施、设备的规模、标准及运行能力发生变化的机场。

4.1.2　航线试航、机场试飞的组织与审批程序

凡国际航线试航由航空公司负责组织,民航局、地区管理局有关部门和其他有关单位参加,报民航局批准后实施。

国内新开航线试航,以及新机型加入航班飞行前的航线试航,由航空公司提出,经地区管理局审核报民航局批准后,由航空公司组织实施。

国内支线的试航,由航空公司提出,由地区管理局审批并报民航局备案,由航空公司组织实施。

新建、迁建、改、扩建机场的试飞,由地区管理局负责组织,报民航局审批,由航空公司

实施。

凡需组织航线试航和机场试飞，应由组织试航和试飞单位的航行部门承办。

4.1.3 新辟机场和航线考察程序

1. 制订考察计划

公司在开辟新航线前，需检查该航线使用的航路等级和机场是否列入了局方批准的公司《运行规范》。否则，公司有关管理部门负责制订考察计划，组织公司运行控制部门、飞行部门和机务工程部门等对机场进行考察。国际新辟航线机场的运行考察应在预计开航前 5 个月完成，国内新辟航线机场的运行考察应在预计开航前 3 个月完成。

2. 考察内容

机场考察项目至少包括以下内容：

（1）主降、备降机场的飞行特点、进离港程序、复飞方法、等待程序、限制噪声程序和宵禁规定；

（2）主降、备降机场航行管制、气象保障、航行通告保障和通信导航设备等情况；

（3）跑道、滑行道、停机位、灯光设备和净空条件；

（4）地面保障的组织实施的机构、设备能力；

（5）机务、飞行签派和载重平衡的放行资格与能力；

（6）应急处置和消防设备的能力；

（7）军用或军民合用机场空军的特殊要求；

（8）沿途各国（或各管制区、情报区）有关航行方面的特殊规定；

（9）其他特殊规定和要求。

3. 考察报告

根据对机场和航路运行的分析，在考察完成 10 天（国内 5 天）内完成。考察报告包括：

（1）考察项目的详细说明；

（2）主降、备降机场起飞和着陆分析报告；

（3）新辟公司航线、备降航线的航路性能限制分析报告；

（4）公司航线的特性的分析，如延伸跨水、ETOPS 或极地航线。

4.1.4 试航、试飞的时间和人员组成

国际航线、国内干线的试航应于预计开航前 30 天进行，国内支线的试飞和机场的试飞应于预计开航和启用前 20 天进行，机场试飞必须在机场各项保障设施、设备验收合格并写出报告后 10 天进行。

航线试航由组织试航的单位，提出试航小组组成方案，国际航线和国内干线报民航局审定；国内支线报地区管理局审定报民航局备案。试航小组通常由下列单位派人组成：计划、通信、气象、航行、领航、安监、国际（只参加国际航线）以及民航局和有关管理局的人员。

机场试飞，由组织试飞的单位提出试飞小组组成方案，国际机场和国内干线机场报民

航局审定,国内支线机场报地区管理局审定并报民航局备案。试飞小组通常由下列单位的人员组成:修建、计划、航行、通信、气象、领航、安监、国际(只参加国际机场)、公安、航空器适航以及民航局、航空公司、机场的有关人员。

4.1.5　试航、试飞载客的规定

航线试航和机场试飞,不准载运与试航(飞)无关的人员。航线试航回程可载运旅客,但必须按运输部门规定办理售票和乘机手续。

4.2　试航的准备和实施

4.2.1　试航的任务

(1) 了解航线上的地形和地标情况;

(2) 制定使用机型在航线上各起降站的飞行重量限制;

(3) 了解航线和机场的飞行方法、飞行程序和飞行规则;

(4) 测定航线和机场通信导航的有效距离及其准确程度;

(5) 验证各起降机场的跑道、滑行道、停机坪、导航灯光、净空情况;

(6) 检验机场地面各保障设施、设备的运行情况。

国际航线试航除了解上述情况外,还应了解移民局、海关、联检部门等工作时间及其他有关的特殊规定等。

4.2.2　试航的准备

试航小组应充分研究有关航线的资料,进行认真准备,拟订试航计划,国际航线和国内干线上报民航局审批,国内支线上报地区管理局审批并报民航局备案。

4.2.3　试航的飞行计划

(1) 使用的机型、机号;

(2) 飞行航线,包括起飞站、终点站、位置报告点、中途经停站、备降机场;

(3) 试航小组成员(姓名、职务)、空勤组名单及其机长天气标准;

(4) 试航日期和飞行时刻;

(5) 航线飞行高度;

(6) 机场最低天气标准;

(7) 通信、导航、气象、油料保障的要求,以及备降机场的选择;

(8) 各种特殊情况的预案。

4.2.4　试航的实施

试航的实施过程中应严格按批准的计划和任务进行,空中和地面分工专人记录各种试航数据。

4.2.5　试航的总结报告

试航的总结报告由组织试航的单位编写,报批准试航的单位审批。国际航线和国内干线于试航结束后 5 天写出试航总结报告,国内支线在试航结束后 3 天写出试航总结报告。试航总结报告包括如下内容:

(1) 试航情况;

(2) 完成试航任务的情况;

(3) 存在的问题;

(4) 建议及其他。

4.3　试飞的准备和实施

4.3.1　机场试飞的分类

机场试飞一般分为两类。第一类是新建、改扩建机场需进行的基于传统导航的试飞;第二类是新建、改扩建机场需进行的基于性能的导航(PBN)的试飞及现有机场增加 PBN 程序需进行的试飞。

4.3.2　职责分工

机场管理机构(或项目法人)是机场试飞的责任主体,负责委托航空公司承担试飞任务,向局方提出试飞申请,提供试飞保障,试飞结束后落实试飞整改项目(如有)。

航空公司是机场试飞的实施单位,受机场管理机构(或项目法人)的委托,具体实施试飞任务。航空公司负责向局方提出试飞计划申请,研究制定试飞方案,实地试飞、试飞结束后提交试飞情况报告。

地区管理局负责受理、审查、批准试飞申请及试飞计划申请,具体组织实施试飞工作,试飞结束后向民航局提交试飞总结报告,并督促试飞整改项目的落实(如有)。

4.3.3　机场试飞的内容

根据试飞的性质和需求,机场试飞一般包括以下一项或多项内容:

(1) 验证机场飞行程序(传统导航程序和 PBN 程序)、运行最低标准、机场使用细则。

(2) 检验机场通信、导航监视及气象等空管设施,目视助航灯光等保障飞行的各种设施的配备及其运行情况。

(3) 检验机场跑道、滑行道(含联络道)和停机坪道面情况,检查滑行路线和停机位情况。

(4) 检验机场飞行区标志、标线、标记牌、标记物的标绘、设置情况。

(5) 检查了解机场净空情况。

4.3.4　机场试飞的基本要求

(1) 机场工程竣工验收和飞行校验合格后,方可实施试飞工作。进行重大调整或优化的传统导航程序、PBN 程序试飞除外。

（2）保障试飞安全的设施设备到位并处于可用状态。

（3）保障试飞的各类专业人员均已到位，且资质满足相应要求。

（4）具备处理试飞期间突发事件的应急预案及相应的设施设备。

（5）对于第二类试飞需提前完成机载导航数据库编码和模拟机试飞验证，且经验证的机载导航数据库应适用于试飞飞机。参加实地试飞的飞行机组中应有人参加过模拟机验证。

（6）经局方组织的试飞前的检查合格，满足试飞要求。

（7）机场管理机构（或项目法人）应向受委托的航空公司提供校飞报告（PBN 程序试飞除外）和局方正式批准的航行资料。

（8）进入试飞飞机客舱参加机场试飞的人员应经过安全检查并佩戴醒目的试飞工作牌。

4.3.5　机场试飞的基本准则

（1）试飞使用的机型原则上与机场飞行区等级和飞行程序公布的最大进近着陆类别相匹配。

（2）试飞天气标准原则上不低于试飞机型所属类别的目视盘旋最低标准。

（3）试飞机长应是具备丰富试飞经验的资深教员，并有类似机场和类似飞行程序的运行经历。

（4）机场试飞时不允许载客。

4.3.6　机场试飞的申请与批准

第一类试飞申请需在试飞前 30 个工作日由机场管理机构（或项目法人）向局方提出，申请文件至少应包括以下内容：

（1）竣工验收报告；

（2）校验结果报告；

（3）航空公司接受试飞委托的证明文件；

（4）试飞日期及机型；

（5）试飞保障方案。

第二类试飞申请需在试飞前 20 个工作日由机场管理机构（或项目法人）向局方提出，申请文件至少应包括以下内容：

（1）航空公司接受试飞委托的证明文件；

（2）试飞日期及机型；

（3）试飞保障方案。

第一类试飞计划申请需在试飞前 15 个工作日由接受委托的航空公司向局方提出，申请文件至少应包括以下内容：

（1）试飞工作组组成；

（2）试飞机组；

（3）试飞机型/机号；

（4）试飞日期/时间；

（5）试飞最低天气标准；

（6）试飞方案（其中应包括应急预案）；

（7）试飞飞行计划。

第二类试飞计划申请需在试飞前10个工作日由接受委托的航空公司向局方提出，申请文件至少应包括以下内容：

（1）试飞工作组成；

（2）试飞机组；

（3）试飞机型/机号；

（4）试飞日期/时间；

（5）试飞最低天气标准；

（6）试飞方案（其中应包括应急预案）；

（7）试飞飞行计划；

（8）模拟机试飞验证报告。

地区管理局收到机场试飞申请后10个工作日内完成审查，收到航空公司试飞计划申请后5个工作日内完成审查。对于不批准的申请，应向申请人说明理由，并告知其需补正的事项。

地区管理局应将机场试飞的相关批复文件报民航局备案，并抄送机场所在地监管局、机场管理机构（或项目法人）、有关航空公司、空管等相关单位和相应的备降机场。

4.3.7 机场试飞的组织与实施

1．事先准备

原则上机场试飞应成立领导小组，由地区管理局协调机场所在地监管局、机场管理机构（或项目法人）、受委托的航空公司、空管单位组成试飞领导小组，具体负责机场试飞的组织与实施工作。

2．预先准备

机场管理机构（或项目法人）应至少在试飞前一天按机场试飞要求完成预先准备工作；完成机场保障程序的有关业务培训；完成应急保障的演练并形成报告。

航空公司应至少在试飞前3天按机场试飞要求完成预先准备工作。主要内容为：选派试飞机组、落实试飞飞机、制定试飞方案、研究分析航线及备降场、制定应急预案等。重点为研究制定试飞具体飞行方案，随机监察员、飞行程序设计人员应一起参加。原则上主要试飞以下程序：

（1）每个中间进近、最后进近和复飞航段程序；

（2）地形复杂机场的目视盘旋程序；

（3）经计算和分析，对飞机性能存在较大限制的进、离场程序及起始进近航段程序；

（4）校验报告指出的可能存在信号遮蔽的航段。

试飞之前试飞领导小组应组织召开机场试飞准备会。内容包括：检查了解机场、航空公司、空管等单位的准备情况;了解试飞机场、航路、备降机场天气情况;了解飞行计划的批复、通报等情况。

3. 试飞执行

机场管理机构(或项目法人)应根据机场试飞方案在飞机起飞前按各业务部门保障飞行的有关规定进行检查,发现问题及时处理。机场管理机构(或项目法人)负责人应亲自进行检查,发现问题现场进行处理。

空管部门应确认军方管制部门对试飞任务的批准,及时通报试飞机场的天气状况和资料,办理有关试飞的业务。

航空公司应按照试飞方案进行飞行前准备,熟悉试飞方案和特殊情况处置预案,制定机组配合方案,熟悉天气状况和发展趋势,在确保飞行安全的前提下按照试飞方案进行试飞,并按要求做好试飞记录。

试飞领导小组现场督促检查、掌控试飞的进展情况。试飞小组监察员在飞机起飞现场检查保障情况,发现问题及时纠正,必要时发出推迟试飞的指令。随机监察员应参加飞行前准备,在试飞过程中独立做好相应的记录。

4. 试飞讲评

机场试飞结束后,由试飞领导小组组织召开讲评会,听取试飞飞行情况,机场、空管运行保障情况,监察员现场检查情况的汇报后进行讲评。如时间允许,试飞讲评开始前,试飞飞行机组应与飞行程序设计人员就程序设计出现的问题进行交流。

4.3.8 机场试飞的总结报告

承担试飞任务的航空公司应在机场试飞结束后 3 个工作日内向地区管理局提交《机场试飞情况报告》。

地区管理局根据航空公司提交的《机场试飞情况报告》,结合机场试飞现场检查情况,拟定《机场试飞总结报告》。其主要内容包括:试飞概况、存在问题及整改要求、试飞结论。该报告应报民航局备案,并抄送相关监管局、机场管理机构(或项目法人)等相关单位。

机场管理机构(或项目法人)应按《机场试飞总结报告》的有关要求对存在问题进行整改。受地区管理局委托,机场所在地监管局负责督促检查。

4.4 其他飞行的组织与保障

其他飞行包括:训练飞行、试验飞行和调机飞行,运行控制中心负责向当地空管部门申请,获得批准后方可实施。

4.4.1 训练飞行

飞行部门根据批准的飞行员训练计划,向所属公司运行控制中心提出训练飞行申请,由所属公司运行控制中心协商机务和运力部门后,向当地空管部门提出申请。

训练飞行的申请内容包括:执行日期、飞行时段、使用机型、机长/教员姓名和机组成员、训练航线、使用机场、飞行高度、飞行区域、训练科目和训练起降架次。当地空管部门正式批复后,方可实施。

训练飞行应选择熟悉的航线或机场,其设施应满足适航的要求;每次训练飞行必须有一名局方认可的具有飞行教员资格的驾驶员担任机长,同时应有一名局方的监察员或指定的委任代表(检查员);机场或航路上的天气条件必须高于训练科目要求的最低天气标准;训练飞行不允许载运旅客;根据训练飞行的时间和科目由机长/飞行教员确定起飞油量;根据科目的需要飞行部门负责派出飞行指挥员到空管部门协助指挥训练飞行。

训练飞行的值勤机组成员(现行有效的本机型执照)数量应不少于该飞机使用手册中规定的最少数量。

4.4.2　试验飞行

机务工程部门根据飞机维修计划和排故情况,协商飞行部门后提出试飞计划(附带试飞大纲、维修过程简要),向飞机所属的运行控制中心提出。

试验飞行的申请内容包括:试飞执行日期、机型、机号、试飞机长和机组成员、飞行高度、飞行区域、试飞科目和试飞要求,申请计划还附带试飞大纲、维修过程简要。当地空管部门正式批复后,方可实施。需要飞机试飞的情况有:

(1)双发飞机,更换一台新发动机或安装上一台做过重大改装、重要修理但未经使用的发动机,同时另一台发动机属重新安装;

(2)装有四台发动机的飞机,在其同一侧机翼上更换两台新发动机或同时装上两台做过重大改装、重要修理的发动机或在整架飞机上同时重新安装三台发动机或四台发动机;

(3)机载设备经过调节、排故、更换或改装后,只能在飞行中检验其工作性能;

(4)飞机油封超过 3 个月。

1.　大修及重大检修工作后的试飞

(1)试飞方案由维修基地制定,机务工程部工程部门批准。

(2)机务工程部工程部门应至少提前两周通知飞行总队安排试飞机组。

(3)试飞机组资格由机组派遣单位负责,试飞人员保险由公司财务部门负责。

(4)试飞方案应由机务工程部工程部门至少提前 2 周交飞行队,工程部门还应根据飞行机组的要求组织对试飞方案的研讨会。

(5)维修基地应提前三天填写《试飞申请单》,以书面形式向机务工程部提出申请。

(6)机务工程部工程部门负责对该申请审查批准,经批准的《试飞申请单》发给公司运行控制中心。

(7)运行控制中心向当地空管部门提交试飞申请,协调有关航务工作。

(8)维修基地负责根据机组要求和具体情况,按商定的时间在试飞前向机组介绍维修工作的概况。

2.　排故试飞

(1)试飞申请及试飞方案由维修基地提出,机务工程部质保部门、工程部门对其审查批准。

(2)运行控制中心根据《试飞申请单》向当地空管部门提交试飞申请,协调有关航务工作。

（3）维修基地负责向机组介绍排故情况及试飞方案。此工作可在飞行前进行。如需提前进行,则维修基地应与机组商定具体时间。

3. 外站试飞

（1）飞机因机务原因需在外站试飞时,在机务工程部质保经理、工程经理批准后,经机务工程部总经理同意后报公司值班领导批准。

（2）试飞方案由机务工程部工程部门制定。

（3）公司运行副总裁/总飞行师签署机长试飞授权书。公司驻航站工作人员协助机组向当地航管部门提出试飞申请。

4. 试飞原则

（1）新交付的飞机或大修后的试飞机组,必须由持有公司试飞员合格证的驾驶员组成。

（2）新飞机和大修后的飞机试飞前准备:机组听取厂家或维修单位对飞机情况的介绍;机组在地面对飞机系统、设备进行检查、测试;根据试飞大纲准备和制订试飞紧急情况处置预案,试飞结论由机长签署。

（3）排故的试飞前准备:维修单位向机组介绍排故情况;机组在地面对飞机排故后的系统或设备进行检查、测试;制定试飞紧急情况处置预案,试飞结论由试飞机长签署。

（4）试验飞行通常安排在昼间进行。试飞天气标准应等于或高于公司规定的目视气象条件。

（5）发动机停车测试程序,在任何情况下,不得在试飞高度低于10 000英尺实施人工关车。

（6）在任何试飞飞行中,只可载运试飞机组及与试飞有关的人员。

4.4.3　调机飞行

1. 一般调机

飞行是为了完成某项任务或进行运力调配而进行的运力调动飞行,与不定期航班相关的调机申请,按照不定期航班申请程序执行;临时的调机由飞机所属公司运行控制中心负责申请。

定检维修、新购飞机和特殊情况的调机飞行,机务工程部向公司运行控制中心提出飞行申请,国外飞行提前30天（国内飞行提前15天）,并通知飞行部门进行机组派遣工作。公司运行控制中心负责调机飞行申请工作。

2. 新购飞机调机

由机务工程部负责组织国际处、客舱服务部、运行控制中心、飞行等部门组成接机小组完成调机任务。机务工程部负责办理有关的报批手续。其他调机工作,由运行控制中心负责组织和协调及办理必要的报批手续。

调机飞行包括下列情况:

（1）飞机飞向目的地进行计划性修理或改装及相应工作完成后的回调飞行;

（2）飞机在基地以外航站不载客、货飞行至理想的修理站的飞行;

（3）销售旧机无"三证"时的特许飞行；

（4）执行特殊任务时的空机飞行；

（5）撤离危险地区的飞行；

（6）新购飞机从制造厂持适航当局颁发的临时国籍登记证、适航证和电台执照飞往公司基地的飞行。

3. 故障调机飞行

故障调机飞行须遵守以下要求：

（1）执行调机飞行必须由机务工程部门确认可行性，公司总值班经理作出决定后，由公司运行副总裁/总飞行师签署调机授权书。

（2）调机飞行的机长和飞行签派员根据飞机性能限制，参考 MEL/CDL 限制条件，安排调机计划和签派放行。对损坏或故障飞机调机飞行要尽可能安排该次飞行所需最少人数空勤组人员。机长在起飞前应与副驾驶和机械师仔细研究所要检查项目、性能和程序。除了为飞行安全和飞机性能限制允许的非商务业载外，不得装载旅客和货物。

（3）如属机务故障调机，机务代表应监督或协助委托维修单位严格按照《外站故障/损伤处理单》的规定要求进行准备。

（4）机务代表或委托维修单位应负责向调机机组介绍飞机故障及需机组了解的其他情况。机组在调机前做必要的飞行准备。

一台发动机不工作调机必须依据《维护手册》有关章节的规定对故障发动机进行机务准备，飞行须满足下列全部条件：

（1）如果因一台发动机不工作而调机，飞机必须是三发以上的机型。

（2）调机所起降的机场及航线必须符合飞机性能的要求。

（3）除基本的机组配备外，不得载运客、货。

（4）起飞机场和目的地机场的天气条件不低于目视气象条件；沿航线不应有积冰天气；起飞、落地时侧风分量应小于或等于 5 米/秒；起飞和着陆应在干跑道条件下进行。

（5）航路备降场：在制订调机飞行计划时，应选择若干个紧急备降场以保证航路飞行中任意一点备降距离在一小时飞行时间以内。

（6）根据公司《工程手册》规定进行飞行前检查，应将检查结果记录在《维护记录》中并签字，机长应予以核实。

（7）调机机长具备教员资格已完成一发失效飞行训练并合格，调机飞行机组必须完成调机训练的要求，必须符合近期飞行经历要求，飞行机组为飞行所需最少人员。

（8）调机飞行时可以安排维修技术人员随机。

（9）调机飞行通过特殊运行区域，必须遵守所飞行区域的运行规则和指定的运行程序。

4.4.4　验证飞行

验证飞行通常包括验证测验与生效测验。验证测验要求申请人演示其操作和维修运营机队中新到航空器的能力，或申请人实施诸如国内、国际运行等特殊类别运行的能力；生效测验申请人在局方授予其遵照规章要求在计划的航路或区域上空运行的权利之前，演示其实施这些运行的能力。验证和生效测验满足了不同的要求,如适当,可同时实施两种验证。

1．可接受的验证方法

对于复杂的运行,应遵守局方公布的有关咨询文件。然而,假如申请人能演示下述方面,申请人可采用任何合理的方法:

(1) 验证方法的有效性和可靠性;

(2) 验证结果证实申请人的表现是可接受的。

注:当申请人不用实施飞行就能证明其胜任并符合有关规章时,可不要求实际飞行。

验证和生效测验的过程如下:

第一阶段:向局方申请实施验证或生效测验的运行。

第二阶段:向局方呈送测验计划以便于其评估。

第三阶段:局方审查测验计划,并协调公司在第四阶段期间将实施的演示科目。

第四阶段:测验过程的主要阶段。对于验证飞行,申请人将实施验证计划的航路飞行部分。至于生效测验,申请人将实施特定的运行,以收集生效或观察所需的论据。

第五阶段:局方批准并颁发相应的运行规范,或发出拒绝批准的信函。

2．验证测验的要求

(1) 总则

根据 CCAR-121 部的航空器操作、签派放行和飞行定位要求,实施相应的验证测验,来证明公司安全运行的能力。验证测验实施的方式应与取得批准后的实际运行的方式相同。可以归于验证测验要求的有以下的飞行类别:

① 典型的航路飞行;

② 临时航空器许可证飞行;

③ 训练飞行;

④ 调机飞行。

(2) 要求验证测验的情况有

① 公司提出按 CCAR-121 部实施运行的合格审定过程期间;

② 公司使用新机型的合格审定;

③ 公司提出使用在设计上已做了实质性改动的现有机型时;

④ 当公司申请《运行规范》目前尚未批准的运行级别时(例如,运营人可请求由国内旅客运行转换为国际旅客运行)。

3．生效测验的要求

(1) 总则

要求显示安全实施特定的航线运行和遵照规章要求运行的能力。用以证实申请人能力的最常用方法是观察申请人实施飞行运行,考虑到实施运行可能使用的适当设施和合适人员,出于安全考虑而不必要飞行时,可不要求申请人实施实际的飞行。当不必要时,应避免实际飞行。

(2) 要求生效测验或飞行的情况

① 中国空域以外的运行;

② Ⅱ类导航授权；

③ 特别性能授权。

本章测试

第 5 章

飞机的湿租、干租与互换

5.1 飞机的湿租

租赁是指在约定的期间内,出租人将资产使用权让与承租人以获取租金的行为。租赁存在的主要原因有以下方面:节税、降低交易成本、减少不确定性。湿租,是航空公司之间的一种特殊租赁方式,在提供飞机的同时提供机组和乘务组为对方服务,而且在租赁过程中,被租赁飞机的标志不变、飞机号不变。

除经民航总局批准外,合格证持有人不得湿租境外航空运营人或者境内未按 CCAR-121 部批准运行的航空运营人的飞机。

合格证持有人在进行涉及湿租的运行前,应当向局方提交一份与国内外其他公共航空运营人所签订的飞机湿租租赁合同和有关批准文件的副本,局方收到租赁合同副本后,将确定合同中飞机的运行控制方,并根据需要,给合同一方或者双方分别颁发运行规范的修改项,否则合格证持有人不得进行湿租运行。

合格证持有人实施湿租运行,应当提供下列需要列入运行规范的信息:

(1) 合同双方的名称和合同的有效期限;

(2) 合同所涉及的每架飞机的国籍标志和登记标志;

(3) 运行种类;

(4) 运行的机场或者区域;

(5) 具体说明计划由哪一方控制运行和实施这种运行控制的时间、机场或者区域。

在对第 1 款事项作出决定时,局方将考虑下列因素:

(1) 机组成员资格;

(2) 飞机适航性和维修工作;

(3) 飞行签派;

(4) 飞机的补给服务;

(5) 航班计划;

(6) 安全运行责任;

(7) 局方认为有关的其他因素。

经局方批准,合格证持有人在因特殊原因取消其飞机的飞行时,可以租用带有一名或者多名机组成员的飞机,载运其旅客进行飞行。这种飞行应当遵守实施该种运行的规定。

5.2　飞机的干租

公司可以租用不含机组人员的国际民用航空公约缔约国所属的某一国家登记的民用飞机,除严格按 CCAR 规则运行外,还应当符合下列规定:

(1) 该飞机带有经民航局审查认可的原国籍登记国颁发的适航证或者由民航局另行颁发的适航证,以及无线电电台执照;

(2) 公司将该飞机的租赁合同副本报局方。

5.3　飞机的互换

在按照飞机互换协议实施运行之前,公司应当确保:

(1) 飞机互换运行的程序符合 CCAR 的规定和安全运行常规的要求;

(2) 飞行机组必需成员和飞行签派员符合经批准的所用飞机和设备的训练要求,并熟悉所用的通信和签派程序;

(3) 维修人员资质符合该飞机和设备的训练要求,并熟悉使用的维修程序;

(4) 飞行机组成员和飞行签派员符合相应的航路和机场资格要求;

(5) 即将运行的飞机,其飞行仪表的布局、对安全具有关键意义的操纵装置的位置和操作动作应当与被互换的飞机基本相同,公司具有恰当的训练大纲,能保证经差异训练后,消除任何影响安全的差异;

(6) 公司应当根据飞机互换协议中包含的有关条款和程序制定相关的规定和指南。

第 6 章

航　权

国际航空运输必须遵守国家主权原则。国家主权原则是国际法在确认国家主权基础上,确认各国有决定其社会政治制度和国家形式的权利,保障各国独立自主地处理自己的对内对外事务,禁止其他国家以任何方式对其加以侵略和干涉,其政治独立、领土完整和经济权利必须得到尊重。我国政府规定,中华人民共和国的领土和领水之上的空域为中华人民共和国的领空,中华人民共和国对领空享有完全的和排他的主权。《巴黎航空公约》和《国际民用航空公约》均承认每个国家对其领土上空具有完全的和排他的主权。

6.1　航权简介

航权(traffic rights)的概念起源于 1944 年"芝加哥会议",亦称之为"空中自由"权(freedoms of the air),其法律根据是 1944 年的《国际航班过境协定》和《国际航空运输协定》。

航空权是指国际航空运输中的过境权利和运输业务权利,也称国际航空运输的业务或空中自由权。它是国家重要的航空权益,必须加以维护。在国际航空运输中交换这些权益时,一般采取对等原则。有时候某一方也会提出较高的交换条件或收取补偿费以适当保护本国航空企业的权益。《国际民航公约》第六条规定"除经缔约国之特准或其他许可并依其规定,他国航空公司不得在该国领域上空内经营定期国际航空业务"。

第二次世界大战后,西方国家认为战争爆发时,天空的控制权非常重要,于 1944 年在芝加哥就有关天空控制权问题签署了著名的《芝加哥协定》。该协定草议出两国间协商航空运输条款的蓝本,而有关条款仍沿用至今。

航权是世界航空业通过国际民航组织制定的一种国家性质的航空运输权利,因为航空运输只要超出自己的国界就涉及其他国家的主权,国际航空运输就需要一个在全球行业范围内的统一规定,航权就属于这个规定其中的一部分。飞出国界的第一个问题就是要飞入或飞越其他国家的领空,允许不允许,就形成了第一种权利。这个权利很值钱。比如中国在 40 多年前没有飞越俄罗斯领空的权利,通航欧洲要走"南线",那时形成了中国"热飞"阿联酋沙迦的历史,所有欧洲航班都经沙迦,每周 20 多个起降,给沙迦带来了繁荣。20 世纪 80 年代末,中国获得了飞越俄罗斯的权利,欧洲航班改为北线,飞行小时从原来的 15～16 小时减少到 10 小时左右,航空公司省了不少的航油成本。改飞"北线"以后,沙迦机

视频 6-1
航权

场的繁荣甚至沙迦当地的经济受到不小的影响。但是俄罗斯的领空航路费很贵,比如,某欧洲航空公司停航中国的原因之一就是花不起俄罗斯领空航路费。

6.1.1 航权的种类

第一航权:领空飞越权。一国或地区的航空公司不降落而飞越他国或地区领土的权利。

例如:北京—纽约,中途飞越日本领空,那就要和日本签订领空飞越权,否则只能绕道飞行。

第二航权:技术降落权。一国或地区的航空公司在飞至另一国或地区途中,为非营运理由而降落其他国家或地区的权利,诸如维修、加油。

例如:上海—芝加哥,由于飞机机型的原因,不能直接飞抵,中间需要在安克雷奇加油,但不允许在安克雷奇上下旅客和货物。

第三航权:目的地下客权。某国或地区的航空公司自其登记国或地区载运客货至另一国或地区的权利。

例如:北京—东京,日本允许中国民航承运的旅客在东京进港。

第四航权:目的地上客权。某国或地区的航空公司自另一国地区载运客货返回其登记国或地区的权利。

例如:北京—东京,日本允许旅客搭乘中国民航的航班出境,否则中国民航只能空载返回。

例如:中国承运人飞往美国,并将当地的客货运回本国。

在两个国家航权的谈判中,这个权利的确定并不是简单地确定允许或不允许,而是包括如下内容:

(1)运力:一周内允许飞几班,客班还是货班,有的要确定机型,或者不限机型,但是限定座位数,还有的限制时间间隔。

(2)航点:允许在境内的什么地方通航,有的是具体通航地点,有的是通航地点的个数。

(3)承运人:允许几家航空公司飞这条航线,有时是一家,有时是多家,有时确定是客运承运人或者货运承运人。

第五航权:中间点权或延远权。某国或地区的航空公司在其登记国或地区以外的两国或地区间载运客货,但其班机的起点与终点必须为其登记国或地区。也就是说,第五航权是要和两个或两个以上的国家进行谈判的。

以新加坡航空公司的货机为例,它执飞新加坡经我国厦门、南京到美国芝加哥的航线,并在厦门、南京拥有装卸国际货物的权利。解释如下:

承运人本国(第一国始发地)—中途经停第三国—目的地国(第二国)承运人从本国运输客货到另一国家时中途经过第三国(也就是始发地国家和目的地国家以外的其他国家),并被允许将途经第三国拉的客货卸到目的地国。这种权利是第五航权的一种。比如中国和新加坡的双边协定允许中国承运人在东南亚选择一点作为中途经停点,并可以将当地的客货运到新加坡。这样对中国承运人的新—马—泰旅游运输就非常有利,一个航班上既可以有中国—新加坡的旅客,也可以有泰国—新加坡的旅客,同时因为中国—泰国本来有第三、四航权所以同时还有中国—泰国的旅客。旅行社在组织新马泰游的时候就可以选择同一家公司承担所有的航程,非常有竞争力,并且方便旅客。如果没有第五航权,新马泰游至少要找两家公司承运。但是要注意,能否顺利地行使第五航权,还要有中途经停国家政府的同意。

承运人本国(第一国始发地)—目的地国(第二国)—以远点第三国,第五航权的第二种是以远点国家的运输,承运人将自己国家始发的客货运到目的地国家,同时又被允许从目的地国家上客货,并被允许运到另一国家。还是举新马泰的例子,中国和泰国的双边协定同意中国承运人将泰国的客货运往东南亚的另一个国家,并同意将东南亚另一个国家的客货运到泰国。这样,中国承运人选择了新加坡,就组成了中国—泰国—新加坡航线。

可以看出在同时具有这两种第五航权时,承运人就可以完整地使用这些权利了,否则,即便获得了其中之一,也很难进行操作。

第五航权是针对两个国家的双边协定而言的,在两国的协定中允许对方行使有关第三国运输的权利。但是在没有第三国同意的情况下,这个权利等于没有。因此航空公司在用这个权利的时候,必然要同时考虑中国与这个"第三国"有没有相应的权利。

第五航权之所以复杂,就是因为,它涉及多个双边协定,并且在不同的协定中意味着不同种类的航权。

第六航权:桥梁权。某国或地区的航空公司在境外两国或地区间载运客货且中途经停其登记国或地区(此为第三及第四自由的结合)的权利。

例如:伦敦—北京—首尔,国航将源自英国的旅客运经北京后再运到韩国。

新加坡航承运英国—澳大利亚之间的客人,这些客人并不是要到新加坡去,但是新加坡航空公司通过其在樟宜机场的中枢,将欧洲的客人拉过来,再运到澳洲。同样,在中美航线上,日本、韩国的航空公司第六航权运用得很好,抢占了中美承运人大量的市场。他们把美国的客源先运到日本,再作中转,然后运到中国来。

第七航权:完全第三国运输权。某国或地区的航空公司完全在其本国或地区领域以外经营独立的航线,在境外两国或地区间载运客货的权利。

例如:伦敦—巴黎,由汉莎航空公司承运。

第八航权:连续的国内运输权。某国或地区的航空公司在他国或地区领域内两地间载运客货的权利(境内经营权)。

例如:成都—北京—东京,由日本航空公司承运。

第九航权:非连续的国内运输权。本国航机可以到协议国作国内航线运营。例如:成都—北京,由日本航空公司承运。

所谓第九航权是指上述第八航权分为连续的和非连续的两种,如果是"非连续的国内载运权"即为第九航权。

值得留意的是第八航权和第九航权的区别,虽然两者都是关于在另外一个国家内运输客货,但是:第八航权只能是从自己国家的一条航线在别国的延长。但是第九航权,可以是完全在另外一个国家开设的航线。

6.1.2　航权的交换

1. 多边模式

1944 年于芝加哥会议中采纳两项多边方案：

(1)《国际航空服务过境协定》简称《两项自由协定》,总计有 118 个国家批准；

(2)《国际空运协定》简称《五项自由协定》,曾有 19 国批准,后有 8 国退出。

2. 双边模式

多边模式尝试失败后,转而寻求双边模式,迄今仍为过境间航权交换的主要模式。全球约有 3 000 多个双边协定。

3. 多边模式的再尝试

(1) 欧盟及欧洲共同航空区域；

(2) 安地斯协定:中南美 6 国。

6.1.3　各国取得航权的形式

(1) 空中运输临时协议:具正式外交关系之国家；

(2) 空中运输协议:具正式外交关系之国家；

(3) 交换航权协议:无正式外交关系,但实质关系良好之国家；

(4) 代表官方之民间机构所签的协议:无正式外交关系,但实质关系良好之国家；

(5) 营业授权书:采用开放领空政策之国家。

6.1.4　签约方式

(1) 由双方政府或外交部代表机构签订；

(2) 由双方民航局签订；

(3) 由双方民间机构签订；

(4) 由政府单位与半官方代表机构签订；

(5) 由双方航空站签订；

(6) 由航空公司与航空运输商业同业公会签订；

(7) 由双方航空公司签订。

6.2　我国航权的开放

6.2.1　我国第五航权开放

进入 21 世纪,中国政府首次向外国航空公司开放第五航权。第五航权的开放,对中国航空运输业而言,是机遇更是挑战。在国际竞争日趋激烈的今天,竞争力较弱的国内航空公司如何谋求生存发展,是摆在中国民航面前的沉重而现实的问题。

自入世后,中国民航业加快了改革步伐。特别是 2002 年,民航总局逐步转换职能,航空运输业加大了对外开放的力度。2003 年,民航又推出了向新加坡开放第五航权的举措。从 5 月 22 日开始,新加坡货运航空公司使用波音 747-400 型飞机开辟了新加坡—厦门—南京—芝加哥航线,每周三班,没有国内业务权;芝加哥—南京—新加坡航线,每周两班。

我国当时开放第五航权,是在与新加坡航空当局多次谈判并考虑到中美经济往来增加的趋势上,审时度势做出的决定。

从行业角度看,中美航线中方运力不足是开放第五航权的重要原因。按照中美双方的航空运输双边协定,中美航线运力分配为每周各 54 班。随着中美双方经贸往来的不断增加,这 54 班已不能满足需要。特别是美方,美国联合航空、西北航空及联合包裹、联邦快递等大型航空客货运公司早就将这 54 班瓜分完毕,但仍不能满足需要,因此有意通过其与新加坡、菲律宾放开第五航权的双边运输协定向中国增加货运航班。而中国当时正在进行的航空公司重组仍未完成,尚无暇顾及开拓国际市场,且国际竞争力一向较弱。在此情况下,对与中国有传统交往的新加坡开放第五航权,目的在于借助新加坡货运航空公司的运力,满足中国产品的出口需求,以弥补中美航线运力紧张局面。

从区域经济发展看,开放第五航权是带动区域经济发展的需要,南京和厦门分别地处中国目前最具活力的长江三角洲和珠江三角洲,这两个经济产业圈是中国最早开放和引入国际制造业资本的区域,其劳动密集型的玩具、鞋帽及文具等初级制造业产品和技术密集型的 IT 产品在美国及欧洲市场极具竞争力。这些产品的运输出口,主要依靠航空运输和海运。我国开放第五航权,使得新加坡货运航空公司可以通过南京和厦门两机场,将汇集到此的中国产品出口到美国,满足这两大区域货运需要,以此带动区域经济更快发展。

从经济全球化角度看,开放第五航权是中国建立中国—东盟自由贸易区的需要,2001年第五次东盟—中国"10＋1"领导人会议通过了在 10 年内建立中国—东盟自由贸易区的建议。航空运输作为服务贸易的一种,也将在客货运输方面发挥重要作用。2002 年 12月,中国民航总局与新加坡民航局签署了扩大两国合作与服务的备忘录。开放第五航权是合作实施阶段的一项举措。新加坡航空公司是东亚乃至亚洲最有合作价值的航空公司。我们可利用其客货运输优势以及新加坡与欧美航空强国的"开放天空"协议来扩大出口,加强与东盟各国的经济联系。

开放第五航权,意义不仅在政治上,更是在经济上以合作来促进竞争。开放第五航权对当时的中国民航业产生了深远的影响。

6.2.2　海南试点开放"第七航权"

所谓"第七航权",指的是本国的民航飞机可以在本土之外的其他两个国家间,接载乘客和运载货物,而不用返回本国。2020 年 6 月,民航局发布了《海南自由贸易港试点开放第七航权实施方案》及解读。

民航局政策法规司司长颜明池表示:

(1) 我国民航首次同时试点开放客运和货运第七航权,本次是超出我国现有双边航权安排的最高水平开放,也是世界范围内自贸港航权开放的最高水平。

(2) 单向自主开放。本次在海南试点开放第七航权是我国对外单向自主开放,不以其他国家向我对等开放第七航权为前提,也不需要通过双边航空运输协定单独做出安排。在试点阶段性安排上,《实施方案》明确外航在海南试点经营第七航权的每条航线客运及货运总班次,每周最高分别为 7 班。引入评估机制,适时调整第七航权试点政策。《实施方案》明确了外航适用民航局现行规章有关规定,申请运行合格审定、航线经营许可、航班时刻和预先飞行计划。此外,为了推动试点政策落地,《实施方案》还在空域优化、机场航班容量扩容、航班时刻、机场保障、组织保障等方面明确了配套措施。

此前我国仅对个别国家在个别城市开放货运第七航权,但同时放开客、货运第七航权尚属首次。同时,海南是中国航权开放的另一个里程碑。2003 年,民航局批准同意海南进行开放第三、四、五航权试点,海南成为国内首个开放航权的试点省份。2004 年,民航局进一步支持海南省航权开放,允许国外航空公司在海口和三亚与内地除北京、上海、广州以外的所有国际航空运输口岸享有中途分程权,每周不超过 7 班。

自海南三、四、五航权开放 17 年来,近年来海南省大力开通国际航线,拓宽空中“丝路”,国际航线数量由 2003 年的 5 条增加到 2020 年的 103 条,通达境外城市 62 个,“四小时八小时飞行经济圈”稳步成型,覆盖俄罗斯、韩国、日本、印度尼西亚、柬埔寨等欧洲、东北亚、东南亚等重点市场,对外互联互通水平显著提升。同时辐射带动旅游业提质增效,海南省入境旅游人数由 2003 年的 29.3 万人次增加到 2019 年的 142 万人次,入境旅游收入由 6.6 亿元增长到 60 亿元以上。

6.3   代码共享和航空联盟

6.3.1   代码共享

代码共享(code-sharing)是指一家航空公司的航班号(即代码)可以用在另一家航空公司的航班上。这对航空公司而言,不仅可以在不投入成本的情况下完善航线网络、扩大市场份额,而且越过了某些相对封闭的航空市场的壁垒。对于旅客而言,则可以享受到更加便捷、丰富的服务,比如众多的航班和时刻选择、一体化的转机服务、优惠的环球票价、共享的休息厅以及常旅客计划等等。

正因为代码共享优化了航空公司的资源,并使旅客受益匪浅,所以它于 20 世纪 70 年代在美国国内市场诞生后,发展不到 50 年便已成为全球航空运输业内最流行的合作方式。

“代码共享”这种方式使中国的航空公司得以直接吸取国外先进航空公司在经营和管理上的经验,尽快融入日益全球化、自由化的航空运输业。

6.3.2   航空联盟

航空联盟是两家或以上的航空公司之间所达成的合作协议。全球最大的三个航空联盟是星空联盟、天合联盟及寰宇一家。除客运外,货运航空公司之中亦有航空联盟,例如WOW 航空联盟。通过代码共享,各航空联盟提供了全球的航线网络,加强了国际的联系,使跨国旅客在转机时更加方便。

1．星空联盟

星空联盟(STAR ALLIANCE)是于 1997 年 5 月 14 日正式成立的国际性航空公司联盟,初期是由 5 家分属不同国家的大型国际航空公司结盟,借由共享软硬件资源与航线网等方式,强化联盟各成员竞争力。星空联盟标语为"星空联盟,地球连结的方式"(Star Alliance,the way the Earth connects)。

星空联盟或所有航空联盟的概念,源自更早以前就存在于民用航空业的航班代码共享(code-sharing)与延远航线代理制度。在星空联盟正式成立之前,其最早期的几个成员相互之间就已存在代码共享制度,甚至共同执行营销活动,但合作方式较分散杂乱。星空联盟成立的主要宗旨是希望借由各成员所串联而成的环球航空网络,提供乘客一致的高品质服务以及全球认可的识别标志,并加强每个联盟成员在本地和全球所提供的服务及发展统一的产品服务。

1997 年,由美国联合航空(United Airlines)与德国汉莎航空(Lufthansa),再加上原加拿大航空(Air Canada)、北欧航空(SAS)与泰国国际航空(Thai Airways International)等 5 家航空公司宣布"星空联盟"正式成立。星空联盟的成立也掀起 20 世纪末期民航业航空联盟热潮,其他对手航空公司竞相揪结伙伴成立联盟团队,例如寰宇一家(Oneworld,1999 年成立)与天合联盟(SkyTeam,2000 年成立),以期能与星空联盟抗衡。

中国国际航空公司(Air China)于 2007 年 12 月正式成为星空联盟成员。

目前的星空联盟成员已发展到 28 家正式成员(亚德里航空、加拿大航空、中国国际航空、印度航空、新西兰航空、爱琴海航空、全日空航空、韩亚航空、奥地利航空、阿维安卡航空、巴西阿维安卡航空、布鲁塞尔航空、巴拿马航空、克罗地亚航空、埃及航空、埃塞俄比亚航空、长荣航空、波兰航空、汉莎航空、北欧航空、深圳航空、新加坡航空、南非航空、瑞士国际航空、葡萄牙航空、泰国国际航空、土耳其航空、美国联合航空),是迄今为止历史最悠久、全球规模最大的航空策略联盟。联盟成员航空公司涵盖全球五大洲的航线,使星空联盟的全球航空网络更为广泛及完整。

联盟特点:

(1) 机队规模庞大。星空联盟是全球最大的航空公司策略性联盟,星空联盟的庞大飞行航线网涵盖 192 个国家和地区,涉及 1 330 个机场。总共拥有运营客机近 5 000 架,年运送旅客超过 6 亿人次。

(2) 联盟合作紧密。星空联盟在代码共享、联合地面服务、联合产品开发和市场销售、共同信息平台、联合维修、联合购买、机队协调、统一标志方面已经有着成熟的合作基础。但星空联盟成员经常受到排他性协议的约束,这限制了它们寻求与该联盟集团以外的成员展开合作。

(3) 航线网络覆盖面广。联盟成员中的美国联合航空、德国汉莎航空、奥地利航空和新加坡航空属于大型全球性航空公司,有着连接各大洲主要城市的庞大航线网络,其他航空公司也在各自区域有着较强的运输能力。具有多个国际性枢纽——法兰克福、纽约、东京、新加坡、洛杉矶和伦敦等。

2．寰宇一家

寰宇一家是 1999 年 2 月 1 日正式成立的国际性航空公司联盟。由 5 家分属不同国家的大型国际航空公司发起结盟,其成员航空公司及其附属航空公司亦在航班时间、票务、代码共享、乘客转机、飞行常客计划、机场贵宾室以及降低支出等多方面进行合作。

1998年9月,美国航空公司、英国航空公司、原加拿大航空公司(Canadian Airlines,现已被 Air Canada 收购)、国泰航空公司及澳洲航空公司(澳大利亚康达斯)宣布有意合组航空联盟。"寰宇一家"航空联盟于1999年2月1日起正式运作,各成员开始提供一系列的优惠措施。结盟使五家航空公司获益明显,尤其是香港国泰航空公司在很大程度上补足了其他盟友在远东市场的份额。

1999年,芬兰航空公司、西班牙国家航空公司加入。2000年,爱尔兰航空公司、智利国家航空公司加入。创始成员之一的加拿大航空公司却因长时间的财务困难,而被加拿大枫叶航空(Air Canada,星空联盟成员)并购而退出。2003年9月,瑞士国际航空公司加入寰宇一家,同时与英国航空的常旅客计划合并。2004年瑞士国际航空终止加入寰宇一家(2005年3月,德国汉莎航空并购瑞士国际航空,随其加入星空联盟)。2007年匈牙利航空公司、约旦皇家航空公司、日本航空公司加入成为正式会员。港龙航空公司在国泰航空公司完成对其的全面收购后在2007年正式加入。爱尔兰航空公司因转型为廉价航空公司于2007年退出寰宇一家,仍维持与美国航空公司、英国航空公司、澳洲航空公司及国泰航空公司的紧密关系。

寰宇一家各成员航空公司已于2005年4月完成电子机票互通安排的程序,亦是全球首个在成员航空公司之间实现电子机票互通安排的航空联盟。

联盟特点:

(1) 航线网络覆盖面广。截至2014年,寰宇一家拥有15家成员航空公司(柏林航空、美国航空、英国航空、马来西亚航空、澳洲航空、芬兰航空、日本航空、国泰航空、西班牙国家航空、智利国家航空、卡塔尔航空、皇家约旦航空、S7航空、斯里兰卡航空、巴西天马航空,以及24家联属成员航空公司),现通达152国家、共994个航点,每日航班数目14 011次,以3 324架的机队接载超过5亿名乘客。在三大航空联盟中,寰宇一家提供了覆盖最全面,选择最广泛的环球机票。在以后的时间里,随着墨西哥国家航空以及S7航空公司加入,寰宇一家的目的地有望扩展到约170个国家750个目的地。运营将近2 300架飞机,每年运送大约3亿乘客。

(2) 英航、美航的核心地位。英国航空、美国航空是联盟支撑国际航线网络的主要成员,5大区域均有较多航点。国际级枢纽包括香港、纽约、伦敦、东京。芬兰航空、西班牙伊比利亚航空、匈牙利航空等成员的国际航线较少,在联盟中发挥的主要作用是为其他成员提供远程客源。

(3) 商业联盟性质。寰宇一家联盟属于商业性联盟,在成员间彼此合作上没有继续深入,只有部分成员签定了代码共享协议,统一了订票系统,协调了时刻安排,因此属于较为脆弱的航空联盟。

(4) 在中国的势力较弱。寰宇一家是目前三大联盟中唯一一个在中国还没有合作伙伴的联盟,联盟成员在中国开辟的航点及在北京、上海、广州的运输能力较星空联盟和天合联盟小得多。

3. 天合联盟

天合联盟是航空公司所形成的国际航空服务网络。2000 年 6 月 22 日由法国航空公司、达美航空公司、墨西哥国际航空公司和大韩航空公司联合成立"天合联盟"。2004 年 9 月与"飞翼联盟"(也译为"航翼联盟")合并后,荷兰皇家航空公司、美国西北航空公司以及美国大陆航空公司亦成为其会员。天合联盟的口号:Caring more about you!(我们更关注您!)

2000 年 6 月 22 日,美国达美航空公司、法国航空公司以及大韩航空公司、墨西哥国际航空公司宣布共同组建"天合联盟"。2001 年,意大利航空公司和捷克航空公司加入天合联盟。随着美国大陆航空公司、美国西北航空公司、荷兰皇家航空公司以及俄罗斯航空公司的加入,天合联盟成为全球民航业第二大航空公司联盟。2006 年,在天合联盟管理委员会的记者招待会上,管理委员会表示中国是世界上增长最快的航空市场之一,南航的加入能够给天合联盟带来众多的机会。中国南方航空公司于 2007 年 11 月 15 日加入了天合联盟,成为首家加入国际航空联盟的中国内地航空公司,2011 年,东航和华航的加入强化了天合联盟在大中华地区的优势。2018 年 11 月 15 日,南航宣布不再续签天合联盟协议,2020 年 1 月 1 日,中国南方航空公司宣布正式退出天合联盟。

联盟特点:

(1) 航线网络覆盖面广。截至 2013 年,天合联盟航线网络航班通往共约 178 个国家的 1 024 个目的地。2014 年 3 月,天合联盟迎来了第 20 位成员,也是东南亚第二家成员航空公司——印度尼西亚鹰航空公司。印尼鹰航的加入不仅让雅加达成为天合联盟往返东南亚的另一个门户,还为联盟的全球网络新增了 40 个目的地。运营将近 3 000 余架飞机,每年运送大约 4 亿乘客。天合联盟的突然壮大是由于 2004 年 9 月三大航空——荷兰皇家、美国西北和大陆航空的加入。目前,天合联盟拥有 19 个成员航空公司:俄罗斯航空、墨西哥国际航空、法国航空、荷兰皇家航空、意大利航空、捷克航空、达美航空、大韩航空、越南航空、欧罗巴航空、肯尼亚航空、罗马尼亚航空、中国东方航空、中华航空、沙特阿拉伯航空、中东航空、阿根廷航空、厦门航空、印度尼西亚鹰航空。

(2) 北美洲航线密集。天合联盟有三家大型美国航空公司,在北美地区的实力超过星空联盟。该联盟成员运营的枢纽有阿姆斯特丹、巴黎、纽约、亚特兰大、东京、广州。

(3) 4 家成员稳扎中国市场。荷兰皇家航空、法国航空、美国西北航空在中国内地的航点有北京、上海、广州,大韩航空的航点还有青岛、沈阳、天津、三亚、西安、厦门、烟台、昆明、济南、延吉和武汉。北京、上海和广州成为该联盟在中国强有力的枢纽。

第 7 章

空 防 安 全

飞行中的航空器的空防安全是飞行的重要组成部分,不法分子的非法行为将严重危及航空器和旅客的生命安全,影响航班的正常运行,并损害人民对民航安全的信心,为此国际民航组织各缔约国制定了《关于制止危害民用航空安全的非法行为的公约》。我国根据实际情况也制定了《民用航空安全保卫工作原则》。这一规则是空勤组保卫航空器和旅客生命、财产的指导文件,是空防的有力保障。

航空公司空防工作的方针:安全第一,预防为主,责任到人,确保人机安全。航空公司空防工作的主要任务:预防劫机、炸机、破坏事件的发生,正确处置非法干扰空防安全的事件。

7.1 相 关 定 义

1. 飞行中的航空器

航空器从装载结束、机舱外部各门均已关闭时开始,直至打开任一机舱门以便卸载时为止的任何时间,以及航空器被迫降落时,在主管当局接管该航空器及其所载人员和财产前,应被认为仍在飞行中。

2. 使用中的航空器

从地面人员或机组对某一特定飞行的航空器开始进行飞行前的准备时起,直到降落后 24 小时止,该航空器应被认为是在使用中;在任何情况下,使用的期间应包括航空器在飞行中的整个时间。

3. 对航空器的犯罪

包括非法和故意地:

(1)对飞行中的航空器内的人采取暴力行为,如该行为将会危及该航空器的安全;

(2)破坏使用中的航空器或对该航空器造成损坏,使其不能飞行或将会危及其飞行安全;

(3)用任何方法在使用中的航空器内放置或使别人放置一种将会破坏该航空器或对其造成损害使其不能飞行或将会危及其飞行安全的装置或物质;

(4)破坏或损害航行设备或妨碍其工作,如任何此种行为将会危及飞行中航空器的安全;

(5)传送他明知是虚假的情报,从而危及飞行中的航空器的安全。

4．空防安全

空防安全指的是国家和航空企业，为了有效预防和及时制止某些恐怖分子、社会极端分子、犯罪分子、行为能力人及精神失常者，以达到某种政治、经济或其他个人目的，进行的劫持航空器、破坏航空设施、非法干扰航空运输安全秩序行为活动的发生和发展，所采取的措施和人员的总称。

5．空防事故

由于公司内部人员的责任原因，致使飞机在地面停留期间或在飞行过程中，发生飞机被劫持、爆炸，发生非法干扰、着火、机上设备损坏、人员伤亡、严重偷渡事件，地面运输生产设备遭到严重损坏，造成航空货物较大损失，发生预谋劫持、爆炸飞机尚未构成飞行事故的。

6．空防事故征候

因为公司内部人员原因，致使飞机在地面停留或飞行过程中，发生严重危及飞行、空防安全问题，或造成地面运输生产设备损坏、人员受轻伤，尚未构成事故的。

7．空防严重差错

由于内部人员在工作中违反空防安全规定，发生严重空防安全问题，尚未构成空防事故或空防事故征候的。

8．空防一般差错

由于公司内部人员原因在工作中未执行空防安全规定，发生错误行为，或因为工作疏忽造成空防安全漏洞及问题，尚未构成严重差错的。

7.2　驾驶舱管理

1．驾驶舱门的关闭与锁定

(1) 在起飞和着陆期间，如果驾驶舱门是通往旅客的应急出口或地板高度出口的通道，驾驶舱门不得上锁；

(2) 飞机爬升至 10 000 英尺以后到下降至 10 000 英尺以前，只要载有旅客，驾驶舱门就应当关闭上锁；

(3) 驾驶舱门必须由机长指派专人负责；

(4) 在境外飞行，必须全程锁闭驾驶舱。

2．飞行机组执勤位置

在驾驶舱值勤的每个飞行机组必需成员，在飞行过程中应当坐在指定的值勤位置并系好安全带；在起飞和着陆过程中应当坐在指定的值勤位置并系好安全带和肩带，但对于驾驶员之外的飞行机组成员，在履行其正常职责需要时可以松开肩带。

在下列情形下，飞行机组必需成员可以离开指定的值勤位置：

(1) 为了完成与飞机运行有关的任务需要该机组成员离开时；

(2) 机组成员的离开与生理需要有关时；

(3) 机组成员到了休息期，并按照下述规定有人接替工作时：

① 对于指定的机长，在航路巡航飞行期间，可以由符合规定条件的资深副驾驶接替；

② 对于指定的副驾驶,可以由有资格在航路飞行期间担任副驾驶的驾驶员接替。但是,接替的驾驶员不必满足关于近期经历的要求。

3. 进入驾驶舱的人员限制

从飞机离港滑行到进港落地滑行结束的整个阶段,任何人不得准许其他人员进入驾驶舱。下列人员可以进入飞机驾驶舱,但并不限制机长为了安全而要求其离开驾驶舱的应急决定权:

(1) 机组成员;

(2) 正在执行任务的局方监察员或者局方委任代表;

(3) 得到机长允许并且其进入驾驶舱对于安全运行是必需或者有益的人员;

(4) 经机长同意,并经合格证持有人特别批准的其他人员。

被准许进入驾驶舱的非机组人员,应当在客舱内有供该人员使用的座位,但下列人员在驾驶舱有供其使用的座位时除外:

(1) 正在对飞行操作进行检查或者观察的局方监察员或者经授权的局方委任代表;

(2) 局方批准进行空中交通管制程序观察的空中交通管制员;

(3) 合格证持有人雇用的持有执照的航空人员;

(4) 其他合格证持有人雇用的持有执照的航空人员,该员得到运行该飞机的合格证持有人的批准;

(5) 运行该飞机的合格证持有人的雇员,其职责与飞行运作的实施或者计划、空中监视飞机设备或者操作程序直接有关,此人进入驾驶舱对于完成其任务是必需的,并且已得到在运行手册中列出的有批准权的主管人员的书面批准;

(6) 该飞机或者其部件的制造厂家技术代表,其职责与空中监视飞机设备或者操作程序直接有关,进入驾驶舱对于完成其职责是必需的,并已得到该合格证持有人在运行手册中列出的有批准权的运行部门负责人的书面批准。

5. 局方监察员进入驾驶舱的权利

局方指定的监察员执行监察任务时,向机长出示局方监察员证件后,机长应当允许该监察员不受阻碍地进入该飞机的驾驶舱。

6. 国内、国际定期载客运行的紧急情况

在需要立即决断和处置的紧急情况下,机长可以采取他认为在此种情况下为保证飞行安全应当采取的任何行动。在此种情况下,机长可以在保证安全所需要的范围内偏离规定的运行程序与方法、天气最低标准和其他规定。

飞行签派员在飞行期间发现需要其立即决断和处置的紧急情况时,应当将紧急情况通知机长,确实弄清机长的决断,并且应当将该决断作出记录。如果在上述情况下,该飞行签派员不能与飞行人员取得联系,则应当宣布进入应急状态,并采取他认为在此种情况下为保证飞行安全应当采取的任何行动。

当机长或者飞行签派员行使应急权力时,应当将飞行的进展情况及时准确地报告给相应的空中交通管制部门和签派中心。宣布应急状态的人员应当通过该合格证持有人的运行副总经理,向局方书面报告任何偏离。飞行签派员应当在应急状态发生后10天内提交书面报告,机长应当在返回驻地后10天内提交书面报告。

7. 补充运行的紧急情况

在需要立即决断和处置的紧急情况下,机长可以采取他认为在此种情况下为保证飞行安全应当采取的任何行动。在此种情况下,机长可以在保证安全所需要的范围内偏离规定的运行程序与方法、天气最低标准和其他规定。

在使用飞行跟踪系统实施运行控制的飞行期间,合格证持有人的相关管理人员发现需要其立即决断和处置的紧急情况时,应当将紧急情况通知机长,确实弄清机长的决断,并且应当将该决断作出记录。如果在上述情况下,该管理人员不能与飞行人员取得联系,则应当宣布进入应急状态,并采取他认为在此种情况下为保证飞行安全应当采取的任何行动。

当机长或者相关管理人员行使应急权力时,应当将飞行的进展情况及时准确地报告给相应的空中交通管制部门。宣布应急状态的人员应当通过该合格证持有人的运行副总经理,向局方书面报告任何偏离。宣布应急状态的人员应当在飞行结束或者返回驻地后10 天内提交书面报告。

7.3　特殊人员乘机的管理

1. 乘坐民航班机免检范围

(1)民航各机场必须严格执行国务院关于列为国家警卫对象的领导人以及中央军委委员乘坐民航班机免于安全检查的规定。

(2)在机场安全检查中,对按规定持有政府和军队领导机关出具证明的重要旅客要给予优先和礼遇,做好服务工作,但不免检。

2. 警卫人员携带枪支乘坐民航班机的规定

(1)地方党政领导机关和军队领导机关,应严格执行国务院关于乘坐民航班机免检范围的规定;

(2)对执行国家保卫对象和重要外宾保卫任务警卫人员佩戴的枪支、子弹,在乘坐民航班机时,由本人携带;

(3)为了保障飞机和旅客的安全,持枪人应采取枪弹分开的办法携带;

(4)警卫人员单独往返乘坐民航班机时,所携带的枪支、子弹按第(2)条办理;

(5)各地公安机关警卫人员在执行国家列名警卫对象和来访的正部级以上重要外宾的警卫任务时,可以佩戴枪支、子弹乘坐民航班机,由本人采取枪弹分开的办法随身携带。

3. 押解犯罪嫌疑人乘坐民航班机安全措施

(1)民航总局公安局对押解犯罪嫌疑人乘坐民航班机的工作统一管理。

(2)执行押解犯罪嫌疑人任务实行谁押解、谁负责的原则。在实施押解工作时,要落实各项安全措施,保证万无一失。不采取防范措施,不能保证安全的,不准乘坐民航航班。

(3)需要乘坐民航班机押解犯罪嫌疑人的,须报经押解单位所在地或出发省、自治区、直辖市公安厅局批准,报民航公安机关同意。

(4)押解警力要三倍于犯罪嫌疑人,押解中不允许犯罪嫌疑人单独行动。押解人员乘机不得携带武器,实行早登机、晚下机。

(5) 被押解的犯罪嫌疑人乘机座位,应尽量安排在客舱的后部。犯罪嫌疑人不能在飞机前舱、紧急出口、客舱门口处就座。

(6) 对押解人员和犯罪嫌疑人均不能供应各种酒类、含酒精的饮料。犯罪嫌疑人用餐时,不能提供金属刀叉,搪瓷、玻璃、钢制餐具。

(7) 负责押送的人员必须确保犯罪嫌疑人没有携带武器、致人身伤亡药品、火具或其他危险物品,并确保犯罪嫌疑人始终处于控制之下。

(8) 在任何情况下,都不得将犯罪嫌疑人铐在座位或其他无生命的物体及客舱设备上。在安排座位时,不得将犯罪嫌疑人安排在靠紧急出口或应急设备的座位上及前舱就座。

4. 承运精神病人的安全措施

(1) 必须要有能确保控制病人的人员陪同;

(2) 必须出具医疗部门的病情确诊证明;

(3) 需要镇静治疗的精神病人,其航程要在药物的有效控制期内。

5. 遣返旅客乘机安全控制

(1) 按照上级的通知与要求,根据遣返人员的数量、具体情况,认真做好遣返准备工作。如在遣返中所需要的器械、增加人员等。接到遣返任务后,在机组准备会时要及时向机长汇报,研究制定安全措施,并通知全体机组人员。

(2) 被遣返旅客登机前,要与当地警方或办事处办理交接手续,了解被遣返人员的情况、被遣返的原因,所携带物品。

(3) 在办理接收遣返人员手续时或已经接收飞机未起飞前,被遣返对象有自杀或激烈反抗行为或上机后可能危及飞行安全的,经机长同意可以不予接收。

(4) 在安排被遣返旅客座位时,不得安排在靠近驾驶舱的位置。要加强必要的防范措施,随时注意他们在飞机上的情绪和举动,发现问题及时处理,防止发生意外。

6. 限制乘机的旅客

(1) 表现已中毒的旅客;

(2) 吸毒者;

(3) 要求静脉注射者;

(4) 表现已喝醉酒的人;

(5) 携带危险品或致命武器的人;

(6) 拒绝人身或物品安全检查者;

(7) 已知是传染病患者并有可能传染他人的,该旅客又无法提供有效证据证明本人不是危险传染病者。

对于上述旅客可以不予接收或承运。

7. 飞机清舱

飞机清舱的目的是防止飞机上藏有武器、凶器、弹药、危险品,及其他不属于按规定配备的外来物品;防止不是机组、旅客的人员滞留在飞机上。

客舱清舱的重点是驾驶舱、服务舱、飞行机组休息舱、行李架、卫生间、挂衣柜、资料柜、旅客座椅等。

1）正常情况下清舱

飞机的清舱工作依据民用航空总局规定，飞机驾驶舱、客舱由飞行机组负责检查，行李货舱由地面装卸人员负责检查。特别情况警方可以实行检查。机组对飞机的检查，应在登机后，旅客登机前进行，检查的重点是机上厕所、衣帽间、行李架、行李舱、厨房、机上应急设备等，检查的顺序是从上到下，从左到右，检查的方法是眼到手到，不留任何死角，检查的要求是认真细致，不放过一件可疑物品和现象，检查的具体内容：

（1）飞机的清舱工作由飞行机组和地面运输部门的行李或货物装机人员负责。

（2）飞机客舱包括驾驶舱、服务舱由机组人员负责，飞机的顶舱、电子舱、起落架舱由机务负责清舱。

（3）机上旅客应携带随身行李下机并重新进行安全检查后，方可登机；清舱结束，参加清舱的人员及值班经理应在清查单上签字，写明清舱结果。

2）非正常情况下的清舱

飞机起飞前接到机上有爆炸物、危险品的信息；接到明确炸机或其他威胁信息，需对飞机进行清舱；机上有人声称劫机或携带爆炸物、危险品；飞机关门后，旅客无正当理由下机。

3）参加清舱的人员

飞机正常情况下的清舱，由公司规定的人员参加，由机长负责；非正常情况下的清舱，由飞行机组、机场公安、安检、地面机务人员参加，由机长、机场现场或地面服务部门值班经理负责组织。

8．严禁利用飞机捎带违反规定的物品

（1）公司内部空勤人员与地面人员严禁利用飞机捎带违反国家有关规定的物品；

（2）严禁任何人员捎带未经过安全检查的物品上机；

（3）严禁利用航班捎带属于国家军事、政治、经济机密性质的文件、图纸、图片、胶片、音像资料、书籍；

（4）严禁利用飞机捎带仿真枪、管制刀具、危险品、黄色音像、书籍、刊物。

7.4　空防安全事故的报告

发生空防安全事故后，事发单位及事发所在地的派驻机构要立即向运行控制中心/保卫部报告。航空公司保卫部于 24 小时内向地区管理局和民航总局公安局报告。

7.5　空勤组的防范措施

（1）加强空防教育，提高空防认识。各航空公司对空勤组进行形势教育，传递有关敌情通报，克服麻痹思想。

（2）机组预先准备阶段空防工作。在预先准备阶段，空勤组在机长主持下，根据敌情通报，航线特点做到三明确，即明确各种防范预案，明确各成员分工，明确暗语暗号。

（3）在飞行全过程中落实全过程销闭驾驶舱门的规定。

（4）制定空中遇劫的处置方法。

（5）严禁不合规定的捎、买、带、托带物必须通过安全检查，防止敌人钻空子。

（6）旅客人数必须与舱单相符，旅客经停站突然终止旅行的，要查明原因，此旅客的行李必须全部卸下。

（7）驻外机组，离开旅馆时必须检查自己的行李，是否有外来物，防止敌人暗中放入爆炸物。

空防预案是飞行安全的有利保证，是预先准备阶段中的重要内容，起飞站飞行签派员在放行航空器时应严格把关，必要时可对机组的空防预案进行检查。

第二部分

航班预先准备阶段

第 8 章

航班计划与时刻管理

　　航班计划是航空公司长远发展的战略决策,是航空公司经营规划的核心,航班的计划的合理安排和申请是航空企业的自主行为,航班计划安排的好坏直接影响航空企业的经济效益和持续发展。

　　航班计划的申请就离不开航班时刻的使用,为规范民航航班时刻管理工作,加强对航班时刻使用的监督和管理,建立航班时刻公平、公开分配的管理程序与有效使用机制,为

视频 8-1
航班预先准备
阶段

加强航班的管理,维护航班的严肃性,保障航班按计划飞行,提高运输服务质量,中国民航局颁发了《民航航班时刻管理办法》和《中国民用航空国内航线经营许可规定》,从而使航空公司在制订航班计划、申请航班时刻和经营航班时有章可循。

8.1　航班计划的制订

8.1.1　航线和航班计划

　　航线是由具有一定商业载量的航空器在两个以上地点间从事定期运输服务而形成的航空运输线。航线的要素包括:起点、经停点、终点、航路、机型、班次、班期和时刻。

　　航班计划是航空运输市场研究的结果,是对计划内开辟和撤销某航线及在此航线上运力投入规模所做出的系统安排,是航空公司经营的准则。

　　航班计划在航空公司的经营管理中有以下三个方面的作用:

　　1. 航班计划是航空公司经营规划工作的核心

　　航空运输市场研究的结果是发现和提供了航空公司发展的机会,是否利用这些机会,在多大程度上利用,在什么时间内利用,是航班计划工作中最主要的问题。如果一个航空公司没有准确和完善的航班计划,航空公司的经营管理就是一句空话,因此说航班计划是全部经营规划的核心。

　　2. 航班计划是航空公司的战略决策

　　航线是民航运输企业向社会提供的用于满足社会需要的产品,而这一产品的选择对于航空企业来说是至关重要的。如果选择不当,企业就会亏损,从而影响经济效益,所以说航班计划不是一个短期的战术性安排,而是事关企业长期发展的战略决策,必须慎重

对待。

3. 航班计划是提高航空公司经济效益的关键

航班计划的编制,一方面要根据航空市场要求;另一方面要根据企业已有和将有的能力。编制航班计划的目的在于使企业的生产力得到充分发挥,并提高经济效益,对于民航运输企业来说效益实现于生产的过程,但却开始于计划的过程,如果市场机会没有把握准,企业经济效益的提高就会成为泡影,所以抓经济效益,应该从编制航班计划抓起。

8.1.2　航班计划的编制

航班计划由飞机所属航空公司编制,各航空公司在制订航班计划时应充分考虑到航空市场的需求,它包括下列因素:(1)客货源流量流向;(2)机组配套;(3)航空器;(4)机场条件及地面保证设施;(5)空中交通管制;(6)通信导航;(7)气象条件;(8)油料供应。

对以上诸要素航空公司应进行科学的分析,使其在航班计划中发挥效应。在航班计划中航线的选择是最主要的环节。

1. 航线的选择

单一航线的选择,包括进入或退出某一航线,是航班计划编制的开始,航线选择的合理性和可行性是航班计划合理的基础。开辟新的航线市场,或进入一个新的航线市场,要看是否具备如下必要的条件:

1) 经济和政治上的稳定

这种稳定表现为是否有长期经营的可能性,经济的增长刺激了航线市场的需求,政治上的稳定是航线市场稳定的保障。

2) 有比较充足的客货运量,并有较好的前景

通过对该航线市场的调查和预测,如果对该航线市场的客货运量现状和发展趋势持乐观态度,便可以进入该市场,在考察运量时,要考虑三种情况。

(1) 市场需求旺盛而供给不足,且需求有继续增长趋势。此时是进入市场的最佳时机,这样可以争取到较多市场份额。

(2) 市场需求量大,供给也充足,市场显得相对狭小。此时要考虑本企业的竞争能力,谨慎进入或放弃这一市场。

(3) 目前市场需求不大,但市场有很大的潜力,几年后可能成为一条"热线",对于这样的市场,企业应根据自己的财务实力,适时果断进入该市场。(适时就是在竞争中首先进入市场,并在进入该市场时企业有相对雄厚的财务实力)。

3) 有适宜的机场和航路

机场和航路是航空公司进行运输生产的客观条件,机场和航路的状况直接影响航空运输生产的进行和航线的经济效益。选择航线应从三个方面考虑:

(1) 从使用的角度和安全的角度看机场和航路是否符合一定的标准要求。如机场所允许的最大起飞重量、最大着陆重量、跑道长度、气象条件、净空条件、导航条件、航路的最低安全高度和高度层的配备。

（2）从经济角度看飞机和航路的条件对航班正常性和成本的影响程度，如机场和航路上大雾、雷雨、台风、雨雪出现频繁，使航班不能正常起飞，正常性差，社会效益不好从而影响了经济效益。或由于备降、改航、绕航、延误造成成本增加，也会影响经济效益。另一方面，虽然该航线上的运量很大，但地面的机场很小，限制了机型或运力的投入，或航路上有许多限制区、禁区这些客观原因也能影响企业效益。因此对新开航线的机场、航路的气象、地理和使用条件等数据要有充分的了解，并做出准确的判断。

（3）从航线的长短和备降机场的分布上考虑，当航线较长时，由于飞机本身载重量的限制，迫使企业选择合适的经停点，经停点选择得好，可以充分发挥飞机的性能使业载达到最优。备降机场的分布和选择在很大程度上直接影响着飞机载油量，如备降机场距目的地机场的距离较近则航行备用油量较少。天气情况好的航路促进航班正常率的提高，也相应地提高经济效益。

4）具备适宜的机型

飞机是航空公司进行运输生产的承运载体，是民航运输企业满足社会需求、实现企业目标的工具，运力的状况对航线的选择是有决定意义的。由于飞机的技术性能是一定的，因而它的使用范围也是一定的，因此要求既要使航线适应飞机——根据机型选择合适的航线，又要使飞机适应航线——根据航线选择适宜的飞机。在航线选择中，就要根据已有的运力或将要增加的运力，看所选航线是否适合。

5）本企业已有的航线有协同作用

新航线的开辟不仅要有利于该航线本身，而且要有利于本公司整个航线网络的改善，使各航线间能相互输送运量，并使公司在总体收益上有所提高，切忌不可以新线挤旧线，除非准备撤销那条旧航线。

6）对于国际航线，要有利于双边进入市场

选择国际航线时更要有充分的准备，要进行可行性分析研究，如我国开航新加坡，我方确定的航线为北京—广州—新加坡，而对方航线确定为新加坡—上海—北京，相比之下新加坡航空公司的载运率就比我们的高，这是有一定原因的。

7）获得或可能获得该航线的经营权

在我国航线经营权属于国家，因为空间也是一种资源，这种资源属于国家所有。经营某条航线，企业必须向航空运输主管机关提出申请，经批准后方有权使用，所以企业要开辟或进入某一航线市场，必须准备充足的资料和方案，作为申请航线权的理由，并接受管理部门的审查。

8）当有如下情况出现时，可做出退出航线市场的选择

（1）航线市场供应增加，竞争激烈，本企业在竞争中处于不利地位，市场占有率低（市场占有率＝本公司销售量/市场销售量）。

（2）由于地面运输方式的改进和规模扩大使航空运量锐减。

（3）航线运营收不抵支，且有继续恶化的趋势。

退出某一市场航线，也要提前向航空运输主管机关提出申请，经批准后方可实施。

2．运力投入

如果确定了要开辟或进入某航线市场，进而就要研究运力投入问题，即研究为该航线提供多大运输能力，具体说是以何种机型，多少班次服务于该航线市场。

运力投入的确定，基本依据是该航线市场的调查和预测的数据，它包括年、月、周、日平均运量，季节性客货流规律，峰值，时间分布等，在这些数据的基础上，确定以下问题：

1）航线机型的选择

在机场和航路的一定使用范围内，如果企业只有一种机型，则选择问题就不存在了。如果企业有多种机型，就要根据该航线的特点，认真地进行航线机型选择，它主要从两个方面考虑：

（1）使用角度

能在同一航线上进行飞行的若干机型，其使用上的差异主要表现在航速、客座和业载、舒适性上，在业载一定的情况下，根据机舱内空间结构的布置，将飞机分为以下三类：①客机型；②货机型；③客货组合机型。

在业载一定的情况下，应根据客货量的比例选择适宜的机型，以充分利用业载。在客运量很大而货运量很小的航线上如旅游城市，则选择客机型，在工业较发达且人员流动量也很大的城市，则应考虑客货组合机型，另外还要根据旅客的身份、旅行的性质和要求，选择舒适的机型。

（2）经济角度

从经济角度选择机型，主要是根据航段的长短和标准飞行剖面，选择接近其经济航程和经济飞行剖面的机型，航段长，选择机型应充分考虑到所选机型能否达到或接近标准飞行剖面和经济飞行剖面，这时如选择短程飞机，经停过站地点多，则达不到理想的效益，过站多，费用多，航线成本增加，所以在选择机型时应科学地计算，反复推敲，达到经济效益最大化。

2）航班次数选择

在机型一定的情况下，航班安排次数就决定了该航线运力投入的总规模，而这个规模对市场需求和对本企业的成本运价、收益水平都是至关重要的影响因素。所以航班次数确定要多方权衡，并从下面几个方面做主要考虑：

（1）航班次数和运量关系

航班安排多少，应根据运量的大小，在有竞争的情况下，应考虑自己所能取得的市场份额，从这个意义上讲，运量是自变量，班次是因变量，班次是运量的函数。但是从供给创造需求水平，影响需求的角度看，班次的多少又是自变量，运量是因变量，运量是班次的函数，也就是说，在班次很少的前提下，实际运量和需求量都是很低的。但班次达到一定水平时，实际运量和需求量就会大幅度上升达到峰值，使市场达到饱和状态，此时若再增加航班的班次，几乎不能再吸引额外的需求。由此可见，一定的数量，一定强度的稳定供给，将会培养出一定数量的稳定需求。因此航班安排要有一定的密度，以利于社会利用航班。用供给促进需求这点在新开辟的航线上尤其重要。如果只根据实际运量安排班次，就可能出现运量越小,班次越小,而班次越少,运量就越小的恶性循环。

另一方面,航班次数还和航线长度有关,长航线如国际航线,旅客对时间的要求,即对航班密度的要求较低,故而航班次数对运量影响不大。但对短航线来说,如国内干、支线,班次对运量影响就会敏感。

(2) 航班次数与载运率的关系

在运量需求规模一定的情况下班次少,载运率就高,班次多,载运率就低。一般说载运率高对企业有利,因为生产效率较高,单位收益率高,但也有不利的方面,就是旅客人数多,使收益总水平降低。高载运率对需求者不利,一部分需求者得不到满足,而且服务质量会下降。而低载运率对需求者来说是有利的,需求可及时得到满足,服务水平会提高,但对企业不利,这导致生产效率低。因此航班班次的安排应使载运率维持在一个适宜的数字,既满足消费者,又不使企业受损。

(3) 航班次数和收益水平的关系

班次对收益水平影响很大,所以说航班次数的确定要考虑收益水平。在一定范围内班次的增加,使航线的总成本上升,此外,运量也随之上升,由于收入是运量的函数,而运量又是班次的函数,所以以收入也与班次有函数关系,企业在取得一定收入的前提下要确定出一个对企业有利的最佳班次。

8.1.3　航线结构

以上两个大问题主要是从单个航线的角度来研究的,它是航班计划的起点,但一个航空公司不可能只有一架飞机,飞一条航线,而是有多架飞机飞若干条航线。这就要求在编制航班计划时,在单个航线研究的基础上,对整个航线网络做全盘考虑,寻求总体最优化。在对航线网络与结构进行综合考虑时,要考虑下列几个方面。

(1) 各航线间要有扩大运量的促进关系,并不是彼此削弱,造成自己航线间的竞争。

(2) 各航线间要有利于对外竞争的支持关系。航线的多样化,不同航线间相互的服务和衔接是竞争的有力手段,所以彼此服务的航线、航班、时刻的安排会大大增加每个航班对旅客的吸引力。

(3) 各航线间彼此的运力合理分配。根据不同的季节,合理调整各航线上运力的投入,使企业的经济效益达到最大。在供大于求的情况下,要充分提高飞机的利用率,降低航线成本,在供小于求的情况下,要合理调配飞机用于效益高的航线。

(4) 航线结构要具有分散风险的功能。航线太少,航班过于集中安排在少数盈利的航线上,从短期收益观点看这样是正确的,但有一定的风险,一旦由于政治、经济、军事原因造成需求下降或无法正常运营,企业将没有回旋的余地。

(5) 大力发展轮辐式的航线结构。航线结构有两种形式,一种是将一对对的城市用直接连接的直线式结构。另一种是轮辐式结构,既将许多中小城市的客货运到一个中心枢纽站,并在那里衔接飞往最终目的地的航班。比较这两种航线结构,轮辐式航线结构具有双重优点,它既可以降低飞机的投资和航线成本,又可以提高营运的灵活性和可靠性,因为由一个轮辐中心连接许多城市比一个扩大的直线式航线结构中接连每个城市所需的航班数目要少得多。这又要求航空公司在购买飞机时要充分考虑中远程飞机和短程飞机的比例。

目前我国的航线结构绝大部分是点对点(point-point)或线型(linear network)结构,轮辐式结构很少,典型的中心枢纽站还没有真正意义上形成。而国内多数机场又限制了大型飞机的起降,航路导航和管制手段及设备落后的情况下,大力发展轮辐式的航线结构,是一个一举数得的方法。

8.2　航班计划的内容

8.2.1　航班计划的报送

各航空公司在确定了航班号、机型、班次、班期及各站起降时刻后,应于每次航班协调会前一个月将长期定期航班计划和季节定期航班计划报送民航局,其报送内容见表 8-1、表 8-2、表 8-3、表 8-4、表 8-5、表 8-6。

表 8-1　航班计划表

航班号	(新报)航班计划			航线	(去年同期)航班实际		
	机型	班次	班期		机型	班次	班期

从表 8-1 中可以看出航班的增加、航线的调整、机型的改变。

表 8-2 航班班次座位数表

航 线	（新报）航班计划		（去年同期）航班实际	
	每周班次	座位数	每周班次	座位数

从表 8-2 中可以分析每条航线、班次和座位数的增减情况。

表 8-3　飞机使用情况表

航班号	航线	机型	班　期							时　刻		备　注
			一	二	三	四	五	六	七	起飞	降落	

　　同一机型放在一起,衔接航班放在一起,从中可以分析出每种机型每一天的使用情况,同时也可以分析出一天需使用多少架飞机。

表 8-4　主要航线航班班次座位数

航　　线	(新报)航班计划		(去年同期)航班实际	
	每周班次	座位数	每周班次	座位数

表 8-4 主要用来分析每条航线班次和座位数的增减情况。

表 8-5　航班配餐计划表

航班号	机型	班次	班期	航站	起飞	降落	航站	餐食	备　注

表 8-5 主要用来确定航班的时刻和配餐情况。

表 8-6　飞机日利用率情况表

机型	飞机日利用率（小时）		
	（新报）航班计划	（现行）航班计划	（去年同期）航班实际

从表 8-6 可以看出每种机型每日利用多少小时。

以上六种表格均需按统一格式报送民航局。

8.3 航班时刻的申请与管理

8.3.1 相关定义

航班时刻协调参数(以下简称协调参数),是指机场特定 1 小时或者 15 分钟内可提供的航班时刻数量。

航班时刻协调人(以下简称协调人),是指具体负责航班时刻协调配置工作的人员。

夏秋航季,是指日历年 3 月最后一个周日至 10 月最后一个周日之前的周六。

冬春航季,是指日历年 10 月最后一个周日至翌年 3 月最后一个周日之前的周六。

同航季,是指相邻的夏秋航季(两个夏秋航季),或者相邻的冬春航季(两个冬春航季),区别于两个连续的航季(夏秋航季和冬春航季)。

航班时刻主协调机场(以下简称主协调机场),是指在大部分时间段里航班时刻需求远大于供给的机场。

航班时刻辅协调机场(以下简称辅协调机场),是指在特定月份或者特定时段内航班时刻需求大于供给的机场。

非航班时刻协调机场(以下简称非协调机场),是指除主协调机场和辅协调机场以外的其他机场。

航班时刻池(以下简称时刻池),是指所有可供配置航班时刻的集合,包括新增航班时刻,未配置航班时刻以及归还、召回、撤销的航班时刻。

航班时刻库(以下简称时刻库),是指已经配置给航空承运人的航班时刻集合。

历史航班时刻,是指具有历史优先权资格的航班时刻。

新进入航空承运人,是指在特定机场特定运营日持有时刻少于 3 个(含),或者运营周内持有的航班时刻少于 21 个(含)的航空承运人。

在位航空承运人,是指除新进入航空承运人之外的航空承远人。

共同经营,是指两个或多个航空承运人之间多种类型的运营或商业合作安排。

航班时刻系列,是指为航班配置特定运营日(周一至周日的某一日)的航班时刻,应当占用特定运营日相同的时间;若无可能,尽量配置在大致相同的时间。

国家基本航空服务时刻,是指基于民航发展成果由人民共享的原则,在主协调机场、辅协调机场安排的时刻,用于与支线机场之间的航班飞行。该支线机场应当符合年旅客吞吐量 100 万以下、其他交通运输方式欠发达或者地处老少边贫地区的基本条件。

8.3.2 机构与职责

中国民用航空局在航班时刻管理工作中履行下列职责:

(1)制定航班时刻配置政策和管理办法。

(2)审查批准主协调机场名单、辅协调机场名单、机场容量标准和航班时刻协调参数。

(3)处理有关航班时刻管理工作的投诉,保留对航班时刻配置的裁决权和最终决策权。

（4）根据国家战略利益需要以及国家基本航空服务需要，在机场容量标准之内安排航班时刻。

（5）组织航班时刻管理系统的建设和维护。

（6）监督检查航班时刻管理工作。

民航地区管理局在航班时刻管理工作中履行下列职责：

（1）组织制定本地区每一个主协调机场、辅协调机场的航班时刻管理细则，报中国民用航空局审核后公布。

（2）研究提出本地区主协调机场名单、辅协调机场名单、机场容量标准和航班时刻协调参数，报中国民用航空局审查批准。

（3）研究提出国际地区时刻池与国内时刻池的配置占比、新进入航空承运人与在位航空承远人的配置占比，报中国民用航空局审核后公布。

（4）组织实施本地区主协调机场、辅协调机场历史时刻确认、历史时刻调整以及换季、日常航班时刻协调配置工作。

（5）监控航空承运人航班时刻执行情况。

民航地区管理局应当在本地区每一个主协调机场、辅协调机场，组织成立航班时刻协调委员会。航班时刻协调委员会由民航地区管理局、机场管理机构、空中交通管理机构、航空承运人代表和其他利益相关方组成，航班时刻管理部门、协调人列席。航班时刻协调委员会应当就下列事宜进行审视，定期开展协调工作，听取利益相关方的意见和建议：

（1）航班时刻管理细则，包括航空承运人航班时刻配置基数量化规则、航班时刻效能配置系数量化规则。

（2）机场容量标准和协调参数。

（3）国际地区时刻池与国内时刻池的配置占比、新进入航空承运人与在位航空承运人的配置占比。

（4）航班时刻使用监控情况。

民航局运行监控中心负责人道主义、专机、应急、外交等紧急重要飞行的时刻安排；根据民航局航班时刻管理部门委托，负责公务、校验、调机等飞行的时刻申请受理和安排，并定期向民航局航班时刻管理部门报备。

空中交通管制单位负责次日补班飞行的时刻安排，并定期向地区管理局航班时刻管理部门报告。

协调人应当具备航班时刻管理方面的知识技能和协调配置经验，履行下列工作职责：

（1）基于适用的协调参数协调配置航班时刻。

（2）对航班时刻的使用进行监控，并与相关航空承运人进行对话。

（3）出席并参与航班时刻协调委员会会议、航班时刻大会和集中办公。

8.3.3　监督管理

航班时刻管理部门、协调人应当坚持依法办事，坚持廉洁从业，坚持中立、透明、非歧视的行事方式，对所有国内外航空承运人一视同仁，做到规则、程序、结果的公开透明。

航班时刻管理部门、协调人应当在协调参数之内配置航班时刻,不得超出民航局航班时刻管理部门公布的机场容量标准配置航班时刻。

航班时刻管理过程中的下列信息,应当及时向航空承运人、机场管理机构、空中交通管理单位和其他利益紧密相关方公开:

(1)每一个主协调机场、辅协调机场的航班时刻管理细则,包括航空承运人航班时刻基数配置规则、航班时刻效能系数配量规则。

(2)主协调机场名单、辅协调机场名单、机场容量标准和航班时刻协调参数。

(3)各类时刻池的配置占比。

(4)新进入航空承运人与在位航空承运人的配置占比,新进入航空承运人名单和在位航空承运人名单。

(5)历史航班时刻确认和历史航班时刻调整结果。

(6)历史航班时刻确认、历史航班时刻调整完成后的国际地区航班时刻池、国内航班时刻池。

(7)航班时刻协调配置结果。

根据履行航班时刻监管职责的需要,航班时刻管理部门可以要求航空承运人提供、报送与监管事项相关的数据和资料。航空承运人应当按照航班时刻管理部门的要求,提供、报送相关数据和资料,并对其真实性负责。

对列入航班时刻申请资格受限名单的航空承运人,由民航局航班时刻管理部门给予1个航季、2个航季或者无限期暂停受理全国机场航班时刻申请处理。

航班时刻管理部门应当对航空承运人的航班时刻使用情况进行监控,有下列情形之一的,应当召回航班时刻:

(1)不具备历史优先权的航班时刻。

(2)航季执行过程中,即使本航季全部执行也不足 80% 执行率的航班时刻。

(3)有意或反复滥用航班时刻情节严重的。

8.3.4　一般规则

主协调机场采用 24 小时全时段航班时刻协调配置管理方式,辅协调机场在特定月份或者特定时段采用航班时刻协调配置管理方式。机场之间进港离港航班时刻匹配时,按照主协调机场、辅协调机场、非协调机场的优先顺序原则进行。

同时符合下列条件的民航运输机场,应当确定为主协调机场:

(1)航班时刻供需矛盾突出,短期内无法通过提升基础设施服务能力、优化空域资源或者改进管理等方式解决矛盾。

(2)年航班起降架次在全国机场航班起降架次中的占比,原则上不低于 1.5%。

(3)在国家航空运输体系中具有重要或特殊地位。

符合下列条件之一的民航运输机场,可以确定为辅协调机场:

(1)在特定月份或者特定时段,航班时刻供需矛盾突出,短期内很难通过提升基础设施服务能力、优化空域资源或者改进管理等方式解决矛盾。

(2)年航班起降架次在全国机场航班起降架次中的占比,原则上不低于 1%。

（3）与主协调机场使用空域重叠，且对主协调机场运行产生较大影响的机场。

航班时刻管理的基本规则是：

（1）在主协调机场、辅协调机场协调时段运营，应当协调获得航班时刻。

（2）航班时刻只配置给航空承运人。

（3）航班时刻按照周的特定运营日进行配置和考核。

（4）历史优先权规则是航班时刻管理的核心规则。

（5）航班时刻协调配置独立于航线航班经营权分配。

航班时刻管理部门应当在主协调机场、辅协调机场建立时刻池和时刻库。所有可供配置的航班时刻应当进入时刻池，所有已配置的航班时刻应当进入时刻库。时刻池和时刻库之外，不得存在不受监督的航班时刻，不得存在一月一批复、一周一批复等形式的长期执行航班。

时刻池内的航班时刻，属于初级市场航班时刻，实行行政化配置。时刻库内的航班时刻，属于次级市场航班时刻，实行市场化配置。

时刻池内航班时刻协调配置的通用优先顺序为历史航班时刻确认、历史航班时刻调整、新进入航空承运人协调配置、在位航空承运人协调配置。

航空承运人申请航班时刻，应当符合下列基本条件：

（1）具有在中国执行航空服务的安全运行许可。

（2）具有在中国执行航空服务的经营许可。

（3）未被列入航班时刻申请资格受限名单。

航空承运人有下列情形之一的，由中国民用航空局列入航班时刻申请资格受限名单：

（1）有意或反复滥用航班时刻情节严重。

（2）存在其他严重失信行为，被列入严重失信黑名单。

（3）严重扰乱市场秩序或者严重损害市场公平竞争。

获得航班时刻历史优先权，应当符合下列要求：

（1）上一个同航季至少 80％ 的航班时刻执行率。

（2）执行时段不少于整航季的 2/3。

（3）航班时刻未被召回或撤销。

（4）航班时刻历史优先权适用于主协调机场以及辅协调机场特定时段，不适用于非协调机场。

航班时刻执行率计算应当遵照下列规则：

（1）按照周的特定运营日计算执行率。

（2）如果某一航班同时保留 2 个或多个航班时刻系列，分别计算每个航班时刻系列的执行率。

（3）共同经营涉及 2 个或多个航班时刻系列的，分别计算每个航班时刻系列的执行率。

下列情形下，航空承运人所持有的航班时刻可不计入执行率考核：

（1）农历腊月二十三至正月十五期间。

（2）公历 12 月 24 日至翌年 1 月第一个周六期间。

（3）航班时刻主动归还期间。

（4）因不可抗力导致机场或空域关闭，致使航空承运人业务中断。

航空承运人有下列行为之一的，应当界定为有意或反复滥用航班时刻：

（1）向社会公众公布的离港到港时间，与获得的航班时刻不一致。

（2）将获得的航班时刻，用于与其申请目的明显不同的航空运营业务。

（3）故意在明显不同的时间运营业务。

（4）其他有确凿证据表明存在有意或反复滥用航班时刻的行为。

货邮飞行时刻协调配置，应当遵循下列规则：

（1）以货邮功能为主的机场以及航空货邮集散的机场，遵照容货并举政策同等对待。

（2）其他机场逐步放开高峰时段时刻安排窗口，早 6 点至 8 点可以安排进港时刻，晚 10 点至 12 点可以安排出港时刻。

8.3.5　航班时刻初级市场配置规则

航班时刻管理部门应当按照分类管理的原则，在主协调机场的时刻池和时刻库内，建立不同类别的时刻池和时刻库：

（1）时刻池内分别建立国际地区时刻池、国内时刻池，国际地区时刻池内的时刻原则上用于国际地区飞行，国内时刻池内的时刻原则上用于国内飞行。民航局航班时刻管理部门认为有必要时，可细分为国际时刻池、港澳台时刻池、国内时刻池、国家基本航空服务时刻池。

（2）时刻库内分别建立国际地区时刻库、国内时刻库，已配置给国际地区飞行使用的时刻进入国际地区时刻库，已配置给国内飞行使用的时刻进入国内时刻库。民航局航班时刻管理部门认为有必要时，可细分为国际时刻库、港澳台时刻库、国内时刻库、国家基本航空服务时刻库。

（3）时刻池内的航班时刻配置后，应当进入同一类别时刻库。时刻库内的航班时刻召回或交回后，应当进入同一类别时刻池进行配置。

（4）各类时刻池内的航班时刻原则上不得擅自流动，但一个类别时刻池内的时刻配置完成后尚有剩余的，可以流动到另一个类别时刻池内。

（5）同一类别时刻库内的时刻，可以进行航班时刻交换、转让和共同经营；不同类别时刻库内的时刻，原则上不得进行航班时刻交换、转让和共同经营。

主协调机场各类时刻池所占比例，应当根据机场功能定位和发展战略来确定，并保持基本稳定。各类时刻池中各时段航班时刻的具体数量，应当根据市场需求和优化航班结构需要，进行科学合理的设定。

换季航班时刻协调配置时，上一同航季具有历史优先权资格的航班时刻，应当确定为历史航班时刻，享有航班时刻配置的第一优先权。未确定为历史航班时刻的，应当进入时刻池进行配置。

换季航班时刻协调配置时，历史航班时刻调整享有航班时刻配置的第二优先权。历史航班时刻调整适用于连续 3 个同航季确认为历史优先权的航班时刻。保持历史优先权的持续航季越多、对优化调整航班结构更有利的历史航班时刻调整，具有更高优先权。

换季航班时刻协调配置时,新进入航空承运人享有时刻配置的第三优先权,时刻池中20％～50％的航班时刻,应当优先配置给新进入航空承运人。

换季航班时刻协调配置时,在位航空承运人享有时刻配置的第四优先权,时刻池内剩余的航班时刻,应当配置给在位航空承运人。

在新进入航空承运人之间或者在位航空承运人之间协调配置航班时刻时,应当运用下列量化优先配置规则:

(1) 运用航空承运人航班时刻配置基数量化规则,以航空承运人上一个同航季在该机场的航班时刻执行率记录、航班正点率记录、滥用航班时刻记录以及在中国境内飞行的航空安全记录的加权平均,确定航空承运人航班时刻配置基数。

(2) 运用航班时刻效能配置系数量化规则,以申请时刻涉及航班的通达性、可用座公里数、公平有序竞争性、空中交通流向均衡性、航线稳定性、发展战略的符合性等要素的加权平均,确定申请时刻的航班时刻效能配置系数。

(3) 根据确定的航空承运人航班时刻配置基数、申请时刻的航班时刻效能配置系数,以两者的乘积大小确定优先配置次序。

(4) 航空承运人根据优先配置次序在时刻池中选择时刻,同一航空承运人在同一类别时刻池中选择时刻的数量不得超过时刻池航班时刻总数的50％。

(5) 量化规则根据行业发展实际需要,由中国民用航空局组织修订并发布实施。

换季航班时刻协调配置初步完成后,协调人应当根据已经确定的优先配置次序,建立航班时刻等候名单,有效期保持到换季时间。

日常航班时刻协调配置过程中,对各类时刻池中的航班时刻,协调人应当运用优先配置量化规则,至少每2周进行一次配置。

8.3.6 航班时刻初级市场配置程序

航班时刻管理部门应当使用统一的计算机系统,优化航班时刻管理程序,提高航班时刻管理效率。采用互联网邮件、航空固定通信网电报等为航班时刻管理的主要沟通方式,最大限度便利航空承运人。

国外航空承运人、港澳台地区航空承运人、内地航空承运人的国际地区航班时刻换季协调配置,按照国际航班时刻协调配置的程序统一进行。国内航班时刻的换季协调配置,按照本办法规定的程序统一进行。

上一航季结束后2周内,地区管理局航班时刻管理部门应当公布本航季的主协调机场名单、辅协调机场名单、机场容量标准和协调参数,以及各类时刻池的配置占比、新进入航空承运人与在位航空承运人的配置占比等相关信息。

航季结束后2周内,协调人应当完成国内历史航班时刻的确认工作,并接受航空承运人历史航班时刻调整申请。

航季结束后4周内,协调人应当完成国内历史航班时刻的调整工作。历史航班时刻确认结果和历史航班时刻调整结果,应当通知航空承运人。

每年7月中旬,民航地区管理局航班时刻管理部门应当公布国内时刻池,每年8月接受航空承运人的冬春航季航班时刻申请。每年 11 月中旬,地区管理局航班时刻管理部门应当公布国内时刻池,每年 12 月接受航空承运人的翌年夏秋航季航班时刻申请。

每年 9 月中上旬,民航局航班时刻管理部门应当组织冬春航季航班时刻配置集中办公。每年 1 月中上旬,民航局航班时刻管理部门应当组织夏秋航季航班时刻配置集中办公。集中办公期间,协调人和航空承运人应当对航班时刻协调结果予以现场确认。

换季航班时刻协调集中办公结束后,地区管理局应当将航班时刻协调配置结果汇总飞行计划管理部门,由民航局航班时刻管理部门会同飞行计划管理部门对航班时刻进行编排。

工作日内,协调人应当随时受理航空承运人的日常航班时刻申请。航空承运人日常申请航班时刻,应在执行日期前 4 周向协调人提出申请。对航空承运人的航班时刻申请,协调人应当在 2 个工作日之内予以是否受理的答复,并在执行日期前至少 1 周予以答复。

8.3.7　航班时刻次级市场配置

时刻库内同类别航班时刻之间可以进行等量交换,航班时刻交换应当遵从下列规则:

(1) 按照在同一机场一个换一个的原则。

(2) 用于交换的航班时刻,应当至少运行满 1 个航季且具有历史优先权。

(3) 新配置的航班时刻,以匹配起降时刻为目的且在 1 小时时段内的,不受至少运行满 1 个航季且具有历史优先权的限制,可以直接进行航班时刻交换。

涉及航班时刻交换的航空承运人应当向协调人提出申请,对符合条件的航班时刻交换,协调人应当予以确认并修改时刻库。

时刻库内的航班时刻可以进行转让,航班时刻转让应当遵从下列规则:

(1) 航班时刻只能转让给正在或计划在同一机场运营的另一家航空承运人。

(2) 用于转让的航班时刻,应当至少运行满 3 个同航季且具有历史优先权。

涉及航班时刻转让的航空承运人应当向协调人提出申请,对符合条件的航班时刻转让,由民航地区管理局航班时刻管理部门报经民航局航班时刻管理部门同意后,予以确认并修改时刻库。

时刻库内的航班时刻可以进行共同经营,航班时刻共同经营应当遵从下列规则:

(1) 用于共同经营的航班时刻,应当至少运行满 1 个航季且具有历史优先权。

(2) 在共同运营的情况下,航班时刻原持有者对时刻执行率负责,运营航空承运人对航班时刻原持有者负责。

(3) 共同运营结束后,涉及的航班时刻仍属于原航班时刻持有者,不得直接转让给运营航空承运人。涉及航班时刻共同经营的航空承运人应当向协调人提出申请,对符合条件的航班时刻共同经营,协调人应当予以确认并修改时刻库。

航空承运人安全运行许可或经营许可失效时,由航班时刻管理部门召回其所持有的航班时刻。

航空承运人可以主动归还暂不使用的航班时刻,归还期满后航班时刻自动返回给航空承运人使用,归还航班时刻应当遵照下列规则:

(1) 归还的航班时刻应当具有历史优先权。

（2）归还航班时刻应当提前至少 4 周向协调人提出。

（3）一个航季内归还次数限一次，归还时段应为连续自然周且不超过整航季的三分之一。

（4）归还期间免于考核航班时刻的执行率。

机场容量调减以及国家重大活动等情况下，航班时刻管理部门可以撤销航班时刻。撤销航班时刻应当遵照下列规则：

（1）按照预先设定的优先撤销顺序撤销航班时刻，并至少提前 4 周通知航空承运人、机场管理机构、空中交通管制机构，紧急情况下例外。

（2）国际地区航空飞行或国家基本航空服务的航班时刻，原则上不予撤销。

（3）航空承运人在机场每周仅持有 14 个或以下航班时刻的，原则上不予撤销。

（4）某航线每周仅有 14 个或以下航班时刻的，原则上不予撤销。

8.4　航班计划的管理

近几年来，我国航空运输事业迅速发展，截至 2020 年 9 月，已有 17 家运输航空公司从事国内定期航线航班经营。无论在经营规模还是公司的属性及管理体制等方面都发生了很大变化，给我国民航事业的发展带来了生机和活力。与此同时，由于我国航空运输市场还未完全纳入法制化、规范化管理的轨道，航空公司在航线和航班经营过程中不同程度存在不正当竞争的现象，影响了航空运输市场的健康发展。为了加强对民用航空国内航线、航班的管理，优化资源配置，推进集约化经营，保障民用航空运输安全、健康、有序地发展，民航局制定了《中国民用航空国内航线经营许可规定》，对规范航空公司从事国内航线、航班经营起到了积极的作用。

各航空公司的航班计划经协调、整理审核后，对外编成航班时刻表，它是旅客的行动指南，航班时刻表有一定的法律约束力，为保证航班的严肃性，将按下列原则分类管理。

8.4.1　相关用语的含义

"国内航线"，是指运输的始发地、经停地和目的地均在中华人民共和国境内的航线。

"区际航线"，是指运输的始发地、经停地和目的地在两个或两个以上的民航地区管理局管辖区域之间的航线。

"区内航线"，是指运输的始发地、经停地和目的地在一个民航地区管理局管辖区域内的航线。

"航班"，是指空运企业按规定的航线、日期、时刻经营的定期飞行活动。

"加班"，是指一空运企业为满足市场需求，在被批准运营的定期航线上已确定的航班数目以外临时增加的航班。

"航季"，根据国际惯例，航班计划分为夏秋或冬春航季，夏秋航季是指当年 3 月最后一个星期日至 10 月最后一个星期六；冬春航季是指当年 10 月最后一个星期日至翌年 3 月最后一个星期六。

8.4.2　国内航线经营许可核准管理

空运企业申请的下列航线经营许可适用核准管理的方式：

（1）涉及民航总局核定的受综合保障能力及高峰小时飞机起降架次流量限制的机场的航线经营许可；

（2）涉及繁忙机场的航线和飞行流量大的航线经营许可；

（3）涉及在飞行安全方面有特殊要求的机场的航线经营许可。以上机场、航线的范围，由民航总局确定，并提前 3 个月予以公告。

空运企业在航空安全、航班正常、服务质量、诚实信用方面的业绩优劣是核准该企业进入航线经营的条件。

空运企业申请上述 3 条所列的航线上的经营许可的，应符合民航总局或民航地区管理局根据航线旅客运输量确定的航线空运企业准入数量调控措施。

空运企业每航季安排定期航班的执行情况，作为考核该空运企业每航季进入新航线经营和在现有航线上增加航班的条件。

根据保证安全和航班正常的要求，在国内航线经营许可中实行空运企业总部所在地机场和其他基地机场始发优先的原则。适用基地始发优先原则的机场由民航总局定期予以公告。

空运企业申请航线经营许可，应在计划开航前 45 日提出。申请人应当填写核准机关统一印制的《国内航线经营许可核准申请书》，并可采用信函、电报、电传、传真、电子数据交换和电子邮件等方式，由空运企业法定代表人或其授权人签署，按所申请的航线经营许可的管辖范围报送民航总局或相关民航地区管理局。

民航总局或民航地区管理局受理空运企业航线许可申请后，应在 20 日内提出意见，并通过政府网站或其他方式予以公告。申请人、利害关系人自公告之日起 7 日内未提出异议的，自受理申请之日起 30 日内作出核准决定。准予许可的，向申请人颁发《国内航线经营许可核准书》，不予核准的，应当书面说明理由。民航地区管理局核准的航线经营许可，应在核准后 10 日内报民航总局备案。

航线经营许可申请取得核准之后，空运企业决定不在已经核准的航线上安排航班经营时，按照所申请的航线经营许可的管辖范围，向民航总局或相关民航地区管理局交回《国内航线经营许可核准书》；已经开航但又决定停止经营的，按航线经营许可的监督管理规定的程序办理相关手续。

航线经营许可核准申请人和利害关系人对民航总局或民航地区管理局预先公布的航线经营许可意见持有异议的，应当按规定的期限和程序提出；涉及重大事项的，民航总局或民航地区管理局可根据需要举行听证，经重新评审后作出核准决定。

空运企业应当确保核准经营许可航线的正常运营。凡核准经营许可后，60 日内未安排航班或因空运企业自身原因航班执行率不足 50%的，核准机关可以撤销其经营许可，且两年之内不再受理该空运企业就该航线或相关航线提出的经营许可申请。民航总局或民航地区管理局对撤销的航线许可予以公告。

8.4.3　国内航线经营许可登记管理

空运企业申请的下列航线经营许可适用登记管理的方式:(1)国内航线经营许可核准管理第一条所列范围以外的航线;(2)国内货运航线;(3)民航总局或民航地区管理局划定的其他航线。

空运企业申请航线经营许可的登记应在计划开航前 30 日提出。申请人应当填写登记机关统一印制的《国内航线经营许可登记表》,并可采取信函、电报、电传、传真、电子数据交换和电子邮件等方式,由空运企业法定代表人或授权人签署,按所申请的航线经营许可的管辖范围,报送民航总局或相关民航地区管理局。

民航总局或民航地区管理局受理空运企业航线经营许可登记的申请,属于经营许可登记管理范围的,颁发《国内航线经营许可登记证》;对不符合经营许可登记管理范围的,不予登记,并书面说明理由。民航地区管理局登记的航线经营许可,应在登记后 10 日内报民航总局备案。

航线经营许可登记并公告之后,空运企业决定不在已经登记的航线上安排航班经营时,应当按照所申请的航线经营许可的管辖范围,向民航总局或相关民航地区管理局办理该航线经营许可登记的注销手续;已经开航但又决定停止经营的,按航线经营许可的监督管理规定的程序办理相关手续。

空运企业应当确保办理经营许可登记航线的正常运营。凡航线经营许可登记后,60日内未安排定期航班或者因空运企业自身原因航班执行率不足 50%的,航线经营许可登记注销,且两年之内不予重新登记。民航总局或民航地区管理局对航线经营许可登记注销的情况予以公告。

8.4.4　航线经营换季的管理

民航总局国内航线经营许可评审委员会应当根据确定的原则和每一航季航空运输市场情况制定航线航班安排的指导原则和经营许可的评审规则,经征求民航地区管理局和空运企业意见后,于该航季开始的 90 日前予以公告,并依据指导原则和评审规则对空运企业换季集中提交及日常提交的航线经营许可进行核准或登记管理。

空运企业在航线经营换季时,应集中提交航线经营许可核准和登记申请,并应于该航季执行的 80 日前向民航总局或民航地区管理局报送区际或区内航线有关资料。

民航总局和民航地区管理局在航线经营换季时,集中办理航线经营许可核准及登记。其中列入核准许可范围的航线,召开评审会进行评审。所有核准、登记工作应在换季 45日前完成。对空运企业新增航线经营许可的,在其《国内航线经营许可核准书》或《国内航线经营许可登记证》上予以载明。

8.4.5　航班管理

空运企业经营的定期航班应以合理的载运比率提供足够的班次,以满足目前或合理预测到的旅客、货物和邮件运输的需求。一家空运企业取得经营许可航线的航班安排,由空运企业确定,报民航总局或民航地区管理局备案。两家以上空运企业取得经营许可航线的航班安排,由空运企业协商确定,报民航总局或民航地区管理局备案;或应空运企业要求,由民航总局或民航地区管理局依据航季评审规则进行评审确定。

空运企业通过核准或登记获得航线经营许可时,应确定初始航班安排(包括日期、使用机型和班次)。对已运营航班的调整,通常应当在航班换季时进行。

空运企业应当以适当方式公布班期时刻并坚持诚实信用的原则,按所取得的航线经营许可和公布的班期时刻执行。民航总局或民航地区管理局可根据航空运输市场监管和宏观调控的需要,对空运企业航班安排实施总量管理。空运企业通过核准或登记获得的航线经营许可,应在取得相应的起降时刻后方能运营。

空运企业拟停止经营航季客座率达到 50% 以上的航线的,应当经民航总局或民航地区管理局评审核准;未经评审核准,不得停止经营。

空运企业可以根据市场需求在其所经营的航线上自行安排加班,提前一周报始发机场所在地民航地区管理局备案,并取得相应的起降时刻后实施。空运企业加班不得冲击其他空运企业的定期航班经营。如因加班引起冲击其他空运企业定期航班的投诉,经民航总局或民航地区管理局调查确认,将追究该空运企业的责任。

在航空市场出现运力急剧增减,并对行业市场造成重大混乱,或机场保障能力不能满足实际需求以及国家对相关空域另有使用要求的紧急情况下,民航总局或民航地区管理局可以在全国部分地区或者某些机场或航线上采取临时管理措施,对空运企业提出的加班申请实施核准,或发布在某一时段禁止经营加班往返至某一地区的决定。

8.4.6　特别管理规定

民航总局和民航地区管理局在进行航线经营许可核准和航班安排协调时,对承担政府协调、执行指定的特殊贫瘠航线飞行任务的空运企业,可按其要求,酌情增加由该地区始发的航班或开辟该地区始发效益较好的航线。特殊贫瘠航线由民航总局公告。

民航总局和民航地区管理局对新辟独飞的"老、少、边、穷"地区支线航线采取市场培育期保护措施,在两年内不再核准或登记其他空运企业进入经营。但因经营该航线的空运企业自身原因,不能充分满足市场需求的除外。所指"老、少、边、穷"地区航线是指位于西部地区或东北地区或者它们之间的航线,但是这些航线始发地、经停地或目的地中不能同时包含两个以上的民航总局确定的枢纽机场。

民航总局或民航地区管理局根据国家和地区特殊需要,协调指定空运企业安排航线经营和加班飞行时,空运企业应当执行。

8.4.7　航线经营许可的监督管理

空运企业按规定取得的航线经营许可的有效期为 3 年。期满后无特殊情况,空运企业未提出变更申请的,该项经营许可自期满之日起自动延续 3 年,民航总局或民航地区管理局对该类许可采取简易程序办理核准或登记。

空运企业通过航线经营许可取得的航线经营权不得租赁、转让、买卖和交换,《国内航线经营许可登记证》和《国内航线经营许可核准书》不得擅自涂改。

空运企业未经批准,不得以代号共享或湿租其他空运企业飞机等经营方式变相转让或出租航线经营权。

空运企业申请暂停、终止经核准或登记取得的航线经营许可的,应当于拟停止经营之日起 30 日前向民航总局或相关民航地区管理局提出申请,并详细说明理由。民航总局或相关民航地区管理局在收到申请之日起 10 日内作出是否批准的决定并予以公告。

8.5　航班计划中的时间标准

航班计划中重要的一环是航班时刻的确定,包括起飞站的起飞时刻,经停站的起飞时刻和过站时间及目的地机场的回程起飞时刻等。这些时刻制定得合理,将有利于提高航班飞行正常率,如果制定得不合理将造成大部分航班不正常,影响企业的服务质量,也招致不利的社会舆论。为了提高服务质量,树立企业的良好形象,特制定下述时间标准。

1. 轮档时刻

轮档时刻是一个重要的时间标准,是航班计划中起飞时刻的依据,同时也是计算飞机本身使用寿命及飞机日利用率的一个重要标志。它是指上完客关舱门后,飞机启动发动机之前,移去轮档的瞬间。

2. 滑行时间

滑行时间是指撤轮档起到进入起飞跑道,或从退出跑道到停机就位档轮档止的时间。由于机场繁忙的程度不同,飞机滑行时间也大不相同,为了有一个统一的标准,有必要将与自己公司运行有关的机场分为两类即繁忙机场和非繁忙机场。

繁忙机场或滑行非畅通机场,它的滑行时间一般为 10~15 分钟,如美国的旧金山,纽约、洛杉矶、巴黎等机场。非繁忙机场或滑行畅通机场,它的滑行时间一般为 5~10 分钟,如国内的机场及东南亚机场等。

3. 空中时间

空中时间是指飞机进入跑道松刹车起飞到落地前轮接地的时间。在安排航班时刻表时,应当为飞机在经停站正常补给服务留出足够的时间,并应当考虑航路上的盛行风和所用型号飞机的巡航速度。这个巡航速度不得大于发动机的标称巡航输出功率所能获得的巡航速度。由于机型的不同,速度的差异,这一时间是根据航线实际距离和飞机平均速度而算出的。

4. 飞行时间

飞行时间是指飞机从撤轮档起到档轮档止的时间,亦称一次轮档时间,它是空中时间与滑行时间之和。

5. 过站时间

过站时间是指飞机开舱门下客到上完客关舱门止的时间,这一段时间是衡量地面服务质量好坏的重要标志之一,是保证航班飞行正常的重要组成部分,由于方式和机型的不同分为:

(1) 经停过站。是飞机到达目的地之前,由于客货的需求而加降经停的航站,有载量的变化。各类飞机经停站时间在我国境内通常按下列规定掌握:

60 座以下的航空器不少于 35 分钟,如 EMB145、ATR72、CRJ200、DORNIER328 和

SAAB340 等；

61～150 座的航空器不少于 50 分钟，如 B737（700 型以下）、A319、MD82 和 BAE146 等；

151～250 座的航空器不少于 60 分钟，如 MD90、B767、A310、A320、B757-200 和 B737-800 等；

251 座以上的航空器不少于 75 分钟，如 A300、B747、A330、A340、MD11、B777 和 IL86 等。

北京首都、浦东、广州机场航班过站时间在相应机型过站时间基础上增加 15 分钟，虹桥、深圳、成都和昆明机场航班过站时间在相应机型过站时间基础上增加 10 分钟。

国际航班在国外繁忙机场的经停站，可以比上述时间稍长一些。

（2）终点过站。是飞机在目的地机场的过站，这一时间可以参考经停站时间并比经停站时间稍长，各公司可根据本身的需要而确定；

（3）技术经停。是指由于航线过长而且受飞机本身性能的限制而必须做中途加降的航站，这一过站没有客货变化只是加油，各公司可根据自己的机型而确定技术经停时间的长短。

上述时间标准是航班协调会上航班时刻的谈判依据，是制定班期时刻表，各站起飞、降落时刻的根据。航空公司应根据本公司航线、机型、机场的繁忙程度来确定其自身的时间标准，国际航线飞行时还应根据国外机场移民局和海关工作时间的限制，及时调整国内的起飞时刻，这样节省了费用，而且还可提高航班飞行正常率。

 本章测试

第 **9** 章

航班飞越申请

航班的飞越申请一般由航空公司运控中心的航务部门来做,一般公司的商务委员会负责向运行控制中心发布航班计划任务单。航班计划任务单内容应包括起降机场代码、计划时刻、机型、执行日期和班期。航务部根据航班计划任务单的内容,协调航行情报部门和机务部门,对航班的飞越作出申请。

9.1 飞越申请的工作程序

9.1.1 处理航班计划

申请负责人接收航班计划任务单,梳理需进行航班申请的任务,录入公司的飞越申请与开航保障系统,复核人进行检查。

9.1.2 航路走向

由航行情报室完成航线的选取和制作,并通知航务运行部门。一般的加班航班使用公司正班航路,如涉及无《飞行管制一号规定》的航线,另行单独申请国内航路。

9.1.3 查阅资料

负责人根据航班计划和航线资料,查阅《飞行管制一号规定》、运行涉及国家的申请要求。

9.1.4 制作申请文件

负责人将航班计划输入航班申请飞越系统,根据航行情报室提供的航路制作 CFP,并按照申请要求制作申请文件,内容主要包括执行日期、航班号、航线、机型、起飞机场及起飞时刻、落地机场及落地时刻、所飞越国家进出边境点及时间、飞越航路代号,进行交叉检查。

9.1.5 提交申请

按照各国申请时限要求及时提交申请文件。如遇困难,请我驻外使领馆、航务代理公司协助。

9.1.6　补充运行资料

民航主管部门如要求提交补充运行资料,负责人向公司相关部门索取后向对方提交。

9.1.7　处理批复

(1) 负责人、复核人比照最新航路数据和航班计划交叉检查批复文件,填写公司申请检查单。

(2) 批复航路与申请航路不一致时,负责人通知航行情报室修改公司航路。

(3) 外国民航局拒绝批复时,负责人通知商务委员会(任务来源单位),并报主管领导。

9.1.8　归档

将质量记录整理存档,保存 3 个月。

9.2　航务代理协议

9.1.1　委托方职责

(1) 委托方完全负责航空器签派放行业务,委托方签派员、机长共同对航空器的安全运行负责。委托方运行控制部门拥有航空器的放行权,对每次飞行进行签派放行和监控,并对航空器运行的起始、持续和终止行使运行控制权承担安全责任。

(2) 委托方按照《民用航空飞行动态固定格式电报管理规定》(AP-93-TM-2012-01)要求,使用 SITA 电报提交飞行计划(FPL),并对准确性和及时性负责。

(3) 委托方在每日 15∶00 前将次日执行代理方机场的航班计划经 SITA 格式电报发至代理方地址,以便代理方安排次日工作计划。

(4) 委托方做出的航班变更、取消等决定,应及时通知代理方。

9.1.2　代理方职责

(1) 代理方依据民航局规章中的相关规定条款受理和发布委托方所提交的飞行计划(FPL)。

(2) 代理方按民航局有关规定为委托方拍发 SITA 或 AFTN 格式的业务电报。若电传终端故障,则以电话或传真形式向委托方通报。

(3) 委托方机组正常情况下通过 EFB 系统接收签派放行资料。若代理方接到委托方因 EFB 系统故障或其他任何原因,机组不能正常接收签派放行资料时,代理方通过委托方提供的方式获取签派放行资料,或者由代理方从当地提取该航班所需下列资料:

① 所有最新可得的航行通告。

② 所有最新可得的有效的气象资料:起飞机场、目的地机场、中途停留机场、签派放行单中所列备降机场的最新天气实况、预报和/或特殊报告;航路重要气象报告;重要天气

预告图;高空风温预报图;其他影响飞行安全的气象资料。

③ 委托方拍发的放行电报(含 FPL)。

④ 委托方拍发的计算机飞行计划(CFP)。

代理方负责将放行资料提交给机长,机长应在放行资料中的两份放行电报上签字,放行电报一份由代理方留存,一份给机组。代理方留存放行资料要保存 3 个月。

(4)遇有特殊情况时,双方应及时电话协商解决。

(5)委托方的航空器发生不正常或特殊情况时,代理方应做好记录,为委托方调查提供有关文字记录、录音、电报等原始资料,配合委托方做好不安全事件调查工作,根据委托方要求提供相关调查报告或书面资料。

(6)本合同期限内,未经委托方同意,代理方不得向第三方泄露本协议内容及其相关信息,否则委托方有权追究代理方法律责任。

第 10 章

航空器运行要求

10.1 飞机的要求

10.1.1 公共航空运输运行飞机的基本要求

合格证持有人运行公共航空运输的飞机应当符合下列要求：

(1) 在中华人民共和国登记的民用飞机,并携带现行有效的适航证、国籍登记证和无线电电台执照；

(2) 处于适航状态并符合中国民用航空规章适用的适航要求,包括与标识和设备有关的要求。

合格证持有人可以使用经批准的重量与平衡控制系统来符合适用的适航要求和运行限制,该重量与平衡控制系统可以以平均的、假定的或者估算的重量为基础。

合格证持有人可以租用不含机组人员的国际民用航空公约缔约国所属的某一国家登记的民用飞机实施公共航空运行,但应当符合下列规定：

(1) 该飞机带有经民航总局审查认可的原国籍登记国颁发的适航证和由民航总局颁发的适航认可证书,以及无线电电台执照；

(2) 合格证持有人已将该飞机的租赁合同副本报局方。

10.1.2 飞机的审定和设备要求

合格证持有人按照公共航空运输运行的飞机应当是型号合格审定为运输类或者通勤类的飞机,并符合运输类或者通勤类飞机要求,否则不得实施公共航空运输运行。合格证持有人不得使用单台发动机的飞机实施公共航空运输运行。

1. 禁止使用单台发动机飞机

合格证持有人不得使用单台发动机的飞机实施运行。

2. 飞机的航路类型限制

(1) 除得到局方的批准且满足合格证持有人运行规范许可的条件下,合格证持有人不得使用以涡轮发动机为动力的飞机实施以下运行：①延程运行；②在北极区域内的运行；③在南极区域内的运行。

(2) 合格证持有人用于延伸跨水运行的陆上飞机,应当是按照中国民用航空规章第 25 部中的水上迫降规定审定合格或者被批准为适合于水上迫降的飞机。

3．飞机的运行验证试飞

合格证持有人使用以前未在公共航空运输运行中使用过的飞机，应当完成局方认可的至少 100 小时的运行验证试飞，包括相当数量的进入航路机场的飞行。在运行验证试飞过程中，如果局方认为试飞已达到令人满意的熟练水平，则局方可以减少验证试飞时间。上述运行验证试飞至少应当有 10 小时在夜间完成。

除经局方特殊批准外，合格证持有人首次使用曾在公共航空运输运行中使用过的某一型号飞机，或者使用在设计上作了实质性更改的某一型号飞机，则在拟使用该飞机实施运行之前，应当完成经局方认可的至少 25 小时的运行验证试飞，包括相当数量的进入航路机场的飞行。

上述飞机在设计上进行了实质性更改是指下述情形之一：

（1）整套动力装置的型号与飞机合格审定时所装动力装置的型号不相类似；

（2）对飞机或者其部件进行了实质上影响其飞行特性的更改。

除了实施试飞所需的人员和局方指定的人员之外，合格证持有人不得在运行验证试飞的飞机上携带旅客。经局方批准，运行验证试飞的飞机可以携带邮件、快递或者其他货物。

4．飞机应急撤离程序的演示

合格证持有人应当依照 CCAR-121 部规则附件 C《应急撤离程序演示准则》的规定进行应急撤离程序的实际演示，证明在载客飞行中所用的旅客座位数大于 44 座的每个型号的飞机，能够使包括机组成员在内的满载量乘员在 90 秒（含）以内撤离飞机。但是，如果该型号飞机已被证明符合适用的型号合格审定标准，可以不实施实际的演示。

使用旅客座位数大于 44 座的飞机实施载客运行的合格证持有人，有下列情形之一的，应当进行应急撤离程序的部分演示：

（1）该合格证持有人新引进的某型号飞机投入载客飞行并且该合格证持有人没有按照第 1 条实施实际演示；

（2）飞机客舱乘务员的人数、位置或者其应急撤离职责、程序发生改变；

（3）应急出口的数量、位置、型号或者供撤离用的应急出口开启机构的型号发生改变。

在实施要求的部分演示时，合格证持有人应当遵守下列规定：

（1）实施不要求旅客参加但要在局方观察下进行的演示，以验证其机组成员应急生存训练和应急撤离程序的有效性。在这种演示中，该型号飞机的客舱乘务员，应当使用该合格证持有人的航线操作程序，按照各自应急撤离职责，打开 50％所要求的地板高度的应急出口和 50％所要求的非地板高度的应急出口，并放下 50％的应急出口滑梯。这些应急出口和滑梯由局方选定，并且应当在 15 秒钟内准备就绪以供使用。

（2）在实施这种演示之前，向负责监督其运行的民航地区管理局提出申请并获得批准。

（3）在这种演示中使用的客舱乘务员，由局方从已经完成合格证持有人经局方批准的该型号飞机训练大纲的训练并已通过应急设备和应急程序考试的客舱乘务员中随机挑选；

(4)在开始实施该型号飞机的运行之前,向负责监督其运行的民航地区管理局提出申请并获得批准。

每个使用或者计划使用一架或者多架陆上飞机作延伸跨水运行或者按照要求配备相应应急设备的合格证持有人,应当按照规定进行模拟水上迫降,证明其能有效地完成水上迫降程序。

对于已经有其他合格证持有人进行过规定的模拟水上迫降的那种型号飞机,如果每个救生筏都从其存放处取下,其中一个救生筏被投放并充气或者一个滑梯救生筏被充气,并且指定负责该充气救生筏或者滑梯救生筏的机组成员表演并说明了每项必需应急设备的使用,则认为已经符合上述各项的要求。前述待充气的救生筏或者滑梯救生筏由局方选定。

5. 飞机分类

为方便训练管理,将民用飞机分为小型、中型、大型和重型 4 个等级。直升机分为小型、中型两个等级。分级时主要根据飞机的最大起飞全重,对处于分界边缘的机型,民航局可根据其训练难度、客座数量、驾驶员责任等情况加以适当调整。

(1)飞机分级的最大起飞全重参考值

① 小型飞机:最大起飞全重 5.7 吨以下。

② 中型飞机:最大起飞全重 5.7～25 吨。

③ 大型飞机:最大起飞全重 25～100 吨。

④ 重型飞机:最大起飞全重 100 吨以上。

(2)直升机分级的最大起飞全重参考值

① 小型直升机:最大起飞全重 2 730 公斤以下。

② 中型直升机:最大起飞全重 2 730 公斤以上。

(3)民用飞机、直升机的训练分级举例

① 小型飞机:运五、运十一、运十二、双水獭、TB20、TB200、夏延 IIIA、海岛人、M-18、PL-12、GA-200、农林五型 A。

② 中型飞机:运七、安 30、肖特 360、冲八、空中国王 200、SAAB340、奖状 VI、奖状 II、ATR72。

③ 大型飞机:B737、MD82、MD90、雅克 42、图 154M、BAE146、A320、L100-300、运八、福克 100。

④ 重型飞机:B747、B757、B767、B777、A300、A310、A330、A340、MD11、IL-86。

⑤ 小型直升机:R-22、R-44、贝尔 206、小松鼠、BO-105。

⑥ 中型直升机:直九、S-76、贝尔 212、贝尔 214、超美洲豹、米八。

(4)军转民飞行人员原飞机型的分级原则

军方飞行人员转到民用航空系统后的训练,对其原飞机型的等级按下列原则确定:

① 初教机、歼击机、强击机,相当于民用小型机;

② 轰炸机,相当于民用中型机;

③ 运输机,按最大起飞全重参考值确定。

10.2 飞机应急设备

10.2.1 应急设备

只有装备应急设备的飞机,方可以实施运行。每项应急设备和漂浮设备应当符合下列要求:

(1)依照运行规范中规定的检验周期予以定期检验,以确保其处于持续可用和立即工作的状态,执行其预定的应急用途;

(2)易于机组成员取用,位于客舱的设备应当易于旅客取用;

(3)具有清楚的标识和标记,指明其使用方法,文字说明应当至少有中文;

(4)当装在某一舱室或者某一容器中时,在该舱室或者容器上易于观察的地方至少用中文标明其所装物品以及上次检验的日期。

1. 手提灭火器

在驾驶舱、客舱、货舱、厨房内,应当按照下列规定,装备经批准型号的手提灭火器:

(1)灭火剂的型号和装量应当适用于该舱室可能发生的失火类型,并且对于客舱,应当设计成使有毒气体聚积的危险性减到最小。

(2)货舱。对于飞行中机组成员能够进入的 E 类货舱,应当配备至少一个手提灭火器,并位于方便取用的地方。

(3)厨房隔舱。对于位于客舱、货舱或者驾驶舱之外的每个隔舱内的厨房,应当至少装备一个便于厨房取用的手提灭火器。

(4)驾驶舱。驾驶舱内应当至少装备一个便于飞行机组使用的手提灭火器。

(5)客舱。在客舱使用的手提灭火器应当放置于方便的位置上。在要求两个或者两个以上时,应当均匀地分布于每个客舱内,并且按照下列要求配备手提灭火器:

① 对于旅客座位数 7～30 的飞机,至少配备一个。

② 对于旅客座位数 31～60 的飞机,至少配备两个。

③ 对于旅客座位数 60 以上的飞机,应当至少配备表 10-1 所列数量的手提灭火器。

表 10-1 灭火器配备对应表

旅客座位数	手提灭火器的最小数量
61～200	3
201～300	4
301～400	5
401～500	6
501～600	7
601 或以上	8

(6)如果在客舱中有厨房,应当至少有一个手提灭火器位于方便之处并易于在厨房

中取用。

（7）载运旅客飞机所要求配备的手提灭火器中，至少有 2 个应当装 Halon1211（溴氯二氟甲烷）或者等效的灭火剂。客舱中应当至少有一个这样的灭火器。

2．急救和应急医疗设备与防护手套

（1）在载运旅客的飞机上应当配备经批准的急救箱，并且在要求配备客舱机组的飞机上，还应当配备应急医疗箱，以用于处理飞行期间或者事故中可能发生的人员伤害或者急病，这些设备应当符合规范和要求。

（2）在飞机上配备与急救箱数量相同的橡胶防护手套或者等效的无渗透手套。这些手套应当尽可能均匀地放置在客舱中。

3．应急斧

每架飞机应当配备至少一把应急斧。

4．扩音器

每架载运旅客飞机应当配有电池供电的便携式扩音器，放在负责指挥应急撤离的机组成员方便取用的地方，其配备数量和位置按照以下规定：

（1）在旅客座位数 61～99（含）的飞机上配备一个，安放在客舱后部从客舱机组成员座位易于取用处。但是，如果局方认为安放在其他位置可能对应急情况下人员的撤离更为适合，可以批准偏离本款的要求。

（2）在旅客座位数大于 99 的飞机客舱内配备两个扩音器，一个安放在前部，另一个安放在后部，并且易于从客舱机组成员座位处取用。

10.2.2　附加应急设备

1．应急撤离设施

当飞机停放于地面且起落架放下时，应急出口（机翼上方的应急出口除外）距地面高度超过 183 厘米（6 英尺）的每一载客陆上飞机，应当有经批准的可以帮助机上人员撤到地面的设施。用于地板高度应急出口的这种辅助设施应当符合 CCAR-25 部相应适航要求。能自动展开的辅助设施在滑行、起飞和着陆期间应当处于待命状态。但是，如果局方认为这个出口的设计使得满足这些要求不切实际，则局方可以批准偏离关于自动放出的要求，但该辅助设施应能在放出时即可以自动展开并按照公共航空运输的规定对所要求的应急出口进行应急撤离演示。

2．机内应急出口标志

每架载客飞机应当符合下列要求：

（1）每个旅客应急出口，其通达方式及开启方法，应当有明显易懂的标志。每个旅客应急出口本身及其位置应当能从等同于客舱宽度的距离上认清。每个旅客应急出口的所在位置应当用机上人员能看到的沿客舱主通道的标志指明，下述部位应当有位置指示标志：

① 每个翼上旅客应急出口附近的通道上方，如通道高度较低，可以放在顶棚合适位置上。

②在紧靠每一地板高度的旅客应急出口处,如果一个位置指示标志可以清楚标明两个应急出口的位置,则一个位置指示标志可以用于两个应急出口位置的指示。

③在客舱每个挡住前后视线的隔框或者隔板上,用以指示被其挡住的应急出口,若这样做不可能时,可以将标志置于其他适当的位置。

(2)每个旅客应急出口标记和每个位置标示应当符合 CCAR-25 部相应适航要求。在这些飞机上,如果任一标志的发光度(亮度)降低到 250 微朗伯之下,则不可以继续使用。

3.机内应急出口标志的照明

每架载运旅客飞机应当具有独立于主照明系统的应急照明系统。但是,如果应急照明系统的供电电源独立于主照明系统的供电电源,则客舱一般照明的光源可以为应急照明系统和主照明系统二者所共用。应急照明系统应当:

(1)照亮每一旅客出口标志和位置标志;

(2)在客舱内提供足够的一般照明,沿着旅客主通道中心线在座椅扶手高度以 100 厘米(40 英寸)的间隔进行测量时,平均照度至少为 0.538 勒(0.05 英尺烛光);

(3)具有贴近地板的应急逃生通道标志。

4.应急灯的工作

每个灯均应当遵守下列要求:

(1)能从飞行机组工作位置和客舱中正常客舱机组成员座位易于接近处的两个地方进行人工控制;

(2)有防止人工控制装置误操作的装置;

(3)当在任一机组成员工作位置上使其处于接通或者待命状态时,一旦飞机正常的供电电源中断时它将保持燃亮或者开始燃亮。

(4)在滑行、起飞和着陆期间,每个灯均应当处于待命或者接通状态。

(5)每个灯应当在应急着陆后的临界环境条件下,提供所要求的照度水平至少达 10 分钟。

(6)每个灯应当有驾驶舱内的控制装置,该装置具有"接通""断开"和"待命"三个位置。

10.2.3　跨水运行的飞机的应急设备

作下列情况运行时,所有飞机应当携带供机上每位乘员使用的配备有经批准幸存者定位灯的救生衣或者经批准的等效漂浮装置,存放在每个座位或者铺位上的乘员易于取用的地方:

(1)距最近海岸线的水平距离超过该飞机滑翔距离的跨水运行;

(2)自特定机场起飞或者着陆时,飞机的起飞或者进近航迹处于水面上空,局方认为飞机发生不正常情况时有可能迫降水上的情况;

(3)考虑特定水域的深度和范围,局方要求携带上述设备的在该水域上空实施的运行。

跨水运行的所有飞机必须配备至少一个自动式应急定位发射机。

对距最近海岸线的水平距离超过 93 公里(50 海里)的延伸跨水运行,除需携带上述中要求的救生衣外,还需携带以下设备:

(1) 额定容量和浮力足以容纳机上乘员的救生筏,每只筏应当配备有经批准的幸存者定位灯。除非提供了容量足够的多余救生筏,否则这些救生筏的浮力和座位量应当在损失了一条额定容量最大的救生筏后,还能容纳飞机上的全体乘员。

(2) 每个救生筏至少一个烟火信号器。

(3) 经批准的救生型应急定位发射器。当这种发射器累计使用时间超过 1 小时时,或者按照发射器制造厂在该设备批准时制定的标准,其电池已到使用寿命的一半,或者对于可充电的电池已到充电使用寿命的一半,这种发射机内的电池应当予以更换或者重新充电。更换电池或者重新充电的新到期日期应当清晰地标在发射器的外部。关于电池的使用寿命或者充电使用寿命的要求不适用于那些在可能的存放期间基本不受影响的电池,如水激活电池。

所要求的救生筏、救生衣和救生型应急定位发射器应当在无充裕时间作准备程序而进行水上迫降的情况下易于取用。这些设备应当安装在有明显标志的经批准的位置。

应当在所要求的每个救生筏上配备适于所飞航路的救生包。

10.2.4　无人烟地区上空飞行的应急设备

除经局方批准外,合格证持有人在无人烟地区上空或者在局方规定的需要配备紧急情况下进行搜寻和救援的设备的任何其他地域上空实施运行时,该飞机应当装备有下列设备:

(1) 适当的烟火信号器。

(2) 至少一个自动式应急定位发射机。

(3) 经批准的救生型应急定位发射器。当这种发射器累计使用时间超过 1 小时,或者电池已到按照发射器制造厂在该设备批准时制定的标准使用寿命的一半时,或者对于可充电的电池已到充电使用寿命的一半时,这种发射机内的电池应当予以更换或者重新充电。更换电池或者重新充电的新到期日期应当清晰地标在发射器的外部。关于电池的使用寿命或者充电使用寿命的要求不适用于那些在可能的存放期间基本不受影响的电池,如水激活电池。

(4) 根据所飞航路和飞机上乘员数量,配备足够的救生包。

10.3　飞机供氧

10.3.1　活塞发动机飞机用于生命保障的补充供氧要求

按照 CCAR-121 部运行的飞机应当按照规定装备和使用补充供氧。某一特定运行所需要的补充供氧量,应当根据飞行高度和飞行持续时间,按照为每次运行和航路所制定的运行程序来确定。

1．机组成员

（1）在座舱气压高度 3 000 米（10 000 英尺）以上至 3 600 米（12 000 英尺）（含），应当对在驾驶舱内执勤的飞行机组每一成员提供氧气，驾驶舱内执勤的飞行机组成员也应当用氧，并且对于在这些高度上超过 30 分钟的那部分飞行中，应当对其他机组成员提供氧气。

（2）在座舱气压高度 3 600 米（12 000 英尺）以上，应当对在驾驶舱内执勤的飞行机组每一成员提供氧气，驾驶舱内执勤的飞行机组成员也应当用氧，并且在此高度上整个飞行时间内，应当对其他机组成员提供氧气。

（3）当要求某一飞行机组成员用氧时，机组成员应当连续用氧，除非为执行其正常勤务必需除去氧气面罩或者其他氧气分配器时。对那些处于待命状态的或者在完成此次飞行前肯定要在驾驶舱内执勤的后备机组成员，应当按照不在驾驶舱内值勤的其他值勤机组成员供氧量提供氧气。如果某一后备机组成员不在待命状态，并且在剩下的一段飞行中将不在驾驶舱内执勤，则就辅助氧气要求而言，可将其视为一名旅客。

2．旅客

合格证持有人应当按照下列要求提供为保证旅客安全的经批准的氧气源：

（1）对于座舱气压高度 2 400 米（8 000 英尺）以上至 4 300 米（14 000 英尺）（含）时间超过 30 分钟的飞行，足以为 10% 的旅客供氧 30 分钟。

（2）4 300 米（14 000 英尺）以上至 4 600 米（15 000 英尺）（含）的飞行，足以为 30% 的旅客在这些高度上的那部分飞行提供氧气。

（3）4 600 米（15 000 英尺）以上的飞行，足以在此高度上的整个飞行时间内为机上每一旅客提供氧气。

注："座舱气压高度"指与飞机座舱内压力相对应的气压高度，"飞行高度"指飞机在海平面以上的运行高度。对于无增压座舱的飞机，"座舱气压高度"和"飞行高度"是相同的。

10.3.2　涡轮发动机飞机用于生命保障的补充供氧要求

在运行涡轮发动机驱动的飞机时，每个合格证持有人应当根据规定，在飞机上配备生命保障氧气和分配设备以供使用。所提供的氧气量应当至少是下述所必需的量。

某一特定运行符合所需要的生命保障和急救用氧气量，应根据座舱气压高度和飞行持续时间，按照为每次飞行和每一航路所制定的运行程序确定。

对具有增压座舱的飞机，氧气量应根据座舱气压高度和下列假设来确定：座舱增压故障发生在供氧需求临界的飞行高度或者飞行中某点，飞机按照飞行手册中规定的应急程序，在不超过其使用限制的情况下，下降到不再需要补充氧气的飞行高度。

发生了这种故障之后，座舱气压高度被认为与飞行高度相同，除非能证明，座舱增压设备任何可能的故障均不会导致座舱气压高度等于飞行高度。在这种情况下，应将达到的最大座舱气压高度作为审定或者确定供氧量的依据，或者它们二者的共同依据。

1．机组成员

每个合格证持有人应当按照下列要求为机组成员提供氧气源：

（1）在座舱气压高度 3 000 米（10 000 英尺）以上至 3 600 米（12 000 英尺）（含），应当对在驾驶舱内值勤的每一飞行机组成员提供氧气，他们也应当用氧，并且如果在这些高度上超过 30 分钟，则对于 30 分钟后的那段飞行应当对其他机组成员提供氧气。

（2）在座舱气压高度 3 600 米（12 000 英尺）以上，应当对在驾驶舱内值勤的每一飞行机组成员提供氧气，他们也应当用氧，并且在此高度上整个飞行时间内，应当对其他机组成员提供氧气。

（3）当要求某一飞行机组成员用氧时，他应当连续用氧，除非为执行其正常任务需要除去氧气面罩或者其他氧气分配器。对那些处于待命状态的或者在完成此次飞行前肯定要在驾驶舱内值勤的后备飞行机组成员，如果某一后备飞行机组成员不在待命状态，并且在剩下的一段飞行中将不在驾驶舱内值勤，则就补充氧气要求而言，可以将其视为一名旅客。

2．旅客

每个合格证持有人应当按照下列要求为旅客提供氧气：

（1）对于座舱气压高度 3 000 米（10 000 英尺）以上至 4 300 米（14 000 英尺）（含）的飞行，并且如果在这些高度上超过 30 分钟，则对于 30 分钟后的那段飞行应当为 10% 的旅客提供足够的氧气。

（2）对于座舱气压高度 4 300 米（14 000 英尺）以上至 4 600 米（15 000 英尺）（含）的飞行，足以为 30% 的旅客在这些高度的飞行中提供氧气。

（3）对于座舱气压高度 4 600 米（15 000 英尺）以上的飞行，在此高度上整个飞行时间内为机上每一旅客提供足够的氧气。

10.3.3　具有增压座舱的活塞发动机飞机应急下降和急救用的补充氧气要求

当运行活塞发动机驱动的有增压座舱的飞机时，合格证持有人必须按照座舱增压失效时的要求来装备飞机。

1．对机组成员

当在飞行高度 3 000 米（10 000 英尺）以上运行时，合格证持有人应当提供在这些高度上整个飞行时间内每一机组成员充足的氧气，并且对驾驶舱内执勤的每一飞行机组成员提供的氧气量不得少于 2 小时。所要求的 2 小时供氧量，是飞机以恒定的下降率从其最大合格审定使用高度用 10 分钟下降至 3 000 米（10 000 英尺），随后在 3 000 米（10 000 英尺）高度上保持 110 分钟所必需的氧气量。可根据在公共航空运输防护式呼吸装置所要求的供氧量来确定在驾驶舱内值勤的飞行机组人员在座舱增压失效情况下所需补充的供氧量。

2．对旅客

当在飞行高度 2 400 米（8 000 英尺）以上运行时，合格证持有人应当按照下列要求提供氧气：

（1）当飞机在飞行高度 7 600 米（25 000 英尺）（含）以下飞行时，如果在飞行航路上任一点飞机均能在 4 分钟之内安全下降到飞行高度 4 300 米（14 000 英尺）（含）以下，则足以为 10% 的旅客供氧 30 分钟。

（2）不能在 4 分钟之内降至飞行高度 4 300 米（14 000 英尺）（含）以下，则应当按照下列要求提供氧气：

① 对于在飞行高度 4 600 米（15 000 英尺）以上时间超过 4 分钟的那部分飞行，在此高度上整个飞行时间内为机上每一旅客提供足够的氧气。

② 对于飞行高度 4 300 米（14 000 英尺）以上至 4 600 米（15 000 英尺）（含）的飞行，足以为 30% 的旅客在这些高度的飞行中提供氧气。

③ 对于飞行高度 2 400 米（8 000 英尺）以上至 4 300 米（14 000 英尺）（含）的飞行，足以为 10% 的旅客提供 30 分钟的供氧量。

（3）当飞机在飞行高度 7 600 米（25 000 英尺）以上飞行时，在飞行高度 2 400 米（8 000英尺）至 4 300 米（14 000 英尺）（含）的整个飞行期间（包括应急下降）足以为 10% 的旅客提供 30 分钟的氧气量，加上在 4 300 米（14 000 英尺）以上符合活塞发动机飞机用于生命保障的补充供氧要求对旅客第（2）项和第（3）项要求的供氧量。

就上述而言，假设座舱增压是在最临界的飞行高度或者飞行中某点上出现故障，飞机在不超过其正常使用限制的情况下，下降到能够超越地形障碍的安全飞行高度。

10.3.4　具有增压座舱的涡轮发动机飞机应急下降和急救用的补充氧气要求

当运行具有增压座舱的涡轮发动机飞机时，合格证持有人应当提供氧气和分配设备，以在座舱增压失效时符合下述要求。

1．机组成员

当在飞行高度 3 000 米（10 000 英尺）以上运行时，合格证持有人应当向在驾驶舱内值勤的每一飞行机组成员提供足以符合涡轮发动机飞机用于生命保障的补充供氧要求，但供氧时间不少于 2 小时的氧气。所要求的 2 小时供氧量，是飞机从其最大审定运行高度以恒定下降率用 10 分钟下降至 3 000 米（10 000 英尺），并随后在 3 000 米（10 000 英尺）高度上保持 110 分钟所必需的供氧量。在确定驾驶舱内值勤的飞行机组成员所需要的供氧量时，可以包括座舱增压失效时防护式呼吸装置所要求的供氧量。

2．飞行机组人员对氧气面罩的使用

当在飞行高度 7 600 米（25 000 英尺）以上运行时，在驾驶舱内值勤的每一飞行机组成员均应当配备一个氧气面罩，其设计应保证能将其迅速取下戴在脸上，适当固定并密封，在需要时能立即供氧，并且不妨碍该飞行机组成员与其他机组成员之间用飞机内话系统立即通话。当在飞行高度 7 600 米（25 000 英尺）以上未使用氧气面罩时，它应当保持在备用状态，且位于飞行机组人员在其值勤位置上可以立即取用的范围内。

当在飞行高度 7 600 米（25 000 英尺）以上运行时，操纵飞机的一名驾驶员应当按照下述规定，始终使用一个固定在脸上、密封并供氧的氧气面罩：

（1）如果在驾驶舱值勤的每一个飞行机组成员均有一个速戴型氧气面罩，合格证持

有人已经证明用一只手在 5 秒钟内即可以戴到脸上,适当固定、密封并在需要时能立即供氧,则在低于下述飞行高度(含)时,驾驶员不需要戴上和使用氧气面罩:

① 客座数在 30 人以上(不包括任何必需的机组成员座位),或者商载大于 3 400 公斤(7 500 磅)的飞机,低于飞行高度层 12 500 米(41 000 英尺)(含);

② 客座数在 31 人以下(不包括任何必需的机组成员座位),或者商载不大于 3 400 公斤(7 500 磅)的飞机,低于飞行高度层 10 500 米(35 000 英尺)(含)。

(2) 合格证持有人还应当证明,佩戴面罩不妨碍戴眼镜,也不会延误飞行机组成员执行其指定的紧急任务。氧气面罩在戴上后,不得妨碍该飞行机组成员与其他机组成员之间用飞机内话系统立即通话。

(3) 尽管有第(2)条的规定,当在飞行高度 7 600 米(25 000 英尺)以上运行时,如果由于任何一种原因,在任一时刻,操纵飞机的一名驾驶员需要离开其工作位置时,则操纵飞机的另一名驾驶员应当戴上并使用氧气面罩,直至那名驾驶员回到其工作位置。

(4) 在每次飞行的起飞之前,每个飞行机组成员应当对其所使用的氧气设备进行飞行前检查,以确保氧气面罩功能正常、固定合适,并连接到适当的供氧接头上,且供氧源及其压力适于使用。

3. 客舱乘务员对便携式氧气设备的使用

在飞行高度 7 600 米(25 000 英尺)以上飞行期间,每一客舱乘务员应当携带至少可以供氧 15 分钟的便携式氧气设备,除非经证明,在整个客舱内分布有足够的带有面罩或者备用接口与面罩的便携式氧气装置,可以确保在座舱释压时,无论客舱乘务员在何处,每一客舱乘务员均可以立即使用氧气。

4. 旅客

当飞机在飞行高度 3 000 米(10 000 英尺)以上运行时,应当对旅客提供下列氧气源:

(1) 经合格审定在飞行高度 7 600 米(25 000 英尺)以下(含)运行的飞机能在所飞航路的任一点上 4 分钟之内安全下降到飞行高度 4 300 米(14 000 英尺)(含)以下时,应当按照规定的供氧率为 10% 的旅客提供至少 30 分钟的氧气量。

(2) 当飞机运行在飞行高度 7 600 米(25 000 英尺)(含)以下且不能在 4 分钟之内安全下降到飞行高度 4 300 米(14 000 英尺)时,或者当飞机运行在飞行高度 7 600 米(25 000 英尺)以上时,在座舱释压后座舱气压高度 3 000 米(10 000 英尺)以上至 4 300 米(14 000 英尺)(含)的整个飞行期间应当能以规定的供氧率为不少于 10% 的旅客供氧,并且按照适用情况,能够符合涡轮发动机飞机用于生命保障的补充供氧要求对旅客第(2)条和第(3)条的要求,但对旅客的供氧时间应当不少于 10 分钟。

(3) 为了对那些由于生理上的原因,在从飞行高度 7 600 米(25 000 英尺)以上的座舱气压高度下降后可能需要纯氧的机上乘员进行急救护理,在座舱失密后座舱气压高度 2 400 米(8 000 英尺)以上的整个飞行时间内,应当为 2% 的乘员(但在任何情况下不得少于 1 人)提供符合规定氧气源。应当有适当数量(但在任何情况下不得少于 2 个)的经认可的氧气分配装置,并带有一种装置供客舱乘务员使用这一供氧源。

5. 旅客简介

在飞行高度 7 600 米(25 000 英尺)以上的飞行实施之前,机组成员应当将一旦座舱释压时使用氧气的重要性向旅客说明,并向他们指出氧气分配设备的所在位置和向他们演示其使用方法。

10.4　航空器注册与识别标志

10.4.1　总则

在中华人民共和国领域内飞行的民用航空器,应当具有规定的国籍标志和登记标志或临时登记标志,并携带国籍登记证书或临时登记证书。下列民用航空器应当依照以下规定进行国籍登记:

(1) 中华人民共和国国家机构的民用航空器;

(2) 依照中华人民共和国法律设立的企业法人的民用航空器;企业法人的注册资本中有外商出资的,外商在该企业法人的注册资本或者实收资本中所占比例不超过 35%,其代表在董事会、股东大会(股东会)的表决权不超过 35%,该企业法人的董事长由中国公民担任;

(3) 在中华人民共和国境内有住所或者主要营业所的中国公民的民用航空器;

(4) 依照中华人民共和国法律设立的事业法人的民用航空器;

(5) 民航总局准予登记的其他民用航空器。

自境外租赁的民用航空器,承租人符合前款规定,该民用航空器的机组人员由承租人配备的,可以申请登记中华人民共和国国籍;但是,必须先予注销该民用航空器原国籍登记。

民用航空器依法登记后,取得中华人民共和国国籍,受中华人民共和国法律管辖和保护。

民航总局主管中华人民共和国民用航空器国籍登记,设立中华人民共和国民用航空器国籍登记簿,统一记载民用航空器的国籍登记事项。

民用航空器不得具有双重国籍。未注销外国国籍的民用航空器,不得在中华人民共和国申请国籍登记;未注销中华人民共和国国籍的民用航空器,不得在外国办理国籍登记。

民用航空器国籍登记不得作为民用航空器所有权的证据。

10.4.2　国籍登记

符合总则规定的民用航空器的所有人或者占有人(以下简称申请人)向民航总局申请中华人民共和国民用航空器国籍登记,应当按照民航总局规定的格式如实填写民用航空器国籍登记申请书,并提交下列文件:

（1）证明申请人合法身份的文件；

（2）作为取得民用航空器所有权证明的购买合同和交接文书，或者作为占有民用航空器证明的租赁合同和交接文书；

（3）未在外国登记国籍或者已注销外国国籍的证明；

（4）民航总局要求提交的其他有关文件。

民航总局自收到民用航空器国籍登记申请之日起 7 个工作日内，对申请书及有关证明文件进行审查；经审查，符合本规定的，即在中华人民共和国民用航空器国籍登记簿上登记该民用航空器，并向申请人颁发中华人民共和国民用航空器国籍登记证书。民用航空器国籍登记证书的有效期自颁发之日起至变更登记或注销登记之日止。

民航局在民用航空器国籍登记簿中载明下列事项：

（1）民用航空器国籍标志和登记标志；

（2）民用航空器制造人名称；

（3）民用航空器型号；

（4）民用航空器出厂序号；

（5）民用航空器所有人名称及其地址；

（6）民用航空器占有人名称及其地址；

（7）民用航空器登记日期；

（8）民用航空器国籍登记证书签发人姓名；

（9）变更登记日期；

（10）注销登记日期。

民用航空器国籍登记证书应当放置于民用航空器内显著位置，以备查验。

取得中华人民共和国国籍的民用航空器，遇有下列情形之一时，应当向民航总局申请办理变更登记：（1）民用航空器所有人或其地址变更；（2）民用航空器占有人或其地址变更；（3）民航总局规定需要办理变更登记的其他情形。

申请人应当按照民航总局规定的格式填写民用航空器变更登记申请书，并提交有关证明文件，交回原民用航空器国籍登记证书。

民航局自收到民用航空器国籍登记变更申请之日起 7 个工作日内，对申请书及有关证明文件进行审查；经审查，符合本规定的，即在中华人民共和国民用航空器国籍登记簿上进行变更登记，并颁发变更后的民用航空器国籍登记证书。

取得中华人民共和国国籍的民用航空器，遇有下列情形之一的，应当向民航总局申请办理注销登记：

（1）民用航空器所有权依法转移境外并已办理出口适航证的；

（2）民用航空器退出使用或者报废的；

（3）民用航空器失事或者失踪并停止搜寻的；

（4）符合本规定第五条第二款规定的民用航空器租赁合同终止的；

（5）民航总局规定需要办理注销登记的其他情形。

申请人应当按照民航局规定的格式填写民用航空器注销登记申请书，并提交有关证明文件,交回原民用航空器国籍登记证书,但本条前款第(3)项的情况除外。民航局自收到申请书之日起 7 个工作日内,对申请书及有关证明文件进行审查;经审查,符合本规定的,即注销该民用航空器的国籍登记。民用航空器注销国籍登记的,该航空器上的国籍标志和登记标志应当予以覆盖。

民用航空器国籍登记证书遗失或污损的,应当按照本规定第十条向民航局申请补发或者更换民用航空器国籍登记证书,并提交有关说明材料。民航局自收到申请之日起 7 个工作日内,对申请书及有关材料进行审查;经审查,符合本规定的,即补发或者更换民用航空器国籍登记证书。

民用航空器出口的,申请人可以向民航局申请向进口国出具该航空器未进行国籍登记或已注销国籍登记的证明。

申请人办理民用航空器国籍登记、变更登记、注销登记和临时登记,应当按照民航局和国家物价主管部门的规定缴纳登记费。

民用航空器国籍登记证书不得涂改、伪造或转让。

10.4.3　国籍和登记标志

民用航空器的识别标志包括:航空器所属航空公司名称、航空公司航徽、国籍和登记标志。凡取得中华人民共和国国籍的民用航空器,必须在其外表涂绘明显的识别标志,没有涂绘识别标志的民用航空器禁止飞行。

国籍和登记标志由中华人民共和国国籍标志——拉丁字母 B 和登记标志——数个阿拉伯数字或者阿拉伯数字后缀拉丁字母组成。在国籍标志 B 与登记标志之间有一短连接线。如 B747 为 B-2438。

在民用航空器外表涂绘国籍和登记标志的位置,字体及大小,必须符合下列规定:

(1) 固定翼航空器的国籍和登记标志,涂喷在机翼和尾翼之间的机身两侧或垂直尾翼两侧(如系多垂直尾翼,则应在两外侧),以及右机翼的上表面、左机翼的下表面。旋翼航空器喷涂在尾梁两侧或垂直尾翼两侧。飞艇喷涂在右水平安定面上表面、左水平安定面下表面和垂直安定面下半部两侧。载人气球喷涂在该气球水平最大圆周沿直径方向对称两个部位上。

(2) 喷涂在机翼上的每个字的高不得小于 50 厘米。喷涂在机身、垂直尾翼、尾梁及飞艇、气球上的字不得小于 30 厘米。字的宽度(1 字除外)应是字高的 2/3,笔画的宽度为字高的 1/6。每两个字的间隔宽度不小于字宽的 1/4。

(3) 民用航空器两侧标志的位置和大小应对称,机翼或水平安定面上字母和数字的顶端应指向前缘,其距前后缘的距离应相等。

(4) 国籍和登记标志中的字母必须用正体大写,字母和阿拉伯数字都不加装饰。每个字必须用实体构成,其颜色应与背底颜色成鲜明对照。

国籍和登记标志要用漆喷涂在航空器上或用其他保证同样持久的方法附着在航空器上,临时登记标志可用易于去除的材料附着在航空器上。在航空器上漆涂的任何标志应经常保持完整清晰。

　　向中国境外出口民用航空器的制造厂,可在出口航空器的外表显示该航空器进口国所要求的标志。该航空器必须按规定程序,获得批准后,方可在规定日期内做试验和表演飞行或向国外作交付转场飞行。凡未申请取得《民用航空器国籍登记证》的民用航空器在下列情况时,其所有人或使用人应向民航局申请临时登记标志:(1)用于试验和表演飞行;(2)为交付或出口的调机飞行;(3)民航局认为必要的其他情况。

　　具有临时登记标志的民用航空器不得运输人员和货物以及从事其他经营活动。

10.4.4　登记编号

　　我国大陆地区航空器国籍和登记标志格式为 B-××××(目前编号规则为四位数字)。香港澳门地区为 B-×××(目前为三位字母),台湾地区为 B-×××××(目前为五位数字)。

　　目前,我国大陆地区的国籍和登记标志按照第一位数字对航空器用途进行分类,见表 10-2。民用航空器国籍登记证、民用航空器国籍登记证申请书分别见表 10-3 和表 10-4。

表 10-2　航空器注册号分类表

号　段	型　别	例　子
0 字头	滑翔机,气球	如海燕:B-0005
2 字头	大型喷气式运输机	如 B747:B-2456,B737:B-2581
3 字头	小型喷气、螺旋桨式运输机	如运七:B-3441
5 字头	波音飞机	如 B737-800:B-5111
6 字头	空客飞机	如 A319-100:B-6014
7 字头	旋翼机,固定翼小型飞机	Cessna(塞斯纳):B-7900,Bell(贝尔)212:B-7710
8 字头	农用飞机号段,固定翼公务机、教练机(如 TB-20、TB-200)	如 G-IV:B-8080,Y5:B-8001,TB-200:B-8830
9 字头	一些小型固定翼飞机、飞艇和教练机(如 DA40 和小鹰 500)	如飞艇:B-9000,B-9003

表 10-3　民用航空器国籍登记证

中华人民共和国民用航空器国籍登记证

国籍和登记标志 B-	航空器型号及制造者	出厂序号
所有人：		
地址：		
使用人：		
地址：		

兹证明上述航空器已按照国际民航公约和中国民用航空局国籍登记的规定在中华人民共和国登记。

民航局局长授权： 签名：　　　　　　　　职务：	颁发日期：

此证仅证明该航空器已在中华人民共和国登记,不作他用。

(背面)附注：

表 10-4　民用航空器国籍登记证申请书

中国民用航空局

民用航空器国籍登记证申请书

1. 国籍标志和登记号码(由中国民用航空局给定)
2. 航空器型号
3. 航空器制造者
4. 航空器出厂序号　　　　　　出厂年月
5. 所有人名称
6. 所有人地址
邮政编码　　　　　　电传号　　　　　　传真号
7. 使用人名称
8. 使用人地址
邮政编码　　　　　　电传号　　　　　　传真号
9. 所有权证明或使用权证明(交接证书、转让证书或其他证明)
10. 航空器情况:

原在中国民用航空局登记注册;

未在任何地方登记注册;

原在国外(国名)登记注册。

11. 声明:
兹证明,上述所填各项属实,并对所填承担一切责任。

申请人(签字)　　　　　　　　　　部门(盖章)

职务　　　　　　　　　　　　　　　日期

此页由中国民用航空局填写 续表

审核				
	签字		日期	
批准				
	签字		日期	
办证	证件编号		颁证日期	
	经办人：			
	备注：			

 本章测试

测试 10.1

测试 10.2

第 11 章

空勤人员的排班与管理

改革开放以来我国民航运输周转量逐年上升,2019 年底我国拥有航线条数 5 521 条,民航航班机场 238 个(不含港澳台地区),拥有全行业运输飞机在册架数 3 818 架。伴随着运输量的增长,机队规模不断扩大,我国机队已拥有高度现代化的机群。

目前,世界两大飞机制造商美国波音公司和欧洲空中客车公司,都把中国这个快速增长的重要市场作为"争夺"的目标。截至 2019 年底,民航局共批准了 36 家境外 CCAR-141 部驾驶员学校,截至 2019 年 12 月 31 日,中国民航运输驾驶员有效执照总数为 67 953 本,其中商用驾驶员执照(CPL)35 329 本,多人制机组驾驶员执照(MLP)193 本,航线运输驾驶员执照(ATPL)26 906 本。

实现民航强国目标,需要大量的飞行员、空中交通管制员、运行控制人员、客舱乘务员、机务维修人员等民航专业人员。据预测到 2035 年我国民航将拥有各类运输机超 9 000 架,是 2018 年的 2.47 倍。如果民航专业人员和飞机数量保持大体相同的比例,那么到 2035 年需要补充的民航专业人员为现在的 1.4 倍以上。

面对不断增加的飞行人员,如何对其管理是一个较大的问题。为此,民航局为了规范飞行人员的训练、飞行时间限制和医学标准及体检合格要求颁发了《大型飞机公共航空运输承运人运行合格审定规则》(CCAR-121 部)、《民用航空器驾驶员合格审定规则》(CCAR-61 部)和《民用航空人员体检合格证管理规则》(CCAR-67 部)。本章主要以上述规章为基础介绍空勤人员的管理。

11.1 机组成员的类别与合格要求

11.1.1 相关定义

1. 飞行机组成员
指飞行期间在飞机驾驶舱内执行任务的驾驶员和飞行机械员。

2. 机组成员
指飞行期间在飞机上执行任务的航空人员,包括飞行机组成员和客舱乘务员。

3. 机组必需成员
为完成按 CCAR-121 部运行符合最低配置要求的机组成员。

4. 机长
是指经合格证持有人指定,在飞行时间内对飞机的运行和安全负最终责任的驾驶员。

5.执照类别

(1) 驾驶员执照,包括:学生驾驶员执照;私用驾驶员执照;商用驾驶员执照;航线运输驾驶员执照。

(2) 飞行教员执照。

(3) 地面教员执照。

6.执照上须注明的航空器等级

(1) 航空器类别等级:①飞机;②直升机;③飞艇;④倾转旋翼机。

(2) 航空器级别等级:①单发陆地;②多发陆地;③单发水上;④多发水上。

(3) 航空器型别等级:①审定为最大起飞全重在 5 700 千克以上的飞机;②审定为最大起飞全重在 3 180 千克以上的直升机和倾转旋翼机;③涡轮喷气动力的飞机;④局方通过型号合格审定程序确定需要型别等级的其他航空器。

(4) 仪表等级(仅用于私用和商用驾驶员执照):①仪表——飞机;②仪表——直升机;③仪表——飞艇;④仪表——倾转旋翼机。

(5) 教员等级(仅用于商用和航线运输驾驶员执照):

① 基础教员:单发飞机;多发飞机;直升机;飞艇;倾转旋翼机。

② 仪表教员:仪表——飞机;仪表——直升机;仪表——飞艇;仪表——倾转旋翼机。

③ 型别教员。

11.1.2　航空人员的条件及限制

(1) 合格证持有人不得使用,任何人员也不得作为按照 CCAR-121 部运行的航空人员被使用,除非该人员符合下列条件:

① 持有局方颁发的相应的现行有效航空人员执照或证件;

② 在按照 CCAR-121 部运行时,按照要求携带现行有效的航空人员执照、体格检查合格证和其他必需的证件;

③ 合格于所从事的工作。

(2) 按照要求携带证件的每个航空人员,应当在局方检查时出示证件。

(3) 合格证持有人不得使用已满 63 周岁的人员在实施 CCAR-121 部运行的飞机上担任飞行机组必需成员。任何已满 63 周岁的人员,也不得在按照 CCAR-121 部运行的飞机上担任飞行机组必需成员。

11.1.3　飞行机组的组成

合格证持有人在运行飞机时,其飞行机组成员不得少于所批准的该型飞机飞行手册中规定的数量,也不得少于对所从事的该种运行所要求的最少飞行机组成员数量。

对于 CCAR-121 部要求应当具有飞行人员执照才能完成的两种或两种以上职能,不得由一名飞行人员同时完成。

合格证持有人在运行时,飞行机组至少配备两名驾驶人员,并且应当指定一名驾驶员为机长。

在飞行机组必需成员中要求有飞行机械员的每次飞行中,应当有飞行机组成员在飞行机械员生病或由于其他原因而丧失工作能力时能代替其工作,合格于应急完成相应的职能,以保证安全完成飞行。在这种情况下,飞行人员完成所代替的职能时,无须持有相应的执照。

1.飞行机械员

担任飞行机组必需成员的飞行机械员,其配备应当符合飞机飞行手册中对机组定员的要求。

2.客舱乘务员

为保证安全运行,合格证持有人在所用每架载运旅客的飞机上,应当按照下列要求配备客舱乘务员:

(1)对于旅客座位数量为 20~50 的飞机,至少配备 1 名客舱乘务员;

(2)对于旅客座位数量为 51~100 的飞机,至少配备 2 名客舱乘务员;

(3)对于旅客座位数量超过 100 的飞机,在配备 2 名客舱乘务员的基础上,按每增加 50 个旅客座位增加一名客舱乘务员的方法配备,不足 50 的余数部分按 50 计算。

如果按照 CCAR-121 部要求进行应急撤离演示中,合格证持有人使用的客舱乘务员人数,多于按上述规定对演示所用飞机的最大旅客座位数量所要求的客舱乘务员人数,则该合格证持有人应该按下列条件配备客舱乘务员:

(1)飞机为最大旅客座位数量布局时,客舱乘务员人数至少应当等于应急撤离演示期间所用的人数;

(2)飞机为任一减少了旅客座位数量的布局时,客舱乘务员人数至少应当在对该布局旅客座位数量要求的客舱乘务员人数之外再增加应急撤离演示期间所用客舱乘务员人数与对原布局所要求人数之差。

(3)合格证持有人在制定客舱乘务员配备数时,除了满足上述(1)、(2)条还需考虑以下因素:

① 出口的数量;

② 出口的类型和撤离手段;

③ 出口的位置;

④ 客舱乘务员座位位置;

⑤ 水上迫降时客舱乘务员要求的程序;

⑥ 负责成对出口的客舱乘务员额外程序要求;

⑦ 航线类型。

在起飞和着陆过程中,要求客舱乘务员应当尽可能地靠近所要求的地板高度出口,而且应当在整个客舱内均匀分布,以便在应急撤离时最有效地疏散旅客。在滑行期间,要求客舱乘务员除完成保障飞机和机上人员安全的任务外,其他时间应当坐在其值勤位置并系好安全带和肩带。

客舱乘务组在不同机型的最低配置举例见表 11-1。

3.在经停站旅客不下飞机时对机组成员的要求

在中途过站停留时,如果乘坐该机的旅客仍停留在飞机上,合格证持有人应当遵守下列规定：

（1）如果保留在飞机上的客舱乘务员数量少于上述第 2 条要求的数量，则合格证持有人应当采取下列措施：

① 保证飞机发动机关车并且至少保持打开一个地板高度出口，供旅客下飞机。

② 保留在飞机上的客舱乘务员数量应当至少是上述第 2 条要求数量的一半，有小数时，舍去小数，但至少为 1 人。

③ 可以用其他人员代替要求的客舱乘务员，代替客舱乘务员的人员应当是符合应急撤离训练要求的合格人员且应当能够为旅客所识别。

（2）如果在过站时该飞机上只保留 1 名客舱乘务员或者其他合格人员，则该客舱乘务员或者其他合格人员所在的位置应当符合经局方批准的该合格证持有人运行程序的规定。如果在飞机上保留 1 名以上客舱乘务员或者其他合格人员，这些客舱乘务员或者其他合格人员应当均匀分布在飞机客舱内，以便在紧急情况下最有效地帮助旅客撤离。

表 11-1 客舱乘务组在不同机型的最低配置

机　　型	主舱	上舱
B737-700/800/8	4	
B747-400P	10	2
B747-8	10	2
B777-300ER	10	
B787-9	8	
A319-100	4	
A319-200	4	
A321	6	
A330-200/300	8	
A350	8	
A380	18	

11.1.4　机组派遣

1. 飞行机组配置的基本原则

（1）基本要求

只有按照经批准的训练大纲，圆满完成了相应型别飞机和相应机组成员位置的下列训练，方可担任该型别飞机的机组必需成员：①新雇员训练；②初始训练；③转机型训练；④升级训练；⑤差异训练；⑥定期复训；⑦重新获得资格训练。

（2）运行经历的要求

在飞机上担任机组必需成员的人员，应当在该型别飞机和在该机组成员位置上，圆满完成要求的巩固知识与技术所需的飞行经验、飞行次数和航线飞行经历时间，取得规定的运行经历。

2．飞行机组的派遣基本原则

派遣飞行机组必须综合下列因素：

（1）应按机长、副驾驶、飞行机械员的综合技术评估结果进行机组的派遣；

（2）机组资源管理的能力、运行经历和资格、整体操纵能力、航空理论、心理素质、飞行经验、身体类别、飞行作风、思想作风、年龄和性格特性等；

（3）机组执勤时间的限制；

（4）机组成员的休息要求；

（5）机组成员的经历要求；

（6）机组成员的最低配置；

（7）飞行机组成员年龄和性格特征；

（8）所飞航线的特点；

（9）特别是派遣新机长时应由派遣部门通知飞行签派；

（10）两名飞行员执行飞行任务时，应当有一名是机长，另一名飞行员不得是第二副驾驶；

（11）两名飞行员执行飞行任务时，在本机型的飞行经历都应在 100 小时以上，并达到机长或副驾驶员的技术标准。下列情况出现时报局方批准：

① 公司机群中增加了以前未在其运行中使用过的某型飞机时；

② 公司建立了新的基地，指派到该基地的驾驶员需要在该基地运行的飞机上取得资格时。

3．机组派遣的审定

由飞行部门指派一名机长和机组时，由飞行部门经理/副经理、所属公司/分公司、飞行队主管飞行的经理/副经理、飞行师审批。

11.1.5　机组搭配

1．机组搭配原则

（1）机长经历时间少于 100 小时，不能与副驾驶搭配；

（2）飞行中发生过飞行事故征候且承担主要/直接责任的机组成员，36 个月内不能搭配；

（3）发生过飞行严重差错且承担主要/直接责任的机组成员，24 个月内不能搭配；

（4）58 岁（含）以上的驾驶员原则上不指派为机长（特殊情况由公司特批）；

（5）58 岁（含）以上的驾驶员不能同时在座；

（6）专机、重要包机、特殊机场、特殊要求的情况下或航线飞行必需时，必须指派双机长；

（7）公司新开辟的机场，被派遣的机长必须经过实地考察或经过该机场的模拟机训练或驾驶舱观摩；

（8）特殊机场，被派遣的机长必须在 12 个月内作为机组成员在驾驶舱进行过该机场一次起飞、离场和进近着陆。否则，必须经过该机场的模拟机训练。

2．飞行中机组最佳搭配

为确保安全、正常的运行，在下列情况下，必须进行机组最佳搭配的调整：

(1) 出现机场进近条件复杂或起飞条件复杂；

(2) 飞机运行时出现故障；

(3) 机上有要客；

(4) 特殊任务；

(5) 机组人员身体、精力不佳或信心不足；

(6) 机组成员技术表现不佳或感到疲劳；

(7) 机长认为必要时将机组力量调整到最佳状态。

3．驾驶员的使用限制和搭配要求

如果副驾驶在所飞机型上的飞行经历时间少于100小时，并且机长不具备飞行检查员或飞行教员资格，则在下列情况下，应当由机长完成所有起飞和着陆：

(1) 在局方规定或者合格证持有人规定的特殊机场；

(2) 机场的最新气象报告中有效能见度值等于或小于1 200米(3/4英里)，或跑道视程(RVR)等于或者小于1 200米(4 000英尺)；

(3) 所用跑道有水、雪、雪浆或严重影响飞机性能的情况；

(4) 所用跑道的刹车效应据报告低于"好"的水平；

(5) 所用跑道的侧风分量超过7米/秒(15海里/小时)；

(6) 在机场附近据报告有风切变；

(7) 机长认为需谨慎行使机长权力的任何其他情况；

(8) 着陆时，云高标准＋30M(夜航＋50M)，RVR标准＋200M(夜航＋400M)；

(9) 高原、高温机场；大重量或短窄跑道；

(10) 跑道道面有结冰、积雪、积水；

(11) 机长确定去备降场；

(12) 发动机失效或火警，或反推故障；

(13) 一套或多套液压系统失效；

(14) 襟翼不对称；

(15) 操纵系统故障；

(16) 部分起落架放下着陆；

(17) 机长宣布紧急状态时。

在安排飞行机组搭配时，应当至少有一名驾驶员在该型别飞机上具有100小时的航线飞行经历时间。但在下列情况下，局方可以根据合格证持有人的申请，使用对其运行规范作适当增补的方法，批准偏离本款的要求：

(1) 新审定合格的合格证持有人没有雇用任何符合本条最低要求的驾驶员；

(2) 现有合格证持有人在其机群中增加了以前未在其运行中使用过的某型飞机；

(3) 现有合格证持有人建立了新的基地，指派到该基地的驾驶员需要在该基地运行的飞机上取得资格。

合格证持有人应当建立一套飞行机组排班系统，保证科学合理地搭配飞行机组成员，安全地完成所分派的任务。搭配飞行机组成员时应当考虑以下因素：

（1）飞行机组成员的经历、资格满足所飞区域、航路、机场和特殊运行的要求；

（2）飞行机组成员对所飞机型得到充分训练，使用设备、操纵飞机的整体能力满足运行要求；

（3）飞行机组成员的年龄和性格特征；

（4）所执行的飞行任务的其他特点。

11.1.6　机组成员的合格要求

1．概则

（1）在配备 3 名（含）以上驾驶员的运行中，如需配备 1 名在巡航阶段替代机长工作的巡航机长，该驾驶员除无须满足新机型和新职位上的运行经历要求的运行经历外，应当完全合格于在该次运行中担任机长。

（2）除下列检查和训练外，合格证持有人不得在实施的运行中进行其他任何飞行检查或者训练：

① 驾驶员的航线检查；

② 飞行机械员的检查（除应急程序外），但被检查的飞行机械员应当是合格并符合近期经历要求的；

③ 客舱乘务员的训练和资格检查。

（3）除驾驶员航线检查和飞行机械员飞行检查外，接受训练或者检查的人员不得作为机组必需成员使用。

2．驾驶员的执照要求

（1）只有持有航线运输驾驶员执照和该飞机相应型别等级的驾驶员，方可以在按照本规则运行的飞机上担任机长，或者在需要 3 名（含）以上驾驶员的运行中由符合概则规定条件的驾驶员作为巡航机长。

（2）只有至少持有商用驾驶员执照和飞机类别、多发等级、仪表等级或者持有多人制机组成员执照的驾驶员，方可以在按照本规则运行的飞机上担任副驾驶。

3．必需的训练

（1）只有按照经批准的训练大纲，圆满完成了相应型别飞机和相应机组成员位置的下列训练，方可以担任该型别飞机的机组必需成员：

① 新雇员训练。对于新雇员，应当圆满完成新雇员训练提纲中的地面基础教育内容，并根据不同新雇员的原有经历和拟担任的职位，完成第（2）条到第（7）条相应的训练内容。

② 初始训练。对于未在相同组类其他飞机的相同职务上经审定合格并服务过的机组成员，应当圆满完成初始训练。

③ 转机型训练。对于已在相同组类其他型别飞机的相同职务上经审定合格并服务过的机组成员，在转入该机型的同一职务之前，应当圆满完成转机型训练。

④ 升级训练。对于在某一型别飞机上合格并担任副驾驶的机组成员，应当圆满完成升级训练，方可以担任该机型飞机的机长。

⑤ 差异训练。对于已在某一特定型别的飞机上经审定合格并服务过的机组成员,当使用的同型别飞机与原飞机存在差异时,应当圆满完成差异训练。

⑥ 定期复训。符合下列要求:a. 对于每个飞行机组成员,在前 12 个日历月之内,应当圆满完成本规则规定的服务于每一机型的复训的地面和飞行训练。b. 对于客舱乘务员,应当在前 12 个日历月内完成复训地面训练和资格检查。

⑦ 重新获得资格训练。对于因为不符合近期经历要求、未按照规定期限完成定期复训、未按照规定期限完成飞行检查或者飞行检查不合格等原因而失去资格的机组成员,应当进行相应的重新获得资格训练。

(2) 对于履行危险物品处理或者载运职责的人员(含地面人员)应当按照《民用航空危险品运输管理规定》(CCAR-276)规定进行训练并保持训练记录。

4. 新机型和新职位上的运行经历要求

(1) 在飞机上担任机组必需成员的人员,应当在该型别飞机和在该机组成员位置上,圆满完成要求的巩固知识与技术所需的飞行经验、飞行次数和航线飞行经历时间,取得规定的运行经历。但下列情况除外:

① 除机长之外的机组成员,可以按照本条规定,在担任本职工作中,获得符合本条要求的运行经历。

② 符合机长要求的驾驶员可以担任规定条件的巡航机长或者副驾驶。

③ 对于同一型别中的各个改型,不要求在该改型上建立新的运行经历。

(2) 在获得运行经历时,机组成员应当符合下列规定:

① 持有适合于该机组成员职位和该飞机的执照与等级;

② 已经圆满完成有关该型别飞机和该机组成员职位的相应地面与飞行训练;

③ 客舱乘务员已经圆满完成有关该机型和客舱乘务员职位的相关地面训练;

④ 这些经历应当在按照本规则实施的运行中获得。但是,当某一飞机先前未曾由合格证持有人在按照本规则实施的运行中使用过时,在该飞机验证飞行或者调机飞行中所获得的经历可以用于满足本条的运行经历要求。

(3) 驾驶员应当按照下述要求获得运行经历:

① 待取得机长运行经历的驾驶员,应当在飞行检查员或者飞行教员的监视下履行机长职责。对于完成初始或者升级训练、待取得机长运行经历的驾驶员,应当在局方监察员或者局方委任代表的监视下完成规定的职责至少一个航段飞行(包括起飞和着陆)。在按照本条规定取得运行经历的过程中,飞行检查员或者飞行教员应当担任机长并坐在驾驶员座位上。

② 副驾驶应当在飞行检查员或者飞行教员监督下完成其职责。

③ 运行经历所要求的飞行经历时间和飞行次数应当符合下列规定:

A. 组类Ⅰ,活塞式发动机为动力的飞机,飞行经历时间至少 15 小时;

B. 组类Ⅰ,涡轮螺旋桨发动机为动力的飞机,飞行经历时间至少 20 小时;

C. 组类Ⅱ飞机,飞行经历时间至少 25 小时。

本项要求的运行经历中,应当包括至少 4 次飞行,其中包括至少 3 次作为该飞机的操作驾驶员的飞行。其中的 1 次操作应当在高度 3 000 米(10 000 英尺)以下用人工飞行的方式操作飞机。

（4）飞行机械员应当在飞行机械检查员或者教员的监督下履行飞行机械员职责至少达到下列小时数：

① 组类Ⅰ，活塞式发动机为动力的飞机，8 小时；

② 组类Ⅰ，涡轮螺旋桨发动机为动力的飞机，10 小时；

③ 组类Ⅱ飞机，12 小时。

（5）客舱乘务员应当在航线飞行中按照下述要求获得运行经历：

① 在客舱乘务教员指导下履行规定的职责；

② 在客舱乘务检查员的监督下履行规定的职责至少达到 5 小时；

③ 正在获得运行经历的客舱乘务员不得担任机组必需成员。

（6）对于新机型、新职位的驾驶员，为巩固其知识与技术，合格证持有人应当采取下列措施，保证其飞行连续性：

① 在完成新机型或者新职位上的训练之后的 120 天之内，应当安排航线飞行至少 100 小时；

② 如果驾驶员在完成必需的 100 小时航线飞行经历时间前，到该合格证持有人运行的另一型别飞机上担任驾驶员，则该驾驶员在重新回到原新机型上担任驾驶员时，应当首先在飞行模拟机或者飞机上完成经批准的复习训练；

③ 对于在 120 天之内没有完成必需的 100 小时航线飞行经历时间的驾驶员，应当在飞行模拟机或者飞机上完成熟练检查并重新建立 120 天之内 100 小时的航线飞行经历。

5．驾驶员的近期经历要求

（1）在合格证持有人不得使用任何驾驶员，任何驾驶员也不应在按照 CCAR-121 部运行中担任飞行机组必需成员，除非该驾驶员于前 90 个日历日之内，在所服务的该型别飞机上，至少已做过三次起飞和着陆。本条要求的起飞和着陆可以在经批准的飞行模拟机上完成，在任一连续的 90 个日历日内未能完成要求的三次起飞和着陆的人员，应当按照下述第（2）条的规定重新建立近期经历。

（2）除了满足 CCAR-121 部所有适用的训练和检查要求之外，未满足第（1）条要求的驾驶员应当按照下列要求重新建立近期经历：

① 在飞行检查员监视下，在所飞的该型别飞机上，或者在经批准的飞行模拟机上，至少完成三次起飞和着陆；

② 前述三次起飞和着陆应当包括至少一次模拟最临界发动机失效时的起飞、至少一次使用仪表着陆系统进近到该合格证持有人经批准的仪表着陆系统最低天气标准的着陆以及至少一次全停着陆。

（3）当使用飞行模拟机完成第（1）条或第（2）条的任何要求时，飞行机组必需成员的位置应当由具有恰当资格的人员占据，并且飞行模拟机应当严格模拟正常飞行环境，不得使用飞行模拟机重新设定位置的特性。

（4）飞行检查员应当对被监视的人员作出鉴定，判断其是否熟练和是否合格于在 CCAR-121 部规定的运行中执行飞行任务，并且可以决定增加他认为作出这种鉴定所需要增加的动作。

6．航线检查

（1）机长应当在前 12 个日历月内，在其所飞的一个型别飞机上通过航线检查，在检查中圆满完成机长职责。

（2）航线检查应当由在该航路和该型别飞机两方面都合格的飞行检查员实施，并且至少有一次检查飞行是在合格证持有人的典型航路上进行的。

7．熟练检查

（1）担任飞行机组必需成员的驾驶员应当在前 6 个日历月之内在所服务的机型（别）上完成熟练检查，否则不得担任飞行机组必需成员。

（2）熟练检查可以在定期复训中进行。熟练检查每隔一次可以用规定的飞行模拟机训练课程代替。按照《民用航空器驾驶员合格审定规则》（CCAR-61）完成的型别等级飞行考试可以代替熟练检查。

（3）熟练检查应当满足下列要求：

① 至少包括所规定的程序和动作，除非另有特殊规定。

② 由局方监察员、局方委任代表或者合格证持有人的飞行检查员进行。

（4）对于规定可以放弃的动作与程序，实施熟练检查的人员可以根据自己的判断放弃检查，但应当满足下列要求：

① 局方没有发布应当完成该动作或者程序的特别指令；

② 被检查的驾驶员，在合格证持有人的该型别飞机和飞行机组成员职位上，具有一年以上的安全运行经历。

（5）如果被检查的驾驶员在任一要求的动作上失败，实施熟练检查的人员可以在熟练检查过程中，给该驾驶员增加训练。除了重复完成曾失败的动作之外，可以要求被检查的驾驶员，重复他认为对判断驾驶员熟练程度所必需的任何其他动作。如果被检查的驾驶员未通过熟练检查，合格证持有人不得在运行中使用该人员，该人员也不得在运行中任职，直至其令人满意地完成熟练检查为止。

8．机长的区域、航路和机场合格要求

（1）合格证持有人应当向机长提供所飞区域和所飞各机场与终端区的下述各方面的最新信息，保证这些信息的完整和正确，并且确保该机长对这些信息有足够的了解和有能力使用：

① 该季节相应的气象特征；

② 导航设施，包括机场目视助航设备；

③ 通信程序；

④ 地形和障碍物类型；

⑤ 最低安全飞行高度；

⑥ 航路和终端区进场与离场程序、等待程序和有关机场经批准的仪表进近程序；

⑦ 驾驶员将要使用的终端区的每个机场的活动拥挤区和自然布局；

⑧ 航行通告。

（2）合格证持有人应当提供一个能被局方接受的系统，以便将第（1）条所要求的信息传递给机长和相应的飞行运作人员。该系统还应当保证合格证持有人满足机长的特殊区域、航路和机场合格的要求。

9. 机长的特殊区域、航路和机场合格要求

（1）局方可以根据周围地形、障碍物、复杂的进近程序或者离场程序等因素，将某些机场确定为特殊机场，要求机长具有特殊的机场资格，并可以对某些区域或者航路提出特殊类型的导航资格要求。

（2）合格证持有人应当保证，在飞往或者飞离特殊机场的运行中担任机长的驾驶员，应当在前 12 个日历月之内曾作为飞行机组成员飞过该机场（包括起飞和着陆），或者曾使用经局方认可的该机场图形演示设备或者飞行模拟机进行训练并获得资格。但是，如果机场的云底高度，至少高于最低航路高度（MEA）、最低超障高度（MOCA）或者该机场仪表进近程序规定的起始进近高度最低者之上 300 米（1 000 英尺），而且该机场的能见度至少为 4 800 米（3 英里），则进入该机场（包括起飞或者着陆）时，可以不对机长作特殊机场资格要求。

（3）在需要特殊类型导航资格的航路或者区域上两个航站之间担任机长的驾驶员，应当在前 12 个日历月之内，以局方认可的方式，用下列方法之一证明其合格于使用该导航系统：

① 使用该特殊类型导航系统，担任机长在某一航路或者区域上飞行；

② 使用该特殊类型导航系统，在航空检查人员的监视下，担任机长在某一航路或者区域上飞行；

③ 完成《多普勒雷达和惯性导航系统》规定的训练。

10. 飞行机组成员的英语要求

合格证持有人应当对飞行机组成员进行专业英语训练，使其能够在飞行中使用英语进行陆空通话，阅读各种英文飞行手册、资料，使用英文填写各种飞行文件和使用英语进行交流。

（1）自 2008 年 3 月 5 日起，除经局方批准外，未通过局方组织或认可的英语语言能力 4 级或 4 级以上等级评定而其执照上低于英语语言能力 4 级等级签注的，不得在使用英语通话的航线上担任驾驶员。

（2）1960 年 1 月 1 日（含）以后出生的驾驶员，未获得英语语言能力 3 级或以上等级签注的，不得参加组类 Ⅱ 飞机的初始或升级训练。

11.1.7　机组成员职责

1. 机长职责

（1）在飞行运行期间，飞机的操作由机长负责，机长应当严格履行职责并对飞机的安全运行、机上所载人员和财产的安全负责。

（2）机长对飞机拥有完全的控制权、管理权和最终决定权，这些权力没有限制，可以超越机组其他成员及他们的职责；机长在其职权范围内发布的命令，为保证飞机及机上人员安全和良好的客舱秩序，机上所有的人员必须听从机长的指挥，服从机长命令。

（3）机长发现机组人员不适宜执行飞行任务的，为保证飞行安全，有权提出调整。

（4）负责组织机组进行飞行前的预先准备和直接准备，与飞行签派员共同签字放行；

并对飞机实施必要的检查,未经检查,不得起飞;机长发现飞机、机场、气象条件等不符合规定,不能保证飞行安全时,有权拒绝起飞。

(5)对于任何破坏飞机、扰乱飞机内秩序、危害飞机所载人员或者财产安全以及其他危及飞行安全的行为,在保证安全的前提下,有权决定有关人员或货物离开飞机。

(6)严格执行相关程序、检查单和操作手册中的要求,以及燃油量、氧气量、最低安全飞行高度、机场最低标准和备降场等规定,依据 MEL/CDL 确定飞机满足适航要求。

(7)确保载重平衡符合安全要求,检查技术记录本上所填写的故障处理情况和故障保留单,确认飞机的适航能力。

(8)向全体机组人员下达简令,可将部分职责授权给指定的机组人员和分配任务,当其离开驾驶舱时,应作出适当的指示,返回时,应立即听取汇报,履行职责,严格按操作规范驾驶飞机,严格按飞行计划飞行,并遵守其运行规范规定的限制和空中规则。

(9)应保证始终在有效的通信频率上进行无线电通信,并与其他机组人员建立有效的联系。

(10)飞机发生事故,机长应当直接或者通过空中交通管制部门,如实将事故情况及时报告空中交通管制部门,并确保运行期间飞行记录器不被人为地关断。

(11)在需立即决策或行动的紧急情况下,可采取任何必要的行动,在此情况下,为了安全起见,可不必遵循常规、操作程序及方法,但对其结果负责。

(12)飞机遇险时,机长指挥机组人员和飞机上其他人员采取一切必要抢救措施。在必须撤离遇险飞机的紧急情况下,首先组织旅客安全离开飞机,未经机长允许,机组人员不得擅自离开飞机,机长应当最后离开飞机。

(13)机长收到船舶或者其他航空器的遇险信号,或者发现遇险的船舶、航空器及其人员,应当将遇险情况及时报告就近的空中交通管制单位并给予可能的合理的援助。

(14)飞行中,机长因故不能履行职务的,由仅次于机长职务的驾驶员代理机长,在下一个经停地起飞前,民用航空器所有人或者承租人应当指派新机长接任。

(15)当机长使用应急权力时,他必须将飞行进程情况及时准确地向相应的空中交通管制部门和公司运行控制中心报告,并在返回住地后 24 小时内向安全监察部门提交书面报告。

(16)飞行结束后,机长检查各种记录本、文件、报告填写正确,适时进行机组讲评。

2. 第二机长职责

第二机长必须由持有航线运输驾驶员执照的正驾驶担任。第二机长作为第二负责人协助和代替机长工作,并向机长负责。在飞行中应坐在左座,如果机长失能时能迅速代替机长的职责。

3. 飞行教员职责

(1)在飞行教员合格证等级限制内;

(2)实施飞机或模拟机的地面教学和飞行训练中指导受训者,包括飞行前讲解和飞行后讲评;监视正驾驶/副驾驶建立初始运行经历;完成机长/副驾驶工作和职责。

4. 副驾驶职责

(1)副驾驶员在飞行运行时向机长负责;根据工作程序和标准操作程序完成其职责;

（2）向机长提供信息，当发现任何差错、不安全、不合法的运行或危险情况，及时提醒机长或作出反应；

（3）在机长无法继续履行其职责时，代替其履行职责。

5. 飞行机械员职责

（1）在飞行运行时向机长负责；根据工作程序和标准操作程序完成其职责；

（2）向机长提供信息，当发现任何差错、不安全、不合法的运行或危险情况，及时提醒机长或作出反应。

6. 试飞员职责

（1）严格按飞行程序、使用手册、试飞大纲、试飞科目机组在地面对飞机系统、设备进行检查、测试；

（2）根据试飞大纲准备和制订试飞紧急情况预案；

（3）试飞实施，按照试飞大纲进行，试飞结论由机长签署。

11.1.8　空勤组的工作程序

空勤组的工作程序是围绕着四个阶段展开的，即预先准备阶段、直接准备阶段、实施阶段和飞行后的讲评阶段。

1. 机组预先准备

飞行预先准备分为机组成员网络准备和机组集体准备。机组成员网络准备可以在网络上进行，有条件的航空公司可以在网络上建立平台，为机组在网络上进行准备提供所需要的信息。

机组集体准备，应在值勤前一天或当天（当日下午执勤机组）进行满一个半小时的飞行任务准备，准备时应当按照局方和公司程序规章认真进行，只有连续或临时紧急任务方可与飞行直接准备一同进行。公司对机组飞行的预先准备应当进行检查，对检查不合格的飞行人员，应当帮助其再次进行准备，只有经过检查证明准备质量良好，方可参加飞行。

飞行预先准备内容：

（1）领受任务，明确任务性质，起飞时间和要求；

（2）领取飞行资料、领航资料、通信资料，检查、校对所需资料齐全最新有效；

（3）研究起飞、降落和备降机场、航线或者飞行区域有关资料，了解天气形势；

（4）了解航线或者飞行区域内的特殊飞行规定，准备航图，进行领航作业；

（5）了解飞行航线和飞行区域的航行通告，并且核对所飞航线和飞行区域的航行资料；

（6）研究特殊情况的处置方法和机组的协作配合；

（7）了解飞机的适航情况；

（8）国际航线飞行时，准备有关证件；

（9）飞行前接受航医的出勤前体检。

预先准备会议由机长召集并组织，机组全体人员参加，各工种汇报准备情况。机长检查落实各工种准备情况；明确机组分工，密切协助配合；听取安全员对近期安全形势的汇报，共同制定和落实空防措施；检查飞行所需的各种证件、证书齐全有效；根据任务性质，对安全飞行和服务提出要求。机组预先准备会内容由机长指派一名机组成员进行认真记录。

2. 机组直接准备

进入直接准备阶段的时间要求：为保证航班安全正常，机组成员应当保证不少于 1 小时 30 分钟到达飞行签派室，机组成员不得晚于起飞前四十分钟登机。

签派放行文件：飞行签派员或驻外办事处航务人员或其代理人，至少在预计起飞时间前 40 分钟，必须向每一个预定航班准备好并提供飞行运行所必需的有效文件及资料，包括：气象资料及预报、航行通告、飞行计划、起飞油量、计划的航路二次放行、签派放行单等。

气象资料及预报：气象资料必须包括所飞航路的预报、出港及进港航站以及备降场航站的天气实况和航站天气预报、影响飞行安全的特殊天气，诸如台风、雷暴、风切变、火山灰等情况。遇有恶劣天气时，机长应与签派员、气象预报员一起研究天气，并充分利用雷达、卫星云图等资料，拟定安全飞行的方案。

航行通告：航行通告必须包括与此次飞行有关的任何已知的在使用的导航设备，机场、空中交通管制程序与规章，当地机场空中交通管制规则等方面的变化，以及已知的对飞行的危险，包括结冰和其他危险气象条件、地面和导航设施的不正常等。机组收到通告后必须仔细认真阅读与此次飞行有关的所有内容。

主飞行计划：所有远程飞行中，机长应在签派员提供的计算机航路飞行计划中确定一份为主飞行计划，并在上端注明"主飞行计划"或"MASTER"字样。在飞行中按规定的内容和实际的飞行情况持续完整地记录在主飞行计划分析上。

惯导系统/性能管理系统的输入程序：该系统校准后，由一名驾驶员负责将航路飞行计划输入惯导/飞行管理系统，并给飞行计划上的航路点编号和在主飞行计划分析上的相同点编同样的号码。另一名驾驶员重新检查、核实输入的航路点坐标是正确的，并在主飞行计划上圈住该航路点，以表示该航路点的有关航迹和距离信息也已重新检查。

检查与了解货物装载情况，办理载运手续；检查航空器上服务用品是否配备齐全；不迟于航空器预计起飞前 30 分钟办理商务、边防、海关手续；与飞行签派员或其代理人共同研究并做出能否放行航空器的决定，并且在飞行放行单上签字。

3. 机组的实施阶段

机组在飞行实施过程中，必须严守岗位，履行职责。并且应当：

（1）严格执行检查单制度；

（2）严格按照飞行计划飞行；

（3）正确使用发动机和机上设备，合理节约燃料；

（4）由于天气、机械和身体等原因，没有信心继续完成飞行任务时，主动向飞行签派机构和空中交通管制部门报告；

（5）每次降落后向飞行签派机构报告飞行情况，向工程机务人员反映航空器的工作情况，向航行情报部门反映有关通信导航、机场设施的不正常和变更情况，以便及时查询核实。

4．机组飞行讲评阶段

空勤组的讲评,在每次飞行任务结束后进行。通过讲评,对完成任务的情况,飞行安全和质量,空勤组的协作配合等做出正确评价,表扬先进,批评缺点,对于发生的问题,尤其是安全、质量和技术方面的问题,认真分析原因,总结经验,接受教训,提出改进措施。

(1) 飞行后驾驶舱机组成员的工作由机长进行讲评,客舱工作情况由乘务长向机长汇报;

(2) 在飞行过程中,如有突发事件发生,飞行结束后,由机长召开机组会并写出书面报告交有关部门;

(3) 对发生的严重差错和事故征候,应当写出书面报告交送公司航空安全监察部;

(4) 飞行中由于机载设备异常,人为原因等引起的返航、备降的不正常情况,书面报告有关部门。

11.1.9　空勤组证件、文件和用具

为了保证飞行安全,顺利完成飞行任务,每次执行任务前,空勤人员都应检查自己是否带齐所用的证件、文件和用具。

1．证件

(1) 登机证;

(2) 有效执照;

(3) 护照有效签证(国际航班);

(4) 黄皮书(国际航班);

(5) 出入境携带物品登记本(国际航班);

(6) 出勤体检表和体格检查合格证。

2．航行文件

(1) 飞行任务书;

(2) 航行通告;

(3) 航路和降落站的天气预报;

(4) 计算机飞行计划;

(5) 签派放行单;

(6) 商务业载和平衡报表。

3．领航用具

(1) 航路图或航图;

(2) 降落机场与备降机场进、离港图或穿云图;

(3) 通讯、导航资料;

(4) 航行计算器或计算尺、向量尺;

(5) 检查单。

11.2 空勤人员的健康、训练与考核

11.2.1 空勤人员的健康

空勤人员的健康直接影响着飞行安全,为此,航空公司应制定空勤人员的健康手册,以便使空勤人员在体魄和精神上以最佳状态来执行飞行任务,航空公司应建立空勤人员的健康档案,并对空勤人员的健康负责。

1. 生病

如果任何一名机组人员在执行飞行任务中或在边远站中途着陆时患病或是不能履行其职责,他必须尽早通知飞行机长。

机长应明白这种身体状况突然不适合可能是一种危险或传染性疾病的先兆。应考虑以下因素:

(1) 国际卫生法;

(2) 如引发了一场严重的疾病传播,有关的机组人员可能会对此负责任;

(3) 如果机组减员,会严重地降低飞行的安全水平。

机长有权安排任何必要的检查确定有关人员的身体状况,必须保证有资格的医生检查有关机组人员,同时还必须出具一份证明说明该人是否能继续值勤,或者能否再继续飞行。机长应将该人的回程时间通知签派部门。

即使没有收到关于生病的报告,机长在保证其所有机组人员都能充分履行其职责方面仍负有全责。如果在飞行中有任何疑问,机长应该保证让有关人员尽早接受医生的检查,并把医生出具的报告飞行后尽快递交飞行部门。

按照国际惯例,着陆后机长应该向机场当局报告飞机上出现的所有病例。

2. 检疫规定

机上任何乘客出现可能患了重病的迹象,机长应确保通知机场的医疗或卫生当局。机场医疗或卫生当局有责任决定是否需要将此飞机、机组人员或乘客隔离。飞机飞抵目的地时,应等待机场医疗或卫生当局的批准,在此之前,任何人不得登机、离机,或者卸下货物或供应饮食。

3. 食物中毒

指在飞机上连续出现急性食物中毒的情况,这些肠胃失调症状是威胁到飞行安全最常见的因素。除了食物中毒以外,没有任何一种其他的疾病能够如此严重、如此突然地使整个机组人员失去工作能力,直接危及飞行安全。

如果一种加工好的食品在温度较高的环境中放置了几个小时,应考虑到这种食物极有可能变质,尤其是奶油或是糕点,它们是飞机上所提供的普通套餐中的一部分。对飞机上用餐进行再加热一般无法杀死导致食物变质的有机体以及它们产生的毒素。这些毒素尝不出来而且没有任何异味。

由于在食用变质食物后通常在1～6小时内才会突然出现最严重的急性食物中毒症状,因此在飞行中对6个小时内所要吃的食品应尽可能采取有效的常识性的措施防止变

质。对于任何一名机组人员,无论在飞行前还是在飞行中都必须避免饮用那些容易变质的食品以及冷的食品或饮料。尤其是牛奶、奶油制品、蛋黄酱、酱汁、色拉、肉排以及其他肉类食品,这点尤其重要。为了尽可能地消除食物中毒的危险,机长以及副驾驶员在飞行前或飞行中不应该吃同样的食品。

食物中毒症状的特点及严重程度视毒素性质及剂量以及病人的抵抗力而定,发作往往很急,有可能为痢疾、厌食、恶心、呕吐、腹部痉挛、肠鸣、腹泻,以及不同程度的虚脱,因此病人需要卧床休息。如出现严重情况应把病人送到医院治疗。治疗方法大都根据症状进行,以上所有的病情都应由医生做出诊断。

每一个空勤人员在生病期间或体力不佳不利于飞行安全时,有权提出不执行飞行任务。

4．禁用药物的使用和携带

每一个空勤人员被指定执行飞行任务后,在预计起飞前不得服用对身体有影响的药物,航医开具的药物除外。如空勤人员在治病期间已服用含有麻醉性质的药物,应禁止执行任务,直到治疗终止。如空勤人员在 24 小时内注射了预防针、疫苗,应禁止执行飞行任务,并妥善安排好空勤人员的休息。

负责安全敏感工作的人员,包括飞行机组成员、乘务员、飞行签派员,不得使用或携带大麻、可卡因、鸦片、天使粉或安非他明等禁用药物。合格证持有人不得安排明知其使用或携带了上述禁用药物的人员负责安全敏感工作,该人员也不得为合格证持有人担负此种工作。

如果机组人员曾服用过有可能会严重影响其工作的药品,而且还处于药效影响时间内,他便不能承担飞行任务。飞行员们应该明白,许多常用药品有副作用,有可能降低其判断力并影响他的工作成绩,机组人员在服用药剂后最好不承担任何飞行任务,如果飞行员对他所服用的药品有疑问的话,他应与医疗部门联系来确定他所服用的药物是否会妨碍其履行飞行职责。

以下的几种常用药会有不良的副作用,此外还有许多其他药品。如果飞行员有疑问的话,可以向医疗部门请教。

(1) 催眠药(安眠药)。应当尽量限制使用催眠药,因为催眠药可能会使感觉迟钝,引起人思维混乱并且降低应变能力。

(2) 抗组胺药。所有抗组胺药都会产生诸如服用镇静剂产生的暂时平静、疲劳以及口干等副作用。一般来说,这些药主要用于治疗常见的感冒、花粉热、过敏性皮疹或过敏性反应。一些鼻腔喷剂或点剂中有可能也含有抗组胺药。

(3) 镇静剂、抗抑郁剂以及精神病用药。以上各种药剂都会妨碍机组人员履行其职责。首先,服用这些药也就意味着病人的精神状态不佳,其次这些药会产生副作用。只有当服用这些药进行的治疗结束,且这些药剂产生的副作用完全消失后,才可以重新执行飞行任务,在有些情况下这得需要几天的时间。

(4) 抗生素。如果飞行员服用了抗生素,说明他的身体状况可能不适于飞行。虽然大多数的抗生素并不影响飞行,但是,由于担心出现任何过敏反应,所以就不能服用有可能导致过敏的抗生素。在飞行中,飞行员服用的药物必须是曾经服用过的药物,或者他在服药前在地面上 24 小时以前曾试服过此药。

（5）止痛药（镇痛药）。服用大量的止痛药或消炎药有可能会引起胃疼或出血，因此在使用这些药之前最理想的办法是向医生请教。

（6）类固醇药（可的松等）。使用类固醇药几乎毫无例外地会妨碍机组人员完成飞行任务。

（7）抗疟疾药。一般来说，按医嘱服用适量的作预防之用的多数抗疟疾药是不会影响飞行的。

（8）抗腹泻药。由于许多用于治疗胃炎以及肠炎症状的药物可能会引起注意力无法集中，或影响视力等副作用，因此机组人员在使用这些药时应格外慎重。大多数情况下，机组人员应该在一段时间内改为从事地勤工作。

（9）抑制食欲药物。由于这些药会影响中枢神经系统，因此在执行飞行任务时不能服用这类药物。

（10）抗高血压药（用于治疗高血压）。某些治疗高血压的药物不影响飞行。这些药的处方必须由有航空医学经验的医生来开具，而且在开始飞行任务以前，应为病人留出足够的时间来确定这种药物的适用性，以及此药是否有副作用。

（11）酒。用酒冲服大多数药物是相当危险的，也是最不可取的。

相当多的药物会影响机组成员飞行能力，下面列出了一些药物的类别和具体的药物名称，如果机组成员在飞行前服用了此类药物，禁止参加飞行。这是因为这些药物会在不同程度上影响机组成员的操纵能力，身体觉醒状态和精神状态。

止痛剂、治喘息药、抗生素（软膏除外）、抗胆碱能剂、抗凝剂、止吐剂、治肥胖病药、防晕机药、止痒药、巴比妥酸盐（以及所有其他安眠药）、镇静剂、感冒或咳嗽药、可的松及类似的药（软膏或眼药水除外）、强心剂、利尿剂、痛风药、降压药、胰岛素、肌肉松弛剂、麻醉药、减轻口鼻充血剂、磺胺（非吸收性磺胺除外）、镇静剂或兴奋剂、血管扩充剂。

以下是两种应注意的行为：

① 外科手术。机组人员在经过任何外科手术之后回到飞行岗位前，应向航空医疗部门咨询。

② 献血。飞行机组人员在其值勤飞行时不应报名献血。在指定的飞行任务前 24 小时以内飞行机组人员不应献血。

5. 饮用含酒精饮料后的值勤限制

航空公司应制定一系列的制度，限制空勤人员饮用含酒精的饮料，在执行任务期间应禁止使用任何酒精饮料，机组人员在使用麻醉剂或是服用安眠药一类的药剂后，不得承担飞行任务。机组成员穿着飞行制服时，禁止饮用含酒精的饮料，不得进入提供含酒精饮料的酒吧或鸡尾酒馆或在其中逗留。任何时候都严禁酗酒者参与飞行运行。

对于机组成员、飞行签派员等承担安全敏感工作的人员，如果其体内酒精浓度达 0.04 以上，不得上岗或继续留在岗位上承担安全敏感工作。任何合格证持有人，在明知该人员酒精浓度达 0.04 或以上时，不得允许其承担或继续承担安全敏感工作。酒精浓度是指用呼气测试器测试的每 210L 呼出气体中所含酒精的克数。

对于机组成员、飞行签派员等承担安全敏感工作的人员，在承担安全敏感工作过程中,不得饮用含酒精饮料。任何合格证持有人,在明知有关人员在承担安全敏感工作过程中饮用酒精饮料时,不得允许该人员承担或继续承担安全敏感工作。

对于机组成员、飞行签派员等承担安全敏感工作的有关人员在饮含酒精饮料后 8 小时之内,不得上岗值勤。任何合格证持有人在明知该人员在 8 小时之内饮用过含酒精饮料时,不得允许该人员承担或继续承担上述工作。

6. 体育运动

机组成员在预计起飞前 12 小时应禁止参与任何激烈的体育运动,以便保证良好的体力执行飞行任务。激烈运动是指足球赛、潜水等运动。

在进行深潜水之后在增压的飞机中进行飞行会引起高空病(减压病),因此机组人员在接受飞行任务前 48 小时内不能进行深度超过 10 米的深潜。

7. 体格检查

飞行人员必须对自己的健康负责,对健康合格证的有效性负责。Ⅰ 级体检合格证有效期为 12 个月,年龄满 60 周岁以上者为 6 个月。其中参加《大型飞机公共航空运输承运人运行合格审定规则》(CCAR-121)规定运行的驾驶员年龄满 40 周岁以上者为 6 个月。任何人在知道自己身体有缺陷或处于思维混乱状态时,而其缺陷使他无法达到目前体检证明的要求,或可能危及飞机及乘客安全,他将不能作为机组人员参加飞行工作。空勤人员每年必须进行一次体格检查,凡符合规定体格标准的,发给体检合格证书,不符合规定体格标准的,停止承担其执照所规定的工作。航空人员的身体检查记录,由负责的航空医生记录在航空人员身体检查档案内,并由航卫部门长期保存,空勤人员每次飞行前,还应当进行小体检,由航空医生发出健康证明书。空勤人员的定期体格检查,由中国民航局批准的体检单位进行,飞国际航线的空勤人员应根据医疗部门的规定,在规定期限内注射疫苗,飞行大队航医室应建立空勤人员疫苗记录卡,以便在有效期限内完成注射事宜。

8. 运行期间的饮食

严格掌握机组人员在执勤期间的饮食卫生标准,并且保证机组人员在飞行期间有充足的航空餐食可以食用,禁止空腹飞行。

(1)飞行前的饮食要求。同一机组成员在值勤前 6 小时内不得食用非公司指定的同一饮食地点提供的相同食物。

(2)飞行中的饮食要求。为防止空腹或饱腹,飞行中进餐时间间隔不得超过 4 小时,机长和第二机长或副驾驶应食用不同的机组餐食,如果给所有机组成员配同一种餐食,要求机长和第二机长或副驾驶进餐时间相隔 1 小时。除非由于飞行时间限制,否则机长和第二机长或副驾驶最好不要同时用餐。

为了防止食物中毒的发生,保证在所有的航段上,飞机上应装有足够的完全不相同的餐食供给机组使用:

(1)机长与副驾驶食用不同的食物;

(2)机长与第二机长食用不同的食物。

11.2.2　机组成员的训练

1. 训练的基本要求

（1）合格证持有人应当按照下列要求，保证为所有机组成员、飞行签派员和其他相关人员提供充分的训练：

① 制定《飞行训练要求》《熟练检查要求》和《高级飞行模拟机的使用》规定要求的训练大纲，使其获得相应的初始批准和最终批准，并按照训练大纲进行训练。

② 为训练提供足够的地面训练设施和飞行训练设施。

③ 对于每一型别飞机及在该飞机型别范围内的各种改型，提供实施训练和检查所需的合适的训练资料、考试题、表格、指南、程序，并使其保持现行有效。

④ 提供足够的地面教员、飞行教员、飞行模拟机教员、飞行签派教员和航空检查人员，以实施所要求的训练和检查。

（2）对应当进行定期复训、飞行检查或者资格检查的机组成员、飞行签派员，在要求进行训练或者检查的那个日历月之前一个或者之后的一个日历月中完成了训练或者进行了检查的，被视为在所要求的那个日历月中完成了训练或者进行了检查。

（3）负责每一段训练或者检查的每个教员、主管人员或者航空检查人员，在完成这些训练或者检查后，应当对被训练或者检查合格的机组成员、飞行签派员、飞行教员或者航空检查人员的技术熟练程度和知识水平作出合格证明。这种合格证明应当作为该机组成员或者飞行签派员记录的一部分。

（4）适用于一个以上飞机型别或者机组成员位置的训练科目，如果已在其中某一型别或者某一机组成员位置上完成了该训练科目，则这些科目在以后的训练中，除定期复训之外，不需要重复训练。

（5）对于在飞行训练中进步较快、完成较好的受训人员，经其教员或者航空检查人员推荐，并顺利通过航空检查人员或者局方的相应飞行检查，则该员的飞行训练的计划小时数可以适当减少。但是，如果局方发现该训练单位在前6个月训练期间，按照本要求推荐的人员有20%飞行检查不合格，则不得适用本款，直至局方认为该单位飞行训练效果已有改善为止。

（6）驾驶员转升机型的训练，通常应当根据《民用飞机训练分级》中针对训练提出的飞机分类，按照从小到大、循序渐进的原则进行。对于进入初始、转机型和升级训练的驾驶员，还需符合相应的经历要求。

2. 机组成员和飞行签派员的训练要求

合格证持有人的每一训练大纲应当根据机组成员或飞行签派员的具体任务，提供下列地面训练：

对于新招聘的机组成员或飞行签派员，提供至少40个计划小时数的基础教育地面训练，该训练至少包括下列内容：

（1）机组成员或飞行签派员的相应职责；

（2）中国民用航空规章的相应条款；

（3）合格证持有人的运行合格证和运行规范的内容；

（4）合格证持有人运行手册的相应部分；

（5）按适用情况规定的初始和转机型地面训练；

（6）应急生存训练，飞行签派员除外。

每一训练大纲应当按适用情况，提供规定的飞行训练。每一训练大纲还应当提供规定的定期地面复训和飞行训练。

合格证持有人使用的同一型别飞机之间具有差别时，为确保每一机组成员和飞行签派员获得完成其指定任务所需的充分训练，训练大纲中应当设置差异训练。

每一训练大纲中应当按适用情况，包括规定的升级训练内容，用于副驾驶转升同一型别飞机机长的训练。

除以上规定的训练内容外，合格证持有人应当根据本单位具体情况，在训练大纲中增加必要的地面和飞行训练内容，以确保每一机组成员和飞行签派员达到下列要求：

（1）对于所服务的每架飞机、每个机组成员工作位置、每种运行，持续保持充分的训练和近期熟练水平；

（2）对新的设备、设施、程序和技术，包括对飞机的改装，具有合格的知识和技术水平。

3. 驾驶员初始、转机型和升级训练的进入条件

进入机长训练的驾驶员，应当满足中国民用航空规章 CCAR-61 部对申请航线运输驾驶员执照所规定的资格要求和经历要求。此外，在进入组类Ⅱ飞机的升级训练或担任机长之前，需满足下列附加条件：

（1）对于最大起飞全重 136 000 千克（含）以下的飞机，应当担任机长飞行一年以上，相应机长飞行经历时间不少于 300 小时，且总驾驶员飞行经历时间不少于 2 200 小时；如不具有上述机长经历，则其总驾驶员飞行经历时间不得少于 2 700 小时，其中在组类Ⅱ飞机上不少于 1 000 小时，且作为操作驾驶员不少于 400 个包括起飞和着陆的航段，其中在本机型上作为操作驾驶员不少于 200 个包括起飞着陆的航段。

（2）对于最大起飞全重 136 000 千克（不含）以上的飞机，应当担任组类Ⅱ飞机机长飞行一年以上，相应机长飞行经历时间不少于 500 小时，且总驾驶员飞行经历时间不少于 4 000 小时；如不具有上述组类Ⅱ飞机机长经历，则其总驾驶员飞行经历时间不得少于 5 500 小时，其中在组类Ⅱ飞机上不少于 2500 小时，且作为操作驾驶员不少于 450 个包括起飞和着陆的航段，其中在本机型上作为操作驾驶员不少于 250 个包括起飞着陆的航段。

以上所述机长飞行经历时间是指在商业运输中担任机长飞行的经历时间。

进入副驾驶训练的驾驶员应当至少是具备商用驾驶员执照和飞机类别、多发等级、仪表等级的驾驶员，同时满足在按照 CCAR-121 部运行的飞机上担任副驾驶规定的资格条件，通过航线运输驾驶员执照地面理论考试，并符合下列要求：

（1）拟在组类Ⅰ飞机上担任副驾驶的驾驶员，总驾驶员时间不得少于 250 小时，或者毕业于按照 CCAR-141 部批准的课程，该课程至少有 230 小时飞行训练时间。

（2）拟在最大起飞全重 136 000 千克（含）以下的组类Ⅱ飞机上担任副驾驶的驾驶员：

① 总驾驶员时间不得少于 500 小时，或者毕业于按照 CCAR-141 部批准的课程，该

课程至少有 250 小时飞行训练时间；

② 按局方批准的高性能训练课程进行训练,该课程应当包括理论训练、飞行训练器训练和至少 20 小时在局方认可的高性能多发飞机上的飞行训练(其中可以包括不超过 10 小时的飞行模拟机飞行训练时间);

③ 在涡轮驱动、具备增压舱的多发飞机上担任机长飞行 70 小时或担任副驾驶飞行 300 小时的驾驶员在进入本款规定的副驾驶训练前可以不进行高性能多发飞机训练。

(3) 拟在最大起飞全重 136 000 千克(不含)以上的组类 Ⅱ 飞机上担任副驾驶的驾驶员:

① 总驾驶员时间不得少于 500 小时,或者毕业于按照 CCAR-141 部批准的课程,该课程至少有 280 小时飞行训练时间;

② 按局方批准的高性能训练课程进行训练,该课程应当包括理论训练、飞行训练器训练和至少 50 小时在局方认可的高性能多发飞机上的飞行训练(其中可以包括不超过 25 小时的飞行模拟机飞行训练时间);

③ 在涡轮驱动、具备增压舱的多发飞机上担任机长飞行 100 小时或担任副驾驶飞行 500 小时的驾驶员在进入本款规定的副驾驶训练前可以不进行高性能多发飞机训练。

④ 对于已在 CCAR-121 规则下运行的最大起飞全重 136 000 千克(含)以下的组类 Ⅱ 飞机上担任副驾驶的驾驶员,在运行中担任副驾驶飞行经历时间 25 小时后,可直接进入最大起飞全重 136 000 千克(不含)以上组类 Ⅱ 飞机的副驾驶训练,无须满足上述要求。

4. 乘务人员的训练

乘务人员的训练是按照航空公司所建立的训练大纲来完成,这一训练大纲应按照每一种机型乘务人员的组成数额,要求每一随机乘务人员每年完成一次训练或考核,这一训练大纲应包括:

(1) 飞行中发生紧急情况或需要撤离飞机时胜任所承担的职责;

(2) 熟练地使用按规定所携带的各种应急和救生设备,如救生衣、救生筏、撤离滑梯,紧急出口的开启,手提灭火瓶,氧气设备和急救药包等;

(3) 具有缺氧影响和机舱增压失压后所产生的生理现象和相关知识(尤其在 4 000 米以上飞行航空器内的乘务人员);

(4) 在紧急情况时为履行自己的职责而知道其他机组成员的分工和职责;

(5) 要进行语言训练,至少掌握一种外国语言,如英语、日语。

乘务人员的考核由航空公司的客航部自行进行。

5. 训练后的技术考核

在某一等级飞机上担任机长的驾驶员,可直接进入同等级或较低等级飞机的机长训练。进入副驾驶训练的驾驶员,应当根据受训人员的具体情况,按照《中国民用航空飞行人员训练管理规定》(CCAR-62FS)的规定进入并完成相应的训练。

空勤人员的训练,必须严格按照各型航空器训练大纲进行。训练大纲应当包括飞行人员所飞航空器型别的地面训练,模拟机训练和飞行训练,以及机组各成员的协同配合,

处理各种特殊情况,如动力装置故障、失火等应急程序的训练,并做到:

(1)有模拟机的航空器,要按照训练大纲的规定组织定期训练;

(2)有模拟机的航空器,每年必须进行一次专门复习和考试;

(3)凡未经过训练或考试不合格者,不准颁发或继续使用飞行人员执照。

飞行人员转机型、担任教员和在各型航空器上初次单独执行任务,必须进行技术考核。技术考核工作由中国民航局授权的单位和技术检查人员进行。经过考核达到标准后,报中国民航局批准,颁发执照。飞行人员转最低天气标准,由航空公司进行技术考核达到标准后批准,并报中国民航局和民航地区管理局备案。

飞行人员取得执照后,每一年应当进行一次考核。执照期满前还应当进行一次考核,由飞行人员所在单位申请安排,并负责做好考核的组织保障工作。考核由中国民航局授权的单位和技术检查人员进行。理论测验和飞行技术考核合格并经飞行人员所在单位技术总负责人审核后,呈报中国民航局或授权单位批准签发生效。飞行人员的航空理论和飞行技术考核成绩情况,应填入飞行人员《飞行记录簿》内,以作为飞行人员的技术履历。

飞行人员间断飞行时间超过规定期限时,必须经过带飞、技术检查和体检合格后,方可继续承担其执照规定的工作。正驾驶员对其所飞的任何一种航空器,间断飞行超过规定期限,必须经过检查。

正驾驶员因病、疗养或休假等原因间断飞行虽未超过规定期限,但所在单位领导认为需要时,亦可进行检查。间断飞行后的检查,由飞行人员所在单位领导决定在本场或者在生产飞行中进行,亦可用模拟机检查。

在每年两次的换季工作中,航空公司应当组织所属飞行人员进行航空理论,设备使用,气象知识的学习和讨论,总结和交流飞行经验。飞行人员因技术原因发生事故和事故征候或者技术检查不合格,都必须进行训练或带飞。经检查合格后,方可批准其单独执行任务。飞行人员因技术原因发生飞行事故或者严重事故征候,对负有直接责任者,应视情况吊销执照,或者降低飞行技术标准。凡吊销执照者,须经技术带飞并检查合格后,方可重新申请颁发执照。

中国民航局授权的技术检查人员,检查飞行人员在各型航空器上初次单独执行飞行任务和转最低天气标准时,必须严格掌握标准,并对其检查的结论负责。

在技术带飞和检查飞行中,飞行检查人员和教员对飞行安全负责,其他工种的检查人员和教员对本工种工作负责。

11.3 机组成员飞行时间限制

11.3.1 飞行时间的限制

1. 飞行时间限制的目的

确定飞行时间和飞行值勤时间的限制只是为了减少由于飞行组成员疲劳而危及飞行安全的可能性。为了防止这种可能性,必须考虑到两种类型的疲劳,即暂时性疲劳和累积性疲劳。

暂时性疲劳是健康人在一段时间的工作用力或激动后通常遇到的疲劳,一般能在充足睡眠后即行消除。

累积性疲劳是由于暂时性疲劳耽误了恢复或未完全恢复而产生的,或者是由于过度的工作、用力或激动而未得到充分复原的结果。

用限制飞行时间的方法及限制起飞前或一系列飞行时在经停站的地面值勤时间来防止暂时性疲劳。用限制和规定休息时间,给空勤组充分的机会从疲劳中恢复来防止累积性疲劳。

众所周知,人的身体有个昼夜生物周期或节律,这就意味着在正常工作时间里,化学、心理以及生理活动量大,而在正常睡眠中则较低。大约在清晨4点钟,这些活动量达到最低点,当跨越时区时,无论从东到西还是从西到东,都会打破每日的生物周期,然而,还没有任何证据能证明这对人体是否有害。为了尽可能地减少昼夜生物周期对身体的疲劳反应,应该:

(1) 尽可能地按照在家时的作息时间表来安排睡眠、饮食等;

(2) 飞行前充分休息;

(3) 为了提高人的警觉性(应变能力),应该每3小时或4小时吃些清淡的小吃。

2. 制定时间限制应考虑的因素

在制定时间限制时,各种时间限制的长短应根据下列因素确定:

(1) 空勤组人数和工作范围;

(2) 在航空器内有足够设备供换班人员休息,这种设备能使空勤组成员平卧并有一定程度的静止条件;

(3) 地面有供机组充分休息的设施;

(4) 工作、睡眠期及时差的协调;

(5) 起飞和着陆的次数;

(6) 航空器的操纵和性能;

(7) 航程;

(8) 天气条件;

(9) 飞行高度。

3. 限制的种类

时间限制有以下几个种类:

(1) 每天的时间限制;

(2) 每周的时间限制;

(3) 每月的时间限制;

(4) 每季度的时间限制;

(5) 全年的时间限制;

(6) 每月的起降次数。

11.3.2　机组成员值勤期限制、飞行时间限制和休息要求

1. 概则

合格证持有人在实施运行中,应当建立用于机组成员疲劳管理的制度和程序,应当保证其机组成员符合适用的值勤期限制、飞行时间限制和休息要求。任何违反本规定的人员不得在运行中担任机组必需成员。

2. 定义

(1) 扩编飞行机组,是指飞行机组成员数量超过飞机机型所要求的操纵飞机的最小值,从而可由其他合格的飞行机组成员替换某一飞行机组成员,被替换的飞行机组成员可在飞行中休息;扩编飞行机组中应至少包含一名具备机长资格和一名具备巡航机长或以上资格的人员。

(2) 机上休息设施,是指安装在飞机内可以为机组成员提供休息机会的铺位或座位,其中分为:

① 1 级休息设施,是指休息用的铺位或可以平躺的其他平面,独立于驾驶舱和客舱,机组成员可控制温度和光线,不受打扰和噪声的影响。

② 2 级休息设施,是指飞机客舱内的座位,至少可以利用隔帘与乘客分隔,避免被乘客打扰,可以平躺或接近平躺,能够遮挡光线、降低噪声。

③ 3 级休息设施,是指飞机客舱内或驾驶舱内的座位,应可倾斜 40°,并可为脚部提供支撑。

(3) 置位,是指机组成员根据合格证持有人的要求为完成指派的飞行任务,作为乘员乘坐飞机或地面交通工具,但不包括其往返当地适宜的住宿场所的交通。置位属于值勤,置位时间不能作为休息时间。当置位计入飞行值勤期时,在确定非扩编飞行机组运行最大飞行值勤期限制中最长飞行值勤时间时,置位不视作航段。

(4) 适宜的住宿场所,是指可以控制温度、降低噪音、条件良好的场所,该场所能够控制光线亮度,使机组成员可以在床位或椅子上以平躺或接近平躺姿势睡觉或休息。适宜的住宿住所只适用于地面设施,不适用于机上休息设施。

(5) 值勤,是指机组成员按照合格证持有人的要求执行的所有任务,包括但不限于飞行值勤、置位、备份(包括主备份和其他备份)和培训等。

(6) 飞行值勤期,是指机组成员接受合格证持有人安排的飞行任务后(包括飞行、调机或转场等),从为完成该次任务而到指定地点报到时刻的开始,到飞机在最后一次飞行后发动机关车且机组成员没有再次移动飞机的意向为止的时间段。一个飞行值勤期还可能包括机组成员在某一航段前或航段之间代表合格证持有人执行的其他任务,但没有必要休息期的情况(如置位、主备份、飞机或模拟机培训发生在某一航段前或航段之间,但没有安排必要的休息期)。在一个值勤期内,如机组成员能在适宜的住宿场所得到休息,则该休息时间可以不计入该飞行值勤期的值勤时间。

(7) 日历日,是指按照世界协调时间或当地时间划分的时间段,从当日 00:00 至 23:59 的 24 小时。

(8) 主备份,是指机组成员根据合格证持有人的要求,在机场或合格证持有人指定的

特定地点随时等待可能的任务。

（9）休息期，是指从机组成员到达适宜的住宿场所起，到为执行下一次任务离开适宜的住宿场所为止的连续时间段。在该段时间内，合格证持有人不得为机组成员安排任何工作和给予任何打扰。值勤和为完成指派的飞行任务使用交通工具往来于适宜的住宿场所和值勤地点的时间不得计入休息期。上述内容中的时间均为北京时间，部分地区存在较长时差的另行规定。

3.飞行机组的飞行时间限制

（1）在一个值勤期内，合格证持有人不得为飞行机组成员安排、飞行机组成员也不得接受超出以下规定限制的飞行时间：

① 非扩编飞行机组执行任务时，应按表 11-2 规定的飞行时间限制：

表 11-2　非扩编飞行机组运行最大飞行时间限制

报到时间	最大飞行时间（小时）
00:00—04:59	8
05:00—19:59	9
20:00—23:59	8

② 配备 3 名驾驶员的扩编飞行机组执行任务时，总飞行时间 13 小时。

③ 配备 4 名驾驶员的扩编飞行机组执行任务时，总飞行时间 17 小时。

（2）如果在飞机起飞后发生超出合格证持有人控制的意外情况，为将飞机安全降落在下一个目的地机场或备降机场，飞行机组成员的飞行时间可以超出（1）中所规定的最大飞行时间限制以及累积飞行时间限制。

（3）合格证持有人必须在 10 天内将任何超过本条所允许的最大飞行时间限制的情况报告局方，报告应包括以下内容：

① 对于延长飞行时间限制及本次延长情况必要的说明；

② 合格证持有人为将此类延长控制在最小范围内而采取的修正措施，如适用。

（4）合格证持有人应在延长飞行时间限制事发当天起 30 天内实施修正措施。

4.飞行机组的飞行执勤期限制

（1）对于非扩编机组的运行，合格证持有人不得为飞行机组成员安排、飞行机组成员也不得接受超出下表 11-3 规定限制的飞行值勤期；航段限制数不包括因备降所产生的航段。

表 11-3　非扩编飞行机组运行最大飞行值勤期限制

报到时间	根据航段数量确定的飞行机组成员最大飞行值勤期（小时）			
	1～4 个航段	5 个航段	6 个航段	7 个航段或以上
00:00—04:59	12	11	10	9
05:00—11:59	14	13	12	11
12:00—23:59	13	12	11	10

（2）扩编飞行机组的运行

① 对于扩编机组的运行，合格证持有人不得为飞行机组成员安排、飞行机组成员也不得接受超出表 11-4 规定限制的飞行值勤期：

表 11-4　扩编飞行机组运行最大飞行值勤期限制

报到时间	根据休息设施和飞行员数量确定的最大飞行值勤期（小时）					
	1 级休息设施		2 级休息设施		3 级休息设施	
	3 名飞行员	4 名飞行员	3 名飞行员	4 名飞行员	3 名飞行员	4 名飞行员
00：00—23：59	18	20	17	19	16	18

② 在所有飞行时间内，至少有一名机长或符合本章要求的巡航机长在驾驶舱内操纵飞机。

③ 在着陆阶段执行操纵飞机任务的飞行机组成员，应在飞行值勤期的后半段获得至少连续 2 小时的休息时间。对于航段时间不足 2 小时的应保证执行操纵飞机任务的飞行机组成员在着陆前得到足够的休息。

（3）起飞前发生意外运行情况下飞行值勤期的延长：

① 机长和合格证持有人可以将表 11-3 或表 11-4 中允许的最大飞行值勤期延长 2 小时。

② 本条①规定的将飞行值勤期延长 30 分钟以上的情况只可在获得本章规定的休息期之前发生一次。

③ 如果本条①规定的飞行值勤期的延长导致飞行机组成员超出本章所规定的累积值勤期限制，那么该飞行值勤期不得延长。

④ 合格证持有人必须在 10 日内将任何超过表 11-3 或表 11-4 所允许的最大飞行值勤期限制 30 分钟以上的情况报告局方，报告应包括以下信息：

a. 对于延长飞行值勤期限制及本次延长必要情况的说明。

b. 合格证持有人为将此类延长控制在最小范围内而采取的修正措施，如适用。

c. 合格证持有人必须在延长飞行值勤期限制事发当天起 30 天内实施本条规定的修正措施。

（4）起飞后发生意外运行情况下飞行值勤期的延长：

① 机长和合格证持有人可以将表 11-3 或表 11-4 中允许的最大飞行值勤期延长至可以将飞机安全地降落在下一个目的地机场或备降机场。

② 本条①规定的将飞行值勤期延长 30 分钟以上的情况只可在获得本章规定的休息期之前发生一次。

③ 本条①规定的值勤期的延长可以超出本章中所规定的累积飞行值勤期限制。

④ 合格证持有人必须在 10 日内将超过表 11-3 或表 11-4 飞行值勤期限制的情况报告局方，报告应包括对于延长飞行值勤期限制及本次延长必要情况的说明。

5. 飞行机组的累积飞行时间、值勤时间限制

（1）本条所规定的限制包括飞行机组成员在一段时期内代表合格证持有人所执行的

所有飞行时间,含按照本规则实施的运行和本规则之外的运行,如训练、调机和作业飞行等。

(2) 合格证持有人不得为飞行机组成员安排、飞行机组成员也不得接受超出以下规定限制的飞行时间:

① 任一日历月,100 小时的飞行时间。

② 任一日历年,900 小时的飞行时间。

(3) 合格证持有人不得为飞行机组成员安排,飞行机组成员也不得接受超出以下规定限制的飞行值勤期:

① 任何连续 7 个日历日,60 小时的飞行值勤期。

② 任一日历月,210 小时的飞行值勤期。

6. 客舱乘务员的飞行值勤期限制

(1) 当按照本章规定的最低数量配备客舱乘务员时,客舱乘务员的飞行值勤期不得超过 14 小时。

(2) 在按照本章规定最低数量配备上增加客舱乘务员人数时,客舱乘务员的飞行值勤期限制和休息要求应当符合如下规定:增加 1 名客舱乘务员,飞行值勤期不得超过 16 小时;增加 2 名客舱乘务员,飞行值勤期不得超过 18 小时;增加 3 名或者 3 名以上客舱乘务员,飞行值勤期不得超过 20 小时。

(3) 发生意外运行情况下飞行值勤期的延长:

① 合格证持有人可以将本条(1)、(2)所规定的值勤期限制延长 2 小时或延长至可以将飞机安全地降落在下一个目的地机场或备降机场。

② 将本条(1)、(2)规定值勤期限延长 30 分钟以上的情况只可在本章规定的休息期之前发生一次。

7. 客舱乘务员的累积飞行时间、值勤时间限制

(1) 本条所规定的限制包括客舱乘务员在适当时期内代表合格证持有人所执行的所有飞行。

(2) 合格证持有人不得为客舱乘务员安排,客舱乘务员也不得接受超出以下规定限制的累积飞行时间:

① 任一日历月,100 小时的飞行时间;

② 任一日历年,1100 小时的飞行时间。

(3) 合格证持有人不得为客舱乘务员安排,客舱乘务员也不得接受超出以下规定的累积飞行值勤时间限制:

① 任何连续 7 个日历日,70 小时的飞行值勤期;

② 任一日历月,230 小时的飞行值勤期。

(4) 客舱乘务员在飞机上履行安全保卫职责的时间应当计入客舱乘务员的飞行和值勤时间。

8. 机组成员休息时间的附加要求

(1) 合格证持有人不得在机组成员规定的休息期内为其安排任何工作,该机组成员也不得接受合格证持有人的任何工作。

　　(2) 任一机组成员在实施按本规则运行的飞行任务或主备份前的 144 小时内,合格证持有人应为其安排一个至少连续 48 小时的休息期。

　　(3) 如果飞行值勤期的终止地点所在时区与机组成员的基地所在时区之间有 6 个小时或者 6 个小时以上的时差,则当机组成员回到基地以后,合格证持有人必须为其安排一个至少连续 48 小时的休息期。这一休息期应当在机组成员进入下一值勤期之前安排。本条款所述基地是指合格证持有人确定的机组成员驻地并接受排班的地方。

　　(4) 除非机组成员在前一个飞行值勤期结束后至下一个飞行值勤期开始前,获得了至少连续 10 个小时的休息期,任何合格证持有人不得安排,且任何机组成员也不得接受任何飞行值勤任务。

　　(5) 当合格证持有人为机组成员安排了其他值勤任务时,该任务时间可以计入飞行值勤期。当不计入飞行值勤期时,在飞行值勤期开始前应当为其安排至少 10 个小时的休息期。

9. 机组成员的值勤要求

　　(1) 在飞行的关键阶段,合格证持有人不得要求飞行机组成员完成飞机安全运行所必需的工作之外的任何其他工作,飞行机组任何成员也不得承担这些工作。预定厨房供应品,确认旅客的衔接航班,对旅客进行合格证持有人的广告宣传,介绍风景名胜的广播,填写与运行无关的公司报告表、记录表等工作都不是飞机安全运行所必需的工作。

　　(2) 在飞行的关键阶段,飞行机组成员不得从事可能分散飞行机组其他成员工作精力,或可能干扰其他成员正确完成这些工作的活动,机长也不得允许其从事此种活动。这些活动包括进餐、在驾驶舱无关紧要的交谈、在驾驶舱和客舱机组成员之间无关紧要的通话、阅读与正常飞行无关的刊物等。

　　(3) 在飞行期间,合格证持有人制定的服务程序不得影响客舱乘务员履行安全职责。

　　(4) 在飞行的关键阶段,合格证持有人不得要求客舱机组完成安全所必需的工作之外的任何其他工作,客舱机组任何成员也不得接受这些工作。

　　(5) 在本条中,飞行关键阶段是指滑行、起飞、着陆和除巡航飞行以外在 3 000 米 (10 000 英尺) 以下的飞行阶段。

10. 驾驶舱内有控制的休息

　　机长在运行期间进行有计划的休息时,其安全责任不能移交。并按下述规定执行:

　　(1) 在驾驶舱内至少有 3 名值勤的飞行组成员,并必须经过这方面程序的训练。

　　(2) 进入有控制的休息时,驾驶舱内另外两名飞行机组成员在其值勤位置上保持清醒状态,并保证互相提醒。

　　(3) 任何有控制的休息期必须:

　　① 从上升顶点开始到计划的下降前 30 分钟止的巡航飞行阶段;

　　② 限制在 45 分钟之内;

　　③ 安排在工作负荷小的飞行期间,要考虑到高度改变、燃油传输需要、气象条件;

　　④ 一次只能有一名飞行机组成员进入休息;

　　⑤ 每个有控制的休息期结束后,必须有 15 分钟的恢复期,在这 15 分钟内,不应担任飞行关键岗位的职责或下达运行简令;

⑥ 在休息的飞行机组成员的飞行勤务和监视职责必须由未休息的飞行组成员完成，但是，机长无论是在休息还是不在休息，对航空器的运行仍然保持最后的决定权；

⑦ 在任一飞行组成员进入有控制的休息期之前，及在结束之后，必须由机长或不在休息的飞行组成员做相应的运行简令，复习任务与职责的重新安排及叫醒时间。

（4）非要求睡眠区的航线上的休息。派遣 3 名驾驶员其中含一名第二机长执行航班运行，而值勤时间和飞行时间不需提供睡眠区时，机组成员可在公司指定的客舱内休息；进入客舱休息时不应着制服上衣；机长或第二机长离开值勤岗位时，必须向对方做相应的运行简令，复习任务与职责的重新安排、进行机长职权的交接以及叫醒时间。

派遣三名驾驶员其中不含一名第二机长执行航班运行时，机长不能离开驾驶舱进行休息。

（5）机上睡眠区的要求。公司机组派遣时，必须严格按照值勤时间和飞行时间的限制。在计划的值勤时间内需要提供机组睡眠区时，机组应在公司提供的符合局方要求的睡眠区内休息；机组休息时间不应超过 4 小时，休息结束后，必须有 15 分钟的恢复。

 本章测试

测试 11.1

测试 11.2

测试 11.3

测试 11.4

第 12 章

运行控制中心

随着航空业的规模化快速发展,部门分工不断细化,职责不断明晰,导致机构设置烦琐,运行组织体系逐渐庞大,为了提高运行效率,实施对安全、运行、服务的高效组织和响应,特别是提高对突发事件的应急响应,航空公司相继在飞行运行领域采取多部门联席办公的形式,组建"飞行运行控制机构",如 OCC(Operation Control Center)、FOC(Flight Operation Center)、AOC(Airlines Operation Center)、SOC(Systems Operation Center)等。

一般来说,较小规模或成立较早的"飞行运行控制机构"用 OCC 或 FOC 的称呼,美国大型航空公司多用 SOC 这个名称,欧洲的航空公司使用 AOC 的要多一些。但无论如何命名,都是采取多部门、多职能集中办公的形式,以提升航空公司安全运行水平、降低运营成本、提高运行效率。

中国民航局也十分重视这种多职能联席办公形式对安全运行管理效率提升的作用,积极推动航空公司特别是大型飞机公共运输航空运行企业的运行控制中心的建设,于2000 年 10 月 30 日颁布了《航空承运人运行中心(AOC)政策与标准》的咨询通告,又于 2011 年 5 月 3 日进行了修订,为航空公司 AOC 建设提供政策支持和技术指南。本章将统一按照中国民航局的"AOC"称谓来统称航空企业中进行运行管理的这种联席办公的机制。

视频 12-1
运行控制中心
介绍

12.1　AOC 的发展和演变

随着第二次世界大战的结束,西方国家经济迅速发展,航空业也得到迅猛发展。同时,以彼得·德鲁克的管理理论为代表的现代管理理念也在世界上被更多的企业家所认知和接受。为了更好地管理规模日益庞大的航空企业,同时也为了更好地提升企业的竞争力,从 20 世纪 70 年代开始,以美国航空、联合航空、达美航空为代表的美国大型航空企业和以汉莎航空为代表的欧洲航空企业先后建立自己的航班运行管理中心。

2000 年前后,中国部分航空企业也开始效仿西方发达国家的航空企业组建航班运行管理中心——OCC 或 SOC。随着中国国有航空企业的重组,将当时国内 9 家国有航空公司及相关公司进行重组成立了现在的中国国际航空集团公司、中国南方航空集团公司、中国东方航空集团公司。三大航的机队规模、航线网络、航班数量急剧扩大,如何组织好航班运行成为三大航面临的重大挑战之一。于是,三大航不约而同地采取了建立或强化AOC 的办法,并且不断进行职能、架构、IT 系统、办公场所的完善。南方航空早在 1999

年便开始建设自己的运行中心(南航称"SOC"),东航于 2004 年开始运行自己的 AOC 系统,国航也于 2005 年正式确定建立 AOC 中心。目前,国内多家航空公司均不惜重金加大 AOC 建设投入力度,如:海航以"智能、绿色"为理念的 AOC 大楼于 2017 年 8 月 18 日正式投入使用。国内航空公司均以民航局《航空承运人运行中心(AOC)政策与标准》的咨询通告为基础,根据自身特点建立了符合自己公司运行特点的 AOC。

12.2 AOC 的基本模式

AOC 的建立和成熟是伴随着公司精益化管理概念而出现的,航空企业通过把运行相关部门集中起来或将其协调人员集中起来,以求实现信息的快速共享、会商决策、指令集中发布,从而做到科学决策、快速处置。这个集中办公的组织架构的设置是不断完善和发展的,各航空企业 AOC 的设置也不尽相同,同一航空企业在不同发展阶段也是不一样的。AOC 之所有受到国内外政府如民航局和企业如航空公司的普遍青睐,源于原有的运行模式无法适应航空公司快速发展的需要,运行决策能力不足、运行流程效率低下、部门之间协调沟通不畅、运行风险控制能力不强等严重制约着航空公司的发展速度和市场竞争力,AOC 在航空公司快速发展的特殊时期一定程度上缓解了上述问题,解决了航空公司发展的瓶颈与桎梏。但是 AOC 不是简单地建造一个超级豪华空间、超级大的办公区,也不是简单地将所有运行相关部门的调度人员集中在一起办公,更不是简单地延续公司各部门职能的一个新的组织机构。AOC 应该是航空公司运行模式的转型升级,它能够快速准确解决航空公司迅速发展过程中遇到的问题,同时随着科学技术的不断发展和在民航中的充分应用,它的模式也不应该固定化、模式化,而是随着技术的发展和公司需求的不断更替而变化。

现阶段 AOC 的基本形式由其所承担的职能决定,它把运行安全和运行管理相关部门组织起来,基本形式大体可以分为三种类型:

(1) 将飞行签派部门、气象部门、情报部门、机务计划部门、飞行员和乘务员计划部门或其协调人员集中起来,主要为了提高航空企业的航班运行控制能力,对航班运行计划进行整体管理,对航空不安全事件进行快速响应。

(2) 在第一种模式基础上,再将地面保障部门,各运行基地或分、子公司的协调人员集中在 AOC,以实现航空企业各个主要运行基地的运行保障信息集成在 AOC,在实现对不安全事件快速处理的基础上,加强对航班运行计划的正常实施进行管理。

为了提高航空企业对航班运行计划的快速调整能力,充分体现对应收成本和利润的管理能力,还可以将客、货营销部门的协调人员纳入 AOC。如此安排,也会在航班运行不正常时,降低对旅客和货物的不良影响,促进航空企业航班运行计划管理中的用户服务因素。

(3) 在前两种形式的基础上,部分航空企业还会将旅客服务管理部门、宣传或危机处理部门也纳入 AOC,以便在出现运行不正常事件时,可以快速响应,避免或减少对公司企业形象的负面影响。

有些航空企业还将 IT 系统维护部门、数据管理部门、综合保障部门等支持部门纳入 AOC。

AOC 基本都是以飞行签派的职能为核心,以通信为基础,建立起包含航班计划管理、机组管理、飞机管理等职能的运行管控体系,这个体系采取集中办公形式。不同的航空企业根据自身情况,还赋予了 AOC 其他职能,这些职能不尽相同,但都是根据企业所需要快速解决的运行相关矛盾而设置。

12.3　AOC 的组成

不管航空企业 AOC 采取什么模式,都是它根据自身需要将各项功能"装入"AOC。这些组成 AOC 的功能大体可以分为以下一些功能模块,见图 12-1。

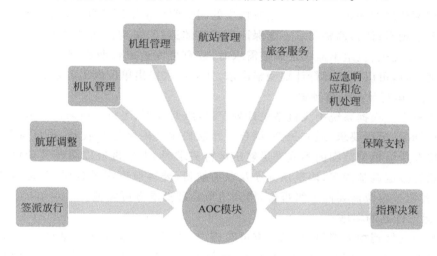

图 12-1　AOC 的功能模块

1. 签派放行模块

(1)签派放行评估:收集可获得的天气情况、机场和航路的设施、导航设备工作情况、预计运行区域的限制信息和规则变化、飞机状况、机组状况等信息,分析评估运行条件,制订飞行计划和方案,确定所需油量和业载,确认本次飞行符合局方和公司的运行政策、标准,可以安全运行,并签署签派放行文件。

(2)签派放行监控:持续监控签派放行评估的条件变化,并对放行单上所涉及机场的气象条件变化、设施、机场运行条件进行监控,对航空器的油量消耗、所飞航路、巡航高度等进行监控,发现任何问题及时与机长沟通,共同决策。

(3)飞行监控和特情处置:对飞行过程中的油量、航路、高度、速度等实时数据进行监控,对于与飞行计划不符的飞行,及时通知机组;对于突发特情,要及时跟机长沟通,了解机长意图,协同机组做好决策,同时上报公司值班人员,协调空管、机场相关单位为机组和航班安全执行服务。

2. 航班调整模块

此模块负责公司所辖飞机 72 小时内航班计划的运行控制。

1) 收集、分析航班不正常信息

负责收集和分析临时出现的飞机故障信息、航班不能正常放行的信息、湿租航班不能正常运行时的相关信息及其他不能正常运行信息，并且上述内容有变化时，及时更新。航班已经或计划返航、备降后，发布航班返航、备降信息并上报值班经理。

2) 接收运行计划调整需求

飞机出现临时故障、临时定检需求、临时工作需求、飞机不能满足航班运行需求时，商委因市场销售原因时，分公司对 72 小时内运行计划有调整需求时，机组由于衔接原因时，中转旅客过站时间不足或其他途径的运行计划有调整需求时，相关部门均需按照流程以书面形式上报航班调整模块处理。

3) 运行计划调整需求的满足

接到调整需求并认可后，交由相应机型的调整席位拟定调整预案，或协调多个调整席位拟定调整预案；认为调整需求不能保证公司整体运行、影响公司整体效益、影响公司航班稳定性，或飞机、机组不能满足调整需求时，或有可能造成长期影响或对方案的保障落实存在疑虑时，可以拒绝运行计划调整需求，并向需求提出单位做出答复。

4) 制订运行计划调整预案

各调整席位根据系统中飞机备机计划、飞机维修计划、飞机运行限制、要客信息，结合公司运行标准、运行要求、适航条件，综合公司航班生产网络运行收益，拟订调整预案；各调整席位在所辖机型范围内不能满足航班运行需求时，上报带班以协调其他机型运行控制席位联合拟定调整预案；调整预案涉及取消航班、要客航班需要延误、航班需要长时间延误时，各调整席位需要向上级报告，得到值班经理批准方可实施。

5) 运行计划的实施

调整预案得到相关部门同意后，方可实施。（对于需上报值班经理的预案，需得到值班经理批准。）调整席位通过信息发布平台和调整电报向 AOC 相应席位及其他相关部门发布运行计划调整方案。

6) 临时紧急任务处置

调整席位接受临时紧急任务，立即上报值班经理；带班组织相应调整席位进行任务的准备和执行，并负责组织、协调各席位进行运行计划的调整准备工作。

7) 制订临时航班计划

调整席位协调 AOC 相关席位，落实机组、飞机、地面保障的工作。

8) 临时航班计划的申请

调整席位负责组织临时航班计划的申请工作，各分控中心负责各自责任区内申请工作，营业部提供协助。

9) 计划实施

调整带班席位负责组织相应调整席位完成临时紧急任务的保障工作。

3. 机队管理模块

此模块主要涵盖了航空公司机队规划、飞机数量、宽体机和窄体机配比、飞机与航线网络的匹配、引进和退出机制等内容。根据公司机队发展规划要求，结合实际生产情况，按照飞机购租、退（出）租、报废管理程序，对公司机队形成有效、及时的管理和监控。

在 AOC 中,此模块主要负责组织制定工程评估标准、规范和工程技术标准,管理重大加改装项目,组织审核报批超手册修理方案及重大事件工程调查;负责 AMOC 的申请和报批,组织编制 MEL 并协调报批,制定发动机工程评估标准和规范,制订并控制发动机机队年度/中长期维修计划和年度预算,编制发动机修理工作包,组织发动机包修/大修协议谈判及报批。

4．机组管理模块

此模块负责接收、评估调整模块发布的 72 小时内航班调整预案并通过信息发布平台转发至各机组派遣管理单位,重新调整机组,分配飞行任务,满足公司运行需求;接收飞行队在实际生产运行中出现的机组无法按照原计划执行生产任务的调整需求,重新制定机组调整方案,并调整分配航班任务。

1) 接收航班调整预案

机组调整席位过滤、评估航班调整席位的调整预案。落实、确认航班调整席位调整预案中所涉及航班调整前执行任务机组派遣单位。综合考虑各执行单位的保障能力和人员资质,评估航班调整预案中起飞时刻、航段时间、机型变化、飞机衔接、飞机、航线、机场对各执行单位机组航班任务调整的影响。

机组调整席位对航班调整席位航班调整预案过滤、评估完成后,会转发至各机组派遣管理单位再次对预案进行评估。机组调整席位向对应机组派遣管理单位发布《72 小时机组航班任务调整通知单》,各机组派遣管理单位根据《72 小时机组航班任务调整通知单》中航班任务调整预案并结合本区域机组排班计划初步拟定执行任务机组人员调整预案。

各机组派遣管理单位初步拟定执行任务机组人员调整预案,最终制定和确认执行任务机组人员调整预案。各机组派遣管理单位确认机组人员调整预案后,向机组调整席位反馈信息。各机组派遣管理单位确认《72 小时机组航班任务调整通知单》可执行后,向机组调整席位反馈,机组调整席位通过信息发布平台向航班调整席位反馈调整预案可执行。

2) 航班调整预案因机组资源原因无法执行的情况

如机组派遣管理单位人员调整困难,不能满足《72 小时机组航班任务调整通知单》中航班任务调整预案,则由机组调整席位重新制作航班任务调整、分配预案,再重新向各机组派遣管理单位席位发布《72 小时机组航班任务调整通知单》。

机组调整席位重新制作航班任务调整、分配预案后,如机组派遣单位因机组资源实际状况仍无法执行,机组调整席位可结合机组资源实际情况向航班调整席位提供航班调整建议,要求重新制定航班调整预案。

3) 机组派遣单位提出 72 小时内航班任务调整需求

机组派遣单位因机组资源问题不能保障航班生产正常运行,各机组派遣管理单位向机组调整席位反馈信息。机组调整席位拟订航班任务调整预案,通过信息发布平台向各机组派遣管理单位发布《72 小时机组航班任务调整通知单》。

如机组调整席位拟订的航班任务调整预案仍因机组资源问题无法实施,航班调整席位向航班调整席位反馈信息,由航班调整席位根据实际生产情况制订航班调整预案。

5．航站管理模块

此模块作为 AOC 与公司各航站间运行保障的重要连接和纽带,根据公司运行的要求,通过航班运行保障程序对各航站航班的运行保障实施监管,以提高航站航班运行保障品质。并且协助提高 AOC 与公司各航站间的生产运行信息传递效率,协助做好航班安全、航班正常、服务保障等工作,协助落实公司各航站关于航班运行保障的需求。

(1) 负责判定、录入各航站出港航班的延误原因;

(2) 负责航站航班不正常信息的收集与通报;

(3) 负责航站地面保障不正常信息的收集与通报;

(4) 负责航站出港航班因代理原因导致航班延误情况说明的收集与汇总;

(5) 负责协助相关席位处置特殊情况;

(6) 负责向涉及的航站通报返航或备降信息。

6. 旅客服务模块

此模块适用于公司旅客服务系统,主要包括:营销策划、服务产品的设计、开发,售票服务、地面服务、客舱服务的提供过程及服务管理体系运行所必要的资源配置及管理支持。

旅客服务的支持保障包括人力资源管理、设备管理、信息管理、工作环境管理,要充分满足运输服务全过程及服务管理体系运行的需要,合理配置人、财、物等资源。

7. 应急响应和危机处理模块

1) 信息报告

按照《民用航空安全信息管理规定》CCAR-396 部的要求,完成安全渠道的信息报告工作。

2) 先期处置

突发事件处置涉及单位,无论公司是否启动应急响应,均应在得到事件信息后,第一时间按照各自预案和检查单展开先期处置工作。

3) 响应启动及程序

AOC 接到突发事件信息后,认为该事件将对公司造成严重威胁或危害,将请示上级领导,并根据公司应急手册规定确定应急等级,启动应急响应并发布给相关部门。如已有适用的专项应急预案及检查单,响应程序遵从专项应急预案及检查单的规定;如缺少适用的专项应急预案及检查单,由总指挥根据应急处置的需要,参照相关预案及检查单部署各单位实施响应。

4) AOC 应急处置职责

负责应急响应时的信息汇总和总体协调;负责协助总指挥对应急处置的进展进行持续监控和组织指挥;负责根据总指挥的要求和形势的需要,调整生产运行计划,使日常生产受突发事件的影响最小化,并协调公司各相关单位予以组织落实;根据专项应急处置预案落实本单位应急处置工作;根据上级指示与安排,参与航空器突发事件发生原因的调查分析处理工作;负责收集、封存并提交该航班的签派放行材料;召集本部门相关人员参与公司家属援助队伍。

8. 保障支持模块

此模块为 AOC 能够发挥其统筹全公司航班运行安全和正常的职能,提供强有力的保障和支持。

1）飞机性能

负责管理公司所属飞机的飞机性能工作，制定飞机性能工作的标准、规范，负责当日运行中涉及飞机性能的分析、评估工作。具体工作内容有：机场分析管理、机场条件管理、运行规范 C0039 机场报批材料分析及汇总、航线适应性分析、公司固定油量管理、载重平衡管理、性能监控管理、EOSID 程序管理、PBN 程序维护、高原运行程序维护、AOC 飞机性能席位值班工作等。

2）航行情报

负责公司航行情报业务开展统一规划，负责签派放行以及未设置情报室或配备情报员的签派放行单位放行航班的情报保障工作。具体工作内容有：航行通告业务如航行通告接收、航行通告校核、航行通告分析、通告监控、航行通告讲解、航班通告评估、备降恢复航路制作、火山台风监控接收等；航线管理业务如飞行计划备降航路管理，生效日业务，新增航班任务，ETOPS 航图业务，机场，航线分析业务，空域调整业务，换季业务，航路代号命名，航线优化与航路优选等；机载导航数据库管理业务如数据校核、数据维护、数据传输等；飞行资料管理业务如飞行资料包配备规则、飞行资料包运行规则、便携式 EFB 备份设备 PAD 管理业务、电子飞行包（以下简称"EFB"）管理业务等。

3）系统数据管理

负责统筹 AOC 整体运行系统的需求和管理。

系统业务发展管理：数据管理室根据 AOC 提出的要求进行系统业务发展方案研究，协助 AOC 运行进行需求分析、产品调研。

系统功能需求管理：数据管理室统筹 AOC 各部门提出的系统功能改造需求，协助各部门匹配系统相关业务流程。负责协调系统开发商与信息管理部门相关资源解决业务需求。

系统数据需求管理：数据管理室负责管理、评估并实施系统应用部门提出的业务数据增加、修订、删除等需求。主要数据需求管理工作包括但不限于系统中基础导航数据管理、公司航路数据管理、飞行计划政策管理、飞机数据管理、机型数据管理、运行限制信息管理等。

系统应用过程中的运行维护：数据管理室负责收集 AOC 系统用户的故障反馈信息，协调系统开发商与信息管理部门相关资源解决，并跟踪落实。

4）运行业务管理

AOC 的培训主管模块及专业技术培训主管模块。具体工作内容有：贯彻执行民航局和公司有关培训政策、规定，承担局方、公司安排的专业技术培训任务；负责 AOC 运行人员的专业技术培训，实行统一管理；负责制定和修改 AOC 运行人员专业技术培训政策、培训手册、培训管理规定及训练大纲；根据民航局规定、公司要求及 AOC 生产建设发展的需要和培训需求并结合训练手册，制订专业技术年度培训计划、培训预算。组织实施专业技术培训并对年度专业技术培训经费实行统一管理；负责根据实际情况选择培训提供者或自行组织实施培训；负责协调公司相关单位、业务生产单位、内部（外部）培训机构管理部门专业技术培训资源，保障培训任务的开展；负责对 AOC 各业务单位的员工培训工作提供支持、指导与检查；负责合理配置 AOC 专业技术人员培训资源；负责 AOC 飞行签派人员专业技术培训档案的建立和管理工作;负责监督、检查、考核各业务单位在岗培训实施及培训档案管理情况;负责专业技术培训效果评估管理和航务代理人培训管理;负责签派员专业技术培训档案系统的建立与管理;接受局方、公司培训部门的监督和检查。

9. 指挥决策模块

此模块根据公司航班运行计划,组织实施运行生产,监控公司的航班运行,监督 AOC 内各岗位的决策过程,对全公司范围内航班控制调整做出决策,提高公司航班安全、正常、质量和效益水平。

1) 生产运行组织保障

组织 AOC 各席位进行生产准备,根据航班运行计划、重要保障任务、天气和运行环境影响因素以及保障资源和备份情况,布置提示重点保障内容。根据运行过程中天气、运行环境和发生的不正常情况以及对整体或局部运行保障的影响程度,组织协调保障部门(席位)制定处置措施并组织实施。组织并监控重要旅客航班信息和重要运输任务保障状况,组织对影响安全正常和运行保障工作的不正常情况进行协调和处置,并向值班运行执行官报告和反馈信息。

接收各运行保障部门(席位)不正常情况报告和信息反馈,针对影响航班运行保障的具体情况,组织相关部门(席位)协调处置,督促检查工作落实和完成情况。对因各种因素造成航班延误、取消、合并、改航绕飞等调整时,根据天气、运力、机组、市场等状况并综合安全、正常、效益评估结果,对航班运行计划调整和保障工作进行决策。组织协调和解决运行保障过程中保障部门、AOC 席位提出或反映的问题;对需要空管部门解决的问题进行信息反馈和沟通协调。

对运行中发生的涉及航空安全、空防安全、旅客服务等的重大事件进行了解核实并向运行执行官报告和反馈信息,组织进行后续处置和保障。按照公司要求,组织落实并完成临时性重要或紧急任务的各项保障工作。根据次日航班计划安排、运力保障投入、机组资源配备等情况,对次日公司整体生产运行和保障工作进行评估和决策。

根据生产奖惩规定实施奖惩;对保障单位奖惩申请进行审批;向运行执行官请示报告超标准奖惩和被奖惩单位复议申请等事项。汇总当日生产运行情况,填写生产运行报告单。参加公司生产讲评会,通报当日运行情况,影响因素及不正常情况的处置,布置提示重点工作事项。组织落实讲评会布置的工作任务。按照上级值班领导要求,收集汇总和报送重大事件调查处置情况。

2) 不正常情况处置

接收重要旅客及重点保障航班计划及变更信息,并了解航班运行保障动态信息,适时向运行执行官报告航班保障动态和调整变化情况。

关于航班不正常处置,需通过生产系统查询和接收航班可能或已经延误信息,了解不正常情况原因、时间及处置情况,接收航班延误、取消、合并调整预案并决策。

关于航班返航备降,需接收航班备降返航信息,了解备降返航原因及备降场使用及保障情况,组织进行航班飞行状态、油量监控,与机组、空管、地面保障部门的信息沟通和地面支持以及航班后续放行等运行协调和保障工作,接收后续航班运行、计划调整预案,综合评估运力、机组资源和重要旅客、旅客运输服务需求,进行航班运行、调整方案的决策,报告值班运行执行官。

发生重大应急突发事件,按照公司《应急处置手册》相关程序组织实施。

12.3.1　飞行签派员

1. 公司授权的运行组织人

飞行运行控制中心在履行其职责的同时,各级签派人员要认真完成飞行签派工作的任务。飞行签派工作的任务是,根据航空公司的运行计划,合理地组织航空器的飞行运行管理,"保证安全第一,改善服务工作,争取飞行正常",提高公司的经济效益和良好口碑。

2. 飞行签派员

飞行运行控制中心设立后,航空公司应当根据本公司的飞行业务量和派出机构的多少,配备一定数量的飞行签派员。实施国内或国际运行的合格证持有人,应当在每一飞行运行控制中心安排有足够数量的合格飞行签派员,以确保对每次飞行进行恰当的运行控制。在运行控制中心里,飞行签派是核心,通信是基础。只有具有高效完备的通信手段,才能保证 AOC 充分发挥其功能,同时签派岗位是 AOC 中决策制定的关键岗位,是 AOC 的核心岗位。

每个飞行运行控制中心一般由飞行运行控制中心经理、飞行签派员和助理签派员组成。飞行签派人员的配备,应当保证在满工作量的前提下有充分的休息时间。飞行运行控制中心经理应当加强飞行签派工作的领导,重视飞行签派工作的建设。

飞行签派人员必须树立高度的政治责任心,严格执行有关的法律、法规和规章,服从命令、遵守纪律、钻研技术业务,不断提高组织和指挥水平。

签派人员在组织与指挥每次飞行时,必须从最复杂、最困难情况出发,周密计划、充分准备,以保证运行安全为前提,兼顾公司运行经济性。

签派人员在处理重大问题时必须严格执行请示报告制度,如遇紧急情况,来不及事先请示时,可边处置边报告。

1) 飞行签派员的合格要求

(1) 在国内、国际定期载客运行中担任飞行签派员的人员,应当持有飞行签派员执照,并且按照批准的训练大纲,圆满完成相应飞机组类中的一个型别飞机的下列训练:

① 飞行签派员初始训练,但是如果该飞行签派员已对同一组类的另一型别的飞机接受了初始训练,则只需完成相应的转机型训练;

② 运行熟悉,在驾驶舱观察实施的运行至少 5 小时(含一次起飞和着陆)。对于驾驶舱没有观察员座位的飞机,可以在配备耳机或者喇叭的前排旅客座位上观察。本条要求可以用额外增加一次起飞和着陆代替一个飞行小时的方法,将运行熟悉小时数减少至不低于 2.5 小时。

③ 对于新引进组类的飞机,在开始投入运行后 90 天之内,不满足第(1)款第②条中运行熟悉要求的人仍可以担任飞行签派员。

(2) 飞行签派员所签派的飞机与原签派的同型别飞机存在差异时,应当接受该飞机的差异训练。

(3) 飞行签派员应当在前 12 个日历月内完成定期复训地面训练和资格检查。

（4）飞行签派员应当在前 12 个日历月内在其签派的每一组类飞机的一个型别飞机上，满足第（1）款第②条中的运行熟悉要求。对每一组类飞机，本条要求可以使用批准的该组类一个型别的飞行模拟机，完成训练观察 5 小时的方法来满足。但是，如果使用飞行模拟机来满足本条要求，不得减少小时数。

（5）合格证持有人在批准飞行签派员担任飞机签派任务前，应当确认该飞行签派员熟悉其行使签派管辖权的运行区间的所有运行程序。

视频 12-2
签派员的合格
要求及训练

但是，经审定合格可以签派飞机通过其他某个运行区间的飞行签派员，在与经审定合格的对该运行区间行使签派管辖权的飞行签派员协调后，可以签派飞机通过其他某个运行区间。

2）飞行签派员的值勤时间限制

（1）合格证持有人应当规定飞行签派员日常值勤时间。值勤时间应当从飞行签派员为签派飞机而了解气象情况和飞机运行情况时刻开始，至所签派的每架飞机已完成飞行，或已超出其管辖范围，或由另一位经审定合格的飞行签派员接替其工作时止。

（2）除出现了超出合格证持有人控制能力的形式或应急情况之外，签派员的值勤时间限制应当符合下列要求：

① 任何合格证持有人不得安排飞行签派员连续值勤超过 10 小时；

② 如果飞行签派员在连续 24 小时内被安排值勤时间超过 10 小时，该合格证持有人应当在该飞行签派员值勤时间达到或者累计达到 10 小时之前为他提供至少连续 8 小时的休息时间；

③ 合格证持有人应当在任意连续 7 个日历日内为飞行签派员安排一个至少连续 24 小时的休息期，或在任意日历月中被安排相当时间的休息期。

（3）合格证持有人在经局方批准后，可以安排在境外工作的飞行签派员，在 24 小时内连续工作超过 10 小时，但在每 24 小时期间内，应当安排该飞行签派员至少连续休息 8 小时。

3）飞行签派员排班和交班

（1）飞行签派员排班管理。航空公司运行控制中心飞行签派部门负责签派员的排班管理，在签派放行/飞行监控席位安排足够的、具有资格的飞行签派员，在运行计划控制席位安排合适工作人员，保证所有航班的签派放行、监控和运行控制。安排飞行签派员值班时间时要符合飞行签派员执勤时间的限制，执勤后安排足够的连续休息时间，时间要求符合规定。主任签派员具体负责签派员席位安排，协调席位间的工作量，分配任务。根据飞行运行情况，合理调配与合并席位。

（2）工作交接班。为了保证飞行签派工作的连续性，防止工作的错、忘、漏，值班主任签派员负责组织，并检查各岗位值班人员进行的交接工作；进行交接班时，保证不少于 10 分钟的交接班重叠时间。

交接班时，以书面交接为主，可用口头说明作为补充，接班飞行签派员必须对有疑惑或不清楚的情况详细询问，并在交班记录本上进行纪录；接班后，由接班飞行签派员在席位工作记录本上登记签派员姓名和接班时间，并承担任何因为交接班不清楚产生工作差错的责任。

（3）交接班检查内容：

① 所负责航班的运行情况；

② 飞机的运行和保留故障的情况；

③ 所飞机场、航路的天气情况；

④ 所获得的机场、航路导航设备不正常情况和对飞行的影响；

⑤ 军方活动及飞行限制，以及空中交通流量控制情况；

⑥ 航班延误处理情况及处理结果；

⑦ 航班调整及处理方法；

⑧ 所使用设备和环境情况；

⑨ 重点航班的保障情况；

⑩ 运行相关风险的提示；

⑪ 其他需要交接的情况。

（4）启动应急处置程序的签派员的安排。当出现突发事件或应急情况，主任签派员立即调配专门的签派员协助运行主任/所属公司值班经理或公司总值班经理进行突发事件的处置。当宣布启动应急处置程序时，保证足够的人力支持应急处置的需要。

4）飞行签派员的初始和转机型地面训练

（1）飞行签派员的初始和转机型地面训练应当至少讲授下列内容：

① 一般科目，应当包括下列内容：

a. 通信系统的使用，包括这些系统的特性和相应的正常、应急程序；

b. 气象学，包括各种类型的气象信息和预报，气象资料的分析（包括航路与终端区的气温和其他天气条件的预报），锋面系统，风的条件，以及各种高度的气象实况图和预报图的使用；

c. 航行通告系统；

d. 导航设备及其公布资料；

e. 飞行签派员与驾驶员的共同责任；

f. 有关机场的特征；

g. 盛行的天气现象和可供使用的气象资料来源；

h. 空中交通管制和仪表进近程序；

i. 签派员资源管理训练。

② 对于每一架飞机，讲授的内容应当包括下列项目：

a. 飞机的一般介绍，着重于运行特性与性能特性、导航设备、仪表进近与通信设备、应急设备与应用程序、最低设备清单以及其他与飞行签派员任务和职责有关的问题；

b. 飞行操作程序，包括正常、非正常和应急操作的原则以及相应的程序和限制；

c. 重量与平衡的计算；

d. 飞机性能签派的基本要求和程序；

e. 飞行的计划，包括航路选择、飞行时间分析及燃油要求；

f. 应急程序。

③ 在训练过程中应当强调应急程序，包括在飞机遇到危难时，向有关政府部门和单

位发出紧急通报,以给予该飞机最大限度的帮助。

(2)飞行签派员的初始和转机型地面训练,应当包括由有关主管人员或地面教员对其进行的资格审查,以验证其在第(1)款规定科目方面的知识和能力。

(3)飞行签派员的初始地面训练,其计划小时数应当符合下列规定:

① 对于组类Ⅰ飞机,至少具有下列计划小时数:

a. 以活塞式发动机为动力的,30 小时;

b. 以涡轮螺旋桨发动机为动力的,40 小时。

② 对于组类Ⅱ飞机,至少具有 40 小时。

3. 资格审查

担任签派员和飞行运行控制中心经理人员必须要取得合格的飞行签派员的技术执照,并符合下列要求:

(1)熟知国家航空法律、法规和规章,特别是空中规则、空中交通服务规则和程序;

(2)熟知有关机场、航路通信导航设备的性能及通信使用规定;

(3)熟知有关机场的使用细则和航行工作程序;

(4)熟知本签派区域的地形和天气特点;

(5)熟知本公司使用的各型航空器的性能数据、应用图表以及各种特殊情况下的处置原则和程序,掌握航空器配载与平衡的业务知识;

(6)掌握领航知识和航图知识,熟知航行通告的格式和使用方法;

(7)掌握气象知识,了解各系统天气特性及其对飞行的影响;

(8)经营国际飞行的航空公司的飞行签派人员,应当具有专业英语知识,了解有关国家和地区的航行规章,能处理英文电报和航行通告。

4. 设备要求

为保证航空器飞行安全与正常,掌握飞行动态,及时传递信息,签派室应具备下列通信设备:

(1)机场内移动通信设备;

(2)甚高频电台;

(3)高频电台;

(4)签派室之间的有线和无线通信;

(5)签派室与空中交通管制、气象、航行情报等
单位的有线和无线通信;

(6)必要的录音设备;

(7)卫星通信设备。

视频 12-4
签派员执勤时间及排班

12.3.2 AOC 的人员组成

在 AOC 中的各个岗位构成了 AOC 运行团队。每个岗位根据 AOC 分配的工作职责,按照规定的流程,就本岗位在实现预期运行目标中的责任做出决策。各部门在 AOC 中的职能代表应当为实现预期运行目标与相邻专业岗位之间形成合作关系,以达到控制运行风险、快速解决运行问题的目的。AOC 基本岗位及其与友邻岗位的关系、决策权力

等规定如图 12-2 所示。

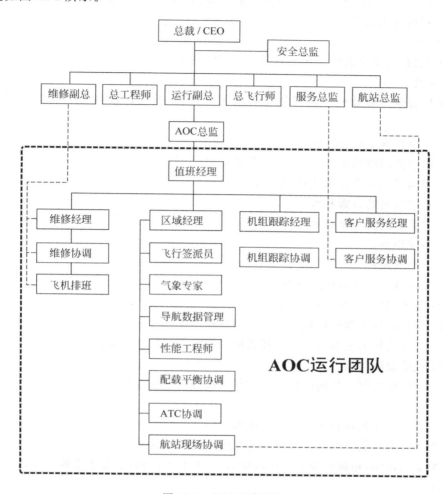

图 12-2 AOC 运行团队

1. 值班经理

值班经理是航空公司日常运行管理的执行者,负责制定日常运行政策和监督运行管理,对正常和不正常运行进行监控与指挥。

1)职责

(1)实时监控 AOC 运行;

(2)对不正常运行的综合处理方案作出计划并组织实施;

(3)对 AOC 低层不能解决的所有运行问题做出最终决策;

(4)监视可能影响运行的天气报告和预报;

(5)保证所有 AOC 人员理解和遵守公司政策的变化;

(6)监视当前可能影响公司运行的全球事件;

(7)就全球范围存在的安全威胁,与有关政府机构联系,与当地、省政府、国家机构和公司各部门协调处理威胁安全的信息;

（8）处理运行中出现的紧急事件，例如事故、事故征候和/或有新闻价值的事件，及时地通知公司的决策层并作出反应。

2）权力

根据授权，对整个航空公司的日常运行进行决策。

3）知识

（1）持有现行有效的中国民航飞行签派员执照，航线运输驾驶员执照或维修人员执照；

（2）安全管理系统（SMS）；

（3）航空公司航线成本/收益相关财务知识；

（4）中国民用航空相关法律、法规；

（5）航空公司的政策和程序；

（6）熟悉航空公司所有运行岗位；

（7）旅客服务；

（8）航空气象；

（9）ATC程序、政策和出版物；

（10）防冰/除冰政策与程序；

（11）运行合格证和运行规范的内容和解释；

（12）所有飞机的基本性能特点和在运行规范所列机场的运行能力；

（13）通信设施与能力；

（14）所使用的每一型别的无线电和导航设备的特性与限制，天气条件对无线电接收的影响；

（15）飞机使用机场和飞越的主要地形；

（16）可用天气信息的来源和解释，国际、国内航路的常见天气现象；

（17）紧急程序，包括通知适当的政府、公司和私人机构，使处于危险状态的飞机获得最大帮助。

2. 区域经理

在日常运行的管理方面向值班经理负责。运行管理包括通过决策和最佳方法使用所有资源来有效管理日常运行。管理一个以地理区域划分（西部、中南、国际、国内等）或以机型划分（如B747、A330等）的分区。

1）职责

（1）监控正在实施中的所有飞行运行；

（2）保证飞行签派员的充足配备和工作量得到合理分配；

（3）对诸如重大取消或延误的不正常运行作出计划和处理；

（4）向有关部门发布运行信息通报（通知各种变化）；

（5）提供解决问题的建议和指导，协助值班经理，解决机组、航站和/或维修人员提出的问题；

（6）将任何存在的安全威胁通知值班经理；

（7）协助值班经理处理运行中出现的紧急情况；

（8）监视可能影响运行的天气；

（9）及时了解公司政策和程序的变化；

（10）监视当前世界范围内可能影响公司运行的事件。

2）权力

根据值班经理的授权在 AOC 内作出决策。

3）知识

（1）持有现行有效的中国民航飞行签派员执照并具有相应的经验；

（2）中国民用航空规章；

（3）安全管理系统（SMS）；

（4）航空承运人政策与程序；

（5）熟悉航空承运人整个运行；

（6）航空气象知识；

（7）ATC 程序、政策和出版物；

（8）防冰/除冰政策与程序；

（9）运行合格证和运行规范的内容和解释；

（10）所有飞机的性能特点和运行规范所列机场的运行能力；

（11）航空公司通信设施与能力；

（12）使用的每一类型的无线电和导航设施的特性和限制，大气条件对飞机无线电接收的影响；

（13）使用的机场和飞越的主要地形；

（14）可用天气资料的来源和解释，航空公司国际、国内航路的常见天气现象。

3. 飞行签派员

持有局方颁发的执照，按照航空规章、航空承运人政策和程序履行签派放行权和运行控制职责的人员。

1）职责

（1）分析运行条件，制作飞行计划，签署签派放行单，监控飞行运行全过程。当签派放行单中所列机场天气条件不能满足运行标准时，出于安全和运行需要，延误、改航、重新安排航班、重新签派或取消飞行。确保每次飞行都符合航空规章和运行规范规定的标准。

（2）向在飞行中的机组提供必需的安全信息，包括有关航路、目的地机场和备降场的天气、机场运行状况、NOTAM 以及其他任何影响安全飞行的条件变化情况。

（3）安排和协调机组和旅客所需的紧急医疗要求。

（4）与其他飞行签派员、气象专家、机组跟踪、飞机排班、维修、机场运行、客户服务和其他有关部门的人员共享信息。

（5）保证每次计划的航班都使用了合适的机组和飞机。

（6）计算和通报不正常航班的预计到达时刻（ETA）。

（7）与其负责的所有飞机保持通信联系。

（8）向机组和航站运行人员提供有关飞机运行、公司政策、航空规章等信息。

（9）在所有影响飞行安全的事件上，与机长共同履行确保飞行安全的职责。

（10）向飞行机组和航站管理人员发布运行状态和相应要求的信息。

（11）持续监视和核实所负责运行区域内的天气、机场状况、导航设施情况和可能影响运行安全的 NOTAM，并采取必要的行动。

（12）为选择最佳高度和航路与气象专家和机组进行协调。

（13）使用 MEL/CDL 的性能修正和/或限制。

（14）保证每架飞机的业载不超过航路和机场的相关限制。

（15）交接班时，交班签派员应向接班签派员进行完整简介。

（16）接班后，获取天气简报并熟悉有关的天气及变化情况（如地面、高空等）。

（17）向 ATC 申报飞行计划（FPL）。

（18）根据航班计划选择安全、经济的航路（注：该项任务可授权导航数据库分析员实施）。

（19）完成年度运行熟悉和资格检查。

（20）完成定期复训。

（21）协调和监视飞机与公司有关部门人员之间的通信，根据需要采取适当的行动。

2）签派放行人员

根据公司运行规章、政策、航班运行条件、运行计划，评估影响放行的各项条件，对符合放行条件的航空器进行签派放行。对于已经完成放行且未起飞的航班，进行持续的监控。向机组提供签派放行资料，向机组提示和讲解影响飞行运行的重要信息，解答机组对于航班放行决策的咨询。

3）航班控制人员

检查次日运行计划的航班计划是否衔接，飞机是否与航班对应完整，飞机能否衔接，录入临时增加调机训练，根据湿租航空公司次日计划报文录入湿租航班次日计划，次日代理包机信息，并落实待排区的次日航班计划等。

次日运行计划的发布：向国内航务代理部门发送次日飞行计划；向公司内部和其他代理部门发布次日运行计划；通过系统向各保障单位发布次日运行计划等。

航班计划的运行控制：收集、分析航班不正常信息；接收运行计划调整需求；运行计划调整需求的满足；制订运行计划调整预案；运行计划的实施等。

临时紧急任务处置：接受临时任务；制订临时航班计划；临时航班计划的申请；临时任务的计划实施等。

4）飞行监控人员

负责担任机组除管制以外的第一联络人；负责机组下发 ACARS 自由格式电报的监控与处理；负责空中航班的飞行动态、位置及轨迹追踪；负责 ETOPS、极地运行相关监控等工作。

负责飞机偏航、高度异常、异常机动（备降、返航、复飞、紧急下降、中断起飞等）、低油量、应答机编码（7500/7600/7700）、空中故障等告警信息的监控、核实与通报；负责空中特情航班信息的收集和通报；负责接收和通报机组或其他单位报告的不正常情况；负责接收机场、航路天气预警信息及放行重点监控航班的气象信息，并上传机组等。

5）权力

（1）授权气象和维修人员与飞行机组联系；

（2）依照公司政策和航空规章规定,签派员与机长共同对所有飞行的开始、持续和终止负责;

（3）与有关部门进行协调,支持不正常运行的管理(如:向客户服务和航站运行人员建议和协调,保持足够的人员配备;向维修人员建议和协调,为安全、合法、最佳旅客服务的飞行完成必要的修理工作;向机组跟踪人员建议和协调,调整机组轮换等)。

6）知识

（1）中国民航要求的飞行签派员执照和经验;

（2）中国民用航空规章(CCAR);

（3）安全管理系统(SMS);

（4）航空公司的政策和程序;

（5）熟悉整个公司的运行;

（6）航空气象知识;

（7）ATC 程序、政策和出版物;

（8）防冰/除冰政策与程序;

（9）运行合格证和运行规范的内容和解释;

（10）所有飞机的性能特点和运行规范中所列机场的运行能力;

（11）运行规范、政策和手册中的有关规定;

（12）公司的通信设施与能力;

（13）所使用的每一类型的无线电和导航设施的特性和限制,以及大气条件对飞机无线电接收的影响;

（14）所使用的机场和飞越的主要地形;

（15）可用气象信息来源和国内、国际航路常见的天气现象;

（16）紧急程序,包括向遇险飞机提供技术支持。

4.气象专家(高空大气)

1）职责

（1）评估、解释天气数据和计算机数值预报;

（2）分析高空风预报,包括海洋和国际区域,识别急流区和潜在的颠簸区;

（3）监视和标绘飞行员报告的重要天气、气温、风和颠簸;

（4）发布预报,必要时与飞行签派员、区域经理和值班经理进行商讨;

（5）跟踪和标绘危险天气,并把对航班的影响通知飞行签派员、区域经理和值班经理;

（6）对预报进行评估,修订高空风预报;

（7）向飞行签派员和飞行机组推荐航路和飞行高度,以避开航路颠簸和雷暴区域;

（8）向飞行签派员和飞行机组推荐最佳的航线和高度,保证飞行安全、舒适、正点和经济;

（9）向运行控制部门和/或机组发布风切变和机场告警;

（10）监视臭氧层、高空低温和火山灰的情况,当认为对飞行有限制时向飞行签派员提出建议;

（11）制作和发布高空急流/对流层顶/温度图并分发给飞行签派员和运行基地;

（12）标绘和分析高空大气图，用于预报和作为历史资料记录；

（13）在发生由于颠簸/雷暴造成旅客、机组受伤或飞机损坏时，根据管理层的要求制作详细的天气情况简报；

（14）提供有关导航定位点的预报网格风；

（15）发布和更新有关颠簸、气温限制和雷暴的警报，制作有关图表分发给飞行签派员和飞行机组；

（16）监视有关 NOTAM 对航路运行的影响，并通知飞行签派员；

（17）监控等时点（ETP）航路的备降机场天气和修改天气预报；

（18）与 ATC 中心协调有关非标准航路的请求，包括建立国际灵活航路的可用空域等信息；

（19）为非标准飞行（延误航班、临时航路包机飞行、维修限制飞行、ETOPS 飞行或偏离航路飞行）建立随机跨水航路；

（20）向远程飞行的机组提供有关航路改变建议、颠簸等的航路简报信息；

（21）向重新签派的航班提供风的更新资料；

（22）通知数据提供者有关国际、国内数据的问题，并通报飞行签派员；

（23）与飞行签派员共同针对运行中的飞行机组提出的特定运行信息进行讨论。

2）权力

（1）当运行安全受航路上颠簸或其他危险天气（包括高空的火山灰）影响时，向飞行签派员告警；

（2）发布航路对流天气预报；

（3）更新和修订预报风数据库；

（4）更新和修订国际终端区、等时点航路和目的地备降机场天气预报。

3）知识

（1）中国民航局批准的资格；

（2）全面的天气和预报知识；

（3）全面解释天气的知识；

（4）臭氧对机组影响；

（5）结冰对飞机影响；

（6）风切变对飞机影响；

（7）颠簸对飞机影响；

（8）航路火山灰对飞机的影响；

（9）太阳风暴、太阳黑子、宇宙射线等对飞机和乘员的影响。

5. 导航数据管理

维护精确和完整的导航数据库，就 FMS 导航数据库的有关问题与技术提供者联系，为航路规划和航路问题的解决提供支援，为建议的和改变的导航结构提供分析。为包机和偏离航线运行提供必要的支持。

1）职责

（1）维护准确和完整的数据库（与导航有关的）；

（2）维护准确和完整的现行航路，使飞行计划无效率降低；

（3）应飞行签派员和气象专家的要求，根据导航数据为补充运行（如包机、调机飞行）建立新的航线（国内或国际），越洋航线中的太平洋编组航路（PACOTS）、北大西洋航线（NATS）和灵活航线除外；

（4）根据临时需要或作为总的计划和分析的一个部分来建立航线；

（5）分析现行航线结构（以城市对为基础），确认首选航路和建立新航路以改进航路系统的效率（这通常出现在计划航班与现有航班矛盾时）；

（6）搜集和汇总情报以更新数据库，资料来源包括杰普逊手册、AIP 和图表 NOTAMS；

（7）为包机飞行搜集数据，保证飞机、航路和设施与计划的运行相适应，并向有关部门分发情报资料；

（8）应训练部门的要求制作飞行计划和提供所需的书面材料，以用于模拟训练；

（9）应管理层的要求增加、删除和修改飞行计划备注，按常规方式保持备注，以向飞行签派员和飞行机组提供准确的情报（备注可以是机队、尾号、机场或机场对、特定航班、定位点或定位点对）；

（10）制作和审核来自数据提供商的 FMS 母盘；

（11）协助复制 FMS 数据盘，保证准确，并送维修部门安装飞机；

（12）作为航空公司所有 FMS 数据库使用者与提供商之间的主要联系人。

2）权力

（1）直接（立即或在一个特定时期后生效）更新航路（变化或取消），建立无须附加批准的新航线（增加）；

（2）管理首选航路，以及导航数据、AIP、NOTAM 的变化；

（3）保持导航图、手册、进近和进离场程序的现行有效；

（4）根据 ATC 的要求建立和修改航线，制作包机所需航线，评估改进航路结构的方案；

（5）为特殊情况设计特殊航线；

（6）为特别项目提出意见和提供帮助。

3）知识和资格

（1）航空承运人使用导航数据库的全面知识；

（2）航空承运人运行政策和程序的全面知识；

（3）AOC 运行的全面知识；

（4）航路结构的全面知识（包括定位点、航路点、航线、飞行情报区（FIR）和相应的高度）；

（5）航行新技术以及 ICAO 和当局批准的导航应用的全面知识。

6．空中交通管制/机场运行协调员

在 AOC 内负责与空中交通管制单位和机场联系与协调。

1）职责

（1）提供信息，缓解由于 ATC 更改航路、地面等待方案和其他 ATC 原因造成的对飞行的不利影响；

　　(2) 在正常和不正常运行中,必要时协助飞行签派员与 ATC 协调；

　　(3) 在运行需要时协助值班经理、区域经理和 AOC 的其他人员,负责与 ATC 和机场进行联系与协调；

　　(4) 建立与 ATC 和机场经常性的协调关系；

　　(5) 向 ATC 和机场提供航空公司的优先方案；

　　(6) 管理航空公司与 ATC 的有关事务；

　　(7) 减少和消除 ATC 所造成的延误；

　　(8) 与飞行签派员协调最佳的航线；

　　(9) 作为向 ATC 和机场反映意见和解决相关问题的联系人；

　　(10) 向飞行签派员、飞行机组和其他运行人员提供有关机场和 ATC 信息；

　　(11) 当出现不正常运行时,如需要可增加席位；

　　(12) 为避开航路不利天气,与有关 ATC 联系；

　　(13) 为避开航路不利天气,必要时与军方联系。

　　2) 权力

　　(1) 在不正常运行时,在航班时间改变和航班取消方面与区域经理共同行使权力；

　　(2) 在不正常运行时,提出适当的延误和交通流量控制方案；

　　(3) 根据 ATC 容量、扇区饱和度和设备故障等情况,提出本公司每日总的交通流量方案。

　　3) 知识

　　(1) 持有现行有效的 CAAC 签派员执照和经验；

　　(2) 对全球 ATC 系统有全面的知识；

　　(3) 运行政策和程序的全面知识；

　　(4) 航班保障优先方案的知识；

　　(5) AOC 岗位的全面知识。

　　7. 维修经理

　　协调 AOC 和机务维修支持人员,支持故障飞机的修理工作,向 AOC 中心数据库和管理层提供最新的机队状态信息。

　　1) 职责

　　(1) 保持有重大维修和/或性能问题的飞机的最新清单；

　　(2) 按授权充当维修管理部门发言人；

　　(3) 保证安排了足够的人员值班,包括满足人员的训练要求；

　　(4) 评估和批准从 AOC 维修协调员提出的飞机停场维修请求；

　　(5) 汇总维修不正常事件、换发报告、事故征候报告和飞机损坏报告；

　　(6) 向维修管理部门报告飞机最新状况,如故障飞机的维修准备清单；

　　(7) 就下列问题与相关部门联系,协调国际和国内更换发动机:①人力资源,②检验,③航空电子设备,④负责发动机装运的航材部门(飞机/发动机部件储存),⑤支援航站运行；

（8）批准和协助高级航材计划员（航材服务）为运送航材和人员到飞机维修地的包机申请；

（9）评估和批准适用 MEL 项目的时间延长和维修良好项目的寿命延长；

（10）记录飞机的所有损坏，保证所有文件和要求表格的完整性；

（11）保证修复重复出现故障的飞机；

（12）将事故/事故征候通知有关部门，并保存有关飞机记录；

（13）在需要时，协助提取语音/飞行记录器。

2）知识

（1）飞机系统、航空电子学的全面知识；

（2）法律、法规和航空规章的全面知识；

（3）机务维修部门要求的全面知识；

（4）航空承运人运行政策和程序的全面知识；

（5）AOC 岗位的全面知识。

8．飞机排班员

保证为航空承运人的航班运行合理安排飞机和为减少延误调整飞机。向区域经理建议有利于运行的解决方案（更换或取消飞机）。

1）职责

（1）对时间/周期控制维修项目的飞机进行跟踪；

（2）密切配合区域经理和维修协调员为运行和维修地点的需要而调整飞机安排；

（3）检查和应对日常飞行运行的变化，保证所有的航班都安排了适当的飞机；

（4）检查维修计划并做必要的调整，以保证符合 CAAC 规章和航空承运人指导方针；

（5）管理计划和非计划停场维修的飞机；

（6）通知区域经理可用的飞机，并提出计划航班安排飞机的方案；

（7）根据运行要求、天气、机组限制、不正常运行（取消、替换、延误）来安排飞机；

（8）当维修协调员因维修项目的需要而提出要求时，安排飞机；

（9）根据公司运行需要为航班安排飞机，保存所有机队的飞机排班计划，向航站发布每个航班的飞机安排计划；

（10）按规定交接班，在交班时将有关机队情况和运行限制的最新信息移交接班者；

（11）当航班计划部门改变飞机计划时，根据其要求提供所需的飞机排班信息；

（12）必要时，在 AOC 讲评时说明飞机排班计划。

2）权力

（1）为定期和非定期航班安排飞机；

（2）根据运行和维修的要求改变飞机排班；

（3）安排飞机停场以完成具有时间/周期限制的 CAAC 强制要求的维修项目；

（4）不断确定飞机位置，以满足时间控制的维修方案和特殊要求维修项目的需要；

（5）决定重新安排先前计划的维修项目（在时间/周期限制内）。

3）知识

（1）航空公司运行政策和程序的全面知识；

(2) 法律、法规和航空规章的全面知识；

(3) 维修部门要求的全面知识；

(4) 飞机维修要求的全面知识；

(5) AOC 岗位的全面知识。

9. 客户服务经理

负责在 AOC 决策过程中提供有关客户和航站的信息，协调可用资源和人员积极处理不正常运行对客户、航站和经济效益造成的影响。

1) 职责

(1) 了解整个航空公司运行中的客户问题；

(2) 为 AOC 决策过程收集和提供客户和航站信息；

(3) 将要求客户管理部门参与或反馈的重要运行状况通知该部门；

(4) 通过调动客户服务快速反应小组支持应急行动；

(5) 与航站协调决策的实施；

(6) 与订票部门协调有关旅客重新定座和联系事宜。

2) 权力

(1) 在 AOC 决策中代表客户服务的利益；

(2) 指示当地航站保护旅客有关权益；

(3) 指示订票部门开始客户重新定座。

3) 知识

(1) 客户服务经验；

(2) 航空承运人运行政策与程序的全面知识；

(3) 航空规章的全面知识；

(4) 航站岗位、程序和政策的全面知识；

(5) AOC 运行的全面知识。

10. 机组跟踪经理

检查和修订机组的排班，建议不正常运行的解决办法。

1) 职责

(1) 使机组遵守 CCAR 和航空承运人的规定；

(2) 分析与机组有关的不正常运行；

(3) 参与运行讲评会，提供与正点运行有关的机组跟踪状况；

(4) 通知机组跟踪协调员潜在的不正常运行；

(5) 保证在出现不正常运行时有适当的人员可用；

(6) 保证机组跟踪协调员为每个航班安排可用的机组；

(7) 保证机组跟踪协调员依照航空规章、设备限制和合同限制确定有资格的机组；

(8) 在不正常运行时，监视飞行运行中的机组遵守规定的情况（如航空规章和公司政策等），支持机组跟踪协调员；

(9) 协助机组跟踪协调员为当前或潜在的不恰当的机组寻找替代机组，并通报给区域经理和飞行签派员；

（10）向飞行签派员、机组、客户服务人员和机组跟踪协调员解释 CCAR 和公司政策；

（11）必要时,协调当地航站保证适当的中途临时停留保障(如旅店、餐食、交通和安全)；

（12）确定机组的位置,安排机组轮班并考虑机组成员由于误班、生病、法律问题、个人紧急事件等情况的缺席；

（13）保持系统范围内飞行机组位置的准确信息；

（14）建立机组轮班以满足计划外飞行的要求(如设备替代、包机和额外区域运行)；

（15）向所有值勤中的机组和他们的家属提供由于个人紧急情况或生病等需要的帮助；

（16）在计划处理潜在和现存的问题时,向区域经理快速准确地提供机组信息。

2）权力

（1）为遵守 CCAR 有关机组的值勤和休息时间要求,发布信息调整飞行计划；

（2）按照 CCAR、公司政策和合同限制重新安排机组；

（3）批准机组乘坐其他航空公司飞机或地面交通旅行；

（4）为保证航班有必需的机组而延误航班。

3）知识

（1）作为机组跟踪协调员的经验；

（2）公司政策与程序的全面知识；

（3）民用航空规章的全面知识；

（4）驾驶舱、客舱机组要求的全面知识；

（5）飞机人员配备要求的全面知识。

11. 性能工程师

负责制定和维护所有飞机的性能数据以及配载平衡数据。向飞行签派员、维修协调员和航站运行员提供有关跑道限制、湿跑道条件、超障要求、发动机故障程序、减噪程序和不同条件下的飞机性能设定等性能等方面的协助与技术支持。

1）职责

（1）维护飞机配载平衡数据库；

（2）制定和维护飞机飞行手册（AFM）、机场限制手册（ARM）和运行数据手册（ODM）；

（3）为飞行签派员和飞行机组提供起飞/着陆跑道限制的性能技术支持与协助；

（4）为航空承运人提供飞机性能衰减监控数据与分析报告；

（5）对在本公司运行规范以外机场的包机或调机飞行制作计划并向机组提供性能分析文件；

（6）针对减噪方案,与飞行签派员和飞行机组协调要求的飞机性能剖面图,以保证飞机的安全运行；

（7）将飞机起飞和着陆性能数据的变化信息通知飞行签派员和飞行机组。

2）权力

（1）控制重量与平衡方案；

（2）提供必要的数据输入以便进行和改善飞机和发动机趋势监控；

（3）保证飞机飞行手册遵守颁布的适航指令；

（4）指导导航数据库管理员控制航线手册指南的格式和惯例。

3）知识

（1）具有有关航空公司/飞机系统和运行相关领域的工程学位；

（2）航空公司运行政策、程序和要求的全面知识；

（3）飞机制造厂家文件的全面知识；

（4）航空公司飞行运行和支持系统的全面知识；

（5）航空规章有关的飞行签派知识。

12．配载平衡协调员

配载平衡协调员向飞行机组提供飞机配载和起飞重量的记录。

1）职责

（1）制作航空承运人运行的所有航班的重量与数据记录，包括正班、包机、机组训练和调机；

（2）保证油料部门提供完整的燃油服务记录，并标明机上燃油的分配；

（3）证实燃油是按飞行签派员制作的飞行计划上的数量添加的；

（4）提供航班上装载的行李的准确数量、重量和位置（集装箱位置或货舱号）；

（5）提供航班上所有小件包装货物、主要货物、邮件或公司运输的航材的准确重量和位置（集装箱位置或货舱号）；

（6）提供航班客舱内的准确旅客数；

（7）提供驾驶舱内加入机组人员和机上额外机组成员的准确数字；

（8）提供（打印出）和送给飞行机组航班的最后重量数据记录（提供给机组的记录不能修改）；

（9）提供给所有航班飞行机组的重量数据记录文件，应包含详细的业载、燃油、天气和性能数据；

（10）通过显示准确的旅客人数或重量与平衡数据加、减确切的旅客人数来通知飞行机组重量平衡是正确的，飞行机组将决定旅客人数变化的重量与平衡修改是否可以接受，或当需要新的重量数据记录时，如必要，与机组协商调整装载；

（11）在航班实际起飞之前，保证正确的货舱装载信息被记录在计算机或人工制作的重量和数据记录中；

（12）在重量和数据记录中出现错误时，应立即通知飞行签派员有关的错误及其性质。当飞行签派员要求时，提供修订过的重量数据记录信息；

（13）使用航空承运人的重量与平衡控制方案中的实际或批准的平均旅客和机组重量程序；

（14）使用承运人重量与平衡控制方案中的实际或批准的平均行李重量程序；

（15）对包机航班和其他有关特殊团体、特殊设备运输的特殊服务航班，要用实际的旅客和行李的重量计算重量和平衡。

2）权力

（1）保持飞机正确地装载；

（2）为飞行机组制作重量与平衡文件；

（3）为飞行机组制作有关文件；

（4）必要时，调整货物和货舱装载，保证重量与平衡在性能工程师建立的飞行性能范围内；

（5）与飞行机组协调建立最大起飞性能重量限制工作单；

（6）在技术系统故障时手工制作重量与平衡文件；

（7）在航班计划起飞前向飞行机组递交最后的重量数据记录。

3）知识

（1）航空承运人使用的配载平衡系统的全面知识；

（2）配载平衡系统的使用和在必要时手工制作重量数据记录能力的完整训练；

（3）航空承运人运行政策与程序的全面知识。

12.4　AOC 的功能

AOC 运行的基本目标是安全、高效、对不正常运行的管理和向客户提供优质服务。

航空承运人 AOC 目标/指标体系的制定，应当建立在对环境、期望和能力分析、评估的基础之上，指导 AOC 结构和管理的规划与改进，并对其进行定期评审。

航空承运人应当分析评估机队规模与构成、运行区域、运行种类（定期/非定期）与类型（国内/国际）、基地布局以及法律法规、政治、经济、文化等 AOC 的运行环境。

在建 AOC 指标体系时，航空承运人必须保证足够的安全区间，明确安全边界和财务边界，并确保对指标的考核，在运行安全方面对运行控制不会造成不利影响。AOC 的目标制定还应当包括 AOC 自身能力建设的目标。

1. AOC 的具体功能

1）航空公司信息集成中心

AOC 作为航空公司的运行控制核心，承担的是信息处理和决策中心的角色。所有与运行相关的信息都需要在 AOC 汇总，同时 AOC 的值班经理或是签派员在整合分析相关信息以后，做出决策。

2）航空公司安全运行控制中心

AOC 作为航空公司的运行控制中心，主要是为航空公司的飞行运行安全负责，所有涉及飞行运行安全的信息、指令、岗位都需要在 AOC 得到体现，安全是航空公司的生命线，也是 AOC 的根本职能体现。

3）航空公司运行服务管理中心

信息技术的快速发展和公开透明程度决定了航空公司必须重视服务质量和品牌的口碑及美誉度建设，对于航班调整、航班延误等旅客关心的问题，AOC 相关岗位必须提供及时的信息发布和运行服务。要做到真正以维护旅客生命和财产安全工作为首位，持续保持运行安全，提高安全和服务水平。

4）航空公司运行效益控制中心

AOC 是航空公司的运行一线保障单位,航班的调整与延误补班等决定都由 AOC 决策给出,因此 AOC 在保证运行安全的前提下,也需要正确处理安全与生产、安全与效益、安全与发展的关系,AOC 的决策要能经得住财务数据的检验,要持续提高公司运营能力和盈利能力,保持公司安全业绩和经营业绩的持续增长。

5）航空公司应急处置中心

AOC 作为生产运行信息的集成中心,同时要对公司飞机发生的任何紧急事件和事故作出最快的反应,并采取最有效的救援行动。AOC 的运行人员必须经过应急培训,适时组织应急演练并对演练结果进行讲评总结。要在保证人员生命安全的前提下,争取旅客的财产、货物以及飞机、设备等损失控制在最小范围之内。应急处置的指令、行动与其他的指令、行动具有优先性。

12.5　AOC 的管理

12.5.1　AOC 的运行

1. 建立管理体系

在航空器运行的整个过程中,航空承运人应将运行控制置于公司的核心地位,确保实现预期的安全和效益目标。AOC 结构的有效运行依赖 AOC 的有效管理。航空承运人的管理层应当充分发挥支持性机制的作用,在风险控制、绩效管理、安全品质管理、人力资源管理等方面,充分履行计划、组织、领导、控制的职能,为 AOC 的运行和目标的达成创造良好的环境。所以 AOC 应按照航空承运人的授权,根据航空规章和运行要求,对运行环境和状态实施预测,遵守预设的流程,有效使用设备、设施和系统,对航空器、机组、维修等资源进行配置和优化,建立起科学合理的管理体系,通过提供决策信息和发布指令的方式,服务于航班运行,见图 12-3。

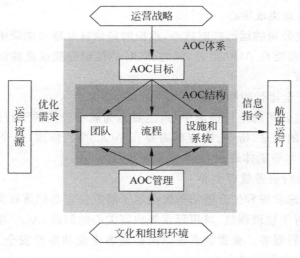

图 12-3　AOC 体系

1) 手册体系

航空承运人必须在运行手册中明确 AOC 体系结构,至少包括目标、结构和管理等内容。公司运行手册体系应该依据中国民航规章和咨询通告、国际航协运行安全审计(IOSA)和地面运营安全审计(ISAGO)标准而建立。为了使公司运行手册体系更能适应不断发展的运行需要,进一步符合局方规章和国际航协运行审计的要求,达到层次清晰、结构合理、涵盖全面、避免重复、易于使用的目标,公司应成立运行手册工作小组逐步完善运行手册体系。

2) AOC 总监

航空承运人应当在 AOC 设置总监,并对其进行充分授权。AOC 总监的作用是在 AOC 团队与航空承运人其他机构之间建立连接,提供日常管理的界面。在 AOC 组织结构中,AOC 总监是核心岗位(值班经理和区域经理)的行政领导,通常不参与日常运行决策,其主要目的是实现以流程为导向的 AOC 体系,确保机构、人员、系统、设施与业务流程相匹配。

3) 风险控制

航空承运人应贯彻系统安全管理(SMS)的原则,在 AOC 运行和决策中,对运行的风险进行充分的识别、分析、评估和控制。风险控制应固化到 AOC 流程、系统和设施的设计中,考虑的因素至少包括:①AOC 目标;②组织结构;③管理层影响;④设施和系统;⑤外部环境;⑥协调与沟通;⑦运行资源;⑧信息传递与共享;⑨团队协作;⑩运行控制流程;⑪签派放行;⑫运行监控等。

4) 绩效管理

绩效管理是 AOC 持续改进,确保有序运行的重要保证。AOC 绩效指标应充分反映权责对等的原则,核心是团队绩效指标的设定。

AOC 绩效指标应具有可测量性和可操作性,并符合持续改进的原则,不得低于局方安全绩效考核的目标值。在绩效考核时,航空承运人应当采取必要的纠偏措施或制定更加合理的考核指标。对于不理想的绩效指标,应确定在能力、动机、资源等哪方面存在问题,并采取有效措施。

航空承运人应向 AOC 总监授权,负责 AOC 绩效指标的考核。对于所有运行部门和被派驻 AOC 的职能代表,AOC 绩效考核权重应至少占 60%。考核绩效指标项目可从 AOC 体系绩效指标中分解得到。

5) 安全品质管理

安全品质管理是对 AOC 运行风险和质量的测量、监控、分析和持续改进过程。安全品质应固化于系统和流程设计之中,按照安全管理体系(SMS)和全面质量管理(TQM)的原则,AOC 安全品质管理应满足的原则是寻求安全和效益之间的平衡,持续满足各相关方对 AOC 的期望。公司最高管理层的认同与承诺为安全品质管理提供必要的资源,包括:人员、设备、工具和资金。持续改进 AOC 体系和各项流程,重视对流程的管理,而非对人的责任追究。依靠 AOC 团队进行持续改进,持续进行危险源和风险的识别、分析、评估和缓解。重视预先控制和实时控制,而非返工和破坏性控制。设置专门的岗位或部门,明确责任与权限,负责 AOC 安全品质管理。

6）人力资源管理

AOC 人力资源管理的内容包括：人力资源计划、人员招聘与选拔、员工培训与开发、员工录用等。

航空承运人的人力资源计划应包括人力资源计划和工作分析两项内容。人力资源计划在考虑 AOC 人员配置时应与机队规模与构成、运行区域、运行种类和类型、基地布局等相适应，同时考虑到成熟专业人员的培养周期，应有一定的前置期。人力资源计划工作分析是通过运行分析，确定 AOC 岗位覆盖与飞行运行相关的所有专业。

AOC 的人员选拔应当符合相关民航规章，确保岗位上的人员的资质和技能满足运行要求。AOC 人员在完成了相应培训，并通过能力检查后，方可履行岗位职责，并通过定期绩效评估，确认其能否高效、正确地履行职责。

AOC 人员流失会在多个层面对 AOC 体系的能力和绩效产生负面影响。航空承运人有责任通过建立合理的薪酬制度、保障体系，提高自动化程度，合理的人事安排，提供职业发展通道等方式，降低人员流失率。

2. 人员资质培训管理

AOC 的运行人员在满足局方运行人员资质要求的同时，公司也需要对运行人员的资质管理和岗位职责及工作内容进行培训。AOC 要完善、优化机构岗位设置。建立公司标准岗位管理体系和编制管理办法，科学进行人员配置，科学规划人才培养计划和招聘规划，建立招聘管理办法，规范招聘程序。建立绩效管理体系，科学设置安全、生产、运行类的考核指标，实施绩效兑现，激发员工的积极性。合理设置岗位职责，实施薪酬管理。

（1）对专业资质类、运行标准类和通用类以及基层管理类培训进行分工、整合、编制，编写培训大纲。

（2）接受局方对资质类和运行标准类培训课程的资格审定和课程大纲的审核。

（3）对公司专/兼职教员的队伍进行建设与管理，使其在教学方法和专业知识的讲授能力上都能够更好地满足教员岗位的要求。

（4）对资质类、通用和基层管理类的培训档案和培训证书进行管理与发放，并达到公司内的信息共享。

12.5.2　AOC 的发展

AOC 的产生和发展与科学技术的进步和航空公司经营的规模化密不可分，随着现在云计算、5G、大数据、物联网、人工智能和移动互联网的出现，AOC 的组织架构和运行模式也必将进行深刻的变革。

现在很多公司的 AOC 建设"唯大唯全"，认为建设了一个空间很大、设备先进、装修现代化、组织架构完善、功能齐全的 AOC，航空公司的运行控制中心就算建成了，但是大空间规模化只是 AOC 发展过程中的一个阶段。过去航空公司的机队不成规模、航线不成网络，单打独斗的航班管理能够满足当时航空公司的运行要求，但是当航空公司的机队数量不断增加，发展到 50 架以上，运行航点不断增加，分公司或是运行基地纷纷成立，航线网络初步形成的时候，现阶段的 AOC 模式就应运而生，信息集成，联合办公，集中决策都成功满足了公司规模化发展的需求。但是现阶段的 AOC 也存在着运行单元过于庞杂,管理层级过于宽泛的问题,不便于纵向管理和决策的制定。

　　随着科技的进步和信息化技术的发展,运行大数据的使用和借鉴,未来 AOC 的发展将更多借助于信息技术的发展,未来 AOC 决策的制定都是靠信息化的支持决策系统来完成,人工复核。所有运行支持单元的运行人员可以回到自己的部门工作,通过信息共享把数据直接发送到 AOC 的支持决策系统,当需要某一个运行支持单元进行特别支持的时候,AOC 的运营官可以直接通过视频连线的方式与运行人员进行联络,获取更多的信息反馈。未来 AOC 的运行场景,应该是在一个空间里现场仅有少数几个岗位的工作人员,运行人员都是通过屏幕链接,首席运营官借助于支持决策系统来完成公司所有的运行保障、安全管理和服务质量的保障工作。这种场景与科幻电影《流浪地球》中与空间站联络的指挥中心场景应该是很相似的。在一定程度上说,现在 AOC 这种联合办公的模式,在未来一定会消失,保留下来的只是它的功能。

 本章测试

测试 12.1

测试 12.2

第三部分

航班直接准备阶段

第 13 章

航班的签派放行

进入到航班直接准备阶段,就需要签派员对飞机、机场、航路等的适航性进行信息收集,对航班进行签派放行的直接准备,一般在航班预计起飞时刻之前一个半小时到两个半小时进行。

签派放行席位负责实施航空器签派放行,航空器放行的签派员负责收集整理气象资料和相关的航行通告,了解飞机适航情况、保留故障和预计业载情况,根据需要制作计算机飞行计划,对放行航班的运行条件进行分析,确定起飞油量和业载限制,对航班放行进行评估,向机长讲解签派放行文件,与航班机长共同签发放行单,向空中交通管制部门发送 FPL 飞行计划申请,监控运行条件的变化,必要时更改签派放行单或终止放行许可。

本章依据 CCAR-121 部介绍了运行控制的责任、签派放行权、签派放行单、放行评估项目、燃油政策和二次计划放行,并重点介绍民用航空器放行的基本概念、放行评估和运行控制的责任。论述了如何评估和决策民用航空器放行,以提高民用航空器放行的准确性、经济性和航班放行质量,减少航班延误。

视频 13-1
航班直接准备
阶段

13.1 运行控制

13.1.1 定义

运行控制是指合格证持有人使用飞行动态控制的系统和程序,对某次飞行的起始、持续和终止行使控制权的过程。公司保证航班运行控制的全过程符合民航规章,符合公司《运行规范》、运行政策、标准和程序,除特殊情况经批准外,航班运行控制在《运行规范》授权的范围内进行。公司运行控制中心授权合格的飞行签派员承担公司航班运行控制,所有参加运行控制的飞行签派员必须完成规定训练并经检查合格。在运行控制的最初阶段也是最重要的阶段就是航空器的放行。

运行控制的优先顺序为:专机飞行、特殊或紧急任务飞行、定期航班、非定期航班、训练飞行。有重要客人的航班在同等条件下相对优先。

13.1.2　运行控制的责任

1．国内、国际定期载客运行的运行控制责任

（1）合格证持有人应当对运行控制负责。

（2）机长和飞行签派员应当对飞行的计划、延迟和签派或者放行是否遵守中国民用航空规章和合格证持有人的运行规范共同负责。

（3）飞行签派员应当对下列工作负责：

① 监控每次飞行的进展情况；

② 分析与发布该次飞行安全所必需的信息；

③ 如果根据其本人或者机长的判断，认为该次飞行不能按照计划或者放行的情况安全地运行或者继续运行时，取消或者重新签派该次飞行；

④ 当飞机追踪无法确定其位置且尝试建立联系未获成功时，通知相关的空中交通服务单位。

（4）在飞行期间，机长负责控制飞机和指挥机组，并负责旅客、机组成员、货物和飞机的安全。

（5）在飞行期间，机长对于飞机的运行拥有完全的控制权和管理权。这种权力没有限制，可以超越机组其他成员及他们的职责，无论机长是否持有执行其他机组成员职责所需的有效证件。

（6）任何驾驶员在驾驶飞机时不得粗心大意和盲目蛮干，以免危及生命或者财产的安全。

2．补充运行的运行控制责任

（1）合格证持有人应当对运行控制负责，并在手册中列出授权实施运行控制的人员。

（2）机长和运行副总经理应当对飞行的放行、延误、改航和终止是否遵守中国民用航空规章和合格证持有人的运行规范共同负责。运行副总经理可以委托他人行使飞行放行、延误、改航和终止的职能，但不能委托运行控制的责任。

（3）当运行副总经理或者机长认为该次飞行不能按照计划安全地运行时，运行副总经理对取消、改航或者延迟飞行负责。运行副总经理应当负责至少在下列方面对飞行运行进行监控：

① 始发地机场的离开和目的地机场的到达，包括中途停留机场及备降机场；

② 发生在起始、目的地和中途停留机场的维修及机械延误；

③ 已知的严重影响飞行安全的情况；

④ 当飞机追踪无法确定其位置且尝试建立联系未获成功时，通知相关的空中交通服务单位。

（4）在飞行期间，机长负责控制飞机和指挥机组，并负责旅客、机组成员、货物和飞机的安全。在飞行期间，对于飞机的运行拥有完全的控制权和管理权。这种权力没有限制，可以超越机组其他成员及他们的职责，无论机长是否持有执行其他机组成员职责的有效

证件。

（5）机长对飞行前的计划和飞行中的运行是否遵守中国民航规章和合格证持有人的运行规范负责。

（6）任何驾驶员在驾驶飞机时不得粗心大意和盲目蛮干，以免危及生命或者财产的安全。

13.2　签派放行评估

航班放行是在航空器维修的基础上确保飞行安全的最后一道地面安全控制关口。民用航空器的放行分为技术放行和签派放行两种。民用航空器技术放行也称适航性放行，是指航空器经过维修后，技术状态良好，达到适航标准，能够完成飞行任务签署证明的放行。民用航空器签派放行是指航空器起飞机场、航路、目的地机场和备降机场的天气符合规定的要求，飞行人员满足规章规定的执勤时间限制和身体状态要求，机上设备满足一定要求的情况下合理加载燃油，由放行签派员和机长共同签署签派放行单的放行。"签派"的含义有两个，一是签发证件，二是委派任务。航空公司放行签派员在持有中国民航飞行签派员执照、局方授权和公司委任的前提下，按照局方和公司运行标准对航班进行放行评估，对航班运行的安全性负责，最终在签派放行单上签字，这是所谓的"签发证件"。同时放行签派员对航空公司的运行生产任务进行保障，对机组进行飞行任务的委派，这是"委派任务"。签派员肩负着航班运行安全和效益的双重身份，承担着航班运行安全性和经济性的双重职责。

航空公司应当根据授权的飞行签派员所提供的信息，为两个规定地点之间的每次飞行编制签派放行单。机长和授权的飞行签派员应当在签派放行单上签字。机长和授权的飞行签派员均认为该次飞行能安全进行时，他们才能签字。对于某一次飞行，飞行签派员可以委托他人签署放行单，但是不得委托他人行使签派放行权。

13.2.1　签派放行权

1. 国内、国际定期载客运行的签派权

除下述两种情况外，每次飞行应当在起飞前得到飞行签派员的明确批准方可以实施：

（1）对于国内定期载客运行的飞机，在原签派放行单列出的中途机场地面停留不超过 1 小时。

（2）对于国际定期载客运行的飞机，在原签派放行单列出的中途机场地面停留不超过 6 小时。

2. 补充运行的飞行放行权

（1）实施补充运行应当使用飞行跟踪系统，每次飞行应当得到合格证持有人授权实施运行控制人员的批准，方可实施。

（2）在开始飞行前,机长或者由合格证持有人授权实施运行控制的人员应当按照该次飞行所遵守的条件制定一个满足飞行的放行单。只有当由机长和授权实施运行控制人员均认为可以安全飞行时,机长方可签署飞行放行单。

（3）当实施补充运行的飞机在地面停留超过 6 小时时,应当重新签署新的飞行放行单,否则不得继续飞行。

13.2.2　签派放行的要求

1. 气象条件的熟悉

对于国内、国际定期载客运行,飞行签派员签派放行飞机前,应当完全熟悉所飞航路、机场的气象实况报告和预报,否则不得签派或者放行该次飞行。

对于补充运行,机长应当完全熟悉所飞航路、机场的气象实况报告和预报,否则不得开始该次飞行。

2. 国内、国际定期载客运行中飞行签派员向机长的通告

在开始飞行之前,飞行签派员应当向机长提供可能影响该次飞行安全的机场条件和导航设施不正常等方面的所有现行可得的报告或信息,并且应当向机长提供每一所飞航路和机场的所有可得的天气实况报告和天气预报,包括晴空颠簸、雷暴、低空风切变等危险天气现象。

在飞行期间,飞行签派员应当及时向机长提供可能影响该次飞行安全的天气条件,包括晴空颠簸、雷暴、低空风切变等危险天气现象,和可能影响该次飞行安全的有关设施、服务不正常的任何可获得的补充信息。

3. 补充运行的设施和服务

（1）开始飞行前,每个机长应当获得所有可能影响飞行安全的有关机场条件和导航设施不正常情况的最新报告或者信息;

（2）在飞行期间,机长应当获得所有可能影响飞行安全的气象条件、设施和服务不正常情况的附加信息。

4. 飞机设备

在签派放行飞机前,飞行签派员和机长应当确认该飞机处于适航状态并安装由民航局规定的适合于该航线运行的仪表和设备,否则不得签派放行该次飞行。

5. 通信和导航设施

（1）对于定期载客运行,在每次飞行前,只有确认在航路批准时所要求的通信和导航设施处于良好工作状态,方可签派或者放行飞机在该航路或者航段上飞行。

（2）对于国际定期载客运行,如果由于超出合格证持有人控制能力的技术原因或者其他原因,在航路上没有所要求的设施,只要机长和飞行签派员认为现有的航路设施与所要求的通信和导航设施等同并处于良好的工作状态,即可签派飞机在该航路或者航段上飞行。

（3）对于补充运行,只有当通信和导航设施满足规定时,方可放行飞机。

6. 目视飞行规则的签派或者放行

按目视飞行规则签派放行飞机前，应当确认可获得的天气实况报告、预报或两者的组合，表明从签派或者放行飞机飞行时刻起至飞机抵达签派单中所列各机场的时间内，整个航路的云底高度和能见度处于或高于适用的目视飞行规则最低标准，否则，不得签派或者放行飞机按目视飞行规则飞行。

7. 仪表飞行规则的签派或者放行

除第 8 款规定外，按仪表规则签派或者放行飞机飞行前，应当确认相应的天气实况报告、预报或两者的组合，表明在签派或者放行单中所列的每个机场的天气条件，在飞机预计到达时处于或高于经批准的最低标准，否则，不得签派或者放行飞机按仪表飞行规则飞行。

8. 跨水运行的签派或者放行

（1）签派或者放行飞机进行含有延伸跨水运行的飞行前，应当确认相应的天气实况报告、预报或者两者的组合，表明飞机预计到达所签派或者放行的目的地机场和必需的备降机场时，这些机场的天气条件等于或高于经批准的最低标准，否则，不得签派或者放行飞机进行含有延伸跨水运行的飞行。

（2）合格证持有人应当按仪表飞行规则实施延伸跨水运行，但该合格证持有人证明按仪表飞行规则飞行对于安全是不必要时除外。

（3）对于其他跨水运行，如果民航局认为按仪表飞行规则运行对安全是必要的，合格证持有人应当按照仪表飞行规则实施这些跨水运行。

（4）每个按目视飞行规则实施延伸跨水运行的批准和每个按仪表飞行规则实施其他跨水运行的要求，均应当在该合格证持有人的运行规范中明确规定。

9. 初始签派或者放行、重新或更改签派或者放行

（1）合格证持有人可以指定任一经批准用于该型飞机的正常使用机场、临时使用机场或加油机场，作为初始签派或者放行的目的地机场。

（2）签派或者放行单中指定的备降机场的天气预报，应当表明在飞机预计到达该备降机场时，备降机场的天气条件将等于或高于运行规范中对该机场规定的备降最低天气标准，否则，飞行签派员和机长不得允许该次飞行继续向所签派放行的机场飞行。但是，签派或者放行单可在航路上予以更改，增加任何处在规定的飞机燃油范围内的备降机场。

（3）飞机在航路上飞行时，任何人不得擅自更改初始签派或者放行单上指定的初始目的地机场或备降机场。如确有必要改变为另外的机场时，则该机场应当是经批准用于该型飞机的，并且在重新签派或更改签派或者放行单时，应当符合相应的要求。

（4）航路上更改签派或者放行单时，通常需由飞行签派员和机长共同决定，并且应当记录更改的内容。当涉及更改空中交通管制飞行计划时，应当预先和有关的空中交通管制部门取得协调。

10. 国内、国际定期载客运行飞至或飞离加油机场或临时使用机场的签派放行

除了飞离正常使用机场的签派要求之外，在签派飞机飞至或飞离加油机场或临时使

用机场时,该机场应当符合适用于正常使用机场的要求。

13.2.3　签派放行单

视频 13-3
签派放行权、签
派放行的要求

1. 国内、国际定期载客运行的签派单

签派单应当至少包括每次飞行的下列信息:

(1) 飞机的国籍标志、登记标志、制造厂家和型号。

(2) 承运人名称、航班号和计划起飞时间。

(3) 起飞机场、中途停留机场、目的地机场和备降机场。

(4) 运行类型说明,例如仪表飞行规则、目视飞行规则。

(5) 最低燃油量。

签派单应当至少包括或者附有下列文件:

(1) 在机长与飞行签派员签署放行单时可以获得的关于目的地机场、中途停留机场和备降机场的最新天气实况报告和预报。签派单还可以包括机长或者飞行签派员认为必需的或者希望具有的其他天气实况报告和预报。

(2) 运行飞行计划。

(3) 航行通告。

2. 补充运行的放行单

飞行放行单应当至少包括每次飞行的下列信息:

(1) 公司或者机构的名称;

(2) 飞机的国籍标志、登记标志、制造厂家和型号;

(3) 航班或者航次和飞行日期;

(4) 每一飞行机组成员、客舱乘务员和机长姓名;

(5) 起飞机场、目的地机场、备降机场和航路;

(6) 运行类型说明,例如仪表飞行规则、目视飞行规则;

(7) 起飞最低燃油量。

飞机飞行放行单应当含有或者附带目的地机场和备降机场的最新天气实况报告、预报或者两者的组合。放行单还可以包括机长认为必需的或者希望具有的其他天气实况报告和预报。

3. 装载舱单

装载舱单应当包含飞机在起飞时有关装载情况的下列信息:

(1) 飞机、燃油和滑油、货物和行李、乘客和机组成员的重量。

(2) 该次飞行的最大允许重量,该最大允许重量不得超过下述重量中最小的重量:

① 对于拟使用跑道,考虑对跑道气压高度和坡度以及起飞时的风和温度条件的修正值之后的最大允许起飞重量;

② 考虑到预期的燃油和滑油消耗,能够符合适用的航路性能限制的最大起飞重量;

③ 考虑到预期的燃油和滑油消耗,能够在到达目的地机场时符合批准的最大设计着陆重量限制的最大起飞重量;

④ 考虑到预期的燃油和滑油消耗,能够在到达目的地机场和备降机场时符合着陆限制的最大起飞重量。

(3) 按照批准的程序计算的总重量。

(4) 按照批准的能够保证重心处于批准范围之内的计划,对该飞机实施装载的证据。

(5) 旅客的姓名,除非该项内容由合格证持有人以其他方式保存。

4. 国内、国际定期载客运行装载舱单、签派单和飞行计划的处置

(1) 机长应当将下列文件的副本随机携带到目的地:

① 填写好的装载舱单;

② 签派或者放行单;

③ 飞行计划。

(2) 合格证持有人应当保存前款规定的文件的副本至少 3 个月。

5. 补充运行的装载舱单、飞行放行单和飞行计划的处置

(1) 实施补充运行的飞机机长必须携带下列文件的原件或者经签署的文件副本飞行到目的地机场:

① 装载舱单;

② 飞行放行单;

③ 适航放行单;

④ 驾驶员航线合格证明;

⑤ 运行飞行计划。

(2) 如果飞行在合格证持有人主运行基地始发,应当在其主运行基地保存第(1)条规定的文件的原件或者副本。

(3) 除第(4)条规定外,如果飞行在合格证持有人主运行基地以外的机场始发时,机长(或者合格证持有人授权的其他运行控制人员)应当在起飞前或者起飞后立即将第(1)条列出的文件副本发送或者带回到主运行基地保存。

(4) 如果飞行始发在合格证持有人的主运行基地以外机场,合格证持有人在那个机场委托他人负责管理飞行运行,按照第(1)条规定签署过的文件副本在送回合格证持有人的主运行基地前在该机场的保存不得超过 30 天。如果这些文件的原件或者副本已经送回合格证持有人的主运行基地,则这些文件不需要继续保存在该机场。

(5) 实施补充运行的合格证持有人应当:

① 根据本第(4)条规定,在其运行手册中指定专门人员负责这些文件副本;

② 按照本条规定原始文件和副本应当在主运行基地保存 3 个月。

13.2.4 签派放行单格式及要求

1. 签派放行单

航空公司航空器放行许可是放行航空器的依据,它采用两种形式即签派放行单或者签派放行电报。签派放行单是起飞站飞行运行控制中心放行航空器的依据性文件,它由飞行签派员和机长共同签字方可生效。签派放行电报,是在未设签派机构的机场,航空器的放行由航空公司指定的签派室将经过签派员签字的签派放行电报发给该机场的空中交通管制部门转交机长,并由机长签字放行,即异地放行。签派放行单格式见表 13-1 和表 13-2。

表 13-1　签派放行单

签 派 放 行 单
AIRCRAFT DISPATCH RELEASE

电报等级　　　收电地址 PRIORITY　　ADDRESSES	_____ _____
发电地址　　申报时间 ORIGINATOR FILING TIME	
许可标志日期　起飞时间 CLEARANCE DATE TIME OF DEPARTURE	
航班号　　　航空器型别　　　　航空器登记号 FLIGHT NO. TYPE OF AIRCRAFT REGISTRATION	
飞行航线 ROUTE TO BEFLOWN	
起飞机场　　　　　　起飞备降机场 DEPARTURE AERODROME ALTERNATE AERODROME	
目的机场 DESTINATION	
备降机场 ALTN AERODROME	
起飞油量 TOTAL TAKEOFF FUEL	
其他 OTHER	
附注 REMARKS	签派员(签字): DISPATCHER 机长(签字): PILOT IN COMMAND

表 13-2　飞行放行单

×××航空公司飞行放行单
AIRCRAFT　CLEARANCE

航班号(FLIGHT NO.)	机型(A/CTYPE)	机号(REG NO.)
日期(DATE)	预计起飞时间(ETD)	航程时间(EET)
起飞机场(DEP AIRPORT)	目的地机场(DEST AIRPORT)	
起飞备降场(DEP ALTN)	航路备降场(ROUTE ALTN)	目的地备降场(DEST ALTN)
飞行机组(FLIGHT CREW)		
放行油量/实际加油量 DIS FUEL/ACTUAL FUEL		
机长天气标准 CAPTAIN STANGDARD		
MEL/CDL 保留项目		
飞行计划(FPL)		
签派员 DISPATCHER	机长 CAPTAIN	
联系方式 TEL:　　FAX:　　HF:　　VHF:		

2. 签派放行单的要求

各航空公司签派机构或其签派代理人和机长必须认真执行在签派放行单上签字的规定,减少因放行的失误而造成返航、备降的次数,应严格按下列规定执行:

(1)飞行签派员或其代理人和机长没有在航空器签派放行单上同时签字,航空器不得放行。

(2)没有签发签派放行单的飞行,是飞行签派工作中的差错。飞行签派员或其代理人和机长没有在签派放行单上签字,将分别计入各自的工作差错中。

(3)凭签派放行单收取航务代理费。

(4)飞行签派员或签派代理人在签派放行单上签字后不再在飞行任务书上签字,但有权对飞行任务书进行检查。

(5)飞行任务书由航空公司及其授权单位的领导根据确定的飞行任务签发,并且加盖签发单位公章后方可生效。

(6)签派放行单由各航空公司提供。

13.2.5　航空器的放行评估

　　航空器的签派放行是通过飞行运行控制中心的放行签派员来完成的,是飞行签派工作中的重要一环,也是保证航班正常率的根本。起飞站航空公司飞行签派员或委托的代理人必须在飞机起飞前认真研究航线、起飞机场、目的机场和备降机场的天气实况和天气预报。在遇有复杂的气象时应与机长、气象预报员共同讨论,根据天气标准、飞机性能、航路和机场的设备保障情况及空中交通管制部门的意见,分析是否适航,并由签派员和机长共同决定,航空器的签派放行评估是对飞行运行各项内容的确认。更多关于航空器放行评估的内容可以参考笔者编著的由清华大学出版社出版的《签派放行与简易飞行计划实践》一书。

1. 航空器放行评估流程

　　航空器放行评估流程可参考图 13-1。

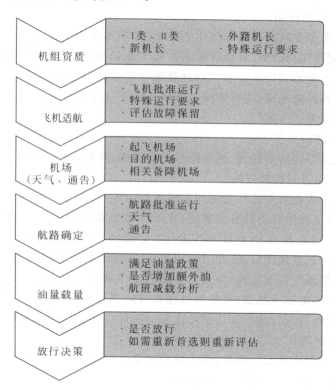

图 13-1　航空器放行评估流程

2. 航空器放行评估项目

　　飞行签派员按照所分配的航班,至少在航班预计起飞时间前 2.5 小时完成下列相关的签派放行评估项目。

　　1)飞机适航性评估

　　在每次飞行准备前,飞行签派员和机长应当确认该飞机处于适航状态,并安装由局方规定的适合于该航线运行的仪表和设备,否则不得签派放行该次飞行。

　　飞行签派员检查机务工程部门发布的故障保留单（DD单），了解飞机保留故障的具体情况，以及标注的相关说明。查阅该机型的公司最低设备清单（MEL）和构型偏离清单（CDL）相关条款，确认施加在飞机性能限制或重量限制的具体情况，在编制飞行计划和签派放行单时考虑这些因素。使起飞油量、飞行高度、飞机重量和载重平衡等符合限制条件。

　　当航班飞行使用缩小垂直间隔（RVSM）、双发延程飞行（ETOPS）、计划的二次放行、极地飞行和高原/特殊机场时，按照公司特殊运行手册规定的程序进行签派放行，并确定所需机载设备符合特殊运行的适航要求。

　　2）机组适航评估

　　核查执行机组的人数、出勤健康证明、执勤休息时间以及该机组的机长的天气标准，确定机组是否适航。

　　3）载重平衡数据评估

　　飞行签派员至少在航班预计起飞前2.5小时，获得载重平衡人员通报的预计无油重量，以此为依据制作飞行计划，并将该航班的起飞油量、航线耗油和业载限制通知载重平衡人员。当实际业载和预计业载相差超过载重平衡控制规定的数量时，载重平衡人员及时通知签派员重新计算油量，飞行签派员和机长确定飞行的起飞油量，必要时补加燃油并把这一结果通知载重平衡部门。

　　4）航线信息评估

　　航线确定包括公司特有航线、到备降机场的航线、等时点、返航点等。

　　5）航行通告和天气资料分析

　　飞行签派员负责查阅与放行航班相关的航行通告，检查飞行航路、机场设备的保障情况和有关限制，保证在航路上具有足够的，并工作状态完好的地面导航设施为飞机导航，其导航精度符合ATC要求，并保证该次运行所必需的导航精度范围，引导飞机飞至签派放行单中所列出的正常使用机场、临时使用机场、加油机场或备降机场。

　　飞行签派员签派放行飞机前，应当完全熟悉所飞航路、机场的气象实况报告和预报。查阅相关的资料，确定起飞机场、目的地机场和备降机场的最低天气标准，即批准的公司运行标准、机场公布的运行标准和飞机性能限制的运行标准三者的较高值。

　　6）额外油量计算

　　根据天气预报和机场天气实况，确定额外油量。根据机场和空域的繁忙程度，确定增加地面滑行时间或空中等待时间所需的油量。

　　7）飞行计划评估

　　获取该航班的航线、飞行时间、业载限制、起飞重量限制、高空风数据等，制作计算机飞行计划（CFP），当业载受到限制不能满足预配载时，应对计算机飞行计划进行重新评估。

　　8）重要旅客及鲜活动植物的运输和保障要求

　　9）编制签派放行单和FPL

　　在预计起飞前150分钟，飞行签派员根据放行条件制作计算机飞行计划（CFP），签派员检查制作完成的CFP，核对航路、备降场、油量数据和飞机起飞全重、落地重量和飞机重心范围。当起飞全重受到限制时，及时通知载重平衡部门。签派员按照CFP编制签派放行单和 FPL。如不使用计算机飞行计划,按照公司油量手册,确定起飞油量,检查飞机起飞全重限制,编制签派放行单和 FPL。

3. 禁止放行航空器的规定

凡遇有以下情况之一者,禁止放行飞行:

(1) 起飞前未得到飞行签派员的明确批准或飞行计划未得到管制部门批准;

(2) 起飞前未得到有关国家飞越批准或落地许可;

(3) 机组成员不齐,或者由于技术、健康等原因不适于飞行;

(4) 机组人员尚未完成飞行准备,或飞行准备质量不符合要求;未制定防止劫持飞机的预案;

(5) 机组人员未携带必备的飞行文件及未按规定携带有关文书、证件、资料和用具;

(6) 飞机上未按规定配备有关的飞机文件、手册和其他飞行资料;

(7) 飞行人员未校对本次飞行所需的航行情报资料;

(8) 飞机设备有影响飞行安全的故障或飞机设备低于最低设备清单规定;

(9) 有霜、雪或冰附着在飞机机翼、操纵面、螺旋桨、发动机进气口或其他重要表面上或者未按照公司地面除冰/防冰大纲要求进行除冰/防冰;

(10) 航线、机场的地面通信、导航以及其他保障设备发生故障,不能保证安全飞行;

(11) 飞机装载和乘载不符合规定;

(12) 飞机未按规定携带足够燃油;

(13) 天气条件低于机场、机长或飞机的最低标准与限制,天气情况危及本次飞行安全;

(14) 不能保持在航路最低安全高度以上飞行。

(15) 在禁区内、危险区、限制区和机场宵禁的有效时间内。

视频 13-4
签派放行单(含格式及要求)、航空器的放行评估

13.3　燃　油　政　策

燃油是航空运输企业运载工具的必要保证和食粮,是保证飞行安全和完成飞行任务的基础。因此,各航空公司在现行竞争激烈的情况下,无不绞尽脑汁,为减少燃油的消耗,在飞机重量限制,载油量和业务载量之间寻求最优值,以提高经济效益。随着商业飞机的不断发展和航程的延伸,大多数远程飞机在长航线飞行时采用了二次放行程序,在保证安全的前提下,增加了业载。

目前各商业民用飞机制造厂家,都在为减少飞机的耗油量,增加业载而不断研制和改进飞机发动机的性能,用以吸引各航空公司。而燃油政策直接影响着航空公司的经济效益,在公司的运营中起着重要作用。每次航班起飞前签派员和机长必须共同确认飞机装载的燃油量能足以完成计划的飞行航段、航线机动,以及计划的备降航段、等待航线的任务。

如果机长认为签派员提供的飞行计划与实际飞行条件有偏差,可与飞行签派员协商,在规定油量的基础上适当增加额外燃油,同时必须考虑由于增加燃油引起的飞机性能和燃油消耗的改变。

13.3.1　计算所需燃油应当考虑的因素

目前各航空公司在既能保证飞行安全,又能取得最大经济效益的原则下制定本公司的燃油政策。各航空公司在计算所需燃油时应当考虑到以下因素:

(1) 风和其他天气条件预报;

(2) 飞机的预计重量;

(3) 航行通告;

(4) 气象实况报告或气象实况报告、预报两者的组合;

(5) 空中交通服务程序、限制及预期的延误;

(6) 故障保留项目和/或构型偏离的影响;

(7) 空中释压和航路上一台发动机失效的情况;

(8) 可能延误飞机着陆的任何其他条件。

13.3.2　燃油政策

飞机必须携带足够的可用燃油以安全地完成计划的飞行并从计划的飞行中备降。

飞行前对所需可用燃油的计算必须包括:

(1) 滑行燃油:起飞前预计消耗的燃油量。

(2) 航程燃油:允许飞机从起飞机场或从重新签派或放行点飞到目的地机场着陆所需的燃油量。

(3) 不可预期燃油:为补偿不可预见因素所需的燃油量。根据航程燃油方案使用的燃油消耗率计算,它占计划航程燃油的10%,但在任何情况下不得低于以等待速度在目的地机场上空450米(1 500英尺)高度上在标准条件下飞行15分钟所需的燃油量。

(4) 备降燃油:飞机有所需的燃油以便能够。①在目的地机场复飞;②爬升到预定的巡航高度;③沿预定航路飞行;④下降到开始预期进近的一个点;⑤在放行单列出的目的地的最远备降机场进近并着陆。

(5) 最后储备燃油:使用到达目的地备降机场,或者不需要目的地备降机场时,到达目的地机场的预计着陆重量计算得出的燃油量,对于涡轮发动机飞机,以等待速度在机场上空450米(1 500英尺)高度上在标准条件下飞行30分钟所需的油量。

(6) 酌情携带的燃油:合格证持有人决定携带的附加燃油。

合格证持有人应按照四舍五入方式为其机队每种型别飞机和衍生型确定一个最后储备燃油值。

除非机上可使用的燃油按照要求符合上述要求,否则不得开始飞行;除非机上可使用的燃油按照要求符合上述除滑行燃油以外的要求,否则不得从飞行中重新签派点继续飞往目的地机场。

13.3.3　特定情况燃油要求

特定情况下目的地备降机场燃油的计算:

(1) 当不需要有目的地备降机场时,所需油量能够使飞机在目的地机场上空450米

（1 500 英尺）高度上在标准条件下飞行 15 分钟；

（2）预定着陆机场是一个孤立机场（无可用备降机场的特定目的地机场）：

①能够以正常燃油消耗率在目的地机场上空飞行 2 小时的所需油量，包括最后储备燃油。

②当该次飞行是在前往无可用备降机场的特定目的地机场的航路上进行时，放行飞机前往孤立机场（无可用备降机场的特定目的地机场）时，需满足以下条件：

a. 在飞机与签派室之间建立了独立可靠的语音通信系统进行全程监控；

b. 必须为每次飞行至少确定一个航路备降机场和与之对应的航线临界点；

c. 除非气象条件、交通和其他运行条件表明在预计使用时间内可以安全着陆，否则飞往无可用备降机场的特定目的地机场的飞行不得继续飞过航线临界点。

活塞式发动机飞机最后储备燃油的计算：对于活塞式发动机飞机，合格证持有人按照局方规定的速度和高度条件飞行 45 分钟所需的油量。

对于活塞发动机飞机和涡轮螺旋桨发动机飞机的国际定期载客运行或者包括有至少一个国外机场的补充运行，不可预期燃油不得低于以正常巡航消耗率飞往上述燃油量要求中航程燃油和备降燃油规定的机场所需总时间的 15% 所需的油量，或者以正常巡航消耗率飞行 60 分钟的油量，两者当中取其中较短的飞行时间。

如果根据上述燃油量要求计算的最低燃油不足以完成下列飞行，则应要求额外燃油：

（1）假定在航路最困难临界点发动机发生失效或丧失增压需要更多燃油的情况下，允许飞机在必要时下降并飞行到某一备降机场；

① 以等待速度在该机场上空 450 米（1 500 英尺）高度上在标准条件下飞行 15 分钟；

② 在该机场进近并着陆；

（2）延程运行的飞机应当遵守经批准的延程运行临界燃油方案；

（3）满足上述未包含的其他规定。

13.3.4　燃油管理原则

航线燃油管理应从机长证实所有必需的燃油已经装载上机开始。飞机实际装载燃油考虑地面耗油后，超过签派放行单所列出的起飞油量，机长应通知飞行签派。在起飞滑跑前，机长必须确认机载燃油满足油量政策规定的起飞油量。

1. 预计着陆油量

机组在飞行过程中始终监控预计着陆油量，即机载燃油量（FOB）减去从飞机现位置到目的地机场预计的燃油消耗，保证到达目的机场上空的预计着陆油量不低于最后储备燃油。机组在飞行过程中的根据实际飞行条件与飞行计划制作的预计条件进行比较，当燃油消耗量超过计划的燃油量时，监控不可预期燃油的使用情况，并按照备份燃油使用原则采取措施减少油耗或使用备份燃油。

2. 备份燃油的使用

当机组按现行飞行计划很明显地不能完成飞行任务时，机组应重新计划以确保飞行到达目的地机场时剩余油量符合备份燃油规定。可以做出下列选择：

（1）可通过改变飞行航路、飞行高度层或巡航速度的方法，降低到目的地机场的航线燃油消耗。

（2）选择其他比原指定备降机场距离更近的合适机场做备降机场。

（3）如果上述方法不可实现，在航路上选择备降机场，备降加油，但必须：

① 机长决定改航去备降机场前，应尽最大努力与飞行签派联系，与签派员共同协商备降机场的选择；

② 除非机长或签派员认为其他机场更为合适，方可修改初始签派放行单的备降机场；

③ 如机长无法与飞行签派联系，机长可以为保证飞行安全，而选择其他合适机场落地。飞机落地后，机长必须向公司报告，阐明选择其他机场降落的理由；

④ 签派部门在得到飞机备降的通知后，立即通知、协调备降机场的有关部门做好航班备降的保障。

13.3.5 航空油料的种类和功用

1. 航空油料的种类

1）航空燃料油

航空液体燃料具有容易燃烧，发热量高，在发动机内燃烧后能产生较大功率和使用方便等优点。目前航空器上使用的燃料油有航空煤油和航空汽油两种。

（1）航空煤油

航空煤油是一种涡轮喷气和涡轮螺旋桨发动机使用的燃料油，其使用性能需要满足高空、高速飞行的要求。

航空煤油的燃烧性：涡轮发动机燃烧的特点是在有限的空间和时间内，连续不断地将大量燃料喷入燃烧室，在高速气流与混合比变动范围较大的情况下，完成燃烧过程。因此，燃料的性能也应能达到燃烧要连续稳定，防止空中熄火停车；燃烧要完全，避免浪费；燃烧后生炭和附灰要少，避免影响点火和喷油；发动机在地面和空中能够迅速起动。

航空煤油的低温性：是指在低温条件下，燃料在燃油系统中能否顺利地泵送与通过油滤的性能。低温性能良好，就能顺利泵送并通过油滤供给燃烧室燃烧，保证发动机可靠地工作。如果低温性能不好，在低温条件下，燃料流动缓慢，出现烃结晶与冰结晶堵塞油路，影响正常供油，严重时会造成供油中断，发生飞行事故。航空煤油结晶点一般要求在$-40\,℃\sim-60\,℃$以下。我国生产的航空煤油结晶点，RP-1 为$-60\,℃$，RP-2 为$-50\,℃$。

航空煤油的高空性：是指航空器在高空飞行时，燃料在燃油系统中形成气阻和引起蒸发损失的倾向。燃料高空性的质量指标，通常以饱和蒸汽压表示。饱和蒸汽压大，则说明燃料中含轻质成分多，轻质成分过多，航空器在高空飞行时容易产生气阻。而且燃料的蒸发损失也增大，因此，对燃料的饱和蒸汽压要加以一定的限制，不大于$100\sim150\text{mm}$。

航空煤油的腐蚀性：是指燃料对金属、橡胶和涂料的腐蚀、膨胀等能力。腐蚀性分液相和气相两种。液相是指在贮运和使用中呈液态时，对贮运设备和航空器燃油系统的腐蚀，如燃料中含有活性硫化物、酸性物质和水分起液相腐蚀。气相是指燃料在燃烧过程中，发动机的火焰筒、涡轮和喷管等燃气系统各部件受到高温条件下燃烧产生的腐蚀。

航空煤油的安定性：是指燃料在储存、使用中保持原有质量不变的性能。安定性分化学安定性和物理安定性两种。化学安定性主要是指在常温液态下抵抗氧化的能力。物理安定性是指燃料中轻馏分与添加剂的挥发损失;水分对燃料所含添加剂的抽提作用等引起的质量变化。

航空煤油的洁净度:燃料在生产、储运和加注过程中,由于各种原因,有可能带来一些杂质,包括水分(游离水、溶解水)和机械杂质(尘土、砂子、铁锈、污垢、纤维、胶粒、漆皮、金属屑)等,影响燃料的洁净度。如果燃料不洁净,会影响发动机的工作,严重时会造成事故。

民航使用的国产航空煤油有 RP-1 和 RP-2。

(2) 航空汽油

航空汽油:活塞式发动机使用的燃料,对其使用性能也有较高的要求。

航空汽油的蒸发性:汽油在发动机内,必须经过蒸发(从液态变成气态),并与空气混合后才能燃烧。汽油在发动机内形成混合气的时间是很短促的,通常约 0.03 秒左右。因此,发动机工作时,要求汽油能迅速、完全蒸发和燃烧,保障发动机正常工作,并有利于提高发动机功率而不浪费燃料。汽油蒸发不完全,有的油滴会沿汽缸壁流入机匣,稀释滑油,增加机械的磨损;但是,汽油蒸发太快,又会产生蒸气泡阻塞油路,影响供油。所以,汽油的蒸发性要适当,以保证发动机在各种条件下的正常工作。

航空汽油的抗爆性:是指汽油在活塞式发动机中燃烧时抵抗爆震的性能。在活塞式发动机中使用抗爆性能差的汽油时,便会产生爆震燃烧,造成发动机功率降低,耗油量增多,甚至不同程度地损坏发动机的零件。提高汽油的抗爆性,通常采用改变汽油的成分和添加抗爆剂两种方法。在汽油中添加的抗爆剂为乙基液(铅水),由于其中含有四乙铅,能够破坏未燃混合气中的过氧化物,使其不能达到足够的数量而引起爆震。此外,还可用高辛烷值的汽油与低辛烷值的汽油掺和,以提高低辛烷值汽油的抗爆性。汽油抗爆性的好坏,通常用辛烷值与品度值来评定。如 95/130 航空汽油,95 是辛烷值,表示其在贫油混合气工作时的抗爆性;130 是品度值,表示其在富油混合气工作时的抗爆性。

航空汽油的安定性:是指汽油储运时,在外界因素影响下,其质量是否容易产生化学或物理变化的性能。化学安定性,是指组成成分或添加剂在储运中与空气的氧化作用是否容易发生变化的性能;安定性差,与空气的氧接触,则易发生氧化作用生成胶质和酸性物质。物理安定性,是指在贮运中能否保持原低沸点组分与蒸汽压的性能;初沸点愈低,饱和蒸汽压愈大,其安定性愈差,汽油的蒸发损失愈大。

航空汽油的腐蚀性:是指汽油对发动机和零附件的腐蚀性能。如汽油中含有水溶酸或碱,有机酸,硫和硫化物等,则会产生腐蚀。

另外,还要求汽油在低温条件下保证发动机能正常工作,汽油中应无水分和机械杂质。

民航使用的航空汽油有 RH-95/130 和 RH-100/130。

2) 航空润滑油

润滑油是在发动机工作时,使各部件减少摩擦和磨损,提高机械效率和延长使用寿命的油料。此外,还有冷却、防锈、清洁和密封等作用。

润滑油的种类很多,按其组成成分可分为两大类。一类是石油基润滑油,一类是合成润滑油。民航使用的润滑油主要有：

（1）活塞式发动机润滑油 HH-20、HH-14、HH-14H 等；

（2）涡轮式发动机润滑油 HP-3、25％的 HH-20 与 75％的 HP-8 合成润滑油，还有其他合成润滑油。

3）润滑脂（俗称黄油）

润滑脂是用在滑油不能润滑到的各种机械和轴承上，用于降低摩擦，减少零件磨损；同时还起着密封、防腐和填充作用。

4）特种液

航空特种液是指各种燃料油、润滑油、润滑脂以外一些特殊用途的油料或液体，这些油液统称特种液。其主要作用是液压操纵、减震、减摆、防冰、冷却等。按其作用可分为：

（1）液压油：液压油主要有三种，即石油基液压油（俗称红油）、甘油基液压油和合成液压油。主要用在主液压系统、操纵系统、减震和减震器上，达到传递压力、操纵机械、减少震动（摆动）的作用。

（2）防冰添加剂：防止煤油中的水分结晶堵塞油路，造成供油中断。所以，在低温条件下飞行时，要在煤油中加入适量的防冰添加剂。国产防冰添加剂为二醇甲醚。

（3）防霜液：通过防冰装置喷洒在航空器风挡玻璃、螺旋桨等部位的液体，以消除和防止结冰。通常使用的防霜液有酒精、酒精与甘油的混合液。

（4）冷却液：当发动机温度过高，或在高温条件下起飞时，防止发动机温度过高，给发动机喷洒冷却液，吸收发动机工作产生的部分热量，提高在高温条件下起飞的发动机功率。通常使用的冷却液有蒸馏水和乙二醇水。

2．航空油料的代号、质量和比重

1）航空油料的代号

航空油料的代号由类别、组别、牌号（尾注）组成。如 RP-1、RH-95、HP-0H、HH-20、YH-10 等。第一个字母表示油料类别，如：R 表示燃油类，H 表示滑油类，Y 表示液压油类。第二个字母表示油料组别，如 P 表示喷气式油，H 表示活塞式油。牌号表示油料的编号，尾注 H 表示合成油料。

2）航空油料的质量

航空油料质量的好坏与飞行安全有直接关系。因此，为了确保油料质量，必须定期进行化验，检查其质量是否合格。

航空油料的化验期限，除汽油为 3 个月外，煤油、滑油、润滑脂和甘油基液压油均为 6 个月。

专机油料的化验期限，航空燃料油不超过 1 个月，航空汽油辛烷值测定不超过 1 年。航空滑油不超过 3 个月。在使用前，还必须进行一次简要化验，其有效期为：航空燃料油不超过 7 天，航空滑油不超过 15 天。

3）航空油料的比重

航空煤油（RP-1，RP-2）：0.775～0.8

航空汽油：0.7（夏季），0.775（冬季）

航空喷气式滑油（HP-8）：0.885 以下

航空活塞式滑油(HH-20):0.895 以下

液压油(Yh-10):0.85 以下

3.国际航空油料的代用原则

我国航空器出国飞行,在国外机场加注的燃料油、滑油和特种液等,必须按机型使用规定进行,其理化性能符合该机型的要求,化验数据与规格指标相符。必要时,还可携带必要数量的润滑油、润滑脂和特种液。

外国航空器在我国机场加油,应根据机场申请的名称、规格、牌号加注。如果没有该种油品,必须征得机组的同意,选用适当的代用品。外国涡轮喷气和涡轮螺旋桨航空器在我国均加国产 RP-1 或 RP-2 航空煤油(两者可以混用,但不能混存)。

六、航段起飞油量表

为了方便飞行签派员和有关飞行人员执行好公司的燃油政策,公司的运行控制中心人员可按 CCAR-121 部和本公司的燃油政策,对各种机型及现行各条航线统一制定航段起飞油量表。由于各航空公司燃油政策不同,本节以中国国际航空股份有限公司航段起飞油量表为例(见表 13-3)。

由于航段起飞油量受季节的影响,规定航段起飞油量表始用日期如下:

(1)夏季航班油量表始用日期为每年的 5 月 1 日;

(2)冬季航班油量表始用日期为每年的 11 月 1 日。

视频 13-5
燃油要求

表 13-3　部分航段固定起飞油量表

起飞机场	落地机场	备降机场	机型代码	夏秋季加油(kg)	冬春季加油(kg)
CKG	JZH	CTU	A319	6 930	6 980
CKG	JZH	XIY	A319	7 310	7 360
CKG	LXA	CKG	A319	14 080	14 510
CKG	LXA	KWE	A319	14 640	15 060
CKG	LZY	CKG	A319	14 120	14 530
CKG	DYG	HHA	A320NEO	5 790	5 790
CKG	DYG	YIH	A320NEO	5 790	5 790
CKG	DYG	HHA	A320	6 320	6 320
CKG	DYG	YIH	A320	6 320	6 320
CKG	LXA	CKG	A330-200	32 509	33 440
CKG	LXA	XIY	A330-200	34 570	35 470
CKG	DYG	HHA	B737-700	6 300	6 100
CKG	DYG	YIH	B737-700	6 200	6 000
CKG	JZH	CTU	B737-700	7 300	7 400
CKG	JZH	CTU	B737-700	10 100	10 900

续表

起飞机场	落地机场	备降机场	机型代码	夏秋季加油(kg)	冬春季加油(kg)
CKG	JZH	MIG	B737-700	6 900	7 000
CKG	JZH	MIG	B737-700	10 100	10 900
CKG	DYG	HHA	B737-700	6 180	6 030
CKG	DYG	YIH	B737-700	6 080	5 930
CKG	JZH	CTU	B737-700	7 287	7 287
CKG	JZH	CTU	B737-700	10 100	10 700
CKG	JZH	MIG	B737-700	6 873	6 873
CKG	JZH	MIG	B737-700	10 100	10 700
CKG	DYG	HHA	B737-800	6 430	6 430
CKG	DYG	YIH	B737-800	6 330	6 330
CKG	DYG	HHA	B737-800	6 430	6 430
CKG	DYG	YIH	B737-800	6 330	6 330
CKG	DYG	HHA	B321	8 039	8 039

13.4 计划的二次放行

13.4.1 计划的二次放行的概念与意义

计划的二次放行即在航班初次放行时首先将航班放行至航班航路上约 90% 航程处的机场(初始目的地机场),并在航路上指定一点作为二次放行点,在该点对航班实际重量和机载剩油进行评估,若机载油量满足油量政策要求,且最终目的地机场天气条件符合着陆标准,则再次放行航班至最终目的地机场;若机载油量不满足油量政策要求,则按初次放行计划在初始目的地机场着陆,补充燃油后再继续飞往最终目的地机场。

实行计划的二次放行可以在保证安全裕度的前提下有效减少航班所需燃油,提升航班业载量,从而提高航空公司的运行效益和经济效益,同时降低碳排放减少对环境的污染。

13.4.2 计划的二次放行原理

根据 CCAR-121 部要求,签派放行航班时机上燃油包括滑行油、航程油、不可预期燃油、备降燃油、最后储备燃油、酌情携带的燃油。

其中不可预期燃油根据航程燃油方案使用的燃油消耗率计算,它占计划航程所需燃油的 10%,但在任何情况下不得低于以等待速度在目的地机场上空 450 米(1 500 英尺)高度上在标准条件下飞行 15 分钟所需的燃油量。不可预期燃油是为了应对飞行中可能发生的状况(航路不良天气、临时的绕飞等待等)而携带的额外燃油。在通常情况下不可预期燃油不会被消耗,通过进行二次放行,可以在保证航班燃油量符合局方标准的前提下减少不可预期燃油,达到提升业载的目的。

1. 计划的二次放行原理

假设起飞机场为 A,二次放行点为 R,初始目的地机场为 B,初始目的地备降场为 B′,最终目的地机场为 C,最终目的地备降场为 C′。

不进行二次放行时,起飞机场 A 至最终目的地机场 C 的燃油构成包括:滑行燃油、航程燃油 AC、不可预期燃油 10％AC、备降燃油 CC′、最后储备燃油、酌情携带的燃油。一般放行的燃油构成图见图 13-2。

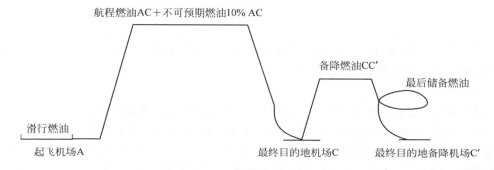

图 13-2　一般放行的燃油构成图

简化备降燃油与最后储备燃油部分后可得图 13-3。

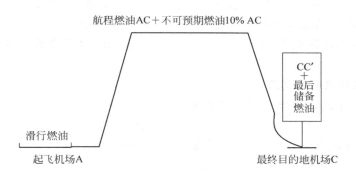

图 13-3　一般放行的燃油构成简化图

进行计划的二次放行时,相应计划制作过程如下:

在 AC 之间选取一点 R 作为二放点,R 附近一适宜机场 B 作为初始目的地机场,并选取初始目的地备降场 B′,见图 13-4。

在起飞机场 A 制作初次放行飞行计划时,首先保证 A—B 航段的油量满足油量政策,相应燃油组成为:①滑行燃油;②航程燃油 AB;③不可预期燃油 10％AB;④备降燃油 BB′;⑤最后储备燃油。

之后,考虑由二放点 R 继续飞往最终目的地机场 C 的油量要求,相应油量为:⑥航程油 RC;⑦不可预期燃油 10％RC;⑧备降油 CC′;⑨最后储备燃油。

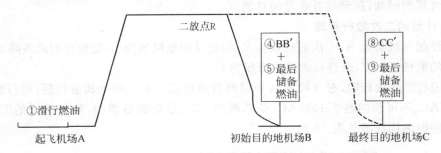

图 13-4   二次放行燃油构成图

①～⑤为初次放行时需要携带的油量,此外需要保证预计到达二放点 R 时,机载剩油仍可满足 R—C 段的油量要求,即:

③+④+⑤≥⑥+⑦+⑧+⑨

若不满足,则需额外增加燃油,此部分额外燃油被称为二次放行补充燃油。

在二放点 R 时,若机上剩油满足 R—C 段的油量要求,即机上剩油≥③+⑦+⑧+⑨,则燃油量符合当局方燃油政策,可以在空中进行二次放行,航班继续执行 R—C 航段;若机上剩油不满足 R—C 段的油量要求,则不可继续放行至最终目的地机场 C,需要按初次放行的飞行计划在初始目的地机场 B 着陆补充燃油后继续飞往最终目的地机场 C。

在执行二次放行时,有一部分燃油在 A—R 以及 R—C 段中分别充当不同的角色。在 A—R 航段中,③10%AB 航程燃油作为起飞机场 A 至初始目的地机场 B 的不可预期燃油备用;在 R—C 航段,这部分燃油作为 R—C 的航程油使用。如此可保证 A—R,R—C 段均满足燃油政策要求,且减少了携带的燃油量,达到降低加油量增加业载的目的。

2.二次放行点 R 的优选

1) 初次放行油量 TOF 需满足的要求

在进行初次放行时,飞机加注油量 TOF 需要同时满足两种油量政策的要求:

TOF_1:保证航班在 A—B 航段满足普通运行油量要求。

TOF_2:保证航班在 A—C 航段满足二次放行油量要求。

即:

$$TOF=\max(TOF_1,TOF_2)$$

其中:

$$TOF_1=①+②+③+④+⑤$$
$$TOF_2=①+②+⑥+⑦+⑧+⑨$$

2) 二次放行点 R 对 TOF_1 的影响

二放点 R 越靠近起飞机场 A,初始目的地机场 B 也越靠近 A,相应的②航程燃油 AB、③不可预期燃油 10%AB 会减小;反之,二放点 R 越靠近最终目的地机场 C,初始目的地机场 B 也越靠近 C,相应的②航程燃油 AB、③不可预期燃油 10%AB 会增大。

设 AC 间的航程为 L,AR 间的航程为 LR,则 TOF_1 随 R 位置变化的规律为:

$TOF_1(min)$ 为选择起飞机场 A 作为初始目的地机场时的油量,此时②航程燃油 AB、③不可预期燃油 10%AB 均为 0,TOF_1＝①＋④＋⑤;

$TOF(max)$ 为选择最终目的机场 C 作为初始目的地机场时的油量,即 AB＝AC,此时 $TOF_1(max)$ 为 A—C 普通放行情况下对应的油量。

TOF_1 随二放点 R 位置变化图见图 15-5。

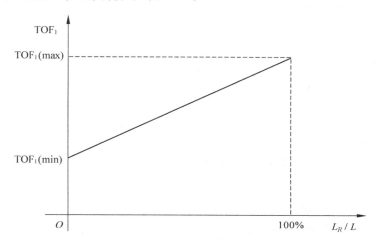

图 13-5　TOF_1 随二放点 R 位置变化图

3）二次放行点 R 对 TOF_2 的影响

由于②＋⑥＝航程油 AC,而航程油 AC 不受 R 的位置影响,故 R 的位置对 TOF_2 的影响仅在于⑦不可预期燃油 10%RC。

二放点 R 越靠近起飞机场 A,初始目的地机场 B 越远离最终目的地机场 C,相应的⑦不可预期燃油 10%RC 会增大;反之,二放点 R 越靠近最终目的地机场 C,初始目的地机场 B 也越靠近 C,相应的⑦不可预期燃油 10%RC 会减小。TOF_2 随 R 位置变化的规律为:

$TOF_2(min)$ 为选择最终目的机场 C 作为初始目的地机场时的油量,即 RC＝0,此时⑦不可预期燃油 10%RC 为 0,$TOF_2(min)$ 为全程不加注不可预期燃油时的油量。

$TOF_2(max)$ 为选择起飞机场 A 作为初始目的地机场时的油量,即 RC＝AC,此时⑦不可预期燃油 10%RC＝10%AC,$TOF_2(max)$ 为 A—C 段不执行二次放行的油量。

TOF_2 随二放点 R 位置变化图参见图 13-6。

4）最佳二放点 R_{min} 的确定

将 TOF_1,TOF_2 随 L_R/L 变化的规律叠加可得见图 13-7。

由于 $TOF=max(TOF_1, TOF_2)$,故 TOF 可取范围为图中阴影部分。

$TOF(max)＝TOF_1(max)＝TOF_2(max)$,此时 TOF 为 A—C 段不执行二次放行的油量。

$TOF(min)$ 在 R_{min} 点取得,此时 $TOF_1＝TOF_2$。

求解 $TOF_1＝TOF_2$:

TOF_1＝①＋②＋③＋④＋⑤

TOF_2＝①＋②＋⑥＋⑦＋⑧＋⑨

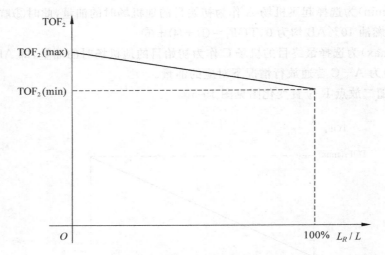

图 13-6 TOF₂ 随二放点 R 位置变化图

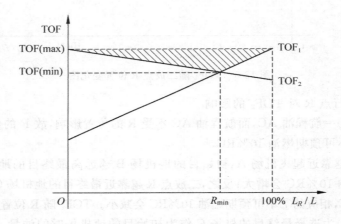

图 13-7 TOF 随二放点 R 位置变化图

$$①+②+③+④+⑤=①+②+⑥+⑦+⑧+⑨$$

$$③+④+⑤=⑥+⑦+⑧+⑨$$

由于二放点 R 对④备降燃油 BB′、⑤备降燃油 CC′的影响需要考虑具体情况，理想情况下认为备降段 BB′与备降段 CC′耗油相同，即④备降燃油 BB′=⑤备降燃油 CC′。

$$③+⑤=⑥+⑦+⑨$$

由于最后储备燃油仅受飞机预计着陆时的重量影响，与二放点 R 的位置无关，故两次最后储备燃油相等，⑤=⑨，故得：

$$③=⑥+⑦$$

$$10\%AB=RC+10\%RC$$

$$10\%AB=110\%RC$$

$$10\%L=110\%(L-L_R)$$

$$L_R≈91\%L$$

解得:当 $L_R = 91\%L$ 时,TOF 取得最小值,此时二放点 R_{min} 位置为 AC 航段 91% 航程处。

以上为理想情况下二放点 R 的优选,在实际运行中需要考虑初始目的地机场、初始目的备降场的运行条件、备降距离以及最后储备燃油的影响,二放点 R 并不严格满足 $L_R = 91\%L$。

 本章测试

测试 13.1

测试 13.2

测试 13.3

测试 13.4

测试 13.5

测试 13.6

第 14 章

机场运行最低标准

机场运行最低标准是允许飞机起飞和降落的最低天气标准,也是确定飞机在某一特定气象条件下是否适航的标准。为了保证航空器起飞、着陆和航线飞行的安全,应当根据地形、机型、地面保障设备以及机长的技术水平等情况,规定各机场、航线、航空器的运行标准和机长的最低天气标准,以及航空器在备降机场着陆时的最低天气标准。

公司运行标准是指航空公司在国内机场运行时,执行中国民用航空局发布的最低运行标准,但局方和公司运行标准管理部门有权对现行的最低运行标准追加一项或多项、短期或长期的增量;如果所运行机场对其运行标准另有限制时,应采用安全裕度较高的运行标准。

航空公司在国际机场运行时,执行所在国家(地区)民航当局发布的最低运行标准,但对公司实施运行管理的政府机构和公司运行标准管理部门有权对现行的最低运行标准追加一项或多项、短期或长期的增量;如果所运行机场对其运行标准另有限制时,应采用安全裕度较高的运行标准。

对于没有发布最低运行标准的国内、特别行政区或国外机场,由公司运行管理部门根据当地的运行环境拟定该机场的最低运行标准,报局方批准后执行。

公司运行标准一般包括:起飞最低标准、非精密进近着陆最低标准、I 类精密仪表进近着陆最低标准、目视盘旋进近着陆最低标准、备降机场最低天气标准、新机长的仪表飞行规则着陆最低天气标准、起飞和着陆时风的限制和特殊机场运行的限制与规定。

公司运行标准在使用时有:《运行规范》中批准的最低气象标准;机场资料公布的机场最低气象标准;飞行机组最低气象标准和飞行手册给出的飞机限制标准。为保证运行安全,运行标准取上述标准的最高值。

14.1 常用的定义和概念

14.1.1 相关定义

精密进近:使用仪表着陆系统(ILS)、微波着陆系统(MLS)或精密进近雷达(PAR)提供方位和下滑引导的进近为精密进近。

非精密进近:使用甚高频全向信标台(VOR)、无方向性无线电信标台(NDB)或航向台(LLZ)(仪表着陆系统 ILS 下滑台不工作)等地面导航设施,只提供方位引导,不具备下滑引导的进近为非精密进近。

机场运行最低标准：机场可用于飞机起飞着陆的运行限制。对于起飞，用能见度（VIS）或跑道视程（RVR）表示，在需要时，还应当包括云高；对于精密进近着陆，根据运行分类用能见度（VIS）或跑道视程（RVR）和决断高度/决断高（DA/DH）表示；对于非精密进近着陆，用能见度（VIS）和最低下降高度/高（MDA/MDH）表示。

计划最低标准：在飞行计划中对起飞着陆和航路飞行选择的备降机场使用的最低标准。通常起飞备降机场使用的计划最低标准与该机场的着陆最低标准相同，而航路飞行和目的地的备降机场使用的计划最低标准略高于该机场的着陆最低标准。

决断高度（DA）或决断高（DH）：在精密进近中规定的一个高度或高，在这个高度或高，如果不能取得继续进近所需的目视参考，则必须开始复飞。

最低下降高度（MDA）或最低下降高（MDH）：在非精密进近或盘旋进近中规定的高度或高，在这个高度或高，如果没有取得所要求的目视参考，则不能下降至最低下降高度或最低下降高以下。

云高：在 6 000 米以下遮蔽半个以上天空的最低云层底部离地面的高度。

能见度（VIS）：在白天能看清和辨别出明显的不发光物体，在晚上能看清明显的发光物体的距离。

跑道视程（RVR）：飞机位于跑道中线，驾驶员能看清跑道道面标志或跑道边灯或中线灯的最大距离。跑道视程是经大气透射仪测量后考虑大气消光系数、视觉阈值和跑道灯强度而计算的数值。跑道视程（RVR）数值的大小与跑道灯光的强度有关。当跑道视程（RVR）小于飞机起飞、着陆要求的数值时，应考虑将跑道灯光强度调大直至最强（5 级灯光），以提高飞机运行的正常性。

非精密进近的直线进近：是指最后进近航迹与着陆跑道中线延长线的交角不超过一个特定值的进近，该值对 A 类和 B 类飞机为 30°，对 C 类、D 类、E 类飞机为 15°。

目视盘旋进近：为仪表进近的延续，飞机在仪表近进程序中不能直线进近着陆时，着陆前在机场上空进行目视对正跑道的机动飞行。

14.1.2　常用进近灯光系统、跑道灯光与标志的缩写

ODALS：Omni-Directional Approach Light System（全向进近灯光系统）

SALS：Simplified Approach Light System（简易进近灯光系统）

MALSR：Medium Intensity Approach Light System With Runway Alignment Indicator Light（有对准跑道指示灯的中强度进近灯光系统）

SSALR：Simplified Short Approach Light System With Runway Alignment Indicator Light（有对准跑道指示灯的简易短距进近灯光系统）

ALSF：Approach Light System With Sequenced Flashing Lights（有顺序闪光灯的进近灯光系统）

MALSF：Medium Intensity Approach Light System With Sequenced Flashing Lights（有顺序闪光灯的中强度进近灯光系统）

MALS：Medium Intensity Approach Light System（中强度进近灯光系统）

HIALS：High Intensity Approach Light System(高强度进近灯光系统)
CL：Center Line Light(跑道中线灯)
HIRL：High Intensity Runway Edge Lights(高强度跑道边灯)
LIRL：Low Intensity Runway Lights(低强度跑道灯)
RAIL：Runway Alignment Indicator Light(跑道对准指示灯)
RCLM：Runway Center line Markings(跑道中线标志)
REIL：Runway End Identifier Lights(跑道端识别灯)

14.1.3 制定机场的运行最低标准应考虑的因素

航空营运人在确定其所用机场的运行最低标准(公司标准)时必须充分考虑以下因素：

(1) 飞机的机型、性能和操纵特性。

(2) 飞行机组的组成及其技术水平和飞行经验。

(3) 所用跑道的尺寸和特性。

(4) 可用的目视助航和无线电导航设施的性能和满足要求的程度。

(5) 在进近着陆和复飞过程中可用于领航和飞行操作的机载设备。

(6) 在进近区和复飞区内的障碍物和仪表进近的超障高。

(7) 机场用于气象测报的设备。

(8) 爬升区内的障碍物和必要的超障余度。

(9) 飞机类别的确定：

飞机分类中所考虑的标准是飞机在跑道入口时的指示空速(Vat)，它等于最大审定着陆重量着陆构型下失速速度 Vso 的 1.3 倍或是 Vslg 的 1.23 倍。如果 Vso 和 Vslg 都可获得，则 Vat 取计算结果的较大值。着陆构型由制造商或运营人定义。

A 类：Vat 小于 169 千米/小时(91 海里/小时)；

B 类：169～223 千米/小时(91～120 海里/小时)；

C 类：224～260 千米/小时(121～140 海里/小时)；

D 类：261～306 千米/小时(141～165 海里/小时)；

E 类：307～390 千米/小时(166～210 海里/小时)。

视频 14-1
航空公司运行
的最低标准

公司运行标准是根据公司的运行设备、人员训练标准和公司运行经验而制定的。在运行过程中遵守飞机最低运行标准、机场运行最低标准和机组的最低运行标准，在这些标准中应以最高的标准为运行依据。

14.2 起飞天气标准

14.2.1 确定起飞最低标准应考虑的因素

(1) 避开不利地形和障碍物；

（2）飞机的操纵能力和性能；

（3）可用的目视助航设施；

（4）跑道的特性；

（5）可用的导航设施；

（6）发动机失效等不正常条件；

（7）跑道污染、侧风影响等不利的天气。

14.2.2　起飞最低标准的表示方法

起飞最低标准通常只用能见度表示。但在起飞离场过程中必须看清和避开障碍物时，起飞最低标准应当包括能见度和云高，并在公布的离场程序图中标出该障碍物的确切位置。另外，如果在仪表离场程序中规定一个安全飞越障碍物所要求的最小爬升梯度，并且飞机能满足规定的爬升梯度时，起飞最低标准才可以只使用能见度表示。

起飞最低标准为跑道最初部分起飞滑跑的能见度，气象能见度低于 800 米的天气条件均以跑道视程为准。

基本起飞最低标准为：

（1）一、二发飞机，RVR/VIS 为 1 600 米（其中一发飞机的云底高不低于 100 米，能见度不小于 1 600 米）；

（2）三发及三发以上飞机，RVR/VIS 为 800 米。

如果在仪表离场程序中规定一个安全飞跃障碍物所要求的最小爬升梯度（或使用缺省值3.3%），并且飞机能满足规定的上升梯度时，起飞最低标准才可以只用 RVR/VIS 表示。如果要求目视避开障碍物（包括不公布程序设计梯度 PDG 的近距障碍物）时，起飞最低标准应当包括 RVR/VIS 和云底高，并在公布的离场程序图中标出障碍物的确切位置。要求看清和避开障碍物所需要的能见度，按起飞跑道的离地端（DER）至障碍物的最短距离加 500 米，或 5 000 米（对于机场标高超过 3 000 米的机场，为 8 000 米），两者取较小数值。但是 A、B 类飞机最小 RVR/VIS 不得小于 1 600 米，C、D 类飞机不得小于 2 000 米。起飞最低标准的云底高至少应当高出控制障碍物 60 米。云底高数值按 10 米向上取整。

机场用于起飞的最低标准不得小于飞机发动机失效时机场可用着陆方向着陆的最低标准，除非有适用的起飞备降机场并满足以下条件：

（1）备降机场的天气条件和设施适于发动机失效的飞机着陆；飞机还必须至少能爬升至航线最低安全高度，并能保持至起飞备降机场；

（2）对于双发飞机，备降机场距起飞机场的距离不大于以一发失效的巡航速度在无风条件下飞行 60 分钟的距离；

（3）对于三、四发飞机，备降机场距起飞机场的距离不大于以一发失效的巡航速度在无风条件下飞行 120 分钟的距离；

（4）相关机型一发失效时的远程巡航距离可以用作选择起飞备降场时的参考，见表 14-1。

表 14-1　不同机型一发失效时的远程巡航距离

机型	距离(海里)	机型	距离(海里)
B737-700	401	A319	410
B737-800	396	A320	405
B737-8	408	A320NEO	403
B747-400	930	A321	396
B747-800	955	A321NEO	402
B777-300ER	425	A330-200	417
B787-9	416	A330-300	414
		A350-900	426
		A380-800	880

确定起飞标准时,应能够确保在不利的情况下中断起飞或者关键发动机失效而继续起飞时,具有足够的目视参考以控制飞机。

对于双发(含)以上飞机,如果飞机在起飞中任何一点关键发动机失效后能够停住,或者能够以要求的越障余度继续起飞至高于机场 450 米(1 500 英尺),则起飞标准可以使用的最低值,见表 14-2。如无 RVR 测报,对于表 14-2,可使用的 VIS 最低值为 800 米。

表 14-2　起飞的最小 RVR

设　　施	RVR(米)
无灯(仅昼间)	500①
跑道边灯和中心线	400①②
跑道边灯和中线灯	200/250②③④
跑道边灯和中线灯以及多个 RVR 信息	150/200②③④⑤

注:① 接地区的 RVR 为控制 RVR,该值也可由驾驶员目测估算。

② 对于夜间运行,还要求有跑道末端灯。

③ D 类飞机采用较高值。

④ 要求 A 类飞机必须要有接地区的 RVR 报告,B、C 类飞机必须有接地区和中间点两个位置的 RVR 报告,D 类飞机必须有接地区、中间点和停止端三个位置的 RVR 报告,并且所需的 RVR 报告都不小于规定值。

⑤ 使用跑道视程(RVR)低于 400 米的起飞属于低能见度运行,必须满足以下条件:

　　a. 机场低能见度程序在实施中;

　　b. 跑道中线灯间距(RCLL)不大于 15 米。

14.2.3　国内、国际定期载客运行从备降机场和未列入运行规范的机场起飞

从备降机场起飞时,该机场的天气条件应当至少等于合格证持有人的运行规范中对于备降机场规定的最低天气标准。

在未列入运行规范的机场起飞时,应当符合下列条件:

(1) 该机场和有关设施适合于该飞机运行;

(2) 驾驶员能遵守飞机运行适用的限制;

（3）飞机已根据适用于经批准的机场实施运行的签派规则予以签派；

（4）该机场的天气条件等于或高于该机场所在国政府批准的或规定的起飞最低天气标准，或者如该机场没有批准的或规定的标准时，云高/能见度等于或高于 240 米/3 200 米（800 英尺/2 英里），或 270 米/2 400 米（900 英尺/1.5 英里），或 300 米/1 600 米（1 000 英尺/1 英里）。

视频 14-2 起飞最低天气标准（1）

视频 14-3 起飞最低天气标准（2）

14.2.4　航空公司起飞标准举例

下面以中国国际航空公司仪表飞行规则起飞最低标准（公司标准）为例，见表 14-3。

表 14-3　仪表飞行规则起飞最低标准（公司标准）汇总表

批准的起飞标准	可用目视设施		要求的 RVR 测报	跑道视程	
				双发	双发以上
基本起飞标准			接地区	能见度 1 600 米（1 英里）或 RVR1 500 米（5 000 英尺）	能见度 800 米（1/2 英里）或 RVR720 米（2 400 英尺）
批准的起飞最低标准	跑道没有中线标志或中线灯		接地区	能见度 600 米（2 000FT）	
	夜间运行要求必须有跑道边灯、跑道入口灯和跑道端灯	C	接地区、中点	能见度或 RVR400 米（1/4 英里）（含）	
		D	接地区中点、停止端		
机场实施低能见度程序的起飞最低标准	跑道边灯＋中线灯＋中心线标志		接地区、停止端两个 RVR 测报	RVR200(700FT)	
	跑道边灯＋中线灯＋中心线标志		接地区、中点、停止端三个 RVR 测报	RVR350(1 200FT)	

14.3　着陆天气标准

14.3.1　仪表飞行规则着陆最低标准

对机场每个跑道方向使用某种导航设备的仪表进近程序，按飞机分类规定着陆最低天气标准。着陆最低天气标准分为：非精密直线进近的最低标准、目视盘旋进近的最低标准、Ⅰ类精密进近的最低标准、Ⅱ类精密进近最低标准和Ⅲ类精密进近最低标准。目前国际民航组织统一规定的精密进近天气标准如下：

Ⅰ类：决断高不低于 60 米(200 英尺)，能见度不小于 800 米或 RVR 不小于 550 米；

Ⅱ类：决断高低于 60 米(200 英尺)但不低于 30 米(100 英尺)，RVR 不小于 300 米；

Ⅲ类：A. 决断高低于 30 米(100 英尺)或无决断高，RVR 不小于 175 米；

B. 决断高低于 15 米(50 英尺)或无决断高，RVR 小于 175 米但不小于 50 米；

C. 无决断高和无跑道视程限制。

视频 14-4 仪表飞行规则着陆最低天气标准(1)   视频 14-5 仪表飞行规则着陆最低天气标准(2)   视频 14-6 仪表飞行规则着陆最低天气标准(3)   视频 14-7 仪表飞行规则着陆最低天气标准(4)

14.3.2 机场运行标准与公司运行标准举例

航空运营人应当结合其运行条件(包括机型、机载设备、机组技术水平和飞行经验等)，制定国内机场的起飞、着陆最低标准(公司标准)。航空运营人在国内机场使用的机场运行最低标准不得低于民航局公布的最低标准。

航空运营人在国外机场使用的起飞和着陆最低标准，应当参考机场所在国家航行资料汇编(AIP)中公布的超障高度(OCA)，结合其运行条件(机型、机载设备和机组的技术与经验)制定。航空运营人在国外机场使用的起飞和着陆最低标准不得低于机场所在国家为该机场规定或者建议的最低标准。

外国和地区航空营运人在中国境内飞行，在中国机场起飞、着陆使用的最低标准可以根据《中华人民共和国航行资料汇编》(AIP)中为各机场飞行程序公布的超障高度/高(OCA/OCH)制定，但不得低于民航局为各机场规定的或者建议的着陆最低标准。

机场运行标准以北京首都机场 18 号左跑道的精密进近着陆天气标准为例，见表 14-4。

表 14-4 ZBAA RNAV ILS / DME RWY18L

飞机分类		A	B	C	D
ILS—I	DH/DA RVR/VIS	60/93 550/800			
GP 不工作	MDH/MDA VIS	122/155 1 500			
目视盘旋	MDH/MDA VIS	175/210 2 500		230/265 3 200	230/265 3 600

公司运行标准以中国国际航空公司非精密进近着陆最低天气标准和精密进近标准为例,见表 14-5、表 14-6。

表 14-5　非精密进近着陆最低标准

进近助航设施	最低下降高(MDH)	飞机类别	VOR	NDB
基本目视设施	75M	C、D	VIS1 600M RVR1 500M	VIS1 600M RVR1 500M
中等目视设施	75M	C	VIS/RVR 1 200M	VIS/RVR 1 200M
		D	VIS1 600M RVR1 500M	VIS1 600M RVR1 500M
全套目视设施	75M	C	VIS800M RVR720M	VIS/RVR 1 200M
		D	VIS1 600M RVR1 500M	

注:全套目视设施为国际民航公约附件十四规定的Ⅰ类精密进近灯系统,并有跑道边灯、跑道入口灯、跑道端灯和跑道标志。

中等目视设施为附件十四规定的高强度简易进近灯系统,并有跑道边灯、跑道入口灯、跑道端灯和跑道标志。

基本目视设施包括低强度简易进近灯系统、进近灯不符合简易进近灯规范或无进近灯,但有跑道边灯、跑道入口灯、跑道端灯和跑道标志。

跑道视程使用接地区的 RVR 测报数值。

表 14-6　Ⅰ类精密进近着陆最低标准

导航设施		ILS		ILS 航道偏置	
决断高		60 米		75 米	
目视助航设施	飞机类别	RVR(米)	跑道能见度(米)	RVR(米)	跑道能见度(米)
基本目视设施	C D	1 200	1 200	1 200	1 200
中等目视设施	C	800	800	800	800
	D	800	800	800	800
全套目视设施	C	550	800	800	800
	D	600	800	800	800

(1) Ⅰ类精密仪表进近最低标准的跑道视程为接地区 RVR 的测报数值,跑道能见度为着陆方向的能见度;

(2) 能见度低于 800 米(1/2 英里)时必须使用跑道视程(RVR)数值,如果不能获得接地区 RVR,可用跑道中部 RVR 代替;

(3) Ⅰ类精密仪表进近使用跑道的跑道视程(RVR)低于 800 米时,必须满足以下条件:

① 机载设备相当于Ⅱ类运行的设备(低高度的无线电高度表和自动油门除外和得到

Ⅰ类运行的适航保证）；

② 机长和副驾驶已经受到了Ⅱ类运行的理论教育，且机长在所飞机型上已获得了超过 100 小时的机长飞行经历；

③ 机长按该着陆最低标准实施进近着陆，经检查合格。

目视盘旋进近着陆（CIRCLE TO LAND）最低标准：

在任何情况下，公司（中国国际航空公司）各机型目视盘旋进近标准均为：最低下降高（MDH）300 米（1 000 英尺），能见度 4 800 米（3 英里）。

当所进近的机场没有批准的仪表进近程序时，公司（中国国际航空公司）必须满足以下规定，方可进行目视进近：

（1）机长圆满完成了训练大纲中有关目视进近的训练；

（2）按仪表飞行规则飞行，并经空中交通管制部门的许可实施目视进近；

（3）天气条件满足目视飞行最低气象条件；

（4）保持云外飞行，飞行能见度必须足以保证飞行员利用外部目视参考避开所有障碍物，并操纵飞机安全着陆；

① 飞机下降到相应的最低航路高度/最低安全高度、最低雷达引导高度或最后进近定位点高度之下前，必须确定飞机已在报告的云底高度以下，且飞行员已获得足够的目视参考，在整个机动飞行过程中保持能见着陆跑道的目视参考；

② 机长在确定从飞机所处位置，按正常的机动动作和下降率可以将飞机安全降落到跑道上之前，不得将飞机下降低于着陆跑道规定的盘旋进近最低下降高度或公司规定的盘旋进近最低下降高度（以高者为准）。

14.3.3 新机长的仪表飞行规则着陆最低天气标准

如果机长在其驾驶的某型别飞机上作为机长运行未满 100 小时，则合格证持有人运行规范中对于正常使用机场、临时使用机场和加油机场规定的最低下降高（MDH）或决断高（DH）和着陆能见度最低标准，分别增加 30 米（100 英尺）和 800 米（1/2 英里）或等效的跑道视程（RVR）。对于用作备降机场的机场，最低下降高（MDH）或决断高（DH）和能见度最低标准无须在适用于这些机场的数值上增加，但是任何时候，着陆最低天气标准不得小于 90 米（300 英尺）和 1 600 米（1 英里）。

如果该驾驶员在另一型别飞机上作为机长在实施的运行中至少已飞行 100 小时，该机长可以用在本型飞机上实施运行中一次着陆，去取代必需的机长经历 1 小时，减少上述所要求的 100 小时的机长经历，但取代的部分不得超过 50 小时。

视频 14-8
新机长的天气
标准(1)

视频 14-9
新机长的天气
标准(2)

14.4 备 降 标 准

14.4.1 起飞备降标准

（1）如果起飞机场的气象条件低于合格证持有人运行规范中为该机场规定的着陆最低标准,在签派或者放行飞机前应当按照下述规定选择起飞备降机场:

① 对于双发动机飞机,备降机场与起飞机场的距离不大于飞机使用一发失效的巡航速度在静风条件下飞行 1 小时的距离;

② 对于装有三台或者三台以上发动机的飞机,备降机场与起飞机场的距离不大于飞机使用一发失效时的巡航速度在静风条件下飞行 2 小时的距离。

视频 14-10
备降机场最低
天气标准(2)

（2）对于上述（1）的备降机场的天气条件应当满足目的地备降场的要求。

（3）在签派或者放行飞机前,签派或者飞行放行单中应当列出每个必需的起飞备降机场。

14.4.2 目的地备降标准

1. 仪表飞行规则国内定期载客运行的目的地备降机场

按照仪表飞行规则签派飞机飞行前,应当在签派单上至少为每个目的地机场列出一个备降机场。当目的地机场和第一备降机场的天气条件预报都处于边缘状态时,应当再指定至少一个备降机场。但是,如果天气实况报告、预报或者两者的组合表明,在飞机预计到达目的地机场时刻前后至少 1 小时的时间段内,该机场云底高度和能见度符合下列规定并且在每架飞机与签派室之间建立了独立可靠的通信系统进行全程监控,则可以不选择目的地备降机场:

（1）机场云底高度至少在公布的最低的仪表进近最低标准中的最低下降高(或者决断高)之上 450 米(1 500 英尺),或者在机场标高之上 600 米(2 000 英尺),取其中较高值;

（2）机场能见度至少为 4 800 米(3 英里),或者高于目的地机场所用仪表进近程序最低的适用能见度最低标准 3 200 米(2 英里)以上,取其中较大者。

按照本条规定选择的目的地备降机场的天气条件应当满足规定中目的地备降场的要求。

2. 国际定期载客运行的目的地备降机场

按照仪表飞行规则签派飞机飞行前,应当在签派单上为每个目的地机场至少列出一个备降机场。但在下列情形下,如果在每架飞机与签派室之间建立了独立可靠的通信系统进行全程监控,则可以不选择目的地备降机场:

（1）当预定的飞行不超过 6 小时,且相应的天气实况报告、预报或者两者的组合表明,在预计到达目的地机场时刻前后至少 1 小时的时间内,目的地机场的天气条件符合下

列规定:

① 机场云底高度符合下列两者之一:

a. 如果该机场需要并准许盘旋进近,至少在最低的盘旋进近最低下降高度(MDA)之上 450 米(1 500 英尺);

b. 至少在公布的最低的仪表进近最低标准中的最低下降高度(MDA)或者决断高度(DA)之上 450 米(1 500 英尺),或者机场标高之上 600 米(2 000 英尺),取其中较高者。

② 机场能见度至少为 4 800 米(3 英里),或者高于目的地机场所用仪表进近程序最低的适用能见度最低标准 3 200 米(2 英里)以上,取其中较大者。

(2) 该次飞行是在前往无可用备降机场的特定目的地机场的航路上进行的,而且飞机有足够的燃油来满足燃油政策的要求。

按照本条规定选择的目的地备降机场的天气条件应当满足规定中目的地备降场的要求。

3. 仪表飞行规则补充运行的目的地备降机场

(1) 除本条(2)款规定外,当放行飞机按照仪表飞行规则进行补充运行时,应当在飞行放行单中至少为每个目的地机场列出一个备降机场。

(2) 对于在国外飞行的航路上,当特定目的地机场无可用备降机场时,如果飞机装载了燃油政策规定的燃油,在仪表飞行规则下可以不指定备降机场。

(3) 根据本条(1)款规定,备降机场天气条件应当符合规定的标准。

(4) 除非放行单上列出了每个必需的备降机场,否则不得放行飞机。

14.4.3 备降机场计划最低标准

(1) 对于签派或者飞行放行单上所列的备降机场,应当有相应的天气实况报告、预报或者两者的组合表明,当飞机到达该机场时,该机场的天气条件等于或者高于合格证持有人运行规范规定的备降机场最低天气标准。

(2) 在确定备降机场天气标准时,合格证持有人不得使用标注有"未批准备降机场天气标准"的仪表进近程序。

(3) 在确定备降机场天气标准时,应当考虑风、条件性预报、最低设备清单条款限制等影响因素。

(4) 在合格证持有人运行规范中,签派或者放行的标准应当在经批准的该机场的最低运行标准上至少增加下列数值,作为该机场用作备降机场时的最低天气标准:

① 对于至少有一套可用进近设施的机场,其进近设施能提供直线非精密进近程序、直线类精密进近程序或直线Ⅰ类精密进近程序,或在适用时可以从仪表进近程序改为盘旋机动,最低下降高(MDH)或者决断高(DH)增加 120 米(400 英尺),能见度增加 1 600 米(1 英里);

视频 14-11

备 降 机 场 最 低
天 气 标 准(1)

② 对于至少有两套能够提供不同跑道直线进近的可用进近设施的机场,其进近设施能提供直线非精密进近程序、直线类精密进近程序或直线Ⅰ类精密进

近程序,应选择两个服务于不同适用跑道的进近设施,在相应直线进近程序的决断高(DH)或最低下降高(MDH)较高值上增加 60 米(200 英尺),在能见度较高值上增加 800 米(1/2 英里)。

(5) 如选择具备Ⅱ类或Ⅲ类精密进近的机场作为备降机场计算备降机场天气标准,合格证持有人必须确保机组和飞机具备执行相应进近程序的资格,且飞机还应具备Ⅲ类一发失效进近能力。此时,签派或者放行标准应按以下数值确定:

① 对于至少一套Ⅱ类精密进近程序的机场,云高不得低于 90 米,能见度或跑道视程不得低于 1 200 米;

② 对于至少一套Ⅲ类精密进近程序的机场,云高不得低于 60 米,能见度不得低于 800 米,或云高不得低于 60 米,跑道视程不得低于 550 米。

(6) 如选择具备基于 GNSS 导航源的类精密进近程序的机场作为备降机场计算备降机场天气标准,合格证持有人应当经过局方批准并确保:

① 机组和飞机具备执行相应进近程序的资格;

② 在签派或放行时,不得在目的地机场和备降机场同时计划使用类精密进近程序;

③ 对使用基于 GNSS 导航源的类精密进近的机场,应当检查航行资料或航行通告并进行飞行前接收机自主完好性(RAIM)预测;

④ 对于使用 RNPAR 程序的备降机场,计算备降机场天气标准所基于的 RNP 值不得低于 RNP0.3;

视频 14-12
备降机场的最
低天气标准(3)

⑤ 在目的地机场有传统进近程序可用;

⑥ 在确定本条④款中的进近导航设施构型时,应当将基于同一 GNSS 星座的仪表进近程序当作一套进近导航设施。

14.5　Ⅱ类、Ⅲ类精密进近运行

14.5.1　Ⅱ类、Ⅲ类精密进近概况

随着民航飞行量的迅速增长,20 世纪 90 年代初,国内大型骨干机场开始建设Ⅱ类仪表着陆系统,以提高机场运行正常率。民航总局空管局成立后,加强对仪表着陆系统设备运行保障力度,提高设备运行等级的建设。1995 年 8 月 29 日,在相关配套的机场设施Ⅱ类运行的条件后,批准北京首都国际机场达到Ⅱ类标准的 36R 跑道启用Ⅱ类运行? 同年,民航总局空管局组织召开了Ⅱ类运行研讨会,对Ⅱ类运行进行深入的探讨,并做出具体的规范。

2001 年 7 月,民航局批准上海浦东国际机场达到Ⅱ类运行标准的 17 号和 35 号跑道开放Ⅱ类仪表着陆系统;2003 年 11 月,批准成都双流机场达到Ⅱ类标准的 02 号跑道开放Ⅱ类仪表着陆系统;2004 年 9 月,批准西安咸阳机场达到Ⅱ类标准的 23 号跑道开放Ⅱ类仪表着陆系统;2004 年 8 月,民航总局空管局正式批复,对已达到Ⅲ类设备标准的上海浦东机场 17 号跑道开放ⅢA 类使用。这是中国民航第一套达到ⅢA 类设备标准的仪表

着陆系统,这也是中国民航导航保障能力提升的重要标志。2007 年 10 月,北京首都机场第三跑道仪表着陆系统达到Ⅲ类设备运行标准正式开放使用。

14.5.2　Ⅱ类、Ⅲ类精密进近相关概念

Ⅱ类、Ⅲ类精密进近程序是在Ⅰ类精密进近程序之上,以更高的导航精度、更完备的助航灯光设备以及机载系统实现的。通过提高对相关设备、人员的要求,Ⅱ类、Ⅲ类精密进近允许飞机在更恶劣的气象条件下运行。

Ⅱ类、Ⅲ类精密进近运行所允许的最低运行标准如下:

Ⅱ类(CAT Ⅱ)运行:决断高低于 60 米(200 英尺),但不低于 30 米(100 英尺),跑道视程不小于 350 米的精密进近和着陆。

ⅢA 类(CAT ⅢA)运行:决断高低于 30 米(100 英尺),或无决断高,跑道视程不小于 200 米的精密进近和着陆。

ⅢB 类(CAT ⅢB)运行:决断高低于 30 米(100 英尺),或无决断高,跑道视程小于 200 米,但不小于 50 米的精密进近和着陆。

ⅢC 类(CAT ⅢC)运行:无决断高和无跑道视程的精密进近和着陆。

14.5.3　Ⅱ类运行的批准

1. 航空器运营人

申请Ⅱ类运行的运营人必须符合下列条件:

(1) 对参与Ⅱ类运行的航空器进行了审定,建立了Ⅱ类运行的维修制度;

(2) 建立了飞行人员Ⅱ类运行训练管理制度,已有飞行机组完成了Ⅱ类运行训练,并经检查合格;

(3) 制定了Ⅱ类运行程序和安全措施及其他必要文件,并获得批准;

(4) 经过试运行,证明其飞行机组的训练和技术、规定的程序和安全措施是符合要求的,能保证飞行安全。

初始批准营运人Ⅱ类运行时,只批准其按决断高 45 米/RVR500 米的标准进近着陆。在初始批准后 6 个月内,无论天气是否低于Ⅰ类运行标准,营运人均应尽可能使用Ⅱ类运行机载设备、按Ⅱ类运行程序练习进近和着陆,以积累Ⅱ类运行经验,保持系统的持续性能和可靠性。

在营运人实施Ⅱ类运行期间,民航总局和民航地区管理局将派人对其Ⅱ类运行的安全可靠性进行检查,以确定其能否继续使用该标准,或降低标准至决断高 30 米/RVR350 米进近着陆。

2. 航空器

航空器的型号设计(包括改装、加装)经过民航总局的审查,机载设备及其安装经过验证符合仪表飞行规则(IFR)Ⅱ类运行的有关要求,并写入经批准的航空器《飞行手册》的有关章节。

航空器必须至少装有下列仪表和设备:

(1) 仪表故障警告系统;

（2）双套 ILS 和下滑道接收机；

（3）一套有双显示器的飞行指引仪（基本的下滑道信息应显示在同一仪表上）和一套自动进近耦合器（或轴分离型进近耦合器），或者双套独立的飞行指引系统；

（4）识别决断高的设备；

（5）复飞姿态指引设备；

（6）自动油门系统；

（7）排雨设备。

3. 飞行人员

机长在被批准执行Ⅱ类运行飞行任务前，至少应当在本组类螺旋桨涡轮喷气飞机上已担任机长飞行 500 小时以上，在本型飞机上已担任机长飞行 100 小时以上，并取得了 ILSⅠ类运行标准。副驾驶在被批准执行Ⅱ类运行飞行任务前，应熟练地掌握本机型起飞、进近、着陆和中断起飞、中断进近等特殊情况下的驾驶技术。

营运人应当制定每个机型的飞行人员Ⅱ类运行飞行训练大纲。Ⅱ类运行飞行训练大纲应报民航地区管理局审批，并报民航总局飞行标准管理部门备案。该机型的飞行人员Ⅱ类运行飞行训练大纲获得批准后，营运人方可开始训练。

初次申请Ⅱ类运行飞行标准的飞行人员必须由营运人组织进行Ⅱ类运行初始训练，训练与检查的内容和时间在本机型训练大纲中规定。Ⅱ类运行初始训练至少应包括下列内容：

1）地面理论训练

（1）机场Ⅱ类运行仪表进近系统和目视助航设备，包括进近灯光、跑道滑行道灯光、大气透射仪等的使用特点、能力和限制；

（2）机载设备包括飞行指引系统、自动进近耦合设备、用于识别决断高的设备、仪表与显示设备、自动油门系统以及复飞指引、故障监视与警告系统等其他设备的使用特点、能力和限制；

（3）决断高的识别；

（4）使用复飞指引显示进行复飞的技术；

（5）跑道视程（RVR）的使用与限制；

（6）在Ⅱ类运行天气条件下以不同的下滑角、驾驶舱观测遮蔽角和正常看清各种目视地面标志的高度，使用与跑道环境有关的目视地面标志的方法；

（7）利用合格的有视景飞行模拟机或其他训练设备，熟悉在跑道视程（RVR）500 米、350 米及更低值时从仪表飞行转为目视飞行的景象；

（8）垂直和水平风切变的影响；

（9）Ⅱ类运行仪表进近与中断进近飞行程序，机组分工与配合；

（10）Ⅱ类运行飞行有关规定，飞行手册、训练手册的有关部分。

2）飞行训练

通常应在合格的有视景飞行模拟机上进行，每个机组至少 4 小时。无模拟机的机型可用真实飞机训练，但除正常进近着陆动作外，不得结合生产训练。飞行训练的主要内容应当包括：

（1）在模拟Ⅱ类运行最低天气条件下，使用本机型规定的Ⅱ类运行进近程序进近、着陆和复飞；

（2）在进近、着陆和复飞过程中发生系统故障后的处理；

（3）起飞期间发动机和设备故障的处理。

训练结束后应由局方飞行监察员和委任检查代表对其理论和技术水平进行检查。飞行技术检查可在合格的有视景飞行模拟机上进行，也可在飞机上进行，至少应在模拟Ⅱ类运行最低天气条件下检查2次起落，其中1次正常着陆，1次复飞。检查合格后，报地区管理局审核批准办理Ⅱ类运行授权。经检查合格的正驾驶、副驾驶和非驾驶专业飞行人员经Ⅱ类运行训练和检查合格后，由检查员填写《飞行经历记录本》和《飞行记录簿》作为对Ⅱ类运行的批准。

4. 机场

1）环境要求

在规划和建设Ⅱ类运行等级的跑道时，在符合Ⅰ类运行等级的机场地面环境条件外，至少对以下方面作出更为严格的具体要求：

（1）障碍物限制；

（2）跑道入口前地形特征；

（3）跑道、滑行道道面及其标志；

（4）仪表着陆系统（ILS）设备和信号的保护；

（5）目视助航设施和第二电源；

（6）地面活动引导和管制设备；

（7）安全保卫和消防救援。

2）助航设施要求

实施Ⅱ类运行时，提供有效引导和控制的目视助航设施应当包括：

（1）Ⅱ类运行精密进近灯光系统；

（2）跑道灯光系统，包括边灯、中线灯、接地地带灯、入口灯和末端灯；

（3）滑行道灯光系统，包括边灯、中线灯、停止排灯和滑行等待位置灯；当停止排灯的设置因为机场机动区平面构形简单或因技术原因不能解决时，应具有设计良好、照度比较高、布置完善的滑行道中线灯和滑行引导标记牌为飞机滑行提供可靠的地面引导；

（4）强制性指示标记牌、信息标记牌和飞机机位识别标志牌。各标志牌均应有内部或外部照明；

（5）跑道、滑行道和机坪道面标志；

（6）障碍物标志灯；

（7）助航灯光监控系统。

3）低能见度程序

实施Ⅱ类运行的机场必须制定该机场仪表着陆系统（ILS）Ⅱ类运行低能见度程序。该程序由机场空中交通管制部门会同机场有关单位共同制定。

制定低能见度程序应当遵循下列基本原则：

（1）实施Ⅱ类运行期间，无障碍区必须保持没有障碍物；

（2）航向台和下滑台敏感区必须得到保护，以保证 ILS 信号的完整性。

低能见度程序应当包括下列内容：

（1）提供Ⅱ类运行服务的基本条件和要求；

（2）实施Ⅱ类运行的工作程序；

（3）空中交通管理；

（4）地面活动管制；

（5）机场安全保卫和消防救援；

（6）各有关单位的岗位职责。

14.5.4 Ⅱ类运行的实施

低能见度程序开始实施的时机通常在Ⅱ类运行跑道的跑道视程（RVR）降至 600 米或云高降至 60 米时。

在机场天气趋势变差较快的情况下，应提前做实施Ⅱ类运行的准备工作，其时机可以根据机场条件和天气条件变化情况作出规定。如可以定为能见度 1 000 米或云高 90 米时，启用第二电源，对目视助航设施的供电进行监控，并对仪表着陆系统（ILS）临界区、敏感区进行清理等。

Ⅱ类运行的机场空中交通管制，由塔台或进近管制室负责。塔台应设立机场管制席和地面管制席。

管制单位除担负一般运行时的任务外，在Ⅱ类运行时应当同时承担下列工作任务：

（1）发布Ⅱ类运行开始和结束的通知；

（2）监控机场场道、灯光和仪表着陆系统的工作状况；

（3）管理机动区内和仪表着陆系统敏感区内的地面交通活动，保证敏感区不受飞机、车辆等对航向和下滑信号的侵扰；

（4）指定航空器起飞、着陆使用的跑道和地面滑行路线，以及机动区车辆的行驶路线；

（5）向飞行机组及时通报气象情报和跑道道面、助航灯光、仪表着陆系统等设施工作不正常状况的有关信息；

（6）控制地面和空中交通的流量。

Ⅱ类运行时航空器的最低间隔应以仪表飞行的程序管制间隔或雷达管制间隔为最低间隔标准，并且在运行中至少应当满足下列要求：

（1）进离场飞机使用同一跑道时，离场飞机起飞并飞越航向台天线时进近飞机距接地点的距离不小于 10 公里；

（2）进近飞机应在距接地点 18 公里以上切入仪表着陆系统（ILS）航向道；

（3）对进近飞机应在其距接地点 4 公里之前发出着陆许可；

（4）实施进近着陆的飞机间，应保持应有的安全间隔，以保证前机着陆脱离跑道时，后机距接地点的距离通常应不小于 10 公里。

低能见度程序中应做出在Ⅱ类运行期间当发生下列不能有效保障Ⅱ类运行的情况时，将Ⅱ类运行等级降级或取消的规定：

（1）一个灯光回路的电源失效；

（2）航向信标故障；

（3）下滑道失效；

（4）对仪表着陆系统设备的地面、空中校验超过规定时间；

（5）没有地面风资料或接地区的跑道视程（RVR）数值；

（6）仪表着陆系统（ILS）临界区、敏感区未按规定清理等。

 ## 本章测试

测试 14.1

测试 14.2

测试 14.3

测试 14.4

测试 14.5

测试 14.6

第 15 章

特 殊 运 行

15.1　延 程 运 行

延程运行是指在飞机计划运行的航路上至少存在一点到任一延程运行可选备降机场的距离超过飞机在标准条件下静止大气中以经批准的一台发动机不工作时的巡航速度飞行 60 分钟对应的飞行距离(以两台涡轮发动机为动力的飞机)或超过 180 分钟对应的飞行距离（以多于两台涡轮发动机为动力的载客飞机）的运行。延程运行 ETOPS (Extended Range Operations) 和延伸航程运行 EDTO (Extended Diversion Time Operations)含义相同。

15.1.1　延程运行相关定义

1. 经批准的一台发动机不工作的巡航速度

是指合格证持有人选定且经局方批准的在飞机使用限制范围内的一个速度,用于:

(1) 计算一台发动机不工作时所需燃油;

(2) 确定在延程运行中飞机能否在批准的最大改航时间内飞抵延程运行指定备降机场。

2. 延程运行可选备降机场

对于特定延程运行航线,不考虑当时的临时状况,列入合格证持有人运行规范的可选的航路备降机场。

这些机场必须满足 CCAR-121.197 条规定的着陆限制要求。它可能是下列两种机场之一:

(1) 经审定适合大型飞机公共航空运输承运人所用飞机运行的,或等效于其运行所需安全要求的机场,但不包括只能为飞机提供救援和消防服务的机场;

(2) 对民用开放的可用的军用机场。如果某军用机场满足合格证持有人安全运行的基本要求,其军方主管部门以某种形式宣布向民用航空提供紧急情况下备降的服务支持,合格证持有人已经获得该机场运行的必要资料并且向局方证明可以在延程运行期间随时与该机场运营人之间建立可靠的通信联系,则可以将该军用机场列为延程运行可选备降机场。

3. 延程运行指定备降机场

是指列入了合格证持有人的运行规范,并且考虑到当时的状况,在签派或飞行放行时预计可以供延程运行改航备降使用的,在签派或飞行放行中指定的航路备降机场。这一定义适用于飞行计划,并不限制机长在最终改航备降决策时根据实际情况选择其他的备降机场。

4. 延程运行区域

延程运行区域是指下列区域之一:

(1)对于以两台涡轮发动机为动力的飞机,延程运行区域是指在标准条件下静止大气中以经批准的一台发动机不工作的巡航速度飞行时间超过 60 分钟才能抵达一个延程运行可选备降机场的区域;

(2)对于以多于两台涡轮发动机为动力的载客飞机,延程运行区域是指在标准条件下静止大气中以经批准的一台发动机不工作的巡航速度飞行超过 180 分钟才能抵达一个延程运行可选备降机场的区域。

5. 延程运行航线

是指计划航路上,包括灵活航路,至少有一点处在延程运行区域中的航线。在这样的航线上实施延程运行需要获得局方的批准,并在运行规范中列明。特定的延程运行航线是通过起飞机场和目的地机场以及两者之间的航路来确定的。

6. 延程运行航段

是指计划航路上处在延程运行区域中的部分。一条延程运行航线上可能存在多段延程运行航段。每一段延程运行航段都是由前后两个延程运行指定备降机场来确定的。

7. 延程运行进入点(EEP)

指延程运行航路上进入第一段延程运行航段的进入点。

8. 延程运行等时点(ETP)

延程运行航路中的一点,考虑到预计飞行高度和预报风的影响,自该点以经批准的一台发动机不工作的巡航速度飞向相邻两个延程运行指定备降机场的计划飞行时间是相等的。

9. 延程运行退出点(EXP)

指延程运行航路上退出最后一段延程运行航段的退出点。

10. 批准的最大改航时间

为了延程运行航路计划之用,经局方批准在合格证持有人运行规范中列明的延程运行可使用的最大改航时间。在计算最大改航时间所对应的飞行距离时,假设飞机在标准条件下静止大气中以经批准的一台发动机不工作的巡航速度飞行。对于某特定机身发动机组合,批准的最大改航时间对应的是经局方批准的最大改航距离。

11. 最早到达时刻

对于每一延程运行指定备降机场,假设飞机飞抵前一个相关等时点然后以经批准的一台发动机不工作的巡航速度直线飞抵该机场的时刻。

12. 最晚到达时刻

对于每一延程运行指定备降机场,假设飞机飞抵下一个相关等时点然后以经批准的一台发动机不工作的巡航速度直线飞抵该机场的时刻。

13. 指定备降机场的改航备降关注时间段

指从最早预计到达时刻之前一个小时开始,至最晚预计到达时刻之后一个小时之间的时间范围。

14．燃油关键点

延程运行航线各等时点中,所需临界燃油量大于根据正常备份油量计算出的飞行计划中在该点的预计剩余燃油量且差值最大,或者,所需临界燃油量等于或小于根据正常备份油量计算出的飞行计划中在该点的预计剩余燃油量且差值最小,该点被称为燃油关键点。

15．临界燃油量

假设飞机在燃油关键点一台发动机失效,按照合格证持有人延程运行临界燃油量的相关要求,飞抵延程运行指定备降机场所需的最少燃油量。

15.1.2　延程运行的规章要求

依照 CCAR-121 部运行的所有双发飞机和多于两台发动机的载客飞机(客机)应当遵守 CCAR-121 部 W 章的规定实施延程运行。

依据 CCAR-121.711(c)款的要求,为实施延程运行,特定的机身发动机组合必须具备中国民航主管部门颁发的延程运行型号设计批准(延程运行飞机审定指南参照 CCAR-25 部和 CCAR-121.153 条,以及相关咨询通告)。申请延程运行航线批准的合格证持有人必须首先证明它可以令人满意地完成在该航线的起飞机场、目的地机场和航路中任一备降机场之间的运行。合格证持有人必须证明,其设备和维护充分满足从 CCAR-121.91 条到 121.105 条(国内、国际定期运行)以及从 CCAR-121.113 条到 CCAR-121.127 条(补充运行)对于其所申请运行等级的要求。合格证持有人必须获得局方批准才可以实施延程运行。

15.1.3　延程运行的运行经历要求

运行经历最低要求是获得延程运行批准的一项要求。作为合格审定的一个前提条件,合格证持有人应当证明,对于特定的机身发动机组合,全球机队在役的同型号发动机可靠性达到可接受的水平。对于每一批准等级的最低要求,参照表 15-1 和表 15-2 延程运行运行经历要求。

表 15-1　双发飞机延程运行运行经历要求

批准等级	最 低 要 求
75 分钟	1．机身发动机组合无须具备延程运行型号设计批准。 2．局方评估机身发动机组合,确保没有影响安全运行的因素。 3．机身发动机组合具备局方认可的足够的可靠的运行经历。 4．根据 CCAR-121.725 条的要求,合格证持有人必须确保飞机最严格的时限系统可以满足 75+15 分钟的要求。 5．除改航备降后再次起飞离场时不要求完成延程运行放行前维护检查工作 75 分钟的情况以外,合格证持有人必须按照 CCAR-121.719 条维修方案的要求完成放行前维护检查工作。 6．合格证持有人必须满足 CCAR-121 部中关于飞行运行的要求。 7．合格证持有人无须满足 MMEL 中关于 120 分钟延程运行的规定。 8．合格证持有人必须按其运行规范中批准的延程运行要求实施运行。

批准等级	最 低 要 求
90 分钟	1. 机身发动机组合必须具备 120 分钟或以上延程运行型号设计批准。 2. 机身发动机组合具备局方认可的足够的可靠的运行经历。 3. 除改航备降后再次起飞离场时不要求完成延程运行放行前维护检查工作的情况以外,合格证持有人必须按照 CCAR-121.719 条维修方案的要求完成 90 分钟放行前维护检查工作。 4. 合格证持有人必须满足 CCAR-121 部中关于飞行运行的要求。 5. 合格证持有人必须满足 MMEL 中关于 120 分钟延程运行的规定。 6. 合格证持有人必须按照其运行规范中批准的延程运行要求实施运行。
120 分钟	1. 机身发动机组合必须具备 120 分钟或以上延程运行型号设计批准。 2. 机身发动机组合具备近期连续 12 个日历月的运行经历。如合格证持有人具备其他机身发动机组合的 120 分钟或以上的延程运行批准,并能够证明所申请的机身发动机组合具备相同的可靠性水平,运行经历要求可缩减至最少 6 个月;如果具备相似或同系列机身发动机组合的 120 分钟或以上的延程运行批准,局方可免除该机身发动机组合的最低运行经历要求。 3. 合格证持有人必须满足 CCAR-121 部和本咨询通告中关于飞行运行和维修的要求。 4. 合格证持有人必须满足 MMEL 中关于 120 分钟延程运行的规定。 5. 合格证持有人必须按照其运行规范中批准的延程运行要求实施运行。
138 分钟	1. 该等级批准是有限制条件的例外批准,只针对已经获得批准实施 120 分钟延程运行的合格证持有人特定的 120 分钟延程运行航线。 2. 机身发动机组合必须具备 120 分钟或以上延程运行型号设计批准。对于型号设计仅被批准实施 120 分钟延程运行的机身发动机组合,根据 CCAR-121.725 条的要求,合格证持有人必须确保飞机最严格的时限系统可以满足 138+15 分钟的要求。 3. 合格证持有人必须具备局方认可的足够的 120 分钟延程运行经历。 4. 合格证持有人必须满足 CCAR-121 部和本咨询通告中关于飞行运行和维修的要求。合格证持有人必须建立针对维修人员、签派员和飞行机组人员的 138 分钟延程运行培训大纲,并完成培训。培训的内容是所有 138 分钟延程运行的特殊要求,包括局方提出的附加的 MEL 要求和其他要求。 5. 合格证持有人必须满足在 MMEL 中关于 180 分钟延程运行的规定,如果没有针对该机身发动机组合的 180 分钟延程运行 MMEL,合格证持有人必须向局方申请批准适用于 138 分钟延程运行的 MEL 附加要求。 6. 只有在按照 120 分钟延程运行标准无法高效运行时,才可以申请 138 分钟延程运行批准。 7. 在实际运行中,合格证持有人必须在可能的情况下,尽量计划 120 分钟或以内的延程运行。 8. 如果由于政治、军事活动、火山活动、临时机场条件限制或机场天气标准低于签派或飞行放行标准等原因,在 120 分钟范围中无法找到一个可用的延程运行备降机场的情况下,才可以使用此例外批准。 9. 在每次按照 138 分钟标准签派或飞行放行时,合格证持有人必须通知机组成员,并告知这样放行的理由。 10. 合格证持有人必须跟踪记录使用 138 分钟例外批准的次数。 11. 合格证持有人必须按照其运行规范中批准的延程运行要求实施运行。

续表

批准等级	最 低 要 求
180 分钟	1. 机身发动机组合必须具备 180 分钟或以上延程运行型号设计批准。 2. 机身发动机组合具备近期连续 12 个日历月的 120 分钟延程运行经历。局方可以对这一要求进行增加或缩减,也可以决定哪些经历可以代替 120 分钟延程运行经历,如合格证持有人具备其他机身发动机组合的 120 分钟或以上的延程运行批准,并能够证明所申请的机身发动机组合具备相同的可靠性水平,运行经历要求可缩减至 6 个月;如其具备其他机身发动机组合的 180 分钟或以上的延程运行批准,运行经历要求可缩减至 3 个月;如其具备相似或同系列机身发动机组合的 180 分钟或以上的延程运行批准,可免除该机身发动机组合的运行经历要求。 3. 合格证持有人必须满足 CCAR-121 部中关于飞行运行和维修的要求。 4. 合格证持有人必须满足 MMEL 中关于 180 分钟延程运行的规定。 5. 合格证持有人必须按照其运行规范中批准的延程运行要求实施运行。
207 分钟	1. 该等级批准是有限制条件的例外批准,只针对已经获得批准实施 180 分钟延程运行的合格证持有人特定的 180 分钟延程运行航线。 2. 机身发动机组合必须具备 180 分钟或以上延程运行型号设计批准。如果型号设计仅被批准实施 180 分钟延程运行的机身发动机组合,根据 CCAR-121.725 条的要求,合格证持有人必须确保飞机最严格的时限系统可以满足 207+15 分钟的要求。 3. 合格证持有人在获得 180 分钟延程运行批准之后,该机身发动机组合的延程运行经历原则上不少于连续 6 个日历月。 4. 合格证持有人必须满足 CCAR-121 部和本咨询通告中关于飞行运行和维修的要求。 5. 除了在合格证持有人的最低设备清单的用于 180 分钟延程运行的设备要求外,下列系统必须在签派或飞行放行时是正常工作的: （A）燃油油量指示系统; （B）APU,当延程运行需要使用 APU 时; （C）自动油门系统; （D）CCAR-121.97 或 CCAR-121.714 条要求的通信系统; （E）一台发动机失效后的自动着陆能力,如果飞行计划是基于该功能制定的。 6. 只有在按照 180 分钟延程运行标准无法高效运行时,才可以申请 207 分钟延程运行批准。 7. 在实际运行中,合格证持有人必须在可能的情况下,尽量计划 180 分钟或以内的延程运行。 8. 如果由于政治、军事活动、火山活动、临时机场条件限制或机场天气标准低于签派或飞行放行标准等原因,在 180 分钟范围中无法找到一个可用的延程运行备降机场的情况下,才可以使用此例外批准。 9. 在每次按照 207 分钟标准签派或飞行放行时,合格证持有人必须通知机组成员,并告知这样放行的理由。 10. 合格证持有人在签派或飞行放行中必须使用在改航时间 207 分钟范围内最近的可用延程运行备降机场。 11. 在实施此类飞行时,合格证持有人必须考虑空中交通服务常规使用的航路。 12. 合格证持有人必须跟踪记录使用 207 分钟例外批准的次数。 13. 合格证持有人必须按照其运行规范中批准的延程运行要求实施运行。
240 分钟	1. 机身发动机组合必须具备 180 分钟或以上延程运行型号设计批准。如果型号设计仅被批准实施 180 分钟延程运行的机身发动机组合,根据 CCAR-121.725 条的要求,合格证持有人必须确保飞机最严格的时限系统可以满足 240+15 分钟的要求。 2. 合格证持有人已经获得该机身发动机组合 180 分钟延程运行的批准。 3. 合格证持有人在获得 180 分钟延程运行批准之后,该机身发动机组合的运行经历不少于 8 000 飞行小时,且不少于连续 12 个日历月。

批准等级	最 低 要 求
240 分钟	4. 在实际运行中,合格证持有人必须在可能的情况下,尽量计划 180 分钟或以内的延程运行。 5. 在每次飞机按照 240 分钟标准签派或飞行放行时,合格证持有人必须通知机组成员,并告知这样放行的理由。 6. 除了在合格证持有人的最低设备清单的用于 180 分钟延程运行的设备要求外,下列系统必须在签派或飞行放行时是正常工作的: 　(A) 燃油油量指示系统; 　(B) APU(包括满足其设计标准的电源和气源的供应能力),当延程运行需要使用 APU 时; 　(C) 自动油门系统; 　(D) CCAR-121.97 或 CCAR-121.714 条要求的通信系统; 　(E) 一台发动机失效后的自动着陆能力,如果飞行计划是基于该功能制定的。 7. 合格证持有人必须满足 CCAR-121 部中关于飞行运行和维修的要求。 8. 合格证持有人在签派或飞行放行中必须使用在改航时间 240 分钟范围内最近的可用延程运行备降机场。 9. 在实施此类飞行时,合格证持有人必须考虑空中交通服务常规使用的航路。 10. 合格证持有人为签派员和飞行机组提供的手册中应当明确界定,极端天气条件达到什么样的标准不再考虑使用某备降机场。该标准应该获得局方的认可。 11. 合格证持有人必须按照其运行规范中批准的延程运行要求实施运行。
超过 240 分钟	1. 机身发动机组合必须具备 180 分钟或以上延程运行型号设计批准。如果型号设计仅被批准实施 180 分钟延程运行的机身发动机组合,根据 CCAR-121.725 条的要求,合格证持有人必须确保飞机最严格的时限系统可以满足申请的最大改航时间＋15 分钟的要求。 2. 合格证持有人已经获得该机身发动机组合 240 分钟延程运行的批准。 3. 合格证持有人在获得 180 分钟延程运行批准之后,该机身发动机组合的运行经历不少于 16 000 飞行小时,且不少于 24 个日历月。 4. 合格证持有人在获得 240 分钟延程运行批准之后,该机身发动机组合的运行经历不少于 12 个日历月。 5. 在实际运行中,合格证持有人必须在可能的情况下,尽量计划 180 分钟或以内的延程运行。 6. 在每次飞机按照超过 240 分钟标准签派或飞行放行时,合格证持有人必须通知机组成员,并告知这样放行的理由。 7. 除了在合格证持有人的最低设备清单的用于 180 分钟延程运行的设备要求外,下列系统必须在签派或飞行放行时是正常工作的: 　(A) 燃油油量指示系统; 　(B) APU(包括满足其设计标准的电源和气源的供应能力),当延程运行需要使用 APU 时; 　(C) 自动油门系统; 　(D) CCAR-121.97 或 CCAR-121.714 条要求的通信系统; 　(E) 一台发动机失效自动着陆能力,如果飞行计划是基于该功能制定的。 8. 合格证持有人必须满足 CCAR-121 部中关于飞行运行和维修的要求。 9. 合格证持有人在签派或飞行放行中必须列明使用在改航时间超过 240 分钟范围内最近的可用延程运行可选备降机场。 10. 在实施此类飞行时,合格证持有人必须考虑空中交通服务常规使用的航路。 11. 合格证持有人为签派员和飞行机组提供的手册中应当明确界定,极端天气条件达到什么样的标准不再考虑使用某备降机场。该标准应该获得局方的认可。 12. 合格证持有人必须按照其运行规范中批准的延程运行要求实施运行。

表 15-2 多于两台发动机的载客飞机延程运行运行经历要求

批 准 等 级	要　　求
超过 180 分钟	1. 除了 CCAR-121.718 条规定的情况以外,机身发动机组合必须具备 180 分钟以上延程运行型号设计批准。 2. 合格证持有人必须确保飞机的系统满足 CCAR-121.725 条关于时限系统的相关要求。 3. 合格证持有人应当在签派或飞行放行中尽量使用最近的可用的延程运行备降机场。如果在航路某一点 240 分钟(在标准条件下静止大气中以经批准的一台发动机不工作时的巡航速度飞行)范围内没有可用的延程运行备降机场,合格证持有人必须使用最近的可用的延程运行备降机场或极地运行改航机场(如适用)。 4. 所申请延程运行最大改航时间对应的最低设备清单(MEL)限制: 　(A) 燃油油量指示系统工作正常; 　(B) CCAR-121.97 或 CCAR-121.714 条规定的通信系统工作正常。 5. 合格证持有人必须按照其运行规范中批准的延程运行要求实施运行。 6. 延程运行最大改航时间的确定和批准不得超过飞机最严格的时限系统时间限制减去 15 分钟。

15.1.4　延程运行的飞行运行要求

1. 飞机性能数据

合格证持有人应保证飞行机组人员和签派员或合格证持有人授权实施运行控制的人员可以获得其延程运行所有阶段(包括改航备降阶段)所需的飞机性能数据,否则不能签派或飞行放行飞机实施延程运行。飞机性能数据包括以下信息:

(1) 一台发动机失效性能数据,包括在标准和非标准大气条件下,与空速和推力设定值所对应的燃油流量。该数据包括:①飘降(包括净性能);②包括 10 000 英尺的巡航高度范围;③等待;④高度能力(包括净性能)。

(2) 全发运行性能数据,包括在标准和非标准大气条件下,与空速和推力设定值所对应的燃油流量。该数据包括:①包括 10 000 英尺的巡航高度范围;②等待;③在延程运行中,其他所有能导致性能严重降低的状况,例如飞机未保护表面的积冰,使用冲压涡轮(RAT)和反推的情况。

2. 航路运行中的机场信息

合格证持有人应监视延程运行指定备降机场实时的运行状况。对于超过 180 分钟的延程运行和极地运行,该次运行所指定的每个延程运行指定备降机场和极地运行改航机场,都应当具备足以保障乘客和机组生存需求的条件。合格证持有人的旅客航程恢复计划应满足相关要求。

合格证持有人的工作程序应当确保,在延程运行航段中,飞行机组可以获得在飞机计划航路上的最大改航能力范围之内的一系列可供使用的备降或改航机场的当前天气和运行信息,以便适当处置特殊情况。当计划改航时,所有适当的设施信息和其他与这些机场有关的数据都应当及时以清楚、简明易用的方式向飞行机组提供。

在所有从事载客运行的合格证持有人的运行手册或者等效文件中必须包括:

(1) 对于超过 180 分钟的延程运行,针对在运行中可能使用的每一个延程运行指定备降机场的旅客航程恢复计划；

（2）对于极地运行，针对每个指定改航机场的旅客航程恢复计划。

15.1.5 延程运行的签派或飞行放行

1．延程运行备降机场

合格证持有人不得签派或飞行放行延程运行飞机，除非所需的起飞机场、目的地机场和备降机场，包括延程运行备降场，都在驾驶舱所能获得的签派或飞行放行资料中列明。因为延程运行指定备降机场的用途不同于目的地备降机场，通常会在一台发动机失效或者飞机主要系统失效的情况下被使用，所以，只有某一机场的服务和设施足以满足系统失效情况下的改航备降要求，合格证持有人才可以在飞行签派或飞行放行资料中将该机场列为延程运行指定备降机场。获得使用双发飞机超过 180 分钟延程运行批准的合格证持有人，只有在计划飞行航路上没有 180 分钟改航距离内的延程运行可选备降机场的情况下，才可以使用双发飞机实施超过 180 分钟的延程运行。那些离计划航路更近的延程运行可选备降机场应当优先被考虑作为延程运行指定备降机场。

2．飞行计划限制

合格证持有人的延程运行飞行计划必须确保在延程运行区域内的计划飞行航路持续符合 CCAR-121.725 条的规定，并且：

（1）对于不超过 180 分钟的延程运行和北太平洋区域内的不超过 207 分钟的延程运行，在标准条件下静止大气以经批准的一台发动机失效巡航速度备降至计划的延程运行指定备降机场所需的时间，不能超过该飞机时限最严格的延程运行关键系统（包括货舱抑火装置）所规定的最长时间限制减去 15 分钟。

（2）对于超过 180 分钟的延程运行，在正常的全发巡航高度，修正了风和温度的影响，以全发运行的巡航速度备降至计划的延程运行指定备降机场所需的时间，不能超过该飞机抑火系统的最大合格审定时限减去 15 分钟。

（3）对于超过 180 分钟的延程运行，在正常的一台发动机失效巡航高度上，修正了风和温度的影响，以经批准的一台发动机失效巡航速度备降至计划的延程运行指定备降机场所需的时间，不能超过该飞机延程运行关键系统（不包括货舱抑火系统）最大时限减去 15 分钟。

3．着陆距离

对于计划使用的跑道，其公布的可用着陆距离，在飞机飞行手册着陆性能数据的基础上必须满足规定的着陆距离限制。机场标高、风、气温、道面状况以及飞机操纵特性都应当予以考虑。

4．机场救援和消防服务（RFFS）

在签派或飞行放行资料中列出的每一个延程运行指定备降机场的国际民航组织（ICAO）机场救援和消防服务（RFFS）等级必须符合以下要求：

（1）不超过 180 分钟的延程运行，ICAO RFFS4 级或以上；

（2）超过 180 分钟的延程运行，ICAO RFFS4 级或以上。此外，飞机在运行期间必须始终保持在 ICAO RFFS7 级或等效级别的延程运行可选备降机场的延程运行最大改航时间范围圈之内。必须在计划航路的整个延程运行航段上考虑合适的 RFFS7 级机场的可用性。

如果机场不能立即提供满足要求的消防救援设备和人员，必须有能力从邻近的市镇或者其他地方获得额外的消防支援。合格证持有人必须确保邻近设施能够在合理的时间内对协助救火的请求做出回应。在改航的航路运行过程中，如果当地资源可以及时被告知，30分钟的响应时间是可以接受的。在实际运行中，30 分钟响应时间并不是指在所有情况下消防设备必须在 30 分钟之内到位，而是指这些设备必须在改航备降飞机抵达时到位。

5. 延程运行指定备降机场最低天气标准

如果在延程运行指定备降机场的关注时间段内，可用的最新的天气预报表明该机场的气象条件不低于 CCAR-97 部规定的标准，则该机场可以在飞行计划和签派或飞行放行单中列为延程运行指定备降机场。运行规范中应当列明延程运行航线的所有延程运行可选备降机场。运行规范中还应当列明这些机场作为延程运行指定备降机场时的最低天气标准。运行规范中延程运行指定备降机场最低天气标准的制定通常可以使用表 15-3延程运行指定备降机场天气最低标准。除非起飞机场和目的地机场同时作为延程运行指定备降机场，否则不需要满足延程运行指定备降机场最低天气标准。

表 15-3　延程运行指定备降机场天气最低标准

进近设施配置	云　高	能　见　度
两条不交叉跑道具有两套仪表着陆系统(ILS)进近程序	120 米（400 英尺）或决断高(DH)之上增加 60 米（200 英尺），取较高值	1 600 米（1 英里）或着陆最低能见度之上增加 800 米（1/2 英里），取较高值
单个精密进近程序	180 米（600 英尺）或决断高(DH)之上增加 120 米（400 英尺），取较高值	3 200 米（2 英里）或着陆最低能见度之上增加 1 600 米（1 英里），取较高值
只有非精密进近程序	240 米（800 英尺）或最低下降高（MDH）以上增加 120 米（400 英尺），取较高值	3 200 米（2 英里）或着陆最低能见度增加 1 600 米（1 英里），取较高值

6. 燃油供应

合格证持有人必须遵守延程运行航路燃油供应的要求，具体要求如下：

(1) 任何人都不得签派或飞行放行涡轮发动机飞机实施延程运行，除非考虑预报的风和其他天气情况，飞机载有其运行所必需的燃油，并且满足以下要求：

① 在以下三种假定情况下，飞机飞往延程运行指定备降机场所需燃油的最大值：

假设飞机在临界点迅速释压，然后下降到符合供氧要求的安全高度；

假设飞机在临界点迅速释压并且一发同时失效，下降到符合供氧要求的安全高度，然后以经批准的一台发动机失效巡航速度飞行；

假设飞机在临界点一台发动机失效，以经批准的一台发动机失效巡航速度飞行，下降到一台发动机失效的巡航高度。

② 到达备降机场时，保持 1 500 英尺（距离地面高度）的高度等待 15 分钟，然后，实施仪表进近，着陆。

③ 在使用预报风速来计算上面第①段的燃油油量时，应该在实际预报值的基础上加

5%(逆风分量加5%,顺风分量减5%)。

④ 按照第③段完成计算后,如果预报有结冰情况的话,根据第①段的要求对以下两种情况中的燃油量的最大值进行修正。

如果结冰的预报可靠,预报结冰期间的1/10时间段内,计算机身结冰对燃油消耗的影响(包括无保护表面的结冰以及这个期间发动机和机翼防冰装置的耗油)。如果结冰的预报不是很可靠,根据可用的天气预报,在经批准的一台发动机失效的巡航速度条件下,总温低于+10℃,或者外界大气温度介于-20℃和0℃之间,并且相对湿度高于55%,符合上述条件的飞行时间都认为是预报结冰期。预报结冰期间的十分之一时间段内,计算机身结冰对燃油消耗的影响(包括无保护表面的结冰以及这个期间发动机和机翼防冰装置的燃油消耗)。

预报结冰的整个期间,发动机防冰和机翼防冰(若适用)打开对燃油消耗的影响。

(2) 如果合格证持有人没有建立飞机燃油消耗性能衰减的监控程序,那么在计算最终燃油供应量时要增加百分之五,用于补偿巡航燃油消耗性能的衰减。

(3) 如果APU是必需的电源,那么在飞行的相应阶段必须要计算其燃油消耗。

(4) 在计算延程运行备降燃油消耗量时,可以假设飞机以经批准的一台发动机失效巡航速度飘降。

7.通信

清晰、及时、准确的通信方式是语音通信。在实施延程运行中使用卫星语音通信有益于保障安全,尤其是对于较长、较偏远的延程运行航路,通过卫星语音通信提供清晰、及时的信息和技术支持服务,可以降低飞行员的工作负荷。除纬度高于82°的地区外,卫星语音通信都能够提供较好的通信效果,不受距离的限制。当卫星语音通信在极地区域受到限制时,需要使用其他的通信系统,例如HF或铱星通信。通常相对于整个航路,飞机在纬度高于82°地区内的飞行时间仅占总时间的一小部分,在其他时间里使用卫星语音通信,对飞行安全是非常有利的。当飞机在纬度高于82°飞行的时候,考虑到太阳耀斑活动对通信的可能影响,合格证持有人应保证具有可用的通信方式。

(1) 通信设施的使用要求,目的是使航路和可用高度上的通信及时、可靠。实施延程运行的合格证持有人,无论是实施国内、国际定期运行还是补充运行,必须在所有语音通信设施可用的航路上提供语音通信。在确定语音通信设施是否可用时,合格证持有人应当考虑延程运行改航备降时所需的其他航路和高度。当通信设施不可用时,或者因其质量低劣而无法进行语音通信时,则应当以另一种通信系统取代。

(2) 合格证持有人在实施超过180分钟的延程运行时,不仅要满足上述通信要求,还应当具有第二套通信系统。该系统应当能提供直接基于卫星的语音通信,通话质量与固定电话相当。该系统应当能够在飞行机组和空中交通服务之间以及飞行机组和合格证持有人之间提供语音通信服务。在确定这些通信设施是否可用时,合格证持有人应当考虑延程运行改航备降时所必需的航路和飞行高度的其他相关要求。如果预计到在运行中可能无法利用直接基于卫星的语音通信设备,或者因其质量低劣而无法进行语音通信,合格证持有人应当确保还拥有另外一套已经安装的通信系统有能力临时替代该系统。

(3) 合格证持有人在确定(1)项和(2)项中讨论的通信设施是否可用时,必须考虑延程运行改航备降航路和飞行高度的通信限制。

8. 签派或飞行放行飞行计划

延程运行的签派或飞行放行必须包括下列项目:

(1) 延程运行指定备降机场。签派或飞行放行计划中指定的第一个和最后一个延程运行备降机场所对应的 60 分钟飞行距离圈应当与计划航路有重叠部分;

(2) 该次签派或飞行放行计划所依据的延程运行的最大改航时间;

(3) 延程运行的进入点、等时点、退出点、燃油关键点信息。延程运行进入点对应的是签派或飞行放行中指定的第一个延程运行备降机场之后计划航路脱离其 60 分钟飞行距离圈的点。延程运行退出点对应的是签派或飞行放行中指定的最后一个延程运行备降机场之前计划航路进入其 60 分钟飞行距离圈的点。

在签派或飞行放行时,机长应当能够获得沿计划航路预计天气条件满足运行最低标准的所有延程运行可选备降机场的天气、服务和设施设备等相关信息,而不仅仅限于飞行计划中的延程运行指定备降机场。

果签派或飞行放行中所选择的是超过 180 分钟的延程运行航路,合格证持有人应当通知机长,并告知选择该航路的理由。

15.2　缩小垂直间隔(RVSM)运行

15.2.1　缩小垂直间隔(RVSM)运行概况

1. RVSM 运行简介

RVSM 运行是指在特定空域范围实行 300 米(1 000 英尺)垂直间隔的运行。RVSM 运行增加了空中交通流量的密度,提高了空域利用率,并使运营人能够更加自由地选择更有利的飞行高度层飞行,节约了运营成本,减少了由空中交通流量限制造成的航班延误。

2. RVSM 运行的历史

为有效利用空域资源,国际民航自 20 世纪 80 年代开始研究特定的飞行高度层(29 000~41 000 英尺)上实施缩小垂直间隔(RVSM)运行,并在一些繁忙的国际航线上率先实施 RVSM 运行。我国的航空运营人在执行北太平洋地区空域的国际航班时第一次接触到 RVSM 运行。之后随着各国逐步推进 RVSM 运行,我国于 2007 年 11 月 22 日零时(北京时间)在中国各空域内实施 RVSM 运行。

3. RVSM 运行特点

实施 RVSM 空域运行,对航空器设备和性能、航空运营人的运行和维修管理都有特殊要求,需要航空运营人完成新引进的航空器和已运行的航空器机队的评估,制定维修方案,对实施运行的人员进行培训等运行前的准备工作。

需要特别说明的是在中国各空域内实施 RVSM 运行仅指特定的飞行高度层,并不意味着所有飞机都必须符合 RVSM 运行的标准,对于不符合 RVSM 运行标准的飞机可在规定的 RVSM 空域以外运行(国家航空器除外)。航空运营人应当根据本公司机队的飞行性能和运行特点明确实施或不实施 RVSM 运行飞机,并根据 RVSM 运行规定向局方提出相关申请。

15.2.2 缩小垂直间隔(RVSM)高度层配备

RVSM 的运行范围通常为 FL290(含)～FL410(含)。在此范围内,以 300 米(1 000 英尺)垂直间隔划设高度层,相邻高度层互为反向,以"东单西双"原则分配高度层,航路走向在 0°～179°间的使用 FL290、FL310⋯FL410 等"单数"高度层,航路走向在 180°～359° 间的使用 FL300、FL320⋯FL400 等"双数"高度层,如图 15-1 所示。

缩小垂直间隔标准

FL410	FL400
FL390	FL380
FL370	FL360
FL350	FL340
FL330	FL320
FL310	FL300
FL290	

图 15-1　缩小垂直间隔标准

特别地,由于我国习惯使用公制单位,我国的 RVSM 运行范围为 8 900～12 500 米, 即高度层 0890 与高度层 1 250 间,每个高度层对应的英制飞行高度层如表 15-4 所示。

表 15-4　中国 RVSM 空域高度层配备表

航向	高度层(米)	高度(英尺)	航向	高度层(米)	高度(英尺)
东	12 500	41 100	西	12 200	40 100
东	11 900	39 100	西	11 600	38 100
东	11 300	37 100	西	11 000	36 100
东	10 700	35 100	西	10 400	34 100
东	10 100	33 100	西	9 800	32 100
东	9 500	31 100	西	9 200	30 100
东	8 900	29 100			

15.2.3 缩小垂直间隔(RVSM)运行要求

1.飞行计划

在进行飞行准备时,飞行机组和飞行签派员(如适用),应当特别注意可能影响航空器 在 RVSM 空域运行的各种条件,考虑的条件不局限于:

(1)确认航空器已经得到了 RVSM 运行批准;

（2）在发给空中交通服务单位的飞行计划中注明了航空器和运营人都已经得到了 RVSM 运行批准，在飞行计划中的编组 10 中标注字母"W"以表明经过 RVSM 批准；

（3）飞行航路上的气象报告和预报；

（4）与高度保持系统有关的最低设备要求；

（5）如果对特定航空器组有运行限制的要求，应对所有与此 RVSM 适航批准相关的航空器运行限制进行说明。

2．飞行前程序

在每次飞行前，应当完成以下程序：

（1）查阅维修记录本和表格，确认在 RVSM 空域飞行的所需设备工作状况，确认已采取维修措施修复了所需设备的缺陷。

（2）在航空器外部检查时，应当特别注意静压源和每一个静压源附近机身蒙皮的情况，以及任何影响高度测量系统精确度的其他部件（这种检查也可以由有资格的得到授权的人员来完成，如飞行机械师或维修人员）。

（3）航空器起飞前，高度表应当设定为当地气压高度（QNH）值和航空器使用手册规定的误差限制范围内显示的已知的气压高度（如机场标高）。已知的标高和在高度表上显示的气压高度之间的差值不应超过 23 米（75 英尺）。两部主高度表同时应当符合航空器使用手册规定的限制范围（也可使用 QFE 的备用程序）。

（4）飞行机组应当确认在 RVSM 空域飞行所需的设备可用，如有故障指示，应予以解决。同时，飞行机组还应确定当飞机出现紧急情况或出现可能影响保持高度层飞行能力的天气条件时在 RVSM 空域运行的紧急程序。

（5）航空器放行前，飞行签派员必须根据空中交通管制要求，与机长共同确定当飞机出现紧急情况或出现可能影响保持高度层飞行能力的天气条件时在 RVSM 空域运行的紧急程序。

3．航空器进入 RVSM 空域前程序

航空器进入 RVSM 空域前，以下设备应当工作正常，如果有任何要求的设备失效，航空器驾驶员应当申请新的许可，以避免在该空域飞行。

（1）两套主高度测量系统；

（2）一套自动高度控制系统；

（3）一套高度告警系统。

注意：航空运营人应当确认在每一个计划运行的 RVSM 空域，飞机满足装备应答机的要求。

4．飞行中程序

以下内容通常包含在运行手册和飞行程序中：

（1）飞行机组应当遵守与 RVSM 适航批准相关的航空器的运行限制（如果对特定航空器组有要求）。

（2）应当强调当飞机通过转换高度时，要迅速在所有主用和备用高度表的小刻度窗设置 29.92 英寸汞柱/1 013.2 百帕，并在到达初始许可飞行高度层（CFL）时应再次检查高度表设置是否正确。

（3）在平飞过程中,航空器保持在初始许可飞行高度层很重要。飞行机组应特别注意,确认和充分理解,并遵守 ATC 指令。除非在紧急情况下,航空器不得在没有 ATC 许可的情况下擅自离开初始许可飞行高度层。

（4）在飞行机组收到管制员发布米制飞行高度层指令后,应当根据"中国民航飞行高度层配备标准示意图（表）"确定对应的英制飞行高度层,以确保与其他航空器之间的垂直间隔至少为 300 米（1 000 英尺）。

（5）在高度层转换时,航空器偏离指定的飞行高度层的误差不得超过 45 米（150 英尺）。

注:建议如果飞机具有自动高度控制系统,应当利用其高度截获功能来完成改平。

（6）在平飞巡航过程中,自动高度控制系统应当可用并接通,除非需要重新调整飞机或遇到颠簸需断开自动高度控制系统。在任何情况下,应参考两个主高度表中的一个来保持巡航高度。

（7）高度警戒系统应当是可用的。

（8）机组应当每小时做一次主高度表的交叉检查,二者之间的差值最大不得超过 200 英尺（60 米）或航空器使用手册规定的一个更小的值（如果超出了这一限制,驾驶员应当向管制员报告高度测量系统失效,并记录下主高度表和备用高度表之间的差值,以备在紧急情况下使用）。

（9）对于大多数飞行,驾驶员对驾驶舱仪表的正常扫视就足以完成高度表交叉检查。

（10）在雷达和 ADS-B 监视的运行区域,应在改平时就进行初始高度交叉检查。

（11）应至少把在 II 级导航区域进入点附近的初次高度表交叉检查记录下来（如离开海岸线时）。即使可以使用自动高度表对比检查,飞机机组也应记录下主高度表和备用高度表的读数,以备在意外情况下使用。

（12）通常情况下,使用测高系统控制航空器高度,选择其往应答机中输入信号向ATC 传送高度报告信息。

（13）如果航空器驾驶员得到空中交通管制员关于指定高度的偏差（AAD）超过 90 米（300 英尺）的通知,航空器驾驶员应立即采取措施尽快返回初始许可飞行高度层。

（14）对于按照 CCAR-121 部实施运行的航空承运人,应当利用地空数据通信系统或其他有效方式持续监控在 RVSM 空域运行的航空器状态,包括:飞机位置、飞行高度、燃油、航路时间和其他影响运行的因素。

5. 在 RVSM 空域运行的应急处置程序

航空运营人应该制定在出现不正常情况下的应急程序？航空器驾驶员应通知 ATC出现的影响保持初始许可飞行高度能力的应急情况（如设备失效、天气条件）,并与管制员协调行动计划。

航空器驾驶员应当熟练掌握紧急情况下驾驶员和管制员的紧急程序,当航空器处于以下情况之一时,驾驶员应当及时通知管制员:

（1）由于设备失效,不再符合 RVSM 运行要求;

（2）失去高度测量系统的冗余;

（3）当航空器驾驶员按照仪表飞行规则在 RVSM 空域飞行过程中遇有影响保持高

度能力的颠簸发生偏离 ATC 指定的高度层 90 米(300 英尺)或以上情况时,必须通知管制员。飞行结束后,应当向本公司所在地的地方安全监督管理局报告偏差发生的具体情况。

6. 飞行后程序

在填写维修记录本中有关高度保持系统失效的情况时,航空器驾驶员应当提供足够的详细情况,以使维修人员能有效地解决问题和修复系统。航空器驾驶员还应当详细描述实际出现的缺陷和采取的隔离、排除故障的措施。如适用,应说明下列问题:

(1)主用高度表和备用高度表的读数;

(2)高度选择器的设定;

(3)高度表小刻度窗的设定;

(4)用于控制航空器的自动驾驶仪和当选择备用系统时出现的差异;

(5)如果选择了备用静压孔,高度表的读数差异;

(6)进行失效分析程序时对大气数据计算机选择器的使用;

(7)选择用来向 ATC 提供高度信息的应答机,人工选择备用应答机或高度数据源时出现的差异。

15.3 极 地 运 行

15.3.1 极地运行的概念和历史

极地运行是指使用穿越极地区域航路的航班运行,包括北极和南极区域。北极区域指北纬 78 度以北的区域,南极区域指南纬 60 度以南的区域。对于大多数遵循 CCAR-121 部运行的航空承运人而言,极地运行指的是跨越北极区域的运行。

1926 年 5 月 9 日,美国人伯得和贝内特驾驶福克 F. VIIA-3M 三发单翼机,从挪威斯匹次比尔根群岛出发,穿越北冰洋上空,成功飞越北极点后安全返回。1929 年 11 月 28 日,伯得等四人机组驾驶一架"福特 4-AT"三发飞机,从南极洲边缘的小阿美利加基地出发,飞临南极后返回,往返飞行 18 小时 59 分钟。伯得成为世界上第一个飞越过地球两极的人。1926 年 5 月 11 日,欧洲飞行探险家开始由罗马至阿拉斯加的飞行尝试,因天气原因未达目的地。1937 年,俄罗斯飞行员第一次实现了由莫斯科经北极飞抵安克雷奇。1954 年北欧航空公司(SAS)使用 DC-6B 型客机开通了哥本哈根经极地飞至美国西海岸城市洛杉矶(CPH-SFJ-LAX)航线。1957 年斯堪的那维亚航空公司(SAS)使用 DC-6B 机型开通了哥本哈根—安克雷奇—东京航线(CPH-ANC-NRT)。1983 年芬兰航空公司(Finn Air)使用 DC-10 机型开通了赫尔辛基—东京航线(HEL-NRT)。

现行的北极航路 POLAR1、2、3、4 是从多年的极地飞行经验基础上发展起来的。20 世纪 90 年代初,俄罗斯开放了部分领空和军用机场,为北极航路的开通创造了有利的条件。1993 年出现了 POLAR1、2、3、4,1998 年 7 月国泰航空公司进行了第一次验证飞行。2001 年 2 月 1 日北极航路正式对外开放,2001 年 3 月 1 日完成了首次 B777 的 ETOPS 运行。目前,跨越极地的商业运行已有 60 余年的历史。

截至 2019 年 12 月,部分曾执行过或正在执行极地航线的航空公司和航线如表 15-5 所示。北极地区航路概况见表 15-6。

表 15-5　执行极地航线的航空公司一览表

航空公司名称	起飞机场	目的地机场
中国国际航空公司	北京	纽约
	北京	蒙特利尔
中国南方航空公司	武汉	纽约
	广州	纽约
中国东方航空公司	虹桥	多伦多
	浦东	纽约
中国海南航空公司	北京	多伦多
美国联合航空公司	芝加哥	东京
	纽约	东京
	华盛顿	东京
	纽瓦克	香港、北京、东京
国泰航空公司	香港	纽约
新加坡航空公司	纽瓦克	新加坡
加拿大航空公司	多伦多	香港、北京、上海、首尔、东京
大韩航空公司	首尔	纽约

表 15-6　北极地区航路概况

航路	航迹代号	航路点	纵向间隔	可用飞行高度
A218	N	LISKI	20min	9 600,10 600,11 600m
B244	P	FRENK	20min	9 600,10 600,11 600m
G212	Q	YUREE	20min	8 600,9 600,10 600,11 600m
G583	R	MARCC	20min	9 600,10 600m
B480/G490	P2	DEVID	25min	31 000,35 000,39 000ft
G491	P3	RAMEL	20min	32 000,34 000,38 000ft
G494	P4	ORVIT	20min	32 000,34 000,38 000ft

其中的最小纵向间隔对于加拿大 Nav、安克雷奇 ARTCC 和俄罗斯从 30 公里到 20 分钟不等,极地航线的管制由安克雷奇 ARTCC,Reykjavik,Murmansk,Magadan 和 Edmonton ACC 共同承担,安克雷奇 ARTCC 要求一个 10 分钟的额外流量限制,俄罗斯在雷达管制下要求 30 公里的纵向间隔,在程序管制下要求 10 分钟的纵向间隔。

15.3.2　POLAR1-4 航路概况

北极地区的航路形成于 1993 年,验证飞行从 1998 年 7 月开始,共进行了 650 多次。先期推出了 4 条北极航线,从白令海峡向北依次为 POLAR4、3、2、1。

POLAR1:由印度北部穿越诺里尔斯克,直飞北极圈,主要服务于北美西部城市至印巴航线。

POLAR2:由蒙古乌兰巴托经伊尔库茨克及布拉茨克抵北极圈,主要服务于北美东部和中部城市至马来西亚、新加坡、泰国和印尼。

POLAR3:自北京经蒙古地区绕季克西抵北极圈,主要服务于北美中部、东部城市至中国内地、中国香港、中国台湾和菲律宾。

POLAR4:由北京起穿越雅库茨克,直达北极圈外围地带;主要服务于北美中东部城市至中国内地、中国香港、中国台湾、韩国和许多交叉航路。

1. 中国境内航段

我国拥有总共 7 个出入极地航线位置点,它们是:

中国与俄罗斯之间:ARGUK,GOPTO,SIMLI,TELOK。

中国与蒙古之间:INTIK,MORIT,POLHO。

考虑到上海浦东机场和使用 POLAR4 航路,中国正在着手研究开辟一条新的转换航线来缩短飞行距离,同时评估国内现时可用的航线来为国际飞行服务。

中国要求进出这 7 个位置点的航班在离场前的 1 个小时提供详细的飞行计划给相关管制单位。

2. 俄罗斯航段的劣势

(1) 飞越俄罗斯所需导航费用比非俄罗斯航段高;

(2) 运营者倾向于使用北太平洋航线来避免进入俄罗斯空域;

(3) 节省下来的飞行时间和油量与飞越俄罗斯所需的导航费用相抵;

(4) 基于可选航段和可使用的高度层,俄罗斯航段容量有限;

(5) 由于使用 RVSM,北太平洋航段拥有更多有效的飞行高度层,例如,多数俄罗斯航段只有三个可用高度层 9 600 米、10 600 米和 11 600 米,而北太平洋航段则有近 10 个 RVSM 高度层;

(6) 没有为 POLAR1 运行和从东部进入安克雷奇飞行情报区的航迹咨询服务;

(7) 从俄罗斯东部经极地航线的航班逐年增加,将导致流量管理;

(8) 配额限制和对货机进入的限制;

(9) 由于员工方面的问题,周六北美离场的航班将不能使用 POLAR4 航路,改航的航班将消耗额外的飞行时间和油量。

3. 安克雷奇航段

(1) "P"和"Q"被视为一条单独的航段,距 FRENK349NM 的 B244 和距 YUREE347NM 的 G212,在 UHMA 汇聚进入 G212,这就限制了进入俄罗斯远东航班容量。

(2) 使用马赫数飞行时,进入俄罗斯远东的最小纵向间隔为 10 分钟,POLAR2 航段为 15 分钟。由于不同航空器的速度限制,使用马赫数飞行可能会影响航班容量。例如,767-300 巡航速度为 0.80,而 747-400 为 0.85,这将极大影响纵向间隔的使用。

(3) 俄罗斯境内使用米制,额外增加了转换高度单位制的工作量。

(4) 高频通信的不稳定将影响地—空—地的联系,而地面俄罗斯—安克雷奇—Edmonton 管制中心的联系也会由于电话或数据传递方面的问题而受到影响。

15.3.3 极地航线的特点

1. 低温燃油管理

在极地航线飞行时,飞机运行环境的特殊性,要求使用特定的燃油,而且要求在处理燃油时进行严格控制。低温燃油管理问题对于极地飞行是非常重要的,不论是在飞行前准备阶段,还是在飞行过程中。

世界范围内,目前广泛使用的航空燃油是煤油,型号有 JET-A、JET-A1 等,我国生产的航空煤油有 RP-1 和 RP-2。

煤油是一种碳氢化合物,通常会含有一些水分和蜡质。含蜡因随燃油的型号不同而不同。在常温与正常的燃油管理情况下,水分与蜡是不会出现问题的。但是,在喷气飞机的特殊运行环境下,有可能出现问题。如果低温性能不好,在低温条件下,燃料流动缓慢,煤油中所含的水分或液态杂质会冻结,出现烃结晶与冰结晶堵塞油路,影响正常供油,如果温度继续下降,在接近燃油冰点时,蜡质会呈固体状并将燃油滤堵塞,严重时会造成供油中断,发生飞行事故。航空煤油结晶点一般要求在−40℃~−60℃以下。表 15-7 为目前常用燃油标准冰点和最低使用温度数据。

表 15-7 燃油标准冰点和最低使用温度

燃油型号	冰点温度	最低使用温度	备注
JET-A	−40℃	−37℃	
JET-A1	−47℃	−44℃	
JP-4	−58℃	−55℃	
JP-5	−46℃	−43℃	
JET-B	−50℃	−47℃	
3#	−50℃	−47℃	

由于上述原因,喷气飞机均有燃油加温装置,以便于飞机在燃油温度低于其冰点时飞行。同时,还需要限定飞机在燃油温度高于其冰点的条件下飞行。

燃油冰点测试程序:

从每年的 5 月 1 日零时(UTC)起至 10 月 31 日 24 时(UTC)使用燃油的标准冰点。在此期间根据气象预报航路大气温度低于−65℃(含),必须采用实测燃油冰点代替燃油标准冰点。

从每年 11 月 1 日零时(UTC)起至次年 4 月 30 日 24 时(UTC),必须采用实测冰点。

1) 在每年 11 月 1 日(含)至次年 4 月 30 日(含)的低温燃油冰点测试程序

（1）由公司测试人员将第一个油样实测燃油冰点值通过传真和电话在航班起飞前报飞行签派员。

（2）起飞后 2 小时内飞行签派员向飞行机组报告全部实测燃油冰点中最高的一个。

（3）飞行签派员收到第一个油样实测燃油冰点报告后换算为静温 SAT，然后与计算机飞行计划进行比较，检查计划中给出的航路温度 SAT 是否低于实测的燃油冰点，如低于应重新制作计算机飞行计划。

（4）在重新制作计算机飞行计划时，可适当改变飞行高度或调整飞行速度。

（5）如改变高度或调整飞行速度均不能使计划中的航路温度 SAT 高于燃油实际冰点 TAT，可以选择其他北极航路或备份航路。

2）在每年 5 月 1 日（含）至 10 月 31 日（含）的低温燃油冰点测试程序

（1）检查所选最佳北极航路的计算机飞行计划中航路温度 SAT 是否达到或低于 −65℃。如果达到或低于 −65℃，立即通知地面代理测量燃油实际冰点。

（2）由地面代理将第一个油样实测燃油冰点通过传真和电话在起飞前 1 小时 20 分钟报飞行签派员。

（3）起飞后 2 小时内飞行签派员向飞行机组报告全部实测燃油冰点中最高的一个。

（4）飞行签派员收到第一个油样燃油冰点报告经换算为 SAT 后与计算机飞行计划进行比较，检查计划中给出的航路温度 SAT 是否低于实测的燃油冰点，如低于应重新制作计算机飞行计划。

（5）在重新制作计算机飞行计划时，可适当改变飞行高度或调整飞行速度。

（6）如改变高度或调整飞行速度均不能使计划中的航路温度 SAT 高于燃油实际冰点 TAT，可以选择其他北极航路或备份航路。

如在航班起飞前飞行签派员得不到实际的燃油冰点且航路温度低于 −65℃可选择备份航路。如果实测燃油冰点低于 −47℃，则本次航班冰点值取 −47℃。

2. 极地航线导航特点

由于地球磁场收敛于地磁北极和南极，这样地磁场在极区具有两个特点：一是磁倾角很大，磁场水平分量很小，使磁罗盘不能正确测量磁航向；二是磁经线迅速收敛，磁差变化很大。同时，由于地磁场本身的不稳定性及地磁风暴、宇宙射线等的影响，地球的磁极实际上不是一个确定的位置，经常会出现少量的漂移，这种现象越靠近北极点表现得越明显，这就造成了罗盘定向的误差，甚至不能正确定向。

磁不可靠区（AMU）所覆盖的范围，如果使用了飞机导航系统中的"延展磁差"选项，其范围包含所有北纬 82°以北地区和经度位于西经 80°和 130°之间，北纬 70°以北地区（这是个类似钥匙孔型的磁不可靠区）；如果未使用"延展磁差"选项，则其范围包含所有北纬 73°以北地区。在磁不可靠区域不能使用磁航向导航，飞行计划必须使用真航迹和真航向。

1）卫星导航

从理论上讲，卫星导航在全球任何地点、任何时间都可以使用。但是由于卫星分布原因，在两极和高纬度地区、高仰角的部分区域可能出现卫星覆盖空洞，这将可能使接收到的卫星几何分布不理想，导航精度有所降低，特别在飞机进近机动飞行时影响更大。在实际使用中,北纬 88°以北地区 GPS 受接收信号影响短时不工作。

2)惯性导航

惯性导航 INS 是一种自主式的导航方法,可以在包括极地地区在内的任何地方使用,但它存在积累误差,正常工作时需要采用其他导航方式(VOR、GPS 等)校正。在极地区域由于没有其他导航方法校正,长时间飞行将产生较大误差。

极地飞行过程中的导航必须严格按照规定的程序进行,同时必须安装 VHF、GPS、INS 导航设备和飞行管理计算机 FMC。

3)极地导航注意事项

在北纬 70°或 73°以北磁不可靠区,真航向是基本的导航方式,其他地区则仍然使用磁航向。

一般情况下,FMC 采用 VHF(主用)和 GPS(辅用)对 INS 校正,任一海洋地区或没有 VHF 导航台的边远地区,FMC 采用 GPS 对 INS 校正,保证了导航的准确性和连续性。但在北纬 88.5°以北地区,GPS 受接收信号影响可能短时不工作,因此,应提前对 INS 校正,以减少积累误差。在北纬 88°以南地区 GPS 又恢复正常工作。

一般地区飞行时,FMC 同时使用三台机载 INS 复合导航。但是三台 INS 数值不可能完全一样,进入极区的时间就不一样;同时在极区,经纬线极度收敛,三台 INS 数值可能差别较大,因此进入极区后 FMC 将转为单台 INS 工作。

飞行管理计算机 FMC 根据上述多传感器的导航数据,自动按区域导航方式计算最佳航线,保证飞机按大圆航线飞行,这就从根本上解决了极区磁差很大、经纬线极度收敛、导航计算困难的问题。中国民航实际飞行中,只要按规程操作都能保证导航要求。

飞越极点时,罗盘指针将产生旋转,旋转幅度取决于飞机离极点的距离,航向改变时,红紫色的航迹可能会变成锯齿状。

直接飞越极点时,LNAV 不能过渡至下一航段,LNAV 可能产生短暂的横滚,在极点的航路点转弯时,航迹可能不能显示出转弯,LNAV 在南极作计划转弯时,可能朝相反方向转。

另外需要注意的是:气压式高度表由于极区极度低温带来的多指误差;某些在近地警告系统 EGPWS 地形数据库中未包括的地区,将在电子地图显示屏上用品红色点显示;气象雷达发射的无线电波束由于极区冰面的镜面反射可能为气象目标判读带来影响等。

4)极地航线导航程序要点

当飞机接近加拿大北方管制区的南部边界地区时,开始无法检测到准确可靠的地球磁场数据。机组必须确定 FMC 所提供的飞行计划所显示的导航数据使用真航线和真航迹。

机组在使用自动定向仪 ADF 或 VHF 全向信标台时应特别小心,因为在使用这些设备时,采用何种参考系(真或磁航线)将影响到导航数据的显示方式。即使 VOR 台提供的径向方位是以 VOR 台为基准,方位数据也同时可以用真航向或磁航向来表达。

由于不同地区或机场可能有不同的规定,机组同时也应准备好按要求使用海压或场压高度、英制或公制高度单位。

如果在向北飞行的过程中发现 GPS 系统数据始终不发生变化,则表明 GPS 已经无法正常接收卫星信号。此时 FMC 导航系统显示的飞行位置和速度值将逐渐采用 IRU 测定值。

当机载计算机指示的飞机位置进入北纬 84°以北地区后,在(控制显示组件 CDU)上将显示 SPLIT IRS OPERATION 信息。FMC 导航功能将逐渐改变 FMC 的位置计算方法,从三套 IRS 工作方式转换到单套 IRS 工作方式,这样可以防止位置数据出现突变。这个转换过程完成以后,FMC 显示的位置数据将与单台 IRU 显示的位置数据相同。每台 FMC 自主选择对应的有效 IRU 位置。左座 FMC 选择 IRU 的顺序为左/中/右,右座 FMC 选择 IRU 的顺序为右/中/左。每台 IRU 显示的位置数据将与另两套设备的数据进行对比,FMC 选择彼此最近的两组数据。当飞机重新进入北纬 83.5°和南纬 83.5°之间的地区后,FMC 将逐渐重新回到三台 IRS 共同工作的导航方式。

即使 GPS 工作正常,在从北纬 88.5°向极点飞行的过程中应停止使用该设备。如果飞机进入由北纬 88°向南飞行的过程,此时可以重新使用 GPS 提供的导航数据修正值。

极地飞行中机组应首选 FMS 的水平导航模式 LNAV,并使用自动驾驶仪。FMS 将按区域导航方式计算航路,保证最佳航线飞行。在使用 LNAV 模式时,应将该航向选择开关调至 NORM(正常)位置。在极区飞行过程中如果飞机进入了 IRS 无法计算磁航向数据的地区,系统将自动切换到真航向。

如果设定系统为 LNAV 以外的其他方式,那么航向选择开关应调在 TRUE 位置,使用真航向进行导航。在使用真航向参考系的模式下,由机组输入的所有方位信息将被系统假定为使用真航向方式表达。

当飞机飞越北极点时,机载设备所指示的飞行航向和飞行航迹,将迅速发生 180°偏转。如果在极区附近设定系统在 HDGSEL 或 HOLD 模式下工作,当出现上述情况时机组应该迅速调整航向以反映上述变动。否则,自动驾驶将出人意料地自动操作飞机转弯。

3. 极地航线的通信

1)高频通信

北极地区常年冰雪覆盖,对流层高度与中纬度相比比较低,对流层顶高度平均只有 8~9km(赤道地区 16~18km),而在极地航路上飞行的飞机其巡航高度大多在对流层以上平流层内飞行,所以宇宙辐射对飞行影响较大。

北极是太阳黑子活跃区域,太阳风粒子不能穿越地球磁场,而只能通过极尖区进入地球磁尾。当太阳活动发生剧烈变化时,常引起地球磁层亚暴。于是这些带电粒子被加速,并沿磁力线运动,从极区向地球注入。所以进入极区的宇宙线通量大大高于其他地区。

北极地区由于人类活动和太阳风暴造成的臭氧层减弱或臭氧空洞对阳光的过滤作用有所削弱,所以太阳的周期性活动对电磁波的干扰作用在这一地区表现得特别明显。

上述原因造成电离层扰动,影响电离层状的稳定,从而引起无线电通信不稳或中断及地球磁场的紊乱。

在极地航班飞行中当机组使用常规的 HF 设备与管制部门进行地空通信时,往往会出现信号质量下降,自动跳频,以及较严重的噪声和衰减现象。当太阳的周期活动表现得特别强烈的时候,高频通信设备甚至会完全失效。

中国东方航空公司在试飞中就遇到了在北纬 83°附近飞机大约有 15 分钟左右的时间

未能同 ATC 建立通信,在飞越极地区域时与公司总部签派联系没有成功。南方航空公司在试飞中也有半小时与公司控制中心联络不通等。

2)卫星通信受到的影响

当前民航卫星通信 SATCOM 都是利用位于赤道上空的国际静止通信卫星进行信息交换,但在北纬 82°以北地区往往会出现通信困难。造成这一现象的原因是受地球表面曲率的影响,在北纬 82°以北地区存在卫星信号覆盖盲区,位于赤道上空静止轨道上的通信卫星发出的信号无法顺利地传送到极区范围内的接收设备供其使用,同样极区发射的信号也无法被卫星顺利捕获。

3)极地航线通信特点

极地飞行过程中的通信必须严格按照航路图中指定的程序进行,必须同时准备 VHF 和 HF 设备和卫星通信 SATCOM 设备,在与 ATC 交换信息过程中应使用标准 ICAO 航行术语。在北纬 82°以北地区,HF 是基本的通信手段,卫星通信 SATCOM 设备往往无法正常使用,但可以作为备份设备。

短波依靠电离层反射工作,通信的质量随时都受电离层特性的影响。电离层的高度和电子浓度在白天和晚上,冬天和夏天各有不同,对短波的传播产生不同影响。一般来说白天需要用较高频率,晚上则需要用较低频率,同样,夏天所需频率较高,冬天则要求频率较低。电离层本身还受到太阳耀斑、磁暴以及核爆炸等因素的影响而使电子密度严重的扰乱,导致可用频率发生漂移,产生噪声或衰减,从而使 HF 话音通信质量变差,在北极地区影响尤为严重。

为了充分发挥电离层对短波通信的正面效应,各国在不同地区设置了电离层观测站,将电离层的各种参数提供给各使用单位,以便各单位计算并预测最佳频率和波长。所以首先应根据电离层参数选择最佳频率;通信时若遇到严重干扰,可更换频率、改换边带或 AM 制式或通过与 ATC 的通信中转电报与公司联系;考虑到短波通信可能的不稳定性,应提前进行通信联络等。

随着计算机与通信的结合,在短波通信中开发成功了自适应选频技术,可以使用计算机存储的程序做到自动搜索、自动探测信道质量、自动更换频道等,从而使短波通信的质量有了进一步的提高。

数据链通信与语音通信相比具有更强的抗干扰能力、稳定性和通信质量。目前飞越北极航线的飞机都已安装 VHF 和卫星通信数据链。在没有 VHF 数据链台站的大陆地区和北纬 82°以南地区,在语音通信困难时,可以使用数据链通信。正在发展的 FANS 系统 HF 数据链的可靠性大大超过了传统的 HF 语音通信设备,应该努力选用 HF 数据链通信。基于数据链的自动相关监视(ADS)将是北极地区数据通信的发展方向。它将为极区地空通信、航行管制带来巨大好处。

由于宇宙辐射对无线电通信有巨大影响,根据有关规定,在地磁风暴等级可能达到或超过 G4 级,太阳辐射可能达到或超过 S3 级,或无线电失效可能达到或超过 R3 级时,都不能采用极地航路飞行。

4)极地航线通信程序要点

可使用以下通信手段:

（1）HF 话音，和/或

（2）HF 数据链，和/或

（3）卫星通信话音，和/或

（4）卫星通信数据链。

以从北美洲出发的极地航班为例，在飞行的起始阶段机组与加拿大管制中心进行正常的 VHF 通信。随着飞机逐渐向北飞行，该航班将先后陆续移交给埃德蒙顿管制中心和北冰洋无线电管制区进行指挥。北冰洋无线电管制区主要使用 HF 频段工作，但同时也设有几个 VHF 遥控站。其覆盖范围同时包括了加拿大北方飞行情报区和俄罗斯飞行情报区。

机组在第一次向北冰洋无线电管制区报告时使用 VHF。在首次报告时，机组应申请主用和备用频率，并完成无线电选择呼叫（SELCAL）检查。北冰洋无线电管制区负责在飞机与航空公司签派部门之间传递信息。

在进入俄罗斯空域之前应提前与俄罗斯 ATC 部门联系。相应的通信程序和位置应在航班起飞前由航空公司与俄罗斯民航管理部门和交通管制部门负责协调。在 VHF 范围没有覆盖到的地方可以使用 HF 设备通信。俄罗斯空中管制中心通常使用两套频率，其中高频用于白天，低频用于夜间。

在进入极区之前，航空公司应为机组提供最新的航路气象与备降场信息，以使机组获得实施安全有效飞行所需的信息。航空公司可以使用 HF 和 SATCOM 数据链为机组通报上述航行情报信息。当 HF 信号出现强烈干扰和失真时，机组可以请求选择调幅（AM）模式或要求地面管制员更换上或下边带进行通信。

可以通过 http://www.haarp.alaska.edu/mm/wf.html 网站检测在北极区域的高频通信效果。它对应当时的 UTC 时刻和高频频谱，以从深蓝色到白色水印表示高频通信效果的状态。

预报太阳活动的网站：

（1）NOAA Space Weather

http://www.sec.noaa.gov/SWN/

（2）HF Propagation

http://dx.qsl.net/propagation

http://wwww.hard-core-dx.com/solar/solarindex.html

4．极地航线的宇宙辐射

1）宇宙辐射

宇宙辐射即电离辐射，是来自银河系的高能粒子在进入地球大气层时和大气中的各种原子碰撞，产生次级辐射，主要由质子、中子、电子和光子组成。周期为 11 年的太阳活动是导致宇宙辐射的主要原因。

2）辐射效应

辐射效应即辐射损伤，包括对材料和人员的损伤，总辐射损害指各种辐射长期积累的总效应。通过电离作用和原子位移作用，使材料的分子结构产生缺陷。高能电磁辐射或粒子辐射穿入人体细胞，使细胞的分子电离，损害了细胞的正常功能。对细胞最严重的危害是其 DNA 受到损伤,DNA 是细胞的"心脏",包含所有产生新细胞的结构。

3)对 DNA 的辐射损伤

(1)间接方式:当人体中水分子吸收辐射而电离时,形成具有高度活性的自由基,这些自由基可损坏 DNA 分子。

(2)直接方式:辐射与 DNA 分子碰撞,使其电离或直接损坏。

当人体受到一定剂量的辐射后,会患辐射病,其主要症状包括:严重灼伤、不能生育、肿瘤和其他组织的损伤。严重损伤可导致快速(几天—几周)死亡。DNA 的变异可遗传后代。受损细胞能否修复取决于 DNA 受损类型。

4)辐射剂量

辐射剂量的单位是拉德(rad),各类辐射在 1 克任何物质中被吸收的能量若为 5~10 焦耳(J),辐射剂量即为 1rad。由于辐射的生物效应不同,从生物剂量概念出发,建立了辐射剂量当量。剂量当量的单位有雷姆(rem)和希沃特(Sv),1Sv=100rem。

不同辐射剂量当量水平对人体的影响分别是:0.02mSv,相当于 X 光体检。1 000mSv 会患辐射病,2 500mSv 将导致女性不育,3 500mSv 将导致男性不育,4 000mSv 将有致命损害。中国民用航空医学研究室对国内 19 条航线和国际 2 条航线进行辐射剂量的测定(1992—1995 年),结果表明辐射剂量随飞行高度、飞行时间和地磁纬度的增加而增加。国内航线为 2.85~3.11mSv/1 000 小时,国际长航线最高剂量达 12.22mSv/1 000 小时。

5)宇宙辐射的危害

(1)影响人的健康,特别是飞行人员,恶性肿瘤、染色体损伤和脂质的氧化损伤发生的概率明显高于普通人群;

(2)影响地球的磁场和电离层;

(3)影响通信、电子导航设备、卫星,甚至电力传输。

6)宇宙辐射的标准

(1)国际通用的辐射计量单位为 mSv(毫希沃特)。

(2)国际放射防护委员会(ICRP)公布的安全标准为:100mSv/5 年、50mSv/任一年、20mSv/1 年。

(3)中国国家标准为:5 年平均不超过 10mSv/1 000 小时。

7)宇宙辐射的监控

根据 ICRP 的统计,北极航线的年平均辐射量为 7~8.64mSv。

根据中国民用航空医学研究室 1992—1995 年针对中国国际航空公司进行的宇宙辐射剂量测定,国内航线为 2.85~3.11mSv,国际航线最高剂量达 12.22mSv。

根据美国达美航空公司的统计:

(1)纽约至东京航线,平均飞行时间 13 小时,飞行人员每班受到的最大辐射剂量为 0.99mSv;

(2)纽约至东京航线,年飞行时间 950 小时,飞行人员受到的最大辐射剂量为 7mSv。

上述统计结果表明,一般情况下飞行人员受到的宇宙辐射剂量均不会超过 ICRP 和中国规定的标准。拟采取下列保护措施:

① 签派放行中严格执行宇宙辐射最低标准中对 S 项的规定。

② 合理安排机组,安排飞行计划时,充分考虑极地飞行的特点,高纬度、低纬度轮换飞行。

③ 不安排怀孕的机组成员执行极地航路飞行。

④ 极地飞行的空中餐食,配备高营养、高蛋白的食物,以及抗辐射食物(如黑色食品:黑米、黑芝麻等),另外多饮绿茶对抗辐射也有一定作用。

8) 宇宙气象分级

按照美国国家海洋和大气局(NOAA)的规定,主要由太阳活动引起的对地球环境的影响可以归纳为地磁风暴、太阳辐射风暴、无线电失效。

宇宙气象具体分级见表 15-8。

表 15-8　宇宙气象分类表

种 类	弱—强	计 量
地磁风暴 Geomagnetic Storms	G1—G5	行星磁场变化 K 系数(地面监测站监测)
太阳辐射风暴 Solar Radiation Storms	S1—S5	质子流(GOES 卫星监测)
无线电失效 Radio Lackouts	R1—R5	X 射线流量(GOES 卫星监测)

9) 通过网站监控太阳活动

在美国国家气象局太空天气预报中心网站 https://www.swpc.noaa.gov/ 中可以找到关于 G、S、R 项的每个级别对 HF 无线电通信和航空人员健康影响的具体说明,如图 15-2 所示。

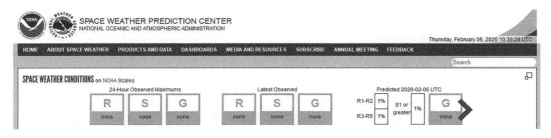

图 15-2　NOAA 太空天气预报

在 Space Weather Now 网页上,实时更新并显示有 G、R、S 各项当时的等级情况,为 Extreme、Severe、Strong、Moderate、Minor,分别对应规定的 5、4、3、2、1 级。其具体的数据记录曲线在 Today's Space Weather 网页上可以找到,R 项对应的是图 "GOESXrayFlux",S 项对应的是图 "Proton Flux",G 项对应的是图 "EstimatedKp"(见图 15-3、图 15-4、图 15-5)。这是监控太阳活动的主要依据。

另外,在 Space Weather Now 网页上还显示有太阳风和最新警告和咨询通告等信息,在 Today's Space Weather 网页上还显示有 3 天的宇宙辐射预报。

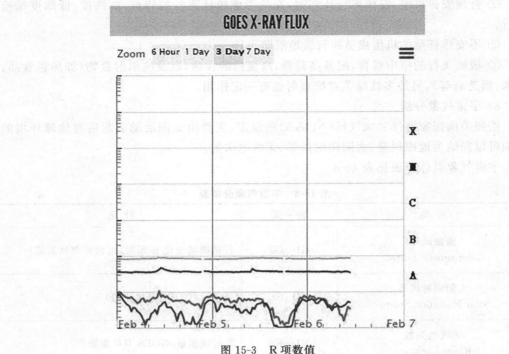

图 15-3　R 项数值

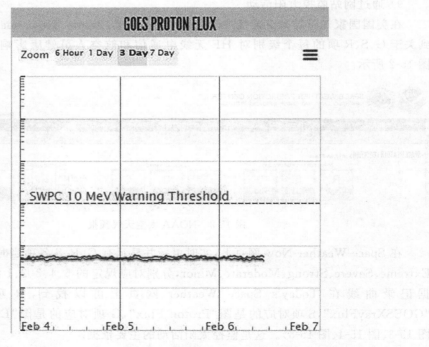

图 15-4　S 项数值

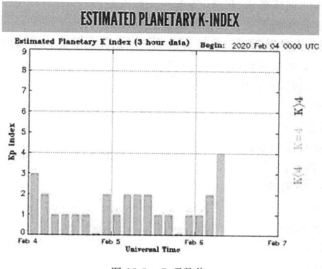

图 15-5　G 项数值

10）定制预报邮件

通过 NOAA 可以定宇宙辐射预报到指定的 e-mail 邮箱中。

目前我国已定了两种,一种是 wwv-list,每 3 小时更新一次,可以提供对过去 24 小时的摘要说明和对未来 24 小时的预报;另一种是 advisory-list,在每周二发布一次通报,提供对过去 7 天的摘要说明和对未来 7 天的预报,同时提供对宇宙辐射重大事件的报告。

15.3.4　极地运行的签派放行及保障程序

1. 签派放行标准及流程

由于极地飞行的特殊性,在放行时除按正常放行所考虑问题以外,应考虑以下问题:

1）地磁风暴等级可能会达到或超过 G4 时,采用非极地航路飞行

2）太阳辐射等级可能会达到或超过 S3 时,采用非极地航路飞行

3）无线电失效等级可能会达到或超过 R3 时,采用非极地航路飞行

4）MEL

(1)FQIS(包括油箱温度指示系统);

(2)APU-双发飞机(包括电气供应);

(3)自动油门系统;

(4)为满足有效的通信能力要求,飞行机组依靠的通信系统;

(5)MEL 对 180 分钟 ETOPS 运行的限制。

5）特殊设备

(1) 两套防寒服;

(2) 加装后的医疗箱。

6）航空公司培训

(1) QFE/QNH 和米制/英制;

（2）燃油防冻的训练要求：机务、签派和飞行机组；

（3）针对特定航线的天气和飞机系统限制训练；

（4）维修控制：为签派和飞行机组提供飞机系统能力信息，以协助机长作备降决定；

（5）机组使用防寒服的训练。

7）公司训练大纲需包含的内容

（1）程序手册。

① 燃油低温程序；

② QFE/米制高度测量；

③ 低温高度修正；

④ 俄罗斯 ATM 程序；

⑤ ETOPS 程序；

⑥ FMC 极地飞行；

⑦ 限制和规范。

（2）批准的机场。

（3）Jeppesen 航图。

① 空中交通管制——俄罗斯、中国和蒙古；

② 应急——俄罗斯、中国和蒙古。

（4）目的地机场。

① 区域和机场图；

② 天气；

③ 通信：极地定位图；

④ 最新临时更改：NOTAMS；

⑤ 飞行前计划。

a. 签派

b. 二次放行/二次放行计划

c. OAT/燃油温度/燃油冰点

（5）驾驶舱准备。

① 极地安全设备；

② 飞行前 FMS；

③ ATC 通信。

（6）公司通信。

① SATCOM；

② 远程运行控制。

（7）加拿大军用航空器通信系统。

（8）磁不可靠区域。

① 加拿大；

② 俄罗斯；

③ 导航设施。

（9）极地区域 FMC/自动驾驶仪性能。

（10）备降机场/紧急机场。

（11）非正常运行。

① 燃油低温；

② 飞行高度层的紧急改变（俄罗斯）；

③ 紧急机场。

（12）搜索与救援。

① 阿拉斯加和北极西部区域；

② 加拿大；

③ 俄罗斯；

④ 旅客救援计划；

⑤ 航路备降机场联络。

2. 极地运行的监控程序

航班起飞前 30 分钟，运行中心作好监控准备，收集北极航路相关的运行资料和放行资料，了解运行条件。

（1）天气资料包括：北极航路的备降机场、覆盖整个航路最新的重要天气预报、高空风图、高空温度图（特别注意低温区）。

（2）航行通告：覆盖整个航班航路和北极区域航路备降场的航行通告。

（3）放行资料：航班放行文件。

（4）了解公司选择的北极航路备降机场的地面保障设备情况（从代理公司获取），并根据天气资料结合代理公司提供的机场设备保障情况，制定俄罗斯区域航路备降机场的使用优先顺序。

（5）从指定网站和预定邮箱中提取宇宙辐射等级信息的预报，了解宇宙辐射影响的程度。

（6）计算航班预计飞越北纬 75°圈和北纬 82°圈的时间。

（7）了解公司运行中心通信设备状况，并登录指定网站监控北极地区使用 HF 频率通信的状态。

公司运行中心在航班计划起飞时刻前 30 分钟开始监控航班动态，如超过航班计划时刻 30 分钟未收到有关信息，应及时了解航班延误原因。

通过电报确认航班起飞，公司运行中心开始航班的飞行监控工作。在航班飞行中做以下几项监控工作：

（1）在整个航班监控过程中，运行中心密切监控北极运行的各项关键条件：航班起飞后监控天气变化情况（特别是航路备降场和北极低温区域的变化）；以 SITA 航行通告为主，空管局提供航行通告为辅，监控航班起飞后有关航行通告的最新变化；监控航班起飞后宇宙辐射等级的变化，如上述条件可能对航班安全运行造成影响，运行中心通过 ACARS 电报、SATCOM 或 HF 话音通报飞行机组，协助飞行机组采取必要措施（在北纬 82°以南区域，以地空数据链 ACARS 为主要通信手段，对于不便于英文文字表达的情况以卫星电话通信为主用手段，HF 语音通信作为备份手段；在北纬 82°以北区域，HF 语音通信有可能是唯一的通信手段)。飞行签派员在监控过程中,依据天气、航行通告、代理公司提供的备降机场设备情况,对航路备降机场优先使用顺序进行适当的调整。

(2) 在航班起飞后,通过发送位置触发电报设置每 15 分钟机载 ACARS 自动下传位置报(ADS),包括高度、温度、油量、飞机状况。运行中心使用公司全程飞行监控系统对航班飞行情况进行监控,如发现 30 分钟未接收到 ACARS 电报,运行中心同飞行机组建立联系,了解运行情况,并记录在《北极航路运行情况监控表》中。

(3) 在航班预计飞越北纬 75°之前 30 分钟,签派员将收集的最新北极航路运行信息,包括航路备降场天气、航行通告、宇宙辐射等资料和在指定网站中获取的高频最佳使用频率,利用 ACARS 上行电报通报给飞行机组,其中航路备降场天气是应飞行机组要求再发送,运行中心发现北极航路运行条件影响航班正常运行,立即与飞行机组联系,建议飞行机组改航安克雷奇,由飞行机组最终决断是否继续执行北极航路。如飞行机组决定改航,运行中心制作改航计划和签派放行单并通知飞行机组。

(4) 航班进入北纬 82°以北区域后,运行中心继续监控北极航路机场、天气情况、宇宙辐射等级的变化,如影响飞行安全利用高频通信手段或 ARCTIC RADIO 中转信息同飞行机组保持联络,提供北极航路运行变化信息。飞行机组通过 ARCTIC RADIO 向 ATS 报告的飞行数据将通过 AFTN 电报转发运行中心。

(5) 航班飞离北极区域,穿越北纬 80°时,飞行机组应与运行中心建立 ACARS 数据联系,通报航班情况(飞机剩油或者其他不正常情况),运行中心将飞行必要信息和备降机场的情况通报飞行机组,飞行机组将电台调整到公司使用的高频电台频率保持选呼、长守,运行中心在航班进入公司高频电台信号覆盖范围后应使用此方式与飞行机组保持联系随时通报不正常情况。

(6) 北极航路航班飞行油量监控,运行中心在航班起飞后,根据签派放行资料中的计算机飞行计划使用公司全程飞行监控系统对航班油量的变化进行监控,当航班计划油量与实际油量累积相差值较大时(该点所剩油量,不能满足航路 10％机动油的规定),联系飞行机组,了解情况,协助飞行机组进行处置并做好记录。

3. 备降场要求及选取原则

北极航路上可以使用的备降机场保障条件有限(特别是医疗条件),飞行机组在飞越北极航路时,只有客舱、货舱、发动机失火和机体损坏无法继续安全飞行时,才能飞往就近的可用备降机场备降。当机上人员出现突发急病危及生命安全时,未进入俄罗斯空域,可返回纽约或改航安克雷奇;已经进入俄罗斯空域则应继续飞往目的地机场。在飞机预计飞越北纬 75°之前,北极航路运行条件影响航班运行安全时,改航安克雷奇。

4. 备降后的保障

飞机在备降机场落地后,飞行签派员应尽快利用卫星电话或其他通信手段与飞行机组联系,了解飞机状况,是否已脱离跑道,是否已停放到安全位置,各种车辆和设备是否到位,旅客撤离情况,需要公司提供的协助。在旅客全部撤离飞机后,飞行机组再次使用机上通信设备,向公司运行中心通报情况。

负责备降机场准备的飞行签派员与备降代理和备降机场的代理公司保持联系,了解飞机状况,旅客和飞行机组的撤离情况、安置情况、旅客和飞行机组的健康状况等,并要求备降机场代理公司提供飞行机组在备降机场的联系电话。

负责备降机场准备的飞行签派员尽快将飞行机组和乘务组在备降机场的联系电话通报应急指挥中心以便直接联系。

5. 救援计划

所有进行极地飞行的航空公司必须提交救援计划,一旦出现备降就可启动该计划,救援计划应解决在备降机场旅客和机组的安全与照顾问题,还应包括从该机场撤离旅客和机组的计划。

(1) 在首次申请极地航路飞行时,航空公司应演示启动和实施救援计划的能力,有两个选择:

① 在首次商业飞行前,模拟备降至备降机场。

② 在专门的无旅客验证飞行时,模拟备降至备降机场。

作为年度审查的一部分,航空公司必须保持救援计划的准确性和完整性。

(2) 制定备降救援计划应考虑的因素:

① 通知航空公司管理人员、飞行人员和旅客服务小组。

② 通知代理人,代理人将通过当地相应的代理机构协调飞机和旅客要求。

③ 运行中心启动救援计划。

④ 与代理机构协调,以满足旅客的所有需要:临时签证,往返机场和酒店的交通,住宿,行李送往住宿地,食品,电话。

⑤ 通知家庭成员。

⑥ 为家庭成员提供最新的消息。

⑦ 保护飞机安全。

⑧ 启动救援程序。

6. 航班备降中的工作程序

当飞机发生火情或机体损坏,无法继续安全飞行时,飞行机组按《飞行机组应急程序手册》中规定的程序操作,并使用卫星电话或其他通信手段与总部运控中心联系,通报飞机情况和紧急备降决定。

公司运行中心飞行签派员接到飞机准备紧急备降的信息后,立即将飞机情况和机长备降决定通知运行主任,报告公司总值班经理。

主任飞行签派员立即指定一名飞行签派员与飞机飞行机组保持联系,掌握飞机状况,另指派一名飞行签派员专门负责备降救援准备工作。

负责备降准备工作的飞行签派员,执行下列工作:

(1) 计算飞机位置与各航路备降机场的距离。

(2) 收集备降区域内紧急备降机场和航路的天气资料,包括实况和预报,确定是否适航。

(3) 收集备降区域内紧急备降机场和航路的航行通告,确定有无影响飞行安全的因素。

(4) 查阅备降代理公司的通报,了解备降机场设备情况,确定能否保证飞机安全降落和备降救援飞机能否安全起飞。

（5）根据以上条件,确定备降机场优先顺序,然后向机长通报。

（6）收到机长通报后,立即通过电话通知备降代理公司,由其通知备降机场准备备降所需的地面设备,包括消防车、拖车、拖把、客梯车、旅客摆渡车、装卸行李的平台车等车辆。

（7）同备降代理公司和备降机场代理保持联系,了解备降准备情况,督促其按时完成备降机场地面准备工作。代理公司在准备就绪后通知公司运行中心。

（8）收到代理公司的报告后通知负责地空联系的飞行签派员,由其通知飞行机组。

（9）根据飞行机组选择的备降机场制作飞机到备降机场的改航计划和新的签派放行单,通过 ACARS 发给飞行中的机长。

15.4　电子飞行包(EFB)运行

15.4.1　电子飞行包(EFB)简介

电子飞行包(EFB)是一种由硬件和软件组成,用于驾驶舱或客舱以支持飞行运行的电子信息系统。EFB 能显示多种航空信息数据或进行基本的性能、配载等计算,其主要功能传统上是使用纸质材料或是由航空公司的飞行签派向机组提供数据来完成的。EFB 显示运行信息的方式与其拟取代方式应具有同等的可达性、可用性和可靠性。安装式 EFB 见图 15-6。

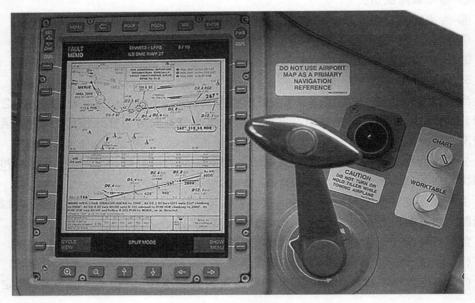

图 15-6　安装式 EFB

15.4.2　EFB 的应用

EFB 作为航空公司运行信息使用和管理的重大革新之一,近年来已在世界各国航空

公司得到了广泛应用。相比传统纸质资料,EFB 的优势包括:

(1) 易于携带,方便查阅。航图资料以电子版的形式保存在便携式 EFB 中,飞行员不再需要携带大量的纸质航图,查阅航图时也可以通过自动检索方式快速找到所需资料。

(2) 资料维护更新便捷。通过与公司数据库联网,EFB 可以实现自动更新,避免了传统纸质资料维护更新的不便。

(3) 信息传递快捷可靠。EFB 包含签派放行单、装载舱单等材料的传递功能,相比纸质材料传递更加快捷高效。

(4) 通过加装 EFB 软件,EFB 还能实现很多其他功能,包括飞机性能计算、载重平衡计算、电子签名等。

为适应 EFB 技术的快速发展,推动 EFB 的规范应用,特别是便携式 EFB 的使用,国际民航组织(ICAO)采纳了关于 EFB 的标准和建议措施(SARPs),并发布了相应的指导手册,美国联邦航空局(FAA)、欧洲航空安全局(EASA)等多个国家或地区的民航当局也相应地对其 EFB 运行规章进行了修订。

目前中国民航的 EFB 应用已步入了快速发展阶段,中国民航局根据我国 EFB 运行和审定经验,并考虑到与全球行业规章的协调一致,定义了 EFB 的功能分类,完善了运行适用性评估方法和运行批准要求,增加了电子签名、EFB 自身位置显示、新增 EFB 应用软件和软件修改等的运行批准指南,并制定了 EFB 应用软件的开发规范示例。

15.4.3 EFB 的特性与使用要求

1. EFB 硬件

EFB 硬件分为便携式 EFB 与安装式 EFB。

1) 便携式 EFB

便携式 EFB 指能够显示 EFB 应用软件的 PED。对于便携式 EFB:

(1) 飞行机组必须可控并无需工具和维护活动,就能方便地从固定装置上移除或联结到固定装置上;

(2) 能够临时连接到现有的飞机电源插座为电池充电;

(3) 可以连接到安装式飞机电源、数据接口(有线或无线)或天线。

需要注意的是,当一个便携式 EFB 未显示 EFB 应用软件时,该设备不再具有便携式 EFB 功能,应被视为一个普通的 PED。在飞机上使用任何 PED 都应遵循 PED 的相关规章,以确保 PED 不会以任何方式干扰飞机的运行。

申请使用便携式 EFB 的运营人需要保证所用设备满足以下要求:

(1) 电磁兼容性(EMC)的演示验证:运营人必须证明所有的便携式 EFB 组件与飞机导航和通信系统电磁兼容,除非运营人已获批在飞机上开放使用 PED。

(2) 释压测试:用于增压航空器的便携式 EFB 设备必须通过快速释压测试,以确保EFB 在快速释压过程中是安全的且不影响正常使用。

(3) 电源可靠性及独立性测试,对于使用锂电池供电的设备,还需要建立相应的锂电池起火应急处置程序。

(4) 控制设备要求:所有的控制设备必须位于坐在驾驶舱内的机组成员视线和能触

及的范围内且保证飞行员可以精确输入。EFB不能妨碍其他控制设备和仪表的视线。

（5）显示器要求：在拟定的观看距离与照明条件下，所用EFB设备显示的文本应易于飞行员阅读，且相应设备不得产生令人不适的眩光或反光，影响飞行员的视觉环境。

（6）固定与存放要求：固定便携式EFB应使用稳定的固定装置，保证固定好的便携式EFB对于飞行员应是可视的，没有安放在固定装置上的便携式EFB应妥善存放，保证该设备不会因颠簸、机动飞行或其他原因移动，卡阻飞行操作设备、损坏驾驶舱设备或伤害机组成员。

2）安装式EFB

安装式EFB指按照相应适航规章安装的EFB，被视为航空器的一部分。

2. EFB软件

根据失效时对飞行运行安全的影响，EFB软件分为A、B两类。

1）A类应用软件

（1）失效状况类别为无安全影响；

（2）不能替代或取代任何适航或运行规章要求的纸质材料、系统或设备；

（3）不要求特别的使用批准，A类具体应用软件不需要在运行规范中列出和管控。

2）B类应用软件

（1）失效状况类别为轻微危害；

（2）可以替代或取代要求的用于签派放行或飞机上应携带的纸质信息产品，不能替代或取代任何适航或运行规章要求的安装设备；

（3）要求特定的运行使用批准，每个B类EFB应用软件由局方在运行规范中单独批准。

3）EFB软件要求

（1）完整性：EFB中的数据与信息对于设定的功能必须足够完整，不会产生错误或危险的误导信息。

（2）可用性：EFB软件应考虑人为因素，特别关注可能影响飞行员操作的特殊之处，EFB应在应用软件内部以及各应用软件之间提供一致的直观的用户界面、数据输入方法、颜色代码原则、术语和符号使用等，EFB上显示的信息必须以一种明确和清晰的方式提供，EFB应用不得分散机组的注意力（通过视觉或声音的通知）。

（3）应用软件的响应：当用户输入被接受后，系统应对用户提供明确、清晰和积极的反馈。

（4）屏幕外文本和内容：如果在缩放或平移等操作过程中，文档的某些部分不能在可用的显示区内完全看见，应以一致的方法明确指示屏幕外存在其他内容。

（5）活动区要求：活动区是用户指令适用的特定区域，活动区可以是文本、图像、窗口、框架或其他对象，如使用活动区，则这些区域应被清楚指示。

（6）多个应用软件和文档的管理：如果系统支持同时打开多个电子文档，或系统允许打开多个应用软件，EFB应提供活动应用软件或文档的持续提示，当用户返回到后台正在运行的应用软件时，除与后台的任务进展或完成情况有关的差异外，应用软件的状态应与用户离开该应用软件时一样。

（7）系统错误信息：如果一个应用程序完全或部分失效，用户不可见或不能访问，应根据请求给用户一个明确的状态指示。信息应该与运行相关并对飞行机组人员工作负荷的不利影响最小。

（8）数据输入筛选和出错信息：如果用户输入数据不是应用软件所需的正确格式或类型，EFB 不应接受这些数据，EFB 应提供出错信息提示，清楚地告知飞行机组哪项输入存疑，并指出期望的数据类型。

（9）飞行机组的工作负荷：EFB 软件设计应使机组工作负荷和低头看的时间最少。EFB 的放置、使用和存放不应导致不可接受的飞行机组工作负荷。在滑行、起飞、下降、进近、着陆等非巡航飞行阶段，应避免复杂的、多步骤的数据输入。

（10）航图的电子显示：电子航图应提供与纸质航图同等水平的信息，可以以比纸质图表更灵活有效的方式提供信息。

（11）数据库精度和质量：EFB 系统的数据库应具有精度标准，并建立适当的质量控制系统，以避免出现危险的误导信息。

（12）EFB 自身位置显示：仅当机载的飞行导航显示器在标绘飞机自身位置时，才允许在 EFB 上显示 EFB 自身位置。

15.4.4　EFB 运行

1. 纸质材料移除政策

如果运营人的 EFB 项目有经局方批准的足够缓解措施，或对现有 EFB 项目进行修改制定了达到同等安全水平的足够缓解措施，防止 EFB 故障造成飞行运行所需航空信息的丧失，则可从飞机上部分或全部地移除纸质材料。

在向少纸化、无纸化驾驶舱过渡的阶段，运营人需要建立可靠的备份方式，向飞行机组提供规章所要求的信息，并确保与现行的纸质产品相当的安全和完整性水平。可接受方案包括：

（1）在一定时期内携带纸质产品，用定量手段证实 EFB 的可靠性；

（2）使用打印设备打印所有飞行所需数据；

（3）使用航空器传真设备向驾驶舱上传与纸质文件相当的信息；

（4）局方认可的其他备份方式。

2. EFB 运行程序

1）EFB 硬件和应用软件的运行程序

EFB 项目必须包含在航空器上使用 EFB 的运行程序。这些程序须明确飞行机组、客舱机组、签派员等的职责，包括但不限于：

（1）机组在地面运行和各种飞行条件下如何使用 EFB 每个功能的程序；

（2）飞行机组人员报告 EFB 硬件或应用软件异常情况，以及根据飞行机组人员反馈修改现有政策、流程等的程序；

（3）飞行机组在正常、不正常和紧急情况下的使用程序；

（4）飞行机组在空中遇到 EFB 应用软件密码失效或无法登录等情况下能够一次性使用 EFB 主要功能到落地的应急程序；

（5）任何 EFB 项目修改的通知程序。

运行程序必须包含飞行前 EFB 功能确认和使用，飞行中的使用、存放、供电保证，以及关闭程序。

2）EFB 同驾驶舱其他设备一同使用的程序

程序和训练应包括在 EFB 与驾驶舱其他系统提供的信息不一致时，或不同 EFB 间提供的信息不一致时应采取的行动。如果 EFB 与驾驶舱现有的航电显示器在同时显示信息时，程序必须包含适当的型号设计考虑以确保差异化，并确认主用和辅助信息源。EFB 的显示应尽可能支持现有的驾驶舱设计理念，同时确保机组知道为达到某种目的应使用哪个系统，特别是当 EFB 和其他航空器系统提供相似信息时。

3）飞行机组确认 EFB 软件和数据库修订的程序

运营人应制定程序使得飞行机组能在每次飞行前确认 EFB 上装载的数据库和软件的有效性。发现 EFB 中装载的应用软件或数据库过期时（如航图数据库修订周期为 28 天），程序应规定要采取的行动。飞行机组不需要确认不影响飞行运行的其他数据库的修订日期，如维修日志表、机场代码列表等。

4）明确性能和载重平衡计算的责任

应制定程序明确飞行机组和签派在创建、检查和使用 EFB 性能和载重平衡计算中的作用和责任。

3. 训练

1）机组成员训练

当引入 EFB 运行和 EFB 硬件或软件有任何修改时，EFB 项目必须包含飞行机组人员的训练。EFB 训练可合并到现有的初始、转机型、复训等训练模块中。训练内容应包括但不限于：

（1）EFB 硬件使用，包括相应组件和外围设备；

（2）应用软件的使用；

（3）对新的 EFB 程序的了解；

（4）EFB 运行理论，包括 PED 和 EFB 的区别；

（5）EFB 信息的使用限制，包括了 EFB 和传统航空电子设备之间的关系，以及当 EFB 不可用时所有飞行阶段的限制条件；

（6）EFB 故障和相应操作程序的描述，包括获取备份的程序；

（7）安全性描述，比如运行程序或安全程序；

（8）EFB 程序使用的机组资源管理（CRM）训练，包括 EFB 系统的飞行前检查、EFB 功能的使用、数据输入和计算结果的交叉检查。

2）非机组成员训练

如果使用同类设备和功能的非机组成员与机组成员进行互动，则推荐对相关非机组成员进行 EFB 训练，如签派员、维修人员、配载人员和航务代理。训练应强调与机组成员的协同程序。

3）安装式 EFB 的额外训练

对显示在安装式设备上的 EFB 应用软件可能有额外的训练要求。训练大纲应包含

AFM、飞机飞行手册补充件(AFMS)、FS-BR、OSR 或者其他形式的文档中定义的其他条件、限制和程序。

必须在训练中包括：

(1) 使用 EFB 时，经批准的运营人特殊的机动飞行、操作和程序；

(2) 使用基于 EFB 信息的任何特殊的飞行员/管制员程序；

(3) 如适用，经批准的进行特定 EFB 运行的地理区域；

(4) 经批准的 EFB 设备保留故障放行的方法。

4. 放行要求

如果少纸化、无纸化驾驶舱运行中要使用 B 类应用软件，签派放行时通常需要两套运行的 EFB；放行时如果只有一套运行的 EFB，则必须具备足够的缓解措施。A 类应用软件无须遵循此要求。

安装式 EFB 硬件应遵循最低设备清单(MEL)。

15.5　PBN 运行

国际民航组织(ICAO)在整合各国和地区 RNAV 和 RNP 运行实践的基础上，提出了 PBN(performance based navigation，基于性能的导航)的概念和标准，作为飞行运行和导航技术发展的基本指导准则。PBN 将 RNAV 和 RNP 等一系列不同的导航技术应用归纳到一起，涵盖了从航路到进近着陆的所有飞行阶段。其目的是充分利用现代航空器机载设备和导航系统，提供全球一致的适航要求和运行批准标准。

15.5.1　PBN 运行的相关概念

1. 相关概念与定义

PBN：PBN 概念代表了从地基导航向区域导航的转变。导航规范(NavSpec)中明确规定了性能要求，也规定了满足这些性能要求的导航传感器、导航设施、操作程序和培训等。

组成：PBN 概念定义了在特定运行或特定空域条件下运行航空器所需要的精度、完好性、连续性和功能性方面的系统性能要求。导航应用是在导航规范和相应导航设施支持下实现的(参见图 15-7)。

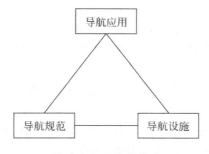

图 15-7　PBN 的组成

导航应用：在特定空域概念下，在航路、程序和/或定义的空域范围内应用导航规范和相应导航设施以支持导航应用。例如,在终端区,导航规范是水平精度为 1 海里的 RNP1,导航设施可能是全球导航卫星系统(GNSS)或测距仪(DME/DME)。

导航设施:指能满足导航规范要求的星基或地基导航设施。

导航规范:指在指定空域内运行 PBN 程序所需要的一系列航空器和机组人员要求,包括 RNAV 与 RNP 两类。

区域导航(RNAV):RNAV 是一种导航方式,它可以使航空器在导航信号覆盖范围之内,或在机载导航设备的能力限制之内,或二者的组合,沿任意期望的航径飞行。RNAV 要求在 95% 的飞行时间内必须满足规定的精度。

RNP 规范:一种基于区域导航的导航规范,包括对机载性能监视和告警的要求,使用前缀 RNP(如 RNP4、RNPAPCH 等)。

全球导航卫星系统(GNSS):GNSS 是卫星导航的通用术语,在世界范围提供定位和授时服务,由一个或多个卫星星座、机载接收机以及系统完好性监视等组成,包括美国的 GPS、欧洲的 Galileo、俄罗斯的 Glonass 以及星基增强系统(SBAS)和地基增强系统(GBAS)等。

机载增强系统(ABAS):ABAS 是一种使用机载信息对来自 GNSS 系统的信息进行增强和(或)整合的系统。

接收机自主完好性监视功能(RAIM):RAIM 是 ABAS 最常用的一种方式,它使用 GPS 信号或利用气压高度辅助来确定 GPS 导航信号的完好性。这种技术是通过检验冗余伪距测量的一致性来实现的。接收机/处理器要执行 RAIM 功能,除了定位所需的卫星外,还至少需要接收到另外一颗具有合适几何构型的卫星信号。

机载性能监视和告警:机载性能监视和告警是确定导航系统是否符合与 RNP 应用相关的必要安全级别的主要元件。它涉及水平和垂直导航性能,并且它允许机组人员检测导航系统没有实现,或者不能保证运行所需的导航性能具有 10^{-5} 完整性。RNP 系统提供了对操作完整性的改进,这可以允许更近的航路间隔,并且可以提供足够的完整性,以便仅允许 RNP 系统用于在特定空域的导航。因此,RNP 系统的使用可以提供显著的安全性、操作性和效率效益。

2. 误差的组成

飞行技术误差(FTE)或者航径转向误差(PSE):真实位置相对于指示的指令或预期位置的误差。

航径定义误差(PDE):这是特定一点上定义的路径与期望的航径之间的差异。

导航系统误差(NSE)或者位置预计误差(PEE):真实位置与估计位置之间的差异。见图 15-8。

系统总误差(TSE):真实位置与期望位置之间的差值,等于 FTE、PDE 和 NSE 的向量和。

符合性能监控和告警要求并不意味着自动监测飞行技术误差(FTE)。机载监控和告警功能至少应该包括一个导航系统误差(NSE)或位置预计误差(PEE)监控和告警算法和一个水平偏差显示,以使机组人员能够监控 FTE。在操作程序中用于监控 FTE 时,应评估机组程序、设备特性和安装的有效性和等效性是否与功能要求和操作程序

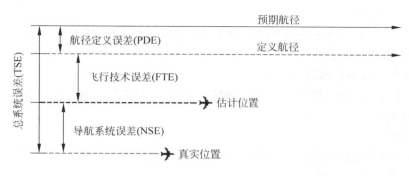

图 15-8　导航误差的组成

中描述一致。由于数据库完整性过程和机组程序,航径定义误差(PDE)被认为是可以忽略不计的。

RNP 程序和航路要求使用具有机载性能监视和告警的 RNAV 系统。RNP 的一个关键要素是航空器导航系统与飞行员相结合的能力,以监控其取得的导航性能,并为飞行员识别运行过程中是否满足了运行要求。

15.5.2　区域导航(RNAV)

区域导航(RNAV)是一种导航方式,它可以使航空器在导航信号覆盖范围之内,或在机载导航设备的能力限制之内,或二者的组合,沿任意期望的航路飞行。RNAV 要求在 95% 的飞行时间内必须满足规定的精度。

1. RNAV 规范相关定义

DME/DME(D/D)RNAV:通过至少两个 DME 台来确定航空器位置的区域导航。

DME/DME/IRU(D/D/I)RNAV:使用至少两个 DME 台进行定位,在 DME 信号覆盖的空隙区域,使用的惯性基准组件(IRU)能够提供足够定位信息的区域导航。

关键 DME:如果某个 DME 不可用时,将导致 DME/DME 不能提供满足航路或程序要求的导航服务,则该 DME 台被称作关键 DME。例如,如果终端区 RNAV 仪表离场程序和标准进场程序只能使用两个 DME,则这两个 DME 台均为关键 DME。

2. RNAV 设备要求

RNAV1 与 RNAV2 一般用于有雷达监视和直接陆空通信联系的航路和终端区飞行,RNAV5 一般用于陆地航路飞行。

1) 系统精度

(1) RNAV1 要求在 95% 的飞行时间内,总系统误差不超过 1NM;RNAV2 要求在 95% 的飞行时间内,总系统误差不超过 2NM;RNAV5 要求在 95% 的飞行时间内,总系统误差不超过 5NM。

(2) 除特殊规定外,RNAV2 一般用于航路运行。RNAV2 运行允许 1.0NM(95%)的 FTE。

(3) RNAV1 用于所有 RNAVDP 和 STAR。RNAV1 运行允许 0.5NM(95%)的 FTE。

2）导航传感器

RNAV 运行基于使用能够自动确定飞机水平位置的 RNAV 设备。飞机使用下列各类导航传感器获得位置信息：

（1）符合民航局要求的 GPS；

（2）根据导航方式，相应的 DME/DMERNAV 或 DME/DME/IRURNAV 设备应符合民航局标准。

3）功能标准

（1）在主要导航仪表上，能向操纵飞机的驾驶员连续显示 RNAV 计算的期望航径和相对于该航径的飞机位置。

（2）当机组人数为两人时，具有使不操纵飞机的驾驶员确认期望航径和相对于该航径的飞机位置的方法。

（3）一个包含局方公布的现行有效导航数据的数据库，该数据库能够按照定期制（AIRAC）周期进行更新，而且可从中找到 RNAV 程序并装载到 RNAV 系统中。数据的存储精度必须满足航径保持准确度的要求。数据库必须有保护措施，以防止驾驶员修改所存储的数据。

（4）向驾驶员显示导航数据库有效期的方法。

3．运行的实施

1）实施运行前的准备

实施 RNAV 运行的营运人和驾驶员应在飞行计划中填写相应的后缀以指明已获得了运行批准。

机载导航数据必须是现行有效的，并且适用于计划运行的区域，包含导航设施、航路点以及编码的起飞机场、目的地机场和备降场的终端区飞行程序和航路。

如果单独使用 GPS 设备满足 RNAV 要求，则必须使用当前的 GPS 卫星信息来确定拟定航路和终端区飞行的 GPS RAIM 可用性。营运人应使用空管部门提供的 RAIM 预测信息，也可以使用特定模式的 RAIM 预测软件或接收机的 RAIM 预测功能来满足此要求。

如果预测到计划飞行的任何阶段失去 RAIM 持续超过 5 分钟，则此飞行应推迟或取消，或者在满足 RAIM 要求的区域重新拟定飞行计划。驾驶员应评估在 GPS 导航失效的情况下的导航能力。

2）运行的实施

在系统初始化阶段，驾驶员必须确认导航数据库是当前可用的，并核对已正确输入飞机位置信息。驾驶员必须确认根据初始许可输入了 ATC 指定的航路以及后续变化的航路。驾驶员还必须确保导航系统所提供的航路点顺序与航图描述的航路以及指定的航路相一致。

如可行，RNAV 航路应尽可能整体地从数据库中提取出来，避免从数据库中逐一导出 RNAV 航路点。在公布航路上的全部航路点都已加入的前提下，允许从数据库中选择、插入个别的已命名的定位点。不允许通过人工输入经纬度坐标或用距离/方位的方式输入或创建一个新航路点。驾驶员也不得改变数据库的航路点类型（旁切或飞越）。

飞行机组应参考航图或采取其他适用的方式交叉检查许可的飞行计划，如适用，还应检查导航系统文本显示和地图显示。如需要,确认已排除某特定的导航设施。如果不能确定导航数据库中程序的有效性,则不应使用该程序。

对于 RNAV2 航路,驾驶员应使用水平偏离指示器、水平导航模式下的飞行指引仪或自动驾驶仪。驾驶员也可使用与水平偏差指示器功能等效的导航地图显示,而不必使用飞行指引仪或自动驾驶仪。对于 RNAV1 航路,驾驶员必须使用水平偏差指示器(或等效的导航地图显示)、水平导航模式下的飞行指引仪和(或)自动驾驶仪。

除非 ATC 批准偏离或遇到紧急情况,在整个 RNAV 运行期间,驾驶员都应根据机载水平偏离指示器和(或)飞行引导系统保持在航路中心线上。对于正常运行,横向航迹误差或偏离(飞机位置与 RNAV 系统计算航径之间的差异,即 FTE)应控制在相关程序或航路导航精度的±1/2/5 以内(例如 RNAV1 为 0.5NM,RNAV2 为 1.0NM,RNAV5 为 2.5NM)。允许在程序或航路转弯后出现最大为导航精度 1 倍的短暂偏离(早转或晚转),如 RNAV1 为 1.0NM,RNAV2 为 2.0NM,RNAV5 为 5.0NM。

15.5.3 所需导航性能(RNP)

所需导航性能(RNP,required navigation performance)是一种基于区域导航(RNAV)的导航规范,在 RNAV 的基础上增加了机载性能监视和告警的要求。

目前常见的 RNP 程序包括 RNPAPCH、RNP1、RNP2、RNP4 及 RNP10。其中 RNPAPCH 主要用于进近阶段;RNP1 用于终端区内运行;RNP2 既可用于陆地航路运行,也可用于海洋及偏远陆地航路运行;RNP4 及 RNP10 一般仅用于海洋及偏远陆地航路运行。

1. 在终端区和进近中实施 RNP1 和 RNPAPCH 运行

终端区运行中使用的 RNP 程序主要包含 RNPAPCH 与 RNP1。RNPAPCH 仅用于进近阶段;RNP1 可用于除最后进近外的所有终端区内运行,在最后进近阶段 RNP1 需要与 ILS、GLS 等程序结合为航空器提供引导。

1)系统性能要求

(1)准确性

在 RNP 进离场,进近程序的起始、中间和复飞阶段,至少 95% 的总飞行时间内,横向 TSE 和沿航迹误差必须不大于±1NM。在最后进近阶段,至少 95% 的总飞行时间内,横向 TSE 和沿航迹误差必须不大于±0.3NM。

在进离场、起始、中间进近和复飞阶段,FTE 不能超过 0.5NM,在最后进近阶段,FTE 不能超过 0.25NM。

(2)完好性

由航空器导航设备故障导致 TSE 超过 RNP 值两倍,被认为是主要失效情况($10^{-5}/h$)。

(3)连续性

如果运营人能够使用其他导航系统,并能安全地飞往适当的机场降落,则失去功能就被认为是次要失效情况。

(4)性能监控和告警

在进离场、起始、中间进近和复飞阶段,如果没有满足(1)中的准确性要求,或者出现横向 TSE 超过 2NM 的概率大于 10^{-5}，RNP 系统（或驾驶员结合 RNP 系统）应提供告警。在最后进近阶段，如果没有满足（1）中的准确性要求，或出现横向 TSE 超过 0.6NM 的概率大于 10^{-5}，RNP 系统（或驾驶员结合 RNP 系统）应提供告警。

（5）空间信号

在进离场、起始、中间进近和复飞阶段，如果出现由于空间信号导致横向定位误差超过 2NM 的概率大于 $10^{-7}/h$，机载导航设备应告警。（如果复飞采用传统方法，则对复飞没有 RNP 要求）在最后进近阶段，如果出现由于空间信号导致横向定位误差超过 0.6NM 的概率大于 $10^{-7}/h$，机载导航设备应告警。

2）系统功能要求

（1）在引导航空器的主飞行仪表上，能持续地为操作驾驶员（PF）显示 RNP 计算的航径以及航空器相对该航径的位置信息。对于至少需要两名驾驶员的运行，系统还必须保证监控驾驶员（PM）能确认计算航径以及航空器相对该航径的位置。

（2）导航数据库包含局方发布的当前有效的导航数据库，且能为驾驶员显示导航数据库的有效期。

（3）能检索并显示导航数据库中存储的航路点和导航设施的数据，使驾驶员能核实所飞的航线。

（4）能够使用程序或航线的名称进行调用。

（5）在驾驶员的主飞行视野内，显示如下内容：飞行计划航路点之间的距离；到下一个航路点的距离；航路点之间的沿航迹距离；当前使用的导航传感器类型；确认下一个有效航路点；到下一个有效航路点的地速或时间；到下一个有效航路点的距离和方位。

（6）能够执行"直飞"功能。

（7）能实现自动航段排序，并显示给驾驶员。

（8）能执行从机载数据库中调出的 RNP 程序，并能执行"飞越"和"旁切"转弯。

（9）根据航径终止代码自动完成航段过渡和航迹保持。

（10）对于离场航线，航空器必须能执行 VA、VM 和 VI 航段，或者在达到程序规定高度后，人工航向飞行，加入一条航线或直飞另一个定位点。

（11）对于进离场航线，航空器必须能执行 CA 航段，指定某个航路点并按照一个预定的航迹飞向或飞离该航路点。

（12）驾驶员的主视野内显示 RNP 系统失效的提示。

（13）当超出 NSE 告警限制时，能提示机组。

3）运行程序

（1）运行前准备

运营人或驾驶员必须按照要求填写飞行计划。系统初始化时，驾驶员必须确认导航数据库是当前有效的且包含了相应的程序。驾驶员还必须证实航空器的位置是正确的。进离场航线只能通过导航数据库直接调出，不允许通过人工输入经纬度来生成新的航路点或改变航路点的属性。

航空器的 RNP 能力取决于可用的机载设备，在 RNP 运行中，飞行机组必须能够评估设备失效的影响，并采取合适的应对措施。航空器签派放行前，如果预计在目的地机场和/或备降场进行 RNP 进近需要使用自动驾驶仪和/或飞行指引仪,运营人就必须确定该航空器上安装了相应设备且工作正常。

在执行包含 RNP 程序的飞行计划前,必须进行 RAIM 预测,该预测需考虑已知或预计的 GPS 卫星失效,以及对导航系统传感器可能产生的其他影响。预测时使用的遮蔽角不能小于 5°,因为运行经验表明低高度上的卫星信号不可靠。RAIM 可用性预测应考虑最新的 GPS 星座 NOTAM,并与机载设备使用同一种算法,或使用更保守的算法。RAIM 预测可通过三种方法实现:利用特定模型的 RAIM 预测软件、使用空管部门提供的 RAIM 预测服务以及使用第三方的服务。

RAIM 可用性预测不能保证 GPS 导航服务。该预测是用来估计满足所需导航性能的预计能力。由于 GPS 系统可能会出现计划外的失效,驾驶员必须认识到在飞行过程中 RAIM 或 GPS 可能失效,此时就需要转向寻求其他备用导航手段。因此,驾驶员应评估在 GPS 失效时的导航能力。

如果预测连续 5 分钟以上失去 RAIM,RNP 运行应被延迟、取消或采用其他运行方法。

运营人应建立应急程序以包含如下情况:

① RNP 系统组件失效,包括那些影响横向或垂直偏离性能的组件(如 GPS 传感器、飞行指引仪和自动驾驶仪等);

② 失去卫星导航信号(信号丢失或降级);

③ 一旦失去 RNP 进近能力,驾驶员必须确保能使用传统程序或飞向备降场着陆。

(2) 运行实施中

驾驶员必须遵守制造商规定的程序或指令,以满足程序的性能要求。驾驶员应选择合适的显示器用于监控如下信息:

① RNP 计算出的所需航迹(DTK);

② 航空器相对于计算航迹的横向偏差(XTK),用于监视 FTE。

除非 ATC 许可或在紧急情况下,在进近过程驾驶员都应根据机载横向偏离指示尽量保持在程序中心线上。

如果 ATC 发布了一个航向指令,使航空器脱离 RNP 程序,驾驶员不用更改 RNP 系统中原有的飞行计划,除非收到重新加入航线的指令或收到新的程序许可。当航空器没有在公布的 RNP 程序上飞行时,则对精度没有要求。

当横向或垂直偏离过大,而又没有建立连续进近的目视条件时,机组应立即复飞。正常运行中,航迹横向误差/偏离应限制在该航段规定的值内(如进离场、起始、中间进近和复飞航段是 ±0.5NM,最后进近航段是 ±0.25NM)。转弯前后可以短暂地偏离该标准,偏离量最多达到 1 倍 RNP 值是允许的。

2. 在海洋和偏远地区实施 RNP4 运行

1) 前提条件

(1) 航路规划符合 ICAO 和民航局有关航路规划的规范及标准;

(2) 所有航路的坐标数据必须基于 WGS-84 坐标系统;

(3) 必须公布每个航段的最低可用高度,保证传统的垂直导航方法继续可用。

（4）航路适合于机载导航设备满足标准要求的航空器运行；

（5）空管部门必须监视 GNSS 状态，及时发布 GNSS 终端服务的通告；

（6）RNP4 的航空器最小管制间隔目前为横向 30NM，纵向 30NM。在这种情况下，通信需要直接的陆空语音通信或使用管制员—飞行员数据链通信（CPDLC），监视可采用合约式自动相关监视（ADS-C）系统。

2）航空器要求

（1）系统性能

① 精度：RNP4 要求航空器在至少 95％的飞行时间内，横向和纵向 TSE 均不超过 $\pm$4NM，FTE 不超过 2NM；

② 完好性：航空器导航设备故障在适航规则中被归类为重大失效条件（如 10^{-5}/h）；

③ 持续性：功能失效被归类为海洋和偏远地区导航的重大失效条件。可以通过安装双套独立远程导航系统以满足持续性要求。

（2）监视和告警

① 如果没有满足精度要求，或者水平 TSE 超过 8NM 的概率大于 10^{-5}，则告警应由 RNP 系统或由 RNP 系统和驾驶员共同做出；

② 如果 GNSS 空间信号误差导致水平位置误差超过 8NM 的概率大于 10^{-7}/h，则航空器导航设备应提供告警。

注：符合监视和告警要求并不一定需要自动监视 FTE。机载监视和告警功能至少应该包括 NSE 监视和告警算法，以及能使机组监视 FTE 的横向偏离显示。

（3）导航传感器

要求航空器上至少安装两套相互独立且完全可用的远程导航系统。导航系统应具备完好性保证功能以免提供误导性信息。必须使用 GNSS。GNSS 既可作为独立的导航系统，也可作为多传感器系统中的一个组成部分。

3）运行程序

（1）运行前准备

① 运营人或驾驶员应证实已获得了运行批准，在飞行计划中填写相应代号，以指明获得了 RNP4 运行批准。

② 机载导航数据库必须现行有效并包含相应程序。

③ 飞行机组必须检查维修日志和表格以查明 RNP4 运行所需设备的状态，确认已采取维修措施解决所需设备的问题，检查确认相关应急程序。

④ GNSS 的可用性。在签派或飞行计划中，运营人应确认航路上有充分可用的卫星导航能力。

⑤ 在制定飞行计划时，飞行机组应特别注意可能影响到 RNP4 运行的其他条件。如，当间隔标准为横向或/和纵向 30NM 时，可能还要求有 CPDLC 和大气数据系统（ADS）等。

（2）运行实施

① 在 RNP 进入点，必须有至少两套列在飞行手册中的远程导航系统可用，具备 RNP4 导航能力。如果 RNP4 运行所需的某个设备失效，则驾驶员应考虑采用备用航路

或改航。

② 飞行运行程序必须包括强制的交叉检查程序,以识别导航误差并预留充足的时间防止意外偏离空管部门指定的航路。

③ 如果因导航设备性能变差或故障导致无法满足导航性能要求或因进入紧急程序而需要实施偏离,机组应及时通知空管部门。

④ 驾驶员应使用横向偏差指示器、飞行指引仪或水平导航模式的自动驾驶仪。驾驶员也可使用与横向偏差指示器具备相同功能的导航地图显示器。对于配备了横向偏差指示器的航空器,驾驶员必须确保横向偏差指示器的刻度范围适合于航路的导航精度要求。所有驾驶员应按机载横向偏差指示器或飞行指引的指示保持航路中心线,除非在空管授权或紧急情况下实施偏离。

对于一般运行,偏航误差应被限制在相关航路导航精度的 $\pm 1/2$ 范围之内。允许在航路航迹方向改变过程中或刚结束时产生最大为导航精度 1 倍的短期偏离。

15.6 高原机场运行

我国国土幅员辽阔,高原和山区占了很大的比例。近年来,我国在建和拟建的高原机场数量逐渐增多,同时越来越多的航空公司已经加入或申请加入高原机场运行。但是,高原机场及高原航线有一定的特殊性,要求较高,保证飞行运行的难度较大。为此高原机场飞行要根据机场特殊性、安全运行管理、飞行技术管理、工程维修管理、运行控制管理等方面积极研究和实践,制定安全运行管理规程,科学组织训练,合理安排航班生产,在确保飞行安全的基础上,努力提高经济效益。

15.6.1 定义

高原机场包括一般高原机场和高高原机场两类。

(1) 一般高原机场:海拔高度在 1 524 米(5 000 英尺)及以上,但低于 2 438 米(8 000 英尺)的机场。如:丽江(2 243 米)、西宁(2 179 米)、大理(2 155 米)、攀枝花(1 980 米)、兰州(1 947 米)、昆明(1 895 米)、西昌(1 558 米)、嘉峪关(1 559 米)等。

(2) 高高原机场:海拔高度在 2 438 米(8 000 英尺)及以上的机场。如:昌都(4 334 米)、拉萨(3 570 米)、九寨(3 448 米)、迪庆(3 287 米)、林芝(2 948 米)、格尔木(2 841 米)等。

15.6.2 高原机场的特点及对飞行的影响

高原机场海拔高,空气密度和大气压力小,地形复杂,太阳辐射和向背阳地形受热不均匀,这些因素导致高原机场运行有如下特点:

(1) 相同的起飞、着陆重量,飞机的真空速要比平原都大得多,在高原机场运行,发动机的推力明显减小,这两个不利因素叠加在一起,使飞机在高原机场起飞及着陆距离显著增加。

(2) 高原机场发动机推力减小,空气动力变差,飞机的机动能力降低,飞机的爬升和越障能力变差,飞机空中加速、减速所需距离增长,转弯半径增大。

(3) 高原机场海拔高,由于高空风通常很大,接近地面的空气因太阳照射导致向阳和背阴方向的受热不均匀,加上地形对风的阻挡、加速,使得高原机场经常出现大风,风速、风向变化也很大,极易形成乱流、颠簸和风切变。

(4) 高原机场昼夜温差大,气象复杂多变,有明显的时间差异,还存在地域性和局部性特征。不同的高原机场有着各自不同的特点,如浮尘、扬沙、雷雨、暴雪、浓积云、积雨云、低云、浓雾、低能见度、结冰、低温等,对飞行很不利,对安全构成很大的威胁,对航班的正常性影响较大。

(5) 高原机场往往又是地形复杂机场,机场周围净空条件差,导航设施设置困难,导致飞机起降、复飞操作难度大。另外,高原机场可用的机动空域和机动高度很少,飞机空中调配较为困难。

(6) 由于受地形的遮蔽和反射,高原机场无线电波产生多路径干扰;地面通信作用距离短,信号微弱;机场甚高频全向信标台/测距仪(VOR/DME)作用距离、覆盖范围较小,指示不稳定,仪表着陆系统(ILS)在某些方位会有假信号产生。

(7) 由于高原机场存在以上诸多困难,再加上飞机在高原机场飞行操作难度加大、机动性能较差,飞行员在高原机场飞行易产生畏惧心理。

15.6.3　高原机场的准入条件

1. 航空公司

(1) 以非高原机场为基地新成立的航空公司连续运行一年或积累 500 个起落后方可进入一般高原机场运行;在一般高原机场连续运行一年且至少积累 300 个起落后方可进入高高原机场运行。

(2) 以一般高原机场为基地成立的航空公司,在一般高原机场连续运行一年且至少积累 300 个起落后方可进入高高原机场运行。

(3) 航空公司只有具备以下条件方可以高高原机场为基地新成立航空公司,或偏离(1)、(2)款的规定申请缩短进入高原机场运行的时限:

① 规章中规定的申请人或合格证持有人实施运行所必需的管理人员(运行副总经理或总飞行师之一、维修副总或总工程师之一),近十年内应具备三年以上的高高原运行和维护管理经验;

② 航空公司运行系统的中层管理人员(运行控制负责人、飞行技术管理负责人、机务工程负责人)近五年内必须具备三年以上的高高原运行、维护管理经验。

2. 飞机

实施高原机场运行的飞机应当满足如下适航要求:

(1) 飞机的飞行手册中规定的起降性能包线应覆盖所运行机场的要求。

(2) 飞机的供氧能力应当符合所运行高原机场及航路的应急下降和急救用的补充氧气要求,并且满足机组人员在着陆后至下一次起飞前的必要供氧要求。

(3) 对于实施高高原机场运行的飞机,其座舱增压系统应当经过型号审定或者其他方式批准适应高高原机场起飞和着陆运行。

（4）对于实施高高原机场运行的飞机，其任何一台发动机的排气温度（EGT）裕度平均值应当高于公司设定的标准。

实施高高原机场运行的飞机除满足上述要求外，还应当满足如下要求：

（1）通信设备需具备覆盖整个航线的实时通信能力。

（2）对于实施高高原机场运行的飞机，合格证持有人应当根据飞机实际状况及所飞机场综合条件等因素，对飞机关键系统的敏感部件的安装做出要求。涉及的敏感部件不得安装 FAAPMA 件(此处 FAAPMA 件不包括已在 IPC 中列出的件号)。

（3）合格证持有人应当考虑采用飞机制造厂家推荐的高高原机场运行构型包以提高安全运行能力。

（4）对于机场有特殊运行要求的(如 RNP)，实施高高原机场运行的飞机还需满足相关的特殊运行要求。

3．飞行员

在高原机场运行应符合下列限制条件的要求：

（1）实施高高原机场运行的机长年龄不得超过 60 周岁。

（2）实施高高原机场运行的副驾驶应具备总计 500 小时或以上的飞行经历时间，其中包括本机型 100 小时或以上的飞行经历时间。

（3）符合以下要求方可进入高原机场运行担任机长：

① 具备在一般高原机场 300 小时或以上的飞行经历时间，或者总计 200 小时或以上的机长飞行经历时间，方可进入一般高原机场运行担任机长；

② 具备在本机型 500 小时或以上的机长飞行经历时间，并在以高高原机场为起飞或目的地机场运行 8 个航段或以上，其中在高高原机场不少于 3 个落地(不含模拟机)，方可进入高高原机场运行担任机长。

（4）实施高高原机场运行的非巡航阶段，在座驾驶员应具备资深副驾驶或以上资格。

（5）实施高高原机场运行的一套飞行机组应至少配备 3 名驾驶员，除机长外其中还应包含一名至少具有资深副驾驶资格的驾驶员。

15.6.4　高原机场的运行要求

1．飞机维护

对于实施高高原机场运行的双发飞机，应当按照 120 分钟双发飞机延伸运行（ETOPS）的标准实施维护。

2．飞机性能分析

（1）在计算飞机的起飞重量时要重点考虑爬升越障、轮胎速度以及最大刹车能量的限制。

（2）在高高原机场运行时，应当严格遵守飞机制造厂家推荐的起飞速度的计算方法以及相应民航规章的要求。

（3）在高原机场运行，需进行着陆分析。如存在着陆限制，则应提供着陆重量分析表。但对于高高原机场运行，无论是否存在着陆限制，都应提供着陆重量分析表。

（4）在高原机场运行，需重点考虑快速过站时间限制以及刹车冷却问题，并在安排航班时刻时予以关注。

（5）合格证持有人应按照局方的要求为所飞的每一机型制定一发失效应急程序。满足以下三种情况之一，合格证持有人才可以不为该机型专门制作相应机场跑道的一发失效应急程序，但必须向局方提供相应的书面分析证明材料：

① 经计算分析能够证明通过控制重量，该种机型一发失效后的爬升梯度能够满足程序对爬升梯度的要求；

② 经检查该型飞机一发失效后按照程序飞行可以安全超障，并满足相应的高度（指超障高度）要求；

③ 某型飞机如果仅使用满足要求的一个跑道方向运行（即单向运行）。

（6）合格证持有人在高原机场运行，应对客舱释压的供氧和航路上一发失效的飘降进行检查。如需要，则应制定针对出现以上紧急情况的处置预案。

3．飞行验证

合格证持有人的每一种型别的飞机在进入某个一般高原机场运行前，局方可根据合格证持有人的运行经验和已在该机场运行机型的情况决定是否进行实地验证试飞。但每一种型别的飞机在进入每一个高高原机场运行前，都应进行不载客的验证试飞。

4．签派放行

（1）合格证持有人在签派放行前应首先对飞机的高原适应性和驾驶员的高原运行资格进行核实。应严格按照针对高原机场运行制定的最低设备清单（MEL）签派放行飞机。对于使用一发失效应急程序的机场，在签派放行时应重点考虑一发失效应急程序所需的机场导航设施和相应的机载设备工作的正常性。

（2）合格证持有人应了解高原机场和航路的天气实况和预报，严格放行标准。为提高高原机场运行的正常性，合格证持有人可以参照相关咨询通告建立增强型气象情报系统，全面收集并分析气象信息。

（3）合格证持有人在高原机场运行时，应严格控制起飞重量，重点检查所带燃油，特别是飞机需携带来回程燃油或在备降机场较少地区飞行时，应做好因外界环境变差而减少业载或在中途备降的预案。

（4）在高原机场运行时，应加强对航班的实时跟踪监控，在出现紧急情况时，应当立即对飞机是否通过航路上的关键点（飘降返航点、客舱释压返航点和航路改航点）进行核实和检查。

15.6.5 高原常识、注意事项及运行要求

1．高原保健

高原的特殊环境，对身体会有一定的影响，因此，飞行之前一定要进行身体检查，只有在自己身体检查均正常的前提下，才能执行飞行任务。下面介绍一些高原的基本保健常识。

1）不适宜到高原地区的人

患有器质性疾病、严重贫血或重症高血压的人员对高原环境的适应能力较差。他们在进入高原的初期，发生急性高原病的危险性明显高于其他人，若在高原停留时间过长，

也较其他人易患各种慢性高原病。同时由于机体要适应高原环境,肝、肺、心、肾等重要脏器的代偿活动增强,使这些脏器的负担加重。一旦这些脏器出现疾患,便会使病情进一步加重。

2) 进入高原之前的准备

进入高原前,可向有高原生活经历的人咨询注意事项,做到心中有数,避免无谓紧张。进入高原之前,禁止烟酒,防止上呼吸道感染。避免过于劳累,要养精蓄锐充分休息好。适当服西洋参等,以增强机体的抗缺氧能力。如有呼吸道感染,应治愈后再进入高原。

良好的心理素质是克服和战胜高原反应的灵丹妙药。大量事例证明,保持豁达乐观的情绪,树立坚强的自信心,能够减弱高原反应带的身体不适。反之,忧心忡忡、思虑过度,稍有不适便高原紧张的人,反而会加大脑组织的耗氧量,从而使身体不适加剧,使自愈时间延长。如果你从未进过高原,在进入高原之前,一定要进行严格的体格检查。严重贫血或高血压病人,切勿盲目进入高原。

2. 高原反应

去高原都会面临有些高原病症状的风险。据记载在海拔 1 280～1 800 米就会有轻度高原症状发生,而严重症状的发生都不低于海拔 2 700～3 000 米。在高原上,人体本身会有一种调适机制,以最大限度的方式运行,这个过程被称作适应。适应似乎是遗传控制的。有些人到高原很容易适应,而另一些人甚至不能去超过海拔 3 000 米的地方。目前,尚无有效的办法筛查决定谁适应性好谁适应性不好,是否适应通常是在高原上待 6～48 小时后才能说明。因此,只在高原上待了几个小时是不能说明一个人适应性良好的。

从平原地区进入高原后,人体出现的调节性变化主要表现在以下几方面:

(1) 脉搏(心律)频率:平原地区正常脉搏为 72 次/分,初到高原时脉搏可增至 80～90 次/分,个别人可达 100 多次/分,居住一段时间后,又可恢复。

(2) 呼吸:呼吸系统轻度缺氧时,首先表现呼吸加深加快,随缺氧加重呼吸频率也进一步加快,人们感到胸闷气短。适应后,会逐渐恢复到原来水平。

(3) 血压:平原地区正常收缩压为 110～120 毫米汞柱,舒张压为 60～80 毫米汞柱。初进入高原后,由于血管感受器作用和体液等影响,使皮肤、腹腔脏器等血管收缩、血压上升,从而保证心脏冠状动脉、脑血管内的血液供应。适应后亦会恢复正常。

(4) 神经系统:中枢神经系统特别是大脑对缺氧极为敏感。轻度缺氧时,整个神经系统兴奋性增强,如情绪紧张、易激动等,继而出现头痛、头晕、失眠、健忘等。进入较高海拔地区后,则由兴奋转入抑制过程,表现为嗜睡、神志淡漠、反应迟钝。少数严重者会出现意识丧失甚至昏迷,若转入低海拔地区后会恢复正常。神经症状的表现轻重常与本人心理状态和精神情绪有密切关系。对高原有恐惧心理,缺乏思想准备的人,反应就多些;相反,精神愉快者反应就较少。

(5) 消化系统:进入高原消化腺的分泌和胃肠道蠕动受到抑制,除胰腺分泌稍增加外,其余消化食物的唾液、肠液、胆汁等分泌物较平原时减少,肠胃功能明显减弱。因此可能出现食欲不振、腹胀、腹泻或便秘、上腹疼痛等一系列消化系统紊乱症状。在高原生活了一段时间后,可逐步恢复。

3. 高原病

高原反应因人而异，未上高原前很难预知。身体弱者未必反应大，体魄健壮者未必无反应。每个人的反应表现形式也各不相同。一般情况下，瘦人好于胖人，女士好于男士，矮个子好于高个子，年轻者好于年老者。如果一个人的身体不能适应高原环境的变化，那么就会有患高原病的可能了。

（1）高原病一般分为三种综合征：急性高山病（AMS）、高原肺水肿（HAPE）和高原脑水肿（HACE）。

急性高山病多起于脑部症状，表现为头痛、食欲减退和疲劳，头痛可从轻度发展到剧痛，食欲减退可导致恶心和呕吐，疲劳可发展成极度乏力。这些症状如果足够严重就转成为高原脑水肿了。它的诊断多半是出现了意识改变或躯体运动失调，高原脑水肿会快速发展到昏迷直至死亡。它可单独出现也可和高原肺水肿伴随发生。

高原肺水肿通常没有脑部症状。如果肺部症状单独出现，它的进展会从活动耐力降低、行走困难，发展到严重呼吸困难、胸闷，一直到连坐着都呼吸困难，这样就会快速演变为急性肺水肿，衰竭时会有粉红色、泡沫样痰出现。

（2）高山病的急救办法：给氧及降低高度是最有效的急救处理，若有休克现象，应优先处理，注意失温及其他并发症。立即休息，将病患者移至无风处，若疼痛严重，可通过航空医生的指导服用镇痛剂止痛。如果仍不能适应，则需降低海拔高度，直到患者感到舒服或症状明显减轻之高度为止。一般而言，高山病患者降低至平地后，即可不治而愈。虽然如此，严重之患者仍需送医处理。

4. 高原机场运行医学注意事项及航卫运行要求

1）注意事项

刚到高原，每个人都会感到不同程度的气短、胸闷、呼吸困难等缺氧症状。但这并不说明你不适应高原，如果能够正确地保护自己，大多数人都可使上述症状好转或消失。

乘飞机上高原，一般高山反应的症状会在 12～14 小时产生。所以，刚刚到高原的时候一定不要剧烈运动。否则，一旦感觉到反应就需要更多的时间来适应了。

人们常常用吸氧来缓解解除胸闷不适。当然，吸氧能暂时解除胸闷、气短、呼吸困难等症状，但停止吸氧后症状又会重新出现，延缓了适应高原的时间。假若你上述症状不很严重的话，建议最好不要吸氧，这样可以使你更快适应高原环境。轻微的高原反应，会不治自愈，不要动辄吸氧，以免形成依赖性。

上高原后要多吃碳水化合物、易消化的食品，以及水果、蔬菜等富含维生素的食物，多喝水，使体内保持充分的水分，晚餐不宜过饱。最好不要饮酒和吸烟。上高原后，不可急速行走，更不能跑步，也不能做体力劳动。注意避免过度疲劳。

极少出现的高原肺水肿和高原脑水肿的病人须大量吸氧，并在药物治疗的同时，迅速转送海拔低的地区。

2）运行要求及航卫保障措施

航医室应对参加高原机场飞行的机组人员的健康保护、观察、记录、落实飞行机组成员执行高原任务前的健康询问和体格检查制度。严格执行高高原运行机组成员医学放行标准。及时听取机组人员对高原机场身体适应情况的反映，对当日执行高高原机场运行的飞行机组成员进行体检,重点检查心血管、呼吸系统机能,并签发医学证明。对于高原适应不全症的空勤人员,及时采取有效措施。

执行高高原机场运行的飞行机组成员,在年度体检时,应进行心理素质评定。在海拔超过 3 000 米的高高原机场运行时,必须遵守公司有关氧气使用方面的有关规定。

对参加高原飞行的机组人员餐食进行监督检查,应选择易消化、产气少、维生素含量多的食物。

根据高原机场的特点进行航空医学知识培训,指导空勤人员进行身体耐氧锻炼,必要时可服用提高耐氧能力和飞行耐力的药物。

航空医学知识培训指导包括下列主要内容:高空大气压力降低对人体的影响;高空缺氧对人体的影响和机体的反应;如何防护高空缺氧对人体的生理影响;紧急释压的应急处置预案;高高原机场鼠疫应急处置预案;高高原机场机组成员医学放行标准。

3)高高原机场运行机组成员医学放行标准

(1)无肥胖(明显超重);

(2)无心血管疾病、冠状动脉硬化;

(3)无心律失常,心率不小于 56 次/分,不大于 90 次/分;

(4)无血压超标(低压<90mmHg,高压<140mmHg);

(5)临床无心、脑、肾损害征象;

(6)无贫血;

(7)无空腹血糖、糖耐量异常;

(8)无胸肺疾病及其后遗症;

(9)无头痛;

(10)无上感、发热,无急、慢性呼吸道疾患;

(11)无耳气压功能不良、咽骨管通气不良;

(12)无睡眠不良、睡眠障碍;

(13)无负性情绪;

(14)飞行前 24 小时禁止酒精饮品,避免劳累或过量无氧运动,且有足够的睡眠。

15.7 HUD 运行

15.7.1 HUD 系统简介

HUD 是一种机载光学显示系统,可以把飞机飞行信息投射到飞行员视野正前方的透视镜上,使飞行员保持平视状态时,在同一视野中兼顾仪表参数和外界目视参照物。HUD 能增强飞行员的情景意识,提高飞行品质和低能见度条件下的运行能力。HUD 最早用于军用飞机。20 世纪 80 年代,美国阿拉斯加航空公司将 HUD 技术用于民用航空运输飞行领域。目前 HUD 已经被越来越多的航空公司选装和使用。美国波音公司、欧洲空客公司和一些公务机制造商都把 HUD 作为驾驶舱必备设备安装在部分新型号飞机上。机载 HUB 系统见图 15-9。

图 15-9　机载 HUD 系统

近年来,国际民航组织(ICAO)将 HUD 技术作为提升飞行运行品质的措施,并在 ICAO 公约附件 6 中明确指出了使用 HUD 的价值:

(1) 强化机组情景意识。HUD 可以使驾驶员能够在不间断观察外界情景的同时,更为及时地了解相关飞行参数和状态信息,做到一目了然。

(2) 提升运行安全裕度。传统仪表运行情况下,稳定的进近和着陆更多依赖于飞行员个人的意识和技能。HUD 则可为飞行员提供更多更及时的信息和指引,减少起飞、进近和着陆期间的飞行技术差错,从而有效降低误判或操作失误风险,整体提升运行品质。

(3) 使用 HUD 可获得更低的运行最低标准,提高航班正常性。

15.7.2　HUD 系统应用

平视显示着陆系统(HUDLS)是基于 HUD 的一种引导系统,它能在 HUD 上显示额外的引导信息。显示的飞行和引导信息与驾驶员看到的外部视景相互叠加,使机组可以在平视状态下参照引导,还能按照相应运行类别要求的性能和可靠性完成人工着陆、起飞或与自动驾驶结合的混合着陆。

中国民航局于 2012 年发布了《HUD 应用发展路线图》,制订了相关政策与计划,积极推进 HUD 在中国民航的应用。

中国民航局基于飞机机载设备和机场可用地面设施情况,以及航空运营人的申请,批准不同类别的运行。为支持传统的Ⅰ、Ⅱ、Ⅲ类精密进近运行,机场需要具备相应的地面导航、助航设施以支持运行要求,而飞机上安装了 HUD 设备,通过自身性能的提升,相对于传统的低能见度运行,可以降低对地面设施的依赖程度,从而减少相应运行类别的配置要求。

HUD 设备与仪表着陆系统(ILS)、助航灯光设备和低能见度运行程序相结合,允许航空运营人实施特殊批准的Ⅰ、Ⅱ类运行和 RVR 低于 400 米的起飞,从而提高飞机全天候运行能力,并可有效改善飞行运行安全品质。

目前中国民航局批准使用 HUD 运行的程序包括标准Ⅰ类精密运行、特殊Ⅰ类精密运行、标准Ⅱ类精密运行、特殊Ⅱ类精密运行以及Ⅲ类运行。

15.7.3　HUD 运行的批准

1. 使用 HUD 实施标准Ⅰ类精密运行

适用于能见度(VIS)不低于 800 米(2 400 英尺)或跑道视程(RVR)不低于 550 米(1 800 英尺),DH 不低于 60 米(200 英尺)条件下,在降低灯光要求的Ⅰ类精密进近的跑道上,按照现行运行最低标准,使用平视显示器(HUD)至决断高度(DA)或决断高(DH)的运行。

1) 运营人要求

(1) 申请使用 HUD 实施标准Ⅰ类精密进近的航空运营人,应首先获得使用传统仪表实施标准Ⅰ类运行的批准或同步申请。

(2) 运营人应根据局方要求修订运行手册、程序及训练大纲并获局方批准。

(3) 本运行需要进行真机演示验证。航空运营人每增加一个装备 HUD 的新机型、对已有机型增加 HUD 设备或改装已有机型的 HUD 型号,均需演示验证一次。

(4) 飞行机组应当经过训练,经检查合格,获得使用 HUD 实施标准Ⅰ类运行的资格。

(5) 航空器需配备经批准的 HUD 设备并经局方授权。

(6) 签派员放行飞机时,应确认飞机装备的 HUD 设备工作正常且执飞的飞行机组具有使用 HUD 实施Ⅰ类运行的资格,并建立合适的程序,确保 HUD 设备状态信息可在适航维修部门和飞行机组间准确传递。

2) 机场要求

(1) 跑道可用着陆距离不小于 1 500 米(5 000 英尺);

(2) 跑道有公布的仪表进近着陆程序;

(3) 跑道应配有满足相应运行要求的助航灯光,或公布相应的限制;

(4) ILS 必须经过批准开放和维护,并符合类飞行校验标准;

(5) 跑道入口基准高(RDH)不超过 18 米。

3) 地面保障要求

按照标准Ⅰ类运行要求进行保障,无额外要求。

4) 运行最低标准的批准与公布

使用 HUD,在没有跑道中线灯(RCL)的机场着陆最低标准也可降至不低于 RVR550 米,但需批准并在航图上公布。其他情况下运行最低标准无须额外批准或公布。

2. 使用 HUD 实施特殊Ⅰ类精密运行

使用 HUD 实施特殊Ⅰ类精密运行时可以应用 RVR450 米(1 500 英尺),DH45 米(150 英尺)的最低着陆标准。在标准Ⅰ类精密运行的基础上进一步降低了着陆标准,相应的批准要求也更加严格。除了标准Ⅰ类精密运行的要求外,局方对使用 HUD 实施特殊Ⅰ类还提出了一些额外要求。

1) 运营人要求

(1) 申请使用 HUD 实施特殊批准Ⅰ类运行的航空运营人,必须在获得使用 HUD 实施标准Ⅰ类运行批准后,使用 HUD 再实施至少 100 次或 6 个月(以晚到者为准)标准Ⅰ

类运行。

(2) 飞行机组要求：

① 机组已获得使用 HUD 实施标准Ⅰ类运行资格。

② 对于装备单套 HUD 的航空器,机长必须在安装 HUD 设备的座位上值勤。

③ 在涡轮喷气飞机上实施特殊批准Ⅰ类运行的机长应具备至少 300 小时本型别飞机的运行经理、100 小时担任机长的经历和使用 HUD 执行 10 次标准Ⅰ类进近的运行经历。

④ 在涡轮螺旋桨飞机上实施特殊批准Ⅰ类运行的机长应具备至少 100 小时本型别飞机的机长经历和使用 HUD 执行 10 次标准Ⅰ类进近的运行经历。

⑤ 对于安装了不同构型 HUD 的航空器,航空运营人要建立特定的飞行机组协调、监视和标准喊话程序。

⑥ 对于安装双套 HUD 的航空器,要求实施特殊批准Ⅰ类运行的副驾驶至少具有在本型别飞机上担任副驾驶 100 小时的经历。

⑦ 单一驾驶员机组的航空运营人禁止使用 HUD 实施特殊批准的Ⅰ类运行。

2) 机场要求

(1) 跑道必须能够实施 DH60 米(200 英尺),RVR 不大于 800 米(2 400 英尺)的Ⅰ类运行;

(2) 机场设备要求：

① 可分级调节的简易进近灯光系统,或Ⅰ类进近灯光系统(可带有顺序闪光灯),或更高类别。

② 高强度跑道灯。

③ 跑道中线灯间距最好为 15 米,但 30 米也满足要求。

④ 一个安装在接地带(TDZ)的 RVR 报告系统传感器。

目视助航设备有效视角不应被遮蔽。

(3) 净空和仪表飞行程序要求：

① 标准的下滑角应为 3 度,其他角度的下滑角需要得到局方的特殊批准,不允许在执行偏置进近的飞行程序中实施本运行。

② 入口基准高(RDH)不超过 18 米。

③ 无障碍区(OFZ)要求必须符合《民用机场飞行区技术标准》中Ⅰ类运行障碍物的限制标准。

④ 没有障碍物穿透。

⑤ "假设 OCH"为 60 米的 ILS 程序对应的目视航段保护面(VSS)。

⑥ 复飞航段需按 ICAODoc8168 文件中的Ⅱ类精密进近程序标准进行评估。如需通过提高 DH 满足超障要求,则须结合进近灯光构型对运行最低标准进行复核,确保在决断高时,飞行员可以看见连续 3 个或以上进近灯。经评估,当 HUD 运行的 DH 需提高至 60 米(含)以上时,不得实施本运行。

决断高应公布无线电高度(RA),其数值应以飞行程序设计为基础,采用实地测量的方法获得。RA 决断位置处的地形应进行适当的评估和监控,避免出现 RA 的数值经常发生较大的波动而无法使用。

3）运行最低标准的批准和公布

公布 HUD 运行标准时，应在该机场 I 类仪表进近图的最低标准下，加入新的最低标准：“RA ×× 米/×× 英尺，DH ×× 米/×× 英尺，RVR ×× 米/×× 英尺”，并注明“需局方批准”。

对于已公布特殊批准 I 类标准的跑道，运营人须按机型类别，在等于或高于标准 I 类的气象条件下，使用 HUD 模拟实施 10 次不低于特殊批准 I 类标准的运行，并做好相应记录，确认下滑轨迹没有异常，方可使用该机型在此跑道正式实施特殊批准 I 类运行。

3. 使用 HUD 实施标准 II 类精密运行

本节适用于在标准 II 类跑道上按照公布的运行最低标准，使用自备引导至接地能力的 HUD 或结合 III 型自动驾驶引导至接地能力的 HUD，实施 RVR 不低于 300 米（1 000 英尺），DH 不低于 30 米（100 英尺）的标准 II 类运行。

1）航空运营人要求

（1）运行资格。申请使用 HUD 按照本节规定实施标准 II 类运行的航空运营人，必须在获得使用 HUD 实施标准 I 类运行的批准后，使用 HUD 再实施至少 100 次或 6 个月（以晚到者为准）标准 I 类或特殊 I 类运行（任意一种或两者组合）。HUD 标准 II 类运行可以与 HUD 特殊 I 类运行同步申请或者单独申请。

（2）运行审定。航空运营人使用 HUD 实施标准 II 类运行需要经过补充合格审定。本运行需要进行真机演示验证。航空运营人每增加一个装备 HUD 的新机型、对已有机型增加 HUD 设备或改装已有机型的 HUD 型号，均需演示验证一次。

（3）运行批准。局方通过《运行规范》或《批准函》方式批准航空运营人在标准 II 类跑道上，使用 HUD 按照现行公布的 II 类运行最低标准实施运行。

（4）飞行机组资格。使用 HUD 实施本节运行的航空运营人飞行机组应具备以下资格：

① 拥有 II 类运行资格；

② 对于装备单套 HUD 的航空器，机长必须在装备 HUD 设备的座位上值勤；

③ 在涡轮喷气飞机上使用 HUD 实施标准 II 类运行的机长，至少具有使用 HUD 在本型别飞机上执行 10 次标准 I 类或特殊 I 类（任意一种或两者组合）进近的运行经历；

④ 在涡轮螺旋桨飞机上使用 HUD 实施标准 II 类运行的机长，至少具有使用 HUD 在本型别飞机上执行 10 次标准 I 类或特殊 I 类（任意一种或两者组合）进近的运行经历；

⑤ 对于装备不同构型 HUD 的航空器，航空运营人要建立单独的机组协调、监视和标准喊话程序；

⑥ 单一驾驶员机组的航空运营人禁止使用 HUD 实施标准 II 类运行。

（5）航空器资格

① 只有获得 II 类运行资格的航空运营人，使用授权批准的装备可用于标准 II 类运行的 HUD 的航空器，方可实施此类运行；

② HUD 必须能在与飞行规则匹配的运行模式上工作；

③ 飞机要按照实施 II 类运行的要求进行维护。

（6）签派放行要求。签派员放行飞机时，应确认飞机装备的 HUD 设备工作正常且执飞的飞行机组具备使用 HUD 实施Ⅱ类运行的资格，并建立合适的程序，确保 HUD 设备状态信息可在适航维修部门和飞行机组间准确传递。

2）机场要求

本运行对已获批开放Ⅱ类机场的净空、仪表飞行程序和地面运行保障程序无额外评估和检查要求。

3）运行最低标准的批准与公布

（1）运行最低标准无须额外批准和公布；

（2）航空运营人执行使用 HUD 运行的最低标准不得低于机场公布的标准。

4）地面运行保障

按照标准Ⅱ类运行要求保障，无额外要求。

4. 使用 HUD 实施特殊Ⅱ类精密运行

本运行适用于在满足本节要求，使用自备引导至接地能力的 HUD 或结合Ⅲ型自动驾驶引导至接地能力的 HUD，实施 RVR 不低于 350 米（1 200 英尺），DH 不低于 30 米（100 英尺）的Ⅱ类运行。

特殊Ⅱ类精密运行对航空运营人的要求与标准Ⅱ类运行基本相同。在机场设施方面，特殊Ⅱ类运行有一套独立的要求：

1）运行要求

根据本节要求，实施运行的跑道应满足：

（1）跑道必须能够实施 RVR550 米（1 800 英尺），决断高 DH60 米（200 英尺）的Ⅰ类运行；

（2）跑道可用着陆距离必须达到 1 850 米（6 000 英尺）或更长。

2）助航灯光要求

（1）可分级调节的Ⅰ类进近灯光系统（可带有顺序闪光灯），或更高类别。

（2）高强度跑道灯（HIRL）。

（3）跑道中线灯间距推荐为 15 米，但 30 米也可以接受。

（4）跑道灯光系统的跑道中线灯、跑道边灯、跑道入口灯和跑道末端灯必须带有能 1 秒转换的备份电源，且必须可远程监控，以确保该设备不工作时能立即通知到航空器。如果没有远程监控，可替代的方法是：当实施低能见度运行时，在可以目视监控跑道灯光系统的地方（如助航灯光调光器设备机房）安排一名观察人员值班，当跑道灯光系统不工作时，立即通知空中交通管制塔台。

（5）进近灯光系统不要求有备份电源或远程监控。

（6）特殊批准的Ⅱ类运行要求有不少于 2 个正常工作的 RVR 传感器，其中 1 个必须安装在接地区（TDZ）。

（7）目视助航设备有效视角不应被遮蔽。

3）ILS 系统

（1）只允许使用双频航向设备和双频（捕获效应型）下滑设备。

（2）ILS 设备必须按照Ⅱ类运行批准开放并实施维护，确保其满足Ⅱ类运行性能。

（3）ILS 各子系统的主要配置要求如下：

① 内指点标不是必需的，但由于地形、障碍物或其他原因，不满足飞机使用无线电高度表（RA）时，应当安装。

② 航向信标、下滑信标和内指点标设备（如由于地形因素要求）的运行状态必须由导航集中控制室实施远程监控，并在塔台安装监视面板，相关数据链路应确保可靠；条件不具备时，也可采用人工实时监控并向塔台报告 ILS 运行状态的方法来替代。航向信标可选择性地配置或不配置远场监控器。

③ 为应对可能出现的任何导致系统降级的故障（包括任何要求工作程序的改变，如：目视或远程监控程序），必须预先制定标准处置程序进行处置，此程序应当得到局方批准。

4）净空和飞行程序评估

（1）标准的下滑角应为 3°。其他角度的下滑角需要得到局方的特殊批准。不允许在执行偏置进近的飞行程序中实施本运行。

（2）跑道入口基准高（RDH）不超过 18 米。

（3）复飞航段须按 ICAODoc8168 文件中的 II 类精密进近程序标准进行障碍评估。经评估，当 HUD 运行的 DH 需提高至 45 米（含）以上时，不得实施本运行。

（4）决断高应公布无线电高度，其数值应以飞行程序设计为基础，采用实地测量的方法获得。

（5）无障碍区（OFZ）要求必须符合《民用机场飞行区技术标准》（MH5001—2013）中 II 类运行障碍物的限制标准。

 本章测试

第 16 章

航 空 通 信

为了开展国际航空通信业务,《国际民用航空公约》附件《航空通信》中对航空通信的定义、设备和规格、使用的无线电频率、电报的分类、缓急次序、标准格式、用语和处理手续等,都有统一的规定或具体的建议。

国际间的航空通信业务一般使用英语。中国的航空通信业务,在国内通信采用汉语和邮电部规定的《标准电码》,国际通信使用国际民用航空组织规定的英语标准用语和简语、缩语。电报的格式分为固定格式和非固定格式两种。使用专用的固定格式电报是为了缩减电文,便利传递。

此外,对国际航空通信业务中的简语和简字,国际民用航空组织编了《国际民航组织简语简字》(ICAO Abbreviation Sandcodes,ICAO Doc8400),其中有简字、发射特性指示码、信号报告代码、航行通告代码和航空通信简语等。

16.1 航 空 通 信

航空通信是为保证民用航空飞行安全而专门建立的通信系统。根据空中交通管制部门和航空公司运行控制的工作需要,凡是保障民航飞行的单位和部门,以及每一架民用航空器上都必须根据飞行类型的需要设立不同形式、不同频率的电台。这些遍布各地的电台构成了民用航空通信网。运行控制人员必须熟悉航空通信网络中各种通信方式的要求和格式,提高通信效率,确保能够对每一次运行的起始、持续和终止行使控制权,保证飞行安全。

航空信息网,是通过不同类属的空地和地地通信链路向航空器驾驶员、管制员、航空器运营人提供数字化数据信息交换的通信网络。航空通信根据其使用范围和特性,可以分为航空固定通信和航空移动通信两种。航空固定通信,是在规定的固定点之间,为主要空中航行安全、正常、有效和经济地运行提供通信服务。航空移动通信,是在航空电台和航空器之间或航空器电台之间,包括救生船舶电台也可参加的陆空通信,紧急无线电示位信标台在指定的遇险和紧急频率上也可参加此种服务。

16.1.1 航空固定通信

航空固定通信是航空信息网的重要组成部分,是通过平面电报、数据通信、卫星通信、有线电话等方式进行的通信业务。目前我国的航空固定通信网络包括:国际民航组织航空固定业务通信网(AFTN)、国际航空通信协会通信网(SITA)、地面业务通信网。

国际民航组织航空固定业务信息网(AFTN),是国际民航组织各成员国之间的航空固定业务通信电路相互连接组成的国际民航专用地面通信网。此网络中传递的电报格式称为 AFTN 格式。我国的空中交通服务电报、气象电报、航行通告和民航局业务电报都使用 AFTN 网络,但是报文格式按照各自的标准,局方的某些业务电报,如有关申请的批复意见等,可以使用明语编写内容。

国际航空通信协会通信网(SITA)是世界范围的、由国际航空电信协会经营的、供协会成员航空公司内部或航空公司之间传递电报和数据的通信网。中国民航于 1980 年 5 月加入国际航空通信协会,目前各航空公司都是 SITA 的会员,除电信通信服务,SITA 还向我国提供自动订座、计算机飞行计划制订和数据交换等服务。国际航空通信协会信息网中传递的电报格式称为 SITA 格式,为了实现电报信息处理的自动化,对航空公司的动态电报等规定了标准格式,但除此之外的电报都可以使用明语编写内容。

地面业务通信网,是以中国民用航空局为中心,连接各管理局、空管局、航空公司和机场等国内所有民航单位的通信网络,对外与国际民航组织航空固定业务通信网和国际航空通信协会通信网相连接。目前除少数特殊机场采用无线电报通信外,其他大都采用有线电传通信,按飞行管制和组织的需要,实现了起降机场之间、相邻管制单位之间的直达通信网络。某些相邻管制区之间还建立了专用直通电话进行管制协调和移交。

16.1.2　航空移动通信

航空移动通信是保障运行安全的重要技术手段。任何航空公司在实施定期载客运行时,都必须满足在正常运行条件下,在整个航路上,所有各点都具有陆空双向无线电通信系统,能保证每一架飞机与相应的签派室之间、每一架飞机与相应的空中交通管制单位之间,以直接的或者通过经批准的点到点间的线路,进行迅速可靠的通信联系。除经局方根据所用机型和运行情况做出特殊批准外,对于航空公司的所有运行,每架飞机与签派室之间的通信系统应当是空中交通管制通信系统之外的独立系统。陆空通信的技术手段包括:

(1) 甚高频无线电(VHF):国际民航组织规定甚高频无线电通信使用的频率范围为 $118\sim151.975$ MHz,频道间隔 25kHz,通过直线波传输,其通信质量高,但是通信距离短。

(2) 高频无线电(HF):国际民航组织规定高频无线电通信使用频率范围为 $2\sim30$ MHz,频道间隔 1kHz,通过天波传输,其通信距离长,但是通信质量不稳定。

(3) 航空器通信寻址与报告系统(ACARS):一种在航空器和地面站之间通过无线电或卫星传输短消息或报文的数字数据链系统。在飞机与签派员之间,ACARS 能够提供快速、高质量的通信联系。利用该系统可实现对飞机的全程跟踪监控,并可实现地面与飞机间的双向数据通信。ACARS 能够覆盖世界范围内的任何地区,但要求在飞机上安装特别的设备。

(4) 选择呼叫(SELCAL):由 ARINC 公司开发的一项基于 HF 的语音通信技术,供地面呼叫飞机使用。每架飞机具有固定的 SELCAL 代码,由 4 个字母组成。当地面在指定的频率上输入相应的四个字母,空中飞机的驾驶舱里就会有提示,说明地面单位在这个频率上呼叫,机组再通过此频率去联系地面。因此在执行长航线(尤其是越洋航线)时,机组测试过 SELCAL 系统工作正常后,可以不对通信进行直接监听,从而降低工作负荷。

(5) 语音粘贴(PHONE PATCH):由 ARINC 公司专门开发的、可以实现航空公司运行控制中心与航空器之间的远程通信联系的一套基于 HF 的通信联络方式。地面可以使用普通电话联系 ARINC 公司的北京呼叫中心,电话告知其所需呼叫飞机的 SELCAL 代码,北京呼叫中心即可联系到空中飞机,并通过电话语音信号和 HF 信号的相互转换,实现陆空通信。航空公司使用此方式后不再需要建立本公司的高频通信系统。

1. 飞机通信寻址与报告系统 ACARS

ACARS(aircraft communication address and reporting system,飞机通信寻址与报告系统)是一种在航空器和地面站之间通过无线电或卫星传输短消息(报文)的数字数据链系统。该协议于 20 世纪 70 年代提出,其格式当时称之为 Telex。

在数据链系统出现之前,地面人员和飞行人员之间的所有交流只能通过语音进行。这种通信以甚高频或高频语音无线电通信方式实现。1990 年早期卫星通信技术的引入,使这种通信模式得到了进一步加强。

航空公司为了减少机组人员的工作负荷,提高数据的完整性,在 1980 年末引入了 ACARS 系统。有少数 ACARS 系统在此之前就已经出现,但未在大型航空公司得到广泛的应用。虽然 ACARS 通常出现在关于数据链设备(航空电子系统中的一种现场可更换单元)的叙述中,但这个术语实际上是指完整的空中及地面系统。在飞机上,ACARS 系统由一个称为 ACARS 管理单元(MU)的航电计算机和一个控制显示器单元(CDU)组成。MU 用以发送和接收来自地面的甚高频无线电数字报文。在地面,ACARS 系统是一个由多个无线电收发机构成的网络,它可以接收(或发送)数据链消息,并将其分发到网络上的不同航空公司。

起初,ACARS 系统根据 ARINC597 标准设计。该系统在 1980 年末期升级以满足 ARINC724 标准。ARINC724 定义了航空电子设备数字数据总线接口。该标准后来又修订为 ARINC724B。20 世纪 90 年代所有的数字化飞机都采用了 ARINC724B 标准。这样,用于 ACARS 管理单元的 ARINC724B 规范,用于飞行管理系统的 ARINC739 规范,以及用于打印机的 ARINC740 规范就构成了一个协同工作的工业标准协议族。现在,工业领域又出现了新的 ARINC 规范,称为 ARINC758,它是为下一代 ACARS 管理单元——CMU 系统设计的。

1) OOOI 事件

ACARS 的第一个应用是去自动检测和报告飞机在主要飞行阶段(推出登机门——out of the gate;离地——off the ground;着陆——on the ground;停靠登机门——into the gate,简称为 OOOI)的变化。这些 OOOI 事件是由 ACARS 管理单元通过飞机上各种传感器(例如舱门、停留刹车和起落架上的开关传感器)的输出信号来确认的。在每一飞行阶段的开始时刻,ACARS 将一个数字报文发送到地面,其中包括飞行阶段名称、发生时刻,以及其他诸如燃油量或始发地和目的地。

2) 飞行管理系统接口

除了上述功能外,ACARS 系统还增加了支持其他机载航电设备的新接口。在 20 世纪 80 年代末 90 年代初,在 ACARS 和飞行管理系统(FMS)之间的数据链接口出现了。这个接口可以将地面发送到机载 ACARS 管理单元上的飞行计划和气象信息,转发到 FMS。这样,在飞行过程中航空公司就可以更新 FMS 中的数据,使得机组人员可以评估新的气象条件,或者变更飞行计划。

3) 下载维护数据

20 世纪 90 年代早期,ACARS 同飞行数据采集与管理(FDAMS)或飞机状态监控系统(ACMS)之间的接口出现,使得数据链系统在更多的航空公司得到应用。通过使用 ACAS 网络,航空公司就可以在地面上实时得到 FDAMS/ACMS(用以分析航空器、引擎和操作性能)上的性能数据。这样,维护人员就不用非得等到飞机回到地面后才上到飞机上去获取这些数据了。这些系统能够识别出不正常的飞行,并自动向航空公司发送实时报文。详细的引擎状态报告也能经 ACARS 发送到地面。航空公司据此来监控发动机性能并规划维修活动。

除了与 FMS 和 FDAMS 的接口,从 20 世纪 90 年代开始,又开始升级机载维护计算机,使它可以通过 ACARS 实时传送飞机的维护信息。航空公司维修人员通过这些信息和 FDAMS 数据,甚至在飞行过程中就可以规划有关航空器的维修活动。

4) 人机交互

上述处理过程都是由 ACARS 及相关系统自动执行的。随着 ACARS 的发展,ACARS 控制单元现在同驾驶舱内的控制显示单元(CDU)之间有了直接连接。CDU,通常也称 MCDU(多功能 CDU)或 MIDU,让机组可以像今天收发电子邮件一样收发消息。这项功能使飞行人员能够处理更多类型的信息,包括从地面获取各种类型信息以及向地面发送各种类型报告。例如,飞行员想获得某一地点的气象信息,通过在 MCDU 屏幕上输入地点及气象信息类型,飞行员通过 ACARS 系统将此请求发送到地面站,之后地面计算机处理该请求,并将应答信息发回飞机上的 ACARS 管理单元显示或打印出来。为了支持更多的应用,如气象、风、放行、中转航班等,ACARS 的消息类型愈来愈多。航空公司为了某些特定的应用和特定的地面计算机开始定制 ACARS 系统。这导致了每家航空公司都在自己的班机上安装了自己的 ACARS 应用。有些航空公司为机组安装了多达 75 个 MCDU,而少的则只有十来个。除此之外,每家航空公司的地面站以及机载 ACARS 管理单元发送和接收的消息内容及格式也各不相同。

5) ACARS 数据链现状

(1) VHF 数据链:是一种广泛应用的基于甚高频波段的空一地数据链。通过甚高频收发信机使用国际规范加载数据通信的方式。

(2) 卫星数据链:以卫星为基础,利用卫星收发信机进行数据通信的方式,通信距离远,不受地理环境的影响,广泛应用于海洋通信、极地通信和边远地区通信。

(3) HF 数据链:正在建设阶段。利用高频收发信机进行数据通信的方式,通信距离远。但现在这种技术主要应用于欧美等人员稀少的地区,我国现在使用的公司很少。

目前民航数据链服务提供商主要有 ADCC、ARINC 和 SITA。

ADCC(民航数据通信有限责任公司):该公司成立于 1996 年 6 月,是经中国民航总局批准的,由国内 9 家航空公司(中国国际航空公司、中国东方航空公司、中国南方航空公司、中国北方航空公司、中国西南航空公司、中国西北航空公司、中国新疆航空公司、中国浙江航空公司、中国云南航空公司,以上 9 家航空公司现合并为中国国际航空公司、中国东方航空公司、中国南方航空公司三家航空公司)和中国民用航空局空中交通管理局共同出资组建的有限责任制公司。目前,公司已经成为具有通信服务、技术研究、软件开发和系统集成等多种服务职能的综合性公司。研制的产品已经成熟运用在民航信息系统、数据网络工程、航空电子系统、航空公司飞行运营系统、空中交通管制与服务管理调度系统等多个领域。自公司成立以来,承担各类项目 300 余项,涉及空中交通管制与服务、空域管理与评估、通信导航监视系统、航空公司运行、空中交通流量管理等多个领域,包括中国民用航空局空中交通管理局生产运行协同决策系统,航行情报发布系统工程,ADS-B 应用监视系统工程,民航数字空管集成系统,拉萨贡嘎机场、昌都邦达机场空管系统改造项目等多项中国民航重点项目和工程。

ARINC(航空无线电通信公司):网控中心旧金山,合作伙伴包括 CHINAADCC、AEROTAI 等。覆盖主要区域包括北美,中国,泰国,蒙古,欧洲北部、中部、东部。

SITA(国际航空电信协会):网控中心伦敦、亚特兰大,合作伙伴包括 AIR CANADA、JAPANAIVCOM、MALAYSIA、韩国、巴西(DEPV)等。相对而言,SITA 覆盖范围更大。

2. 斯德哥尔摩寻呼台(Stockholm Radio)

Stockholm Radio(以下简称 STORADIO)是瑞典 TELIAMOBILEAB 电信公司的分属机构,它成立于 1914 年,主要为航海提供通信服务,同时也是海上搜寻和救援协调中心,到 20 世纪 60 年代后期,其业务扩展到航空通信领域。现在它的航空客户共有 300 余个,其中有 50 家航空公司是常客户。

1)覆盖范围

从阿拉木图向西覆盖欧洲、大西洋和北美中部,从北非向北覆盖北极圈。

2)联系方法

当地面人员要与飞机通话时,需要给 Stockholm Radio 发电报或打电话(TEL:0046-8-6017910)告知航空公司/单位、航班号、SELCAL 编码、飞机大致的经纬度坐标、要求的服务种类、回电号码或回报地址,然后等待大约 5~30 分钟,即可接通,若不能接通,则 Stockholm Radio 会发报或打电话通知。不可以同时收发,每次发话的第一个字可能收不到,要保持中等、清晰的语速,发话时尽量一次多说一些,减少收发转换次数和频率,不可以使用电话免提功能。

3)联系程序

(1)北京签派发报:

QUSTOOOYF

PEKUDCA131455

FROM:AIR CHINA DISPATCH OFFICE

FLIGHT:CA933

SEL:HQEP

POSITION:N60E45

REQUEST：PHONE PATCH

TEL：861064599199OR64599997

SITA：PEKUDCA

（2）Stockholm Radio 开始搜寻 CA933 并使用 SELCAL 呼叫飞机。

（3）机组收到 SELCAL 信号后联系 Stockholm Radio。

飞机：Stockholm Radio，this is Air China CA933.

Stockholm Radio：CA933，this is Stockholm Radio. Air China dispatch office want to contact you，standby for the Phone Patch，over.

飞机：CA933，standing by.

（4）Stockholm Radio 的操作员给北京签派打电话并告知 CA933 要进行 Phone Patch 联系。

（5）北京签派：OK. Please connect it. Thank you.

（6）Stockholm Radio：CA933，this is Stockholm Radio，Air China dispatch office is on the line. Go ahead with your message，over.

（7）机组与北京签派通话。

通话结束后，北京签派挂断电话即完成了 Phone Patch。

3. 航空无线电通信公司 ARINC

ARINC（Aeronautical Radio Inc.）公司，全名为航空无线电通信公司，成立于 1929 年 12 月 2 日，由当时的四家航空公司共同投资组建，被当时的联邦无线电管理委员会 FRC（后更名为联邦通信管理委员会）授权负责"独立于政府之外唯一协调管理和认证航空公司的无线电通信工作"。公司初期的主要工作是按照 FRC 的规定建设和运行地基的航空话音通信设施和网络（高频 HF 工作方式），并为民航和军航提供 HF 话音通信服务。

第二次世界大战期间，ARINC 开始了与美国军方的合作，通过 ARINC 的努力，美军在武器、通信、导航系统的使用寿命和成本控制方面有了显著的发展和提高。从此，ARINC 公司成为了美国军队的长期合作伙伴。同年，ARINC 公司的主要股东 Varney Airlines 及其分支公司 Varney Speed Airlines 分别更名为美联航（United Airlines）和大陆航空公司（Continental Airlines），开始了美国本土民用航空的大发展时代。

20 世纪 60 年代末，由于民航飞行量的快速增加，航空公司对自身运行的效率又提出了新的要求。为此，ARINC 公司提出了以字符传输为特点的专用电报通信方式，使航空公司的旅客及运行管理水平有了很大提高。在此基础上，ARINC 公司将该技术应用到了机场、通报、配餐、货运等各个民航领域，形成了民航数据通信网络的雏形，并进入了机场应用系统的开发集成领域。

随后，计算机技术的发展和数字通信技术的出现使 ARINC 公司的通信网络也产生了快速的变化，在传统的语音通信的网络基础上，ARINC 公司利用自身的技术标准和在机载设备领域的优势，在世界上率先开始提供数据链通信服务。

进入 21 世纪，ARINC 公司除了在航空传统领域继续保持优势外，还在公共交通服务、健康医疗和安全保卫等领域开展了业务的探索。

1996 年，ARINC 公司开始了与中国民航的合作。通过提供技术和设备，ARINC 公司成为了中国民航数据通信网络的技术提供商。1998年,使用ARINC技术的中国民航甚高频地空数据通信网开始提供服务。同年,ARINC和民航数据通信有限责任公司和泰国航空无线电通信公司(AEROTHAI)一起成立了GLOBA Link数据链服务系统,为亚太地区的民航飞机提供无缝隙的数据通信服务。

1)服务种类

PHONE PATCH、MESSAGE RELAY、METINFO(只在特殊情况下提供)

2)联系方式

ARINC San Francisco

SITA:SFOXGXA 电话:001-800-6210140 或 001-925-2948297

ARINC New York

SITA:NYCXGXA 电话:001-631-5897224 或 001-631-5892483

ARINC Air/Ground Operations(ARINC 总部语音通信服务业务部门)

SITA:HDQXGXA 电话:001-410-2664430 或 001-410-2664264

传真:001-410-2664010,E-mail:agops@arinc.com

3)覆盖范围

AOC服务:从台湾向东到美国西海岸,再从美国东海岸到欧洲西部,从赤道向北越过阿拉斯加覆盖北极区域,包括加勒比和中南美洲地区。另外,ARINC在西雅图—安克雷齐海岸线区域还提供甚高频语音通信服务作为其高频语音通信服务的补充,频率为129.4MHz。

4)联系方法

当地面人员要与飞机通话时,需首先判断飞机是在太平洋区或北极地区(对应ARINC San Francisco,SITA:SFOXGXA 电话:001-800-6210140 或 001-925-2948297),还是在大西洋区(对应 ARINC New York,SITA:NYCXGXA 电话:001-631-5897224 或 001-631-5892483)。给 ARINC 发电报或打电话告知:航空公司/单位、航班号、SELCAL编码、飞机大致的经纬度坐标、要求的服务种类、回电号码或回报地址,然后等待大约5~30分钟,即可接通,若不能接通,则 Arinc 会发报或打电话通知。

不可以同时收发,每次发话的第一个字可能收不到,要保持中等、清晰的语速,发话时尽量一次多说一些,减少收发转换次数和频率,不可以使用电话免提功能。

5)联系程序

(1)北京签派发报:

QUSFOXGXA

PEKUDCA131455

FROM:AIR CHINA DISPATCH OFFICE

FLIGHT:CA985

SEL:HQEP

POSITION:N45E175

REQUEST:PHONE PATCH

TEL:861064599199OR64599997

SITA：PEKUDC APEKUOCA

（2）ARINC 开始搜寻 CA985 并使用 SELCAL 呼叫飞机。

（3）机组收到 SELCAL 信号后联系 ARINC。

飞机：ARINC San Francisco，this is Air China CA985.

ARINC：CA985，this is Arinc San Francisco. Air China dispatch office want to contact you，standby for the Phone Patch，over.

飞机：CA985，standing by.

（4）ARINC San Francisco 的操作员给北京签派打电话并告知 CA985 要进行 Phone Patch 联系。

（5）北京签派：OK. Please connect it. Thank you.

（6）ARINC：CA985，this is ARINC San Francisco，Air China dispatch office is on the line. Go ahead with your message，over.

（7）机组与北京签派通话。

通话结束后，北京签派挂断电话即完成了 Phone Patch。另外，按照在美国区域的语音通信规定，在美国本土不允许进行高频语音通信，所以 ARINC 在美国本土还为航空公司提供甚高频语音通信服务，但不为 FAA 提供甚高频语音通信服务。FAA 在美国本土全境拥有自己的甚高频语音通信设施。

4．民航局高频联网电台

由总局空管局牵头，民航数据通信有限责任公司（ADCC）协同各个航空公司建设的高频话音通信系统。

1）覆盖范围

目前已建站点：武汉、西安、上海虹桥、成都、广州。覆盖范围是以各站点为中心的周边 3 000 公里的作用半径。

计划建站：海口、乌鲁木齐、北京、天津。

武汉、西安、成都频率为 11 342kHz。

上海虹桥、广州频率为 8 921kHz。

2）联系方法

签派人员可使用热线或普通电话直接与北京呼叫中心联系。24 小时值班室电话：010-67312494/010-67311455/010-67313432。告知航空公司/单位、航班号、SELCAL 编码、飞机大致位置、回电号码，然后等待操作人员呼叫到飞机，即可接通。若不能接通，呼叫中心会打电话通知航空公司无法呼叫到飞机。也可采取留言转述方式。

3）联系程序

（1）国航签派打电话 010-67312494

国航签派：北京呼叫中心，我们请求联系国航 123，选呼码是 HQEP，飞机大概位置在武汉，我们的电话号码是：010-66666666，谢谢。

呼叫中心：好的，请稍等。

（2）呼叫中心挂断电话并开始搜索 CA123，并使用 SELCAL 呼叫飞机。

机组收到 SELCAL 信号后联系北京呼叫中心。

Pilot：北京呼叫中心，这里是国航123。

呼叫中心：国航123，这里是北京呼叫中心，国航签派要与你联系，请守听，结束。

Pilot：国航123正在守听。

（3）呼叫中心操作员给签派打电话并告知CA123可以进行Phone Patch联系。

呼叫中心：国航签派，通信已建立，请讲话。

国航签派：好的，谢谢。

（4）呼叫中心：CA123，这里是北京呼叫中心，国航签派已经在线，请讲话。

（5）机组与签派通话。

通话结束后，签派挂断电话，呼叫中心拆线即完成了Phone Patch。

16.2　AFTN 报

AFTN电报全称为民用航空飞行动态固定格式电报，由报头行、缓急标志、收电地址、发电地址、签发时间、电文、电报结束部分组成。电报采用统一的飞行动态固定电报格式，并按照规定的程序使用。

16.2.1　AFTN 电报的管理和使用

中国民用航空局统一管理全国电报工作，民航地区管理局负责监督管理本地区电报工作。

民航局空中交通管理局具体负责全国电报工作的业务管理，民航地区空中交通管理局具体负责本地区电报工作的业务管理。

各空中交通管制单位是电报的使用单位，包括：民航局空管局运行管理中心、各地区空管局运行管理中心、区域管制单位、进近（终端）管制单位、机场塔台管制单位、空中交通服务报告室（以下简称报告室）等。其他单位引接电报信息应当经过民航局空管局和所在地区空管局同意，签订使用协议，并明确提供信息的种类和使用范围，涉及保密限制的应当符合有关规定。

16.2.2　电报的拍发

电报由管制单位拍发，并应当符合规定的电报等级、发报单位、收报单位、拍发时间、有效时限等要求。未经授权的其他单位和个人不得拍发电报。

16.2.3　电报的种类

AFTN电报的种类包括：

（1）紧急电报：告警报（ALR）、无线电通信失效报（RCF）。

（2）动态电报：领航计划报（FPL）、修改领航计划报（CHG）、取消领航计划报（CNL）、延误报（DLA）、起飞报（DEP）、落地报（ARR）。

（3）协调电报：现行飞行变更报（CPL）、预计飞越报（EST）、管制协调报（CDN）、管制协调接受报（ACP）、逻辑确认报（LAM）。

（4）补充电报：请求飞行计划报（RQP）、请求领航计划补充信息报（RQS）、领航计划补充信息报（SPL）。

16.2.4 电报的优先等级

AFTN 电报按照优先顺序分为四个等级,依次如下:

(1)第一等级:遇险报(SS)。

(2)第二等级:特级报(DD)。

(3)第三等级:加急报(FF)。

(4)第四等级:急报(GG)。

16.2.5 电报通用数据

1. 高度层数据

(1)气压高度表定在修正海平面气压(QNH)拨正值时,高度表指示"海拔高度"(Altitude)。

(2)气压高度表定在场面气压(QFE)拨正值时,高度表指示高出场面气压(QFE)基准面的"高"(Height)。

(3)把气压高度表拨到 1 013.2hPa 时,可用以指示飞行高度层。

(4)高度层数据应用表 16-1 所示 4 种方法表示。

表 16-1 高度层数据表示

"M"后跟随 4 位数字	表示以 10m 为单位的海拔高度。 示例 1:海拔高度 8 400m,以"M0840"表示
"S"后跟随 4 位数字	表示以 10m 为单位的飞行高度层。 示例 2:飞行高度层 11 300m,以"S1130"表示。
"A"后跟随 3 位数字	表示以 100ft 为单位的海拔高度。 示例 3:海拔高度 4 500ft,以"A045"表示。
"F"后跟随 3 位数字	表示以 100ft 为单位的飞行高度层。 示例 4:飞行高度层 33 000ft,以"F330"表示

2. 位置及航路数据

(1)应用 2~7 个字符表示应飞的空中交通服务航路代号。

(2)应用 2~5 个字符表示指定给航路上某一点的代号。

(3)用 11 个字符表示经纬度时,具体见表 16-2。

表 16-2 经纬度表示坐标点(11 个字符)

第 1、2 位数字	表示纬度度数
第 3、4 位数字	表示纬度分数
第 5 位数字	"N"表示"北"或"S"表示"南"
第 6、7、8 位数字	表示经度度数
第 9、10 位数字	表示经度分数
第 11 位数字	"E"表示"东"或"W"表示"西"

示例:3804N16725W

（4）用 7 个字符表示经纬度时，具体见表 16-3。

表 16-3　经纬度表示坐标点（7 个字符）

第 1、2 位数字	表示纬度度数
第 3 位数字	"N"表示"北"或"S"表示"南"
第 4、5、6 位数字	表示经度度数
第 7 位数字	"E"表示"东"或"W"表示"西"

示例：38N054E

（5）使用重要点定位，应用 2～5 个字符代表某一重要点的编码代号，后随 6 位数字。前 3 位数字表示相对该点的磁方位度数，后 3 位表示距离该点的海里数。为使所要求的位数正确，必要时在数据前加"0"以补足位数。

示例：距全向信标台"VYK"40nmile，磁方位 180°的一点以"VYK180040"表示。

3．速度数据

速度数据（最多 5 个字符）应用表 16-4 所示的 3 种方法。

表 16-4　速度数据表示

"K"后随 4 位数字	真空速，单位为千米每小时（km/h）（示例：K0830）。
"N"后随 4 位数字	真空速，单位为海里每小时（nmile/h）（示例：N0485）。
"M"后随 3 位数字	最近的 1% 马赫单位的马赫数（示例：M082）。（按有关 ATS 单位规定使用。）

4．时间数据

（1）空中交通服务电报应使用世界协调时（UTC），精确到分。

（2）应用连续 4 位数字表示。前 2 位表示小时，后 2 位表示分。

示例：0830 表示世界协调时 08:30。

5．电报等级

如表 16-5 所示，电报等级分为四类。

表 16-5　电报等级分类

SS	第一等级	遇险报
DD	第二等级	特急报
FF	第三等级	加急报
GG	第四等级	急报

16.2.6　电报结构

1．固定格式的空中交通服务电报报文的组成

固定格式的空中交通服务电报的报文内容应由若干个规定的数据编组（以下简称编组）按固定顺序排列构成；不应随意缺省，每个编组由按顺序排列的几个不同内容的数据项目或一个单项数据构成,之间应以空格或"/"隔开。

2.编组的标准形式

编组号及其所对应的数据类型如表 16-6 所示。

表 16-6　编组号及其所对应的数据类型

编组号	数 据 类 型	编组号	数 据 类 型
3	电报类别、编号和参考数据	15	航路
5	紧急情况说明	16	目的地机场和预计总飞行时间,目的地备降机场
7	航空器识别标志和 SSR 模式编码	17	落地机场和时间
8	飞行规则及种类	18	其他情报
9	航空器数目、机型和尾流等级	19	补充情报
10	机载设备与能力	20	搜寻和救援告警情报
13	起飞机场和时间	21	无线电失效情报
14	预计飞越边界数据	22	修订

3.结构和标点

(1)应用一个正括号"("表示 ATS 报文数据的开始,其后随以各编组。

示例:(FPL……

(2)除第一编组(编组 3)外,在其他编组中,均应用一连字符"—"表示该编组的开始,且只应在该编组开始时使用一次,其后随以各数据项。

示例:—STS/ALTRVHEAD

(3)各编组之间不应有空格。

(DEP-CES501/A2054-ZSPD2347-VHHH-0)

(4)应用一个反括号")"表示空中交通服务报文数据结束。

……—PBN/A1B1C1D1L1)

(5)在编辑空中交通服务电报时,因编组 5、编组 15、编组 18、编组 19、编组 20、编组 21 和编组 22 的内容较多,如需进行换行操作,这个操作不应影响该编组内数据的完整性。

4.编组数据的说明

(1)每个编组由一个或几个不同内容的数据项构成,之间应以空格或"/"隔开,具体使用见下文。

(2)本规定使用两种结构的数据框代表不同类型的文数据项。

数据框格式 1:▭

这种封闭型数据框表示该数据由固定数量的字符构成。此示例表示该数据项中含有 3 个字符。

数据框格式 2：□　□

这种开放型数据框表示该数据项由非固定数量的字符构成。此示例表示该数据项中含有任意数量的字符。

5．编组内容

1）编组 3—电报类别、编号和参考数据

格式：□ A □ B □ C

数据项 A—报类代号。用 3 个字母表示，见表 16-7。

表 16-7　报类代号

1	FPL	领航计划报	9	CDN	管制协调报
2	CHG	修订领航计划报	10	ACP	管制协调接受报
3	CNL	取消领航计划报	11	LAM	逻辑确认报
4	DEP	起飞报	12	RQP	请求飞行计划报
5	ARR	落地报	13	RQS	请求领航计划补充信息报
6	DLA	延误报	14	SPL	领航计划补充信息报
7	CPL	现行飞行变更报	15	ALR	告警报
8	EST	预计飞越报	16	RCF	无线电通信失效报

数据项 B—电报号码。用 1～4 个字母表示发报的空中交通服务单位，后随斜线"/"，后随 1～4 个字母表示收报的空中交通服务单位，后随 3 个数字，表示所发电报的顺序号。

数据项 C—参考数据。用 1～4 个字母后随斜线"/"，后随 1～4 个字母，后随 3 个数字，编组 3 通常情况下只包括数据项 A，数据项 B 和数据项 C 只有在 2 个空中交通服务单位的计算机系统之间进行数据交换时由计算机生成。

示例 1：(FPL

示例 2：(LAMB/A052A/B002

2）编组 5—紧急情况说明

格式：- □A / □ B / □C

数据项 A—危险等级（危险等级的确定参见附录 A）。危险等级见表 16-8。

表 16-8　危险等级

INCERFA	表示不明阶段
ALERFA	表示告警阶段
DETRESFA	表示遇险阶段

数据项 B—电报签发者。用 8 个字母表示，前 4 个字母是国际民航组织分配的地名代码，后 4 个字母中的前 3 个字母是发报的空中交通服务单位代码，最后 1 位为"X"或空

中交通服务单位中的部门代码。

数据项 C—紧急情况的性质。根据需要加上明语短文,以便说明紧急情况的性质,各词之间用空格隔开。

示例:—ALERFA/ZBAAZRZX/REPORTOVERDUE

3)编组 7—航空器识别标志和 SSR 模式及编码

格式:—[A]/[B][ ][C][ ]

数据项 A—航空器识别标志。不应多于 7 个字符,不包含连字符或符号的字母或数字。

当国内航空公司执行国内段航班,任务性质为补班时,航空器识别标志最后 1 个字符应用 1 个英文字母对应代替,见表 16-9。

表 16-9　补班末位航班号对应示例

0—Z	1—Y	2—X	3—W	4—V
5—U	6—T	7—S	8—R	9—Q

航空器识别标志包括以下两类:

(1)国际民用航空组织分配给航空器运营人的三字代号后随飞行任务的编号作为航空器识别标志;

示例:KLM511、CCA1501、CES510W(CES510 的补班)、CEN303Z(CEN3030 的补班)

(2)航空器的注册标志(例如:B2332、ELAKO、4QBCD、N2567GA):

① 无线电话联络时航空器所使用的呼号仅包括此识别标志(例如:OOTEK),或将国际民用航空组织航空器运营人电话代号置于其前(例如:SABENAOOTEK);

② 航空器未装有无线电设备。

注 1:当 SSR 编码情报未知,对接收单位无意义,在不使用二次监视雷达的区域内飞行时,此编组只含有"A"项。

注 2:无线电话呼叫的使用规定参见 DOC4444 附件 10 卷 Ⅱ 第 5 章。国际民航组织代号和航空器经营人的电话代号参见 DOC8585 号文件《航空器经营人、航空当局和服务部门的代号》。

数据项 B—SSR 模式。用字母 A 表示"数据项 C"的 SSR 模式。

数据项 C—SSR 编码。用四位 8 进制数字表示由空中交通服务部门指定给航空器的 SSR 编码。

示例 1:—HDA901

示例 2:—BAW039/A3031

示例 3:—CES510H

4)编组 8—飞行规则及种类

格式:—[A][B]

数据项 A—飞行规则。用 1 个字母表示见表 16-10。

表 16-10　飞行规则字母释义

I	表示整个飞行准备按照仪表飞行规则运行
V	表示整个飞行准备按照目视飞行规则运行
Y	表示飞行先按照仪表飞行规则运行,后随对飞行规则的一个或多个相应修改
Z	表示飞行先按照目视飞行规则运行,后随对飞行规则的一个或多个相应修改

如果使用字母 Y 或 Z 时,计划改变飞行规则的各个航路点应按编组 15 的要求填写。

数据项 B—飞行种类。用 1 个字母表示有关空中交通服务当局要求的飞行种类,见表 16-11。

表 16-11　飞行种类字母释义

G	表示通用航空飞行
M	表示军用飞行
N	表示非定期的航空运输飞行
S	表示定期航班
X	表示除上述之外的其他飞行种类

B 如果需要表示要求 ATS 特别处理的其他原因,则在编组 18"RMK"之后说明原因。

示例 1:—VG

示例 2:—IS

5)编组 9—航空器数目、机型和尾流等级

格式:—[A][B]/[C]

数据项 A—航空器数目(如多于 1 架)。此单项应仅用于多架航空器编队飞行中,用 1~2 位数字来表示航空器架数。

数据项 B—航空器机型。应用 2~4 个字符表示,按附录 B 规定的代码填写。如无指定的代码或在飞行中有多种机型,填入"ZZZZ"。当使用字母"ZZZZ"时,应在编组 18 "TYP/"数据项中填入航空器具体机型。

数据项 C—尾流等级。应用 1 个字母表示,见表 16-12。航空器的最大允许起飞重量决定航空器的尾流等级。

表 16-12　尾流等级字母释义

H 重型	大于或等于 136t
M 中型	大于 7t 小于 136t
L 轻型	小于或等于 7t

示例 1:—B738/M

示例 2:—B744/H

示例 3:—ZZZZ/M……TYP/J20

示例 4：—3ZZZZ/L······TYP/3WZ10

（6）编组 10—机载设备与能力

格式：$\boxed{A}/\boxed{B}$

本标准中没有描述的任何数字字符作为保留字符。机载设备与能力由"在飞机上存在的相关可用设备""与机组成员资格能力相符的设备和能力"以及"经过有关当局授权使用的"等元素组成。

数据项 A—无线电通信、导航及进近助航设备与能力。应填入 1 个字母表示，见表 16-13。

表 16-13　字母 N、S 含义释义

N	航空器未载有无线电通信、导航、进近设备或此类设备不工作
S[a]	航空器载有标准的通信、导航、进近设备并可工作(注释 1)

如果使用字母"S"，除非有关的空中交通服务当局规定了其他设备的组合，否则其甚高频无线电话，全向信标接收机和仪表着陆系统都应视为标准设备。

填入"N"或"S"，和(或)下列一个或多个字符(建议按英文字母先后排列)，表示可以工作的通信/导航/进近设备与能力，见表 16-14～表 16-15。

表 16-14　编组 10 字母含义释义

A	GBAS 着陆系统	J7	管制员驾驶员数据链通信、FANS 1/A、卫星通信(铱星)
B	LPV(星基增强系统的垂直引导进近程序)	K	微波着陆系统
C	罗兰 C	L	仪表着陆系统
D	测距仪	M1	空中交通管制无线电话、卫星通信(国际海事卫星组织)
E1	飞行管理计算机、航路点位置报告、航空器通信寻址与报告系统	M2	空中交通管制无线电话(多功能运输卫星)
E2	数据链飞行情报服务、航空器通信寻址与报告系统	M3	空中交通管制无线电话(铱星)
E3	起飞前放行、航空器通信寻址与报告系统	O	全向信标台
F	自动定向仪	P1～P9	保留给所需通信性能
G	全球导航卫星系统	R[b]	获得 PBN 批准
H	高频、无线电话	T	塔康
I	惯性导航	U	特高频无线电话
J1[a]	管制员驾驶员数据链通信、航空电信网、甚高频数据链模式 2	V	甚高频无线电通话
J2	管制员驾驶员数据链通信、FANS1/A、高频数据链	W[c]	获得缩小垂直间隔批准

续表

A	GBAS 着陆系统	J7	管制员驾驶员数据链通信、FANS 1/A、卫星通信（铱星）
J3	管制员驾驶员数据链通信、FANS1/A、其高频数据链模式 4	X	获得最低导航性能规范批准
J4	管制员驾驶员数据链通信、FANS1/A、甚高频数据链模式 2	Y	由 8.33kHz 频道间距能力的甚高频
J5	管制员驾驶员数据链通信、FANS1/A、卫星通信（国际海事卫星组织）	Z[d]	携带的其他设备或能力
J6	管制员驾驶员数据链通信、FANS1/A、卫星通信（多功能运输卫星）		

对于数据链服务、空中交通管制放行和情报、空中交通管制通信管理、空中交通管制麦克风检查，见航空无线电技术委员会、欧洲民航设备组织对航空电信网基线 1 的互相性要求标准（航空电信网基线 1 互相性标准-DO-280B/ED110B）。

如果使用字母"R"，应在编组 18 种 PBN/代码之后填入能够满足基于性能的导航水平。有关对特定为航段、航路和（或）区域使用基于性能导航的指导材料载于《基于性能导航手册》Doc9613 号文件。

如果在编组 10 中有 W 项，则编组 18 中不能有 STS/NONRVSM，且如果在编组 18 中有 STS/NONRVSM，则编组 10A 项中不能有 W。

如果使用字母"Z"，应在第 18 箱注明所载的其他设备，并视情况冠以 COM/、NAV/和（或）DAT/。

如果使用字母"G"，应在编组 18 中 NAV/代码之后注明任何 GNSS 外部增强的类型，其间用空格隔开。

表 16-15　机载设备与能力数据项释义

A	GBAS 着陆系统	J7	管制员驾驶员数据链通信、FANS1/A、卫星通信（铱星）
B	LPV（星基增强系统的垂直引导进近程序）	K	微波着陆系统
C	罗兰 C	L	仪表着陆系统
D	测距机	M1	空中交通管制无线电话、卫星通信（国际海事卫星组织）
E1	飞行管理计算机、航路点位置报告、航空器通信寻址与报告系统	M2	空中交通管制无线电话（多功能运输卫星）
E2	数据链飞行情报服务、航空器通信寻址与报告系统	M3	空中交通管制无线电话（铱星）
E3	起飞前放行、航空器通信寻址与报告系统	O	全向信标台
F	自动定向仪	P1～P9	保留给所需通信性能
G	全球导航卫星系统	R[b]	获得 PBN 批准
H	高频、无线电话	T	塔康

数据项 B——监视设备与能力。用表 16-16～表 16-19 中 1 个或最多 20 个字符来描述可用的监视机载设备与能力。

表 16-16　二次监视雷达 A 和 C 模式

N	没有应答机。
A	应答机 A 模式(4 位数—4096 个编码)。
C	应答机 A 模式(4 位数—4096 个编码)和应答机 C 模式。

表 16-17　二次监视雷达 S 模式

S	应答机 S 模式,具有气压高度和航空器识别的能力
P	应答机 S 模式,具有气压高度,但没有航空器识别的能力
I	应答机 S 模式,具有航空器识别,但无气压高度发射信号的能力
X	应答机 S 模式,没有航空器识别和气压高度能力
E	应答机 S 模式,具有航空器识别、气压高度发射信号和超长电文(ADS−B)能力
H	应答机 S 模式,具有航空器识别、气压高度发射信号和增强的监视能力
L	应答机 S 模式,具有航空器识别、气压高度发射信号、超长电文(ADS−B)和增强的监视能力

"A""C""E""H""I""L""P""S""X"应只填写其一。
增强的监视能力是指飞行器能够下发来自模式 S 转发器的数据。

表 16-18　广播式自动相关监视

B1	具有专用 1090MHz 广播式自动相关监视"发送"能力的广播式自动相关监视
B2	具有专用 1090MHz 广播式自动相关监视"发送"和"接收"能力的广播式自动相关监视
U1	使用 UAT 广播式自动相关监视"发送"能力
U2	使用 UAT 广播式自动相关监视"发送"和"接收"能力
V1	使用 VDL 模式 4 广播式自动相关监视"发送"能力
V2	使用 VDL 模式 4 广播式自动相关监视"发送"和"接收"能力

编组 10B 中,"B1""B2"只能出现一个,不应同时出现。
编组 10B 中,"U1""U2"只能出现一个,不应同时出现。
编组 10B 中,"V1""V2"只能出现一个,不应同时出现。

表 16-19　契约式自动相关监视

D1	具有 FANS1/A 能力的契约式自动相关监视
G1	具有航空电信网能力的契约式自动相关监视

注 1:以上未列出的字符属于保留。
注 2:附加的监视应用应在编组 18:"SUR/"标记后列出。

示例 1:—ADE3RV/EB1

示例 2:—DFGOV/HU2

7)编组 13—起飞机场和时间

格式:

数据项 A—起飞机场。按 Doc7910 号文件《地名代码》的规定指定给该起飞机场的国际民航组织四字地名代码。

如果该机场无四字地名代码,则用"ZZZZ"表示。如果使用"ZZZZ",应在编组 18 "DEP/"数据项中填入起飞机场名称和位置或航路的第一个点或者无线电信标标记。

如果在空中申报飞行计划,则用"AFIL"表示。如果使用"AFIL",应在编组 18 "DEP/"数据项中填入可提供补充飞行数据的空中交通服务单位。

在 CPL、EST、CDN 和 ACP 电报中,该编组内容到此结束。

如果不知道预计撤轮档时间,在 RQP、ARR 电报中也应到此结束。

数据项 B—时间。用 4 位数字表示如下时间(UTC):

在起飞前所发的 FPL、CHG、CNL、DLA 和 RQS 电报以及 ARR、RQP 电报中填入起飞机场的预计撤轮档时间(EOBT);

在 DEP、ALR 和 SPL 电报中,应填入实际起飞时间;

按数据项 A 中"AFIL"所示,从空中申报飞行计划的,应填写该计划适用的第一个航路点的实际或预计飞越时间。

示例 1:—ZBAA0730

示例 2:—AFIL1625

8) 编组 14—预计飞越边界数据

格式:—[A] [ ][ ][ ] B [ ] C [ ] D [ ] E [ ]

数据项 A—边界点。应用 2~5 个字符表示的重要点名称,或地理坐标、简写地理坐标、地理名称、协议点或距某一重要点或导航台的方位和距离数据组合。

数据项 B—飞越边界点的时间。应用 4 位数字表示预计飞越边界点的 UTC 时间。

数据项 C—许可的高度层。

——如果航空器处于平飞状态,飞越边界点表示许可高度层,此编组应到此结束。

如果航空器在边界点处于上升或下降状态,表示正在朝许可高度层飞行,应继续填写数据项 D、数据项 E。

数据项 D—补充飞越数据。表示航空器飞越边界点时预计所在高度或高度层,格式应与数据项 C 一致。

数据项 E—飞越条件。用下列其中 1 个字母表示,见表 16-20。

表 16-20　飞越条件字母释义

A	航空器在数据项 D 中所述高度层或其上飞越边界点。
B	航空器在数据项 D 中所述高度层或其下飞越边界点。

示例 1:—EPGAM/1821F106

示例 2:—XYZ/1653F240F180A

示例 3:—5130N13020W/0817F290

示例 4:—LMN/0835F160F200B

示例 5:—WXI218015/1245F130

9）编组 15—航路

格式：－[A][B](空格)[c]

数据项 A—巡航速度（最多 5 个字符）。飞行中第一个或整个巡航阶段的真空速，按下列方式表示，见表 16-21。

表 16-21　巡航速度字母释义

"K"后随 4 位数字	真空速，单位为千米每小时（km/h），（示例：K0380）。
"N"后随 4 位数字	真空速，单位为海里每小时（nm/h），（示例：N0485）。
"M"后随 3 位数字	最近的 1%马赫单位的马赫数（示例：M082）。（按有关 ATS 单位规定使用）

数据项 B—巡航高度层（最多 5 个字符）。

所飞航路的第一个或整个巡航领航计划的巡航高度层，按下列方式表示，见表 16-22。

表 16-22　巡航高度层字母释义

"M"后跟随 4 位数字	表示以 10m 为单位的海拔高度。 （示例：M0840）
"S"后跟随 4 位数字	表示以 10m 为单位的飞行高度层。 （示例：S1130）
"A"后跟随 3 位数字	表示以 100ft 为单位的海拔高度。 （示例：A045，A100）
"F"后跟随 3 位数字	表示以 100ft 为单位的飞行高度层。 （示例：F085，F330）
"VFR"	表示不受管制的目视飞行规则飞行

a 按有关 ATS 当局规定。

数据项 C—航路。以空格隔开的如下 7 个类别的数据项，不论次序如何，应能够准确地说明可行的航路情况，必要时应加上以下若干个"c"项，每项之前应有空格。见表 16-23。

表 16-23　航路数据项释义

c1	标准离场航线代号，即从起飞机场到拟飞的已确定的航路的第一个重要点的标准离场航路代号； 其后可随以"c3"或"c4"。 若无法确定将使用的标准离场航线，应不加"c1"。
c2	空中交通服务航路代号； 其后仅随以"c3"或"c4"。
c3	重要点，包括航路加入点、航路退出点、航路转换点、航路和标准进离场航线之间的连接点、空中交通管制单位规定的强制性位置报告点等。
c4	重要点、巡航速度或马赫数、申请的巡航高度层。 距一重要点的方位和距离：重要点的编码代号后随 3 位数字，表示相对该点的磁方位度数，再随以 3 位数字表示距离该点的海里数。在高纬度地区，如有关当局确定参考磁方位度数不可行，可使用真方位度数。为使数位正确，需要时插入"0"。例如距全向信标台（VOR）"DUB"40nmile，磁方位 180°的一点，以"DUB180040"表示。

c5	简字,表示如下: DCT:当下一个预飞点是在指定航路以外时,用 DCT 表示,除非这些点是用地理坐标或方位及距离表示; VFR:在飞过某点后改为目视飞行规则(仅可跟随"c3"或"c4"); IFR:在飞过某点后改为仪表飞行规则(仅可跟随"c3"或"c4"); T:表明航空器的申报航路被压缩,压缩部分应在其他数据中或以前发的领航计划中查找。使用时,T 应是航路编组的结尾。
c6	巡航爬高(最多 28 个字符)。 在字母 C 后随一斜线"/",然后填入计划开始巡航爬高点,后随一斜线"/",然后按数据项 A 填写在巡航爬高期间应保持的速度,随以两个高度层(按数据项 B 表示),以确定在巡航爬高期间拟占用的高度夹层,或预计巡航爬升至其以上高度层,后随以"PLUS",其间不留空格。
c7	标准进场航线代号,即从规定航路推出点到起始进近定位点标准进场航线的代号。 若无法确定将使用的标准进场航线,应不加"c7"。

本编组中使用"DCT"时应注意:

——在设定有标准进离场航线的机场,在航线航路与标准进离场航线间连接点的前后不应填写"DCT"。当所飞机场没有标准进离场航线与航路相连时,在航线航路加入点之前或退出点之后,可使用"DCT"。

——当飞往下一点的飞行路线是在指定航路以外时,用"DCT"连接下一点;在没有连接点的两条航路之间转换时,一条航路的退出点和另一条航路的加入点之间可以使用"DCT",除非连接飞行路线的点都是用地理坐标或方位及距离表示。

——当空中交通服务部门要求时,应使用"DCT"。

本编组中填写"标准进离场航线"时应注意:

空中交通服务航路包括航线、航路、标准离场航线(SID)和标准进场航线(STAR)等。通常情况下,航路与标准进离场航线是相连接的。在设有标准进离场航线的机场,空中交通管制部门会适时向飞行人员制定适当的标准进离场航线,或通报实施雷达引导等,这些在领航计划报中是无法确定的。在这种情况下,按照国际民航组织有关文件(Doc4444)中的相关说明,在航线航路和标准进离场航线间连接点的前后填写标准进离场航线是不恰当的。否则,不能准确地表述航路情况,也会与空中交通管制部门的要求相违背。

示例 1:—K0882S1010SGMA599POU

示例 2:—M082F310BCN1GBCNUG152N015W52N050WDCTYQX

示例 3:—K0869S1100CDKRB458WXIA461LIG

示例 4:—M078S1010URCB215YBLA596KM

示例 5:—LNVFR

示例 6:—LN/N0284A050IFR

10) 编组 16—目的地机场和预计总飞行时间,目的地备降机场

格式:— [A] [B] (空格) [C]

数据项 A—目的地机场。Doc7910 号文件《地名代码》规定,应使用国际民航组织规

定的四字地名代码。

如果该机场没有四字代码,则填入"ZZZZ"。若使用"ZZZZ",在编组 18"DEST/"数据项中直接填入目的地机场名称或位置。然后,不能留空格填写预计总飞行时间。

在除 FPL、SPL、ALR 外的其他电报中,本编组到此结束。

数据项 B—预计总飞行时间。从空中申报飞行计划的航空器,预计总飞行时间是指从飞行计划适用的第一航路点开始计算的预计时间至飞行计划终止点的预计时间。

数据项 C—目的地备降机场。必要时空格后可再填入 1 个备降场,最多可填入 2 个备降场,Doc7910 号文件《地名代码》规定,使用国际民航组织规定的四字地名代码。

如果该机场没有四字代码,则填入字母"ZZZZ"。若使用"ZZZZ",在编组 18"DEST/"数据项中直接填入目的地机场名称或位置。然后,不用空格填写总共飞行时间。编组格式释义见表 16-24。

表 16-24　编组格式释义

前一组类别或符号	本编组类别用于	下一编组类别或符号
15	ALR	18
15	FPL	18
13	CHG	18
13	CNL	18
13	DLA	18
13	DEP	18
13	ARR[a]	17
15	CPL	18
14	EST	)
13	CDN	22
13	ACP	)
13	RQS	18
13	SPL	18

[a] 仅在改航备降着陆时使用。

示例 1:—ZSPD0200ZSHC

示例 2:—ZBAA0230ZBTJZYTL

11) 编组 17—落地机场和时间

格式: ␣ ⌐A¬ ␣ ⌐B¬ (空格) ⌐C¬

数据项 A—落地机场。按 Doc7910 号文件《地名代码》的规定,使用国际民航组织规定的四字地名代码。

数据项 B—落地时间。用 4 位数字表示实际落地时间(UTC)。

数据项 C—落地机场。若在数据项 A 中使用"ZZZZ",则在此处填入落地机场英文全称、拼音全称或其他代号。

示例 1：—ZGGG1235

示例 2：—ZZZZ0130NANYUAN

12）编组 18—其他情报

格式 1：- $\boxed{\text{A}}$ 或

格式 2：- [ ]（空格）[ ]（空格）[ ] [ ]

本编组无任何信息时，在数据项 A 中填写数字"0"。

本编组有信息时，应按照下列所示的先后次序，随以斜线"/"填写有关情报。在各数据项中只能出现一次斜线"/"，且不应再出现其他标点符号，数据项间以空格隔开，若某个数据项无内容，则该项应省略，并且避免某个数据项的重复使用，针对某个数据项有多条信息时，应用同一个数据项标识符，并用空格分隔各条信息。各缩略语含义见表 16-25。

表 16-25　各缩略语含义

数据项	表 示 内 容
STS/	只有下属的内容可以填写在 STS/后面，如有 2 种以上情况需要特别说明的，应以空格隔开。其他原因则写在 RMK/后。 ALTRV：按照预留高度运行的飞行； ATFMX：有关空中交通服务当局批准和面空中交通流量管理措施的飞行； FFR：灭火； FLTCK：校验导航设施的飞行检测； HAZMAT：运载有害材料的飞行； HEAD：国家领导人性质的飞行； HOSP：医疗当局公布的飞行； HUM：执行人道主义任务的飞行； MARSA：军方负责管理的军用航空器最低安全高度间隔飞行，用以表明飞行时效时，要求编组 9 的飞机数量大于 1 架；用以表明从一个特定点开始时，在编组 18 的 RMK 项后紧跟航空器标示和进入作业区的时间； MEDEVAC：与生命攸关的医疗紧急疏散； NONRVSM：不具备缩小垂直间隔能力的飞行准备在缩小垂直间隔空域运行； SAR：从事搜寻与援救任务的飞行； STATE：从事军队、海关或警察服务的飞行。
PBN/	表示区域导航和/或所需导航性能的能力，只能填写指定的字符内容，最多 8 个词条，不超过 16 个字符，词条之后不用空格。 区域导航规范： A1RNAV10(RNP10) B1RNAV5 所有允许的传感器 B2RNAV5 全球导航卫星系统 B3RNAV5 测距仪/测距仪 B4RNAV5 甚高频全向信标/测距仪 B5RNAV5 惯性导航或惯性参考系统 B6RNAV5 罗兰 C C1RNAV2 所有允许的传感器 C2RNAV2 全球导航卫星系统 C3RNAV2 测距仪/测距仪

数据项	表 示 内 容
PBN/	C4RNAV2 测距仪/测距仪/IRU D1RNAV1 所有允许的传感器 D2RNAV1 全球导航卫星系统 D3RNAV1 测距仪/测距仪 D4RNAV1 测距仪/测距仪/IRU 所需导航性能规范： L1RNP4 O1 基本 RNP1 所有允许的传感器 O2 基本 RNP1 全球导航卫星系统 O3 基本 RNP1 测距仪/测距仪 O4 基本 RNP1 测距仪/测距仪/IRU S1RNPAPCH S2 具备 BAR-VNAV 的 RNPAPCH T1 有 RF 的 RNPARAPCH(需要特殊批准) T2 无 RF 的 RNPARAPCH(需要特殊批准) 如 PBN/后出现 B1、B5、C1、C4、D1、D4、O1 或 O4,则 10A 编组应填入 I。 如 PBN/后出现 B1 或 B4,则 10A 编组应填写 O 和 D,或 S 和 D。 如 PBN/后出现 B1、B3、B4、C1、C3、C4、D1、D3、D4、O1、O3 或 O4,则 10A 编组应填写 D。 如 PBN/后出现 B1、B2、C1、C2、D1、D2、O1 或 O2,则 10A 编组应填写 G。
NAV/	除 PBN/规定外,按有关 ATS 单位要求,填写与导航设备有关的重要数据。在此代码项下填入全球导航卫星增强系统,两个或多个增强方法之间使用空格。 注 1:NAV/GBASSBAS
COM/	按有关 ATS 单位要求,填写 10A 中未注明的通信用途或能力。
DAT/	按有关 ATS 单位要求,填写 10A 中未注明的数据用途或能力。
SUR/	有关 ATS 单位要求,填写 10B 中未标明的监视用途或能力。
DEP/	如在编组 13 中填入"ZZZZ",则应在此填入起飞机场英文全称、拼音全称或其他代号。如果在编组 13 中填入 AFIL,则应填入可以提供飞行计划数据的 ATS 单位的四字地名代码。对于相关的航行资料汇编未列出的机场,按以下方式填写位置： 以 4 位数字表示纬度数的十位数和个位数分数,后随"N"(北)或"S"(南)。再随以 5 位数字,表示经度数的十位数和个位数分数,后随"E"(东)或"W"(西)。为使数位正确,需要时插入"0",例如,4620N07805W(11 位字符)。 距最近重要点的方位和距离表示如下：重要点的编码代号,后随 3 位数字表示相对该点的磁方位度数,再随以 3 位数字表示距离该点的海里数。在高纬度地区,如有关当局确定参考磁方位度数不可行,可使用真方位度数。为使数位正确,需要时插入"0"。 如果航空器从非机场起飞,填入第一个航路点(名称或经纬度)或无线电指点标。
DEST/	如在编组 16 数据项 A 中填入"ZZZZ",则在此填入目的地机场的名称和位置。对于相关航行资料汇编未列出的机场,按上述 DEP/的规定以经纬度填入机场位置或距最近重要点的方位和距离。
DOF/	飞行计划执行日期(起飞日期)(YYMMDD,YY 表示年,MM 表示月,DD 表示日)。
REG/	当与编组 7 的航空器识别标志不同时,填入航空器的国际、共同标志和登记标志。

数据项	表 示 内 容
EET/	由地区航行协议或有关 ATS 当局规定的重要点或飞行情报区边界代号和起飞至该点或飞行情报区边界累计的预计实耗时间。由一个或多个字符串组成。每个字符串是：2~5个字母、数字、字符或一个地理坐标；后随一个 4 位数的时间，从 0000 到 9959（即 0~99h，0~59min）。 注 2：EET/CAP0745XYZ0830 EET/EINN0204
SEL/	经装备的航空器的选择呼叫编码。
TYP/	如在编组 9 中填入了"ZZZZ"，则在本数据项填入航空器机型，必要时不留空格前缀航空器数目。其间用一个空格隔开。 注 3：TYP/2F155F53B2
CODE/	按有关 ATS 当局要求的航空器地址（以 6 位 16 进制字符的字母代码形式表示）。 注 4：F00001 是国际民航组织管理的具体模块中所载的最小航空器地址。
DLE/	航路延迟或等待，填入计划发生延误的航路重要点，随后用时分（小时分）4 位数表示延误时间。航路重要点应与编组 15 数据项 C 中的一致，如果不一致，应进入错误信息处理过程。 注 5：DLE/MDG0030
OPR/	当与编组 7 的航空器识别标志不同时，填入航空器运行机构的 ICAO 代码或名称。
ORGN/	如果无法立即识别飞行计划发报人，填入有管空中交通服务当局所要求的发包人的 8 字母 AFIN 地址或其他相关联络细节。 在某些地区，飞行计划接收中心会自动插入 ORGN/识别符和发报人的 AFIN 地址，限定在 8 个字符内。
PER/	按有关 ATS 单位的规定，使用《空中航行服务—航空器的运行》（PANS-OPS，Doc8168 号文件）第 Ⅰ 卷—《飞行程序》规定的 1 位字母，填写航空器性能数据。 注 6：A 类：指示空速小于 169km/h(91nmile/h)； B 类：指示空速 169km/h(91nmile/h)至 224km/h(121nmile/h)； C 类：指示空速 224km/h(121nmile/h)至 261km/h(121nmile/h)； D 类：指示空速 261km/h(121nmile/h)至 307km/h(121nmile/h)； E 类：指示空速 307km/h(121nmile/h)至 391km/h(121nmile/h)； H 类：关于直升机的特殊要求。
ALTN/	如在编组 16 数据项 C 中填入"ZZZZ"，则在此填入目的地备降机场的名称。对于相关的航行资料汇编未列出的机场，按上述 DEP/的规定以经纬度填入机场位置或距最近重要点的方位和距离。
RALT/	按 Doc7910 号文件《地名代码》的规定填入航路备降机场的 ICAO 四字代码，或如果未分配代码，填入航路备降机场名称。对于相关的航行资料汇编未列出的机场，按上述 DEP/的规定以经纬度填入机场位置或距最近重要点的方位和距离。
TALT/	按 Doc7910 号文件《地名代码》的规定填入起飞备降机场的 ICAO 四字代码，或如果未分配代码，填入起飞备降机场名称。对于相关的航行资料汇编未列出的机场，按上述 DEP/的规定以经纬度填入机场位置或最近重要点的方位和距离。
RIF/	至修改后的目的地机场的航路详情，后随该机场的国际民航组织四字代码。 注 7：RIF/DTAHECKLAX RIF/ESPG94CLAYPPH

续表

数据项	表 示 内 容
RMK/	有关 ATS 单位要求的或机长认为对提供 ATS 有必要的任何明语附注。有别于"STS/"项中填写的内容。如果使用非标准的标识符,应在 RMK/后填写,并且如果在非标准标识符和随后的文本之间有"/",应删除该符号。 下列内容应为统一的标注: ACASⅡ 或 TCAS:RMK/ACASⅡ 或 RMK/TCAS; 极地飞行:RMK/POLAR; 不具备 RVSM 能力的航空器获批在 RVSM 空域运行:RMK/APVDNONR SM; 返航:RMK/RETURN; 备降:RMK/ALTERNATE。 CPL 报中"RMK/"数据项中应体现返航、备降的目的地机场、原目的地机场原因说明,如: "RETURN""ALTERNATE ZHHH DEU ZSSS RWY"。

若某个数据项无内容,则该项省略。

示例 1:—0

示例 2:—RMK/ALTERNATEZSPDDUEZSNJRUNWAYMAINTENANCE

13) 编组 19—补充情报

格式:—[ ]〈空格〉[ ]〈空格〉[ ]……[ ]

本编组包括一连串可获得的补充情报,数据项间由空格分开。按照下列所示的先后次序,随以斜线"/"填写有关情报。若某个数据项无内容,则该数据项省略。补充情报内容释义见表 16-26。

表 16-26　补充情报内容释义

数据项	填 入 内 容
E/	后随 4 位数字,表示以小时及分计算的续航能力。
P/	当有关空中交通服务单位要求填写本项时,用 1～3 位数字表示机上总人数。
R/	后随以下一个或多个字母,其间无空格: —U 有特高频 243.0MHz 频率; —V 有甚高频 121.5MHz 频率; —E 有紧急示位信标。
S/	后随以下一个或多个字母,其间无空格: —P 有极地救生设备; —D 有沙漠救生设备; —M 有海上救生设备; —J 有丛林救生设备。
J/	后随以下一个或多个字母,其间无空格: —L 救生衣配备有灯光; —F 救生衣配备有荧光素; —U 救生衣配备无线电特高频电台,使用 243.0MHz 频率; —V 救生衣配备无线电甚高频电台,使用 121.5MHz 频率。

续表

数据项	填入内容
D/	后随以下一个或多个字母,其间用1个空格隔开: —2位数字表示救生艇的数目; —3位数字表示所有救生艇可载总人数; —C表示救生艇有篷子; —用1个英文单词表示救生艇的颜色(如RED表示红色)。
A/	后随以下一个或多个明语内容,其间用1个空格分开: —航空器的颜色; —重要标志(包括航空器注册标志)。
N/	后随以明语,以示所载任何其他救生设备以及其他有用附注。
C/	后随以机长姓名。

示例:—E7045R/VES/MJ/LD/28CYELLOW

14)编组20—搜寻和救援告警情报

格式:-[　]空格[　]空格[　]……[　]

本编组具有下述8个数据项规定,数据项之间用空格分开。如果没有得到有关的情报应以"NIL"(无)或"NOTKNOW"(未知)表示,不应随便省略。搜寻和救援数据项释义见表16-27。

表 16-27　搜寻和救援数据项释义

数据项	数据项填入内容
1	运营人代号:航空器运营人的两字代码,如果未分配,则填入营运人的英文全称。
2	最后联系的单位:用6个字母表示,前4个字母为地名代码,后2个为最后双向联系的ATS单位的两字代码,如果无法得知该两字代码,则填入该单位的其他全称代码。
3	最后双向联系时,用4位数字表示。
4	最后联系的频率:填入最后联系的发射或接收频率的数字。
5	最后报告的位置:按3.2规定的格式填写,后随以飞越该位置点的时间。
6	确定最后得知所知位置的方法:按需要用明语叙述。
7	报告单位采取的行动:按需要用明语叙述。
8	其他有关情报

示例:—CAZBAAZR1022128.3BTO1020PILOTOVERNDBATSUNITSDECLAREDFIRALER TEDNIL

15)编组21—无线电失效情报

格式:-[　]空格[　]空格[　]……[　]

本编组包括6个数据项,按下述规定的次序编排,各数据项间用空格分开。无法得到的情报应以"NIL"(无)或"NOTKNOW"(未知)表示,不应随意省略。无线电失效编组数据项释义见表16-28。

表 16-28　无线电失效编组数据项释义

数据项	数据项填入内容
1	最后双向联系的时间:用 4 位数字表示。
2	最后联系的频率:表示航空器最后双向联系时的发射或接收频率。
3	最后报告的位置:按 3.2 中的规定填写。
4	航空器最后位置报告的时间:用 4 位数字表示。
5	航空器剩余通信能力:必要时用明语叙述。
6	任何必要的附注:必要时用明语叙述。

注 1:—1235121.3CLA1229TRANSMITINGONLY126.7LASTPOSITIONCONFIRMEDBYRADAR

16)编组 22——修订

格式:—[A]/[B]

修订编组数据项释义见表 16-29。

表 16-29　修订编组数据项释义

数据项 A	编组代号:用 1~2 位数字表示需修改的编组类别号。	
数据项 B	修改的数据:按数据项 A 中所示编组的规定填写修改的数据。	
前一组类别或符号	本编组类别用于	下一编组类别用于
18	CHG	22 或)
16	CDN	22 或)

如有必要,本编组可以重复使用。

示例 1:—8/IN

示例 2:—14/BTO/0145S1020

示例 3:—8/IS—14/ENO/0148F2

16.2.6　电报格式及拍发

1.领航计划报(FPL)

1)电报等级:FF

2)构成编组

编组 3 电报类别、编号和参考数据

编组 7 航空器识别标志和 SS 模式及编码　　编组 8 飞行规则及种类

编组 9 航空器数目、机型和尾流等级　　编组 10 机载设备与能力

编组 13 起飞机场和时间

编组 15 航路

编组 16 目的地机场和预计总飞行时间,目的地备降机场

编组 18 其他情报

a 编辑电报时,编组 9、编组 13、编组 15、编组 16 以及编组 18 应另起一行。

示例 1:

(FPL-CCA1532-IS

—A332/H-SDE3FGHIJ4J5M1RWY/LB1D1

—ZSSS2035

—K0859S1040PIKASG330PIMOLA593BTOW82DOGAR

—ZBAAO153ZBYN

—STS/HEADPBN/A1B2B3B4B5D1L1NAV/ABASREG/B6513EET/ZBPEO112SEL/
KMALPER/CRIF/FRTN640ZBYNRMK/ACASII)

(注:11 月 19 日的航班,当日 EOBT 前 5h,拍发 FPL 报。)

说明:

领航计划报

—航空器识别标志 CCA1532

—仪表飞行、正班

—机型 A330-200/重型机

—机载有标准的通信/导航/进近设备并工作正常;测距仪;起飞前放行和航空器通信寻址与报告系统(ACARS);自动定位仪;全球导航卫星系统;高频无线电话;惯性导航设备;管制员驾驶员数据链通信(CPDLC)、FANS1/A、甚高频数据链模式 2;管制员驾驶员数据链通信(CPDLC)、FANS1/A、卫星通信(国际海事卫星组织);空中交通管制无线电话(国际海事卫星组织);获得 PBN 批准;获得缩小垂直间隔批准;有 8.33kHz 间隔的甚高频;S 模式应答机、具有航空器识别、气压高度发射信号、超长电文(ADS-B)和增强的监视能力;具有专用 1090MHz 广播式自动相关监视"发送"能力的广播式自动相关监视;具有 FANS1/A 能力的契约式自动相关监视。—起飞机场虹桥、起飞时间 2035(UTC)巡航速度 859km/h、巡航高度 10 400m;航路构成 PIKASG330PIMOLA593BTOW82DOGAR—目的地机场北京、预计总飞行时间 01:53;目的地备降机场太原—其他情报;国家领导人性质的飞行;PBN 的能力为 A1B2B3B4B5D1L1;全球导航卫星增强系统 ABAS;航空器登记标志 B6513;起飞至飞行情报区边界的预计时间 ZBPE0112;航空器选呼编码 KMAL;航空器进近类别 C;至修改后的目的地机场的航路详情 FRTN640ZBYN;机上载有 ACASII 防相撞设备。

示例 2:

(FPL-CCA1532-IS

—A332/H-SDE3FGHIJ4F5M1RWY/LB1D1

—ZSSS2035

—K0859S1040PIKASG330PIMOLA593BTOW82DOGAR

—ZBAAO153ZBYN

—STS/HEADPBN/A1B2B3B4B5D1L1NAV/ABASDOF/121119REG/B6513EET/
ZBPEO112SEL/KMALPER/CRIF/FRTN640ZBYNRMK/TCAS)

（注：11 月 19 日的航班，11 月 16 日提交并拍发）

说明：

2012 年 11 月 16 日拍发的，2012 年 11 月 19 日执行的 CCA1532 航班飞行计划报。

2. 修订领航计划报（CHG）

1）电报等级：FF

2）构成编组

| 编组 3 电报类别、编号和参考数据 |

| 编组 7 航空器识别标志和 SS 模式及编码 |　　| 编组 13 起飞机场和时间 |

| 编组 16 目的地机场和预计总飞行时间，目的地备降机场 |　　| 编组 18 其他情报 |

| 编组 22 修订[a] |

C 表示可以另外增加数据组，如需要，可用多行。

示例 1：

(CHG-CCA1532-ZSSS2235-ZBAA-0-8/IN)

说明：

当日执行的从上海到北京的 CCA1532 领航计划更正报，仅修改第 8 编组，任务性质
由原来的正班调整为非定期的航空运输，第 18 编组的内容使用"—0"。

示例 2：

(CHG-CCA1532-ZSSS2235-ZBAA-0-18/STS/HEADPBN/A1B2B3B4B5D1L1NAV
/ABASREG/B6517EET/ZBPE0112SEL/GNLAPER/CRIF/FRTN640ZBYNRMK/
TACS)

说明：

当日执行的从上海到北京的 CCA1532 领航计划更正报，修改第 18 编组中的航班注
册号信息，由原来的 B6513 调整为 B6517，必须完整填写 18 编组各项的内容，否则可能造
成数据丢失。

示例 3：

(CHG-CCA1532-ZSSS2235-ZBAA-DOF/121119-18/STS/HEADPBN/A1B2B3B4B
5D1L1NAV/ABASDOF/121119REG/B6517EET/ZBPE0112SEL/GNLAPER/CRIF/
FRTN640ZBYNRMK/TACS)

说明：

2012 年 11 月 16 日拍发的，更正 2012 年 11 月 19 日执行的从上海到北京的
CCA1532 领航计划更正报，修改第 18 编组中的航班注册号信息，由原来的 B6513 调整为
B6517，原领航计划报中含有 DOF 数据，因此需要完整填写 18 编组各项的内容。报文中
两个 DOF 时间一致。

示例 4：

(CHG-CCA1532-ZSSS2235-ZBAA-DOF/121119-13/ZSSS0200-18/STS/ALTRVHEAD
PBN/A1B2B3B4B5D1L1NAV/ABASDOF/121120REG/B6513EET/ZBPE0112SEL/
KMALPER/CRIF/FRTN640ZBYNRMK/TACS)

说明：

2012 年 11 月 16 日拍发的，更正 2012 年 11 月 19 日执行的从上海到北京的
CCA1532 领航计划更正报，由于航班延误至次日（UTC 时间），因此需要修改航班计划的
执行日期，由原来的 2012 年 11 月 19 日调整为 2012 年 11 月 20 日执行，原计划报中含有
DOF 数据，需要在修订的 18 编组中填写更正的执行日期，并完整填写 18 编组其余各项
内容。

3. 取消领航计划报（CNL）

1）电报等级：FF。

2）构成编组

编组 3 电报类别、编号和参考数据

编组 7 航空器识别标志和 SS 模式及编码	编组 13 起飞机场和时间

编组 16 目的地机场和预计总飞行时间，目的地备降机场	编组 18 其他情报

示例 1：

(CNL-CES5301-ZSPD1900-ZGGG-DOF/121120)

说明：

取消已发的 2012 年 11 月 20 日执行的 CES5301 领航计划报。

示例 2：

(CNL-CES5301-ZSPD1900-ZGGG-0)

说明：

取消已发的当日执行的 CES5301 领航计划报。

原飞行计划报文中没有 DOF，因此报文后缀使用"-0"。

4. 起飞报（DEP）

1）电报等级：FF。

2）构成编组

编组 3 电报类别、编号和参考数据	编组 13 起飞机场和时间

编组 7 航空器识别标志和 SS 模式及编码	编组 16 目的地机场和预计总飞行时间，目的地备降机场

编组 18 其他情报

示例 1：(DEP-CES501/A0254-ZSPD2347-VHHH-DOF/121120)

说明：CES501 上海浦东起飞到香港降落。原飞行计划报文中带有 DOF，因此起飞
报中保留原有的 DOF 数据。说明：当天执行的 CES501 起飞报，不带 DOF 数据项。原
飞行计划报文中没有 DOF，因此起飞报中使用后缀"-0"。

示例 2：(DEP-CES501/A0254-ZSPD2347-VHHH-0)

说明：当天执行的 CES501 起飞报，不带 DOF 数据项。原飞行计划报文中没有 DOF，因此起飞报中使用后缀"-0"。

5. 落地报（ARR）

1）电报等级：GG

2）构成编组

编组 3　电报类别、编号和参考数据	编组 7　航空器识别标志和 SS 模式及编码
编组 13　起飞机场和时间	编组 16　目的地机场和预计总飞行时间，目的地备降机场
编组 17　落地机场和时间	

注：编组 16 在备降或返航时使用

示例 1：

(ARR-CES501-ZSPD-VHHH0240)

说明：从上海浦东到香港正常降落的 CES501 落地报。

示例 2：

(ARR-CES501-ZSPD-VHHH-ZGGG0240)

说明：原计划从上海浦东起飞到香港降落的 CES501，航班备降至广州的降落报。航班备降后，在第 16 编组中填写原目的地机场 VHHH。

示例 3：

(ARR-CES501-ZSPD2200-VHHH-ZGGG0240)

说明：原计划从上海浦东起飞到香港降落的 CES501，航班备降至广州的降落报。报文中含有起飞时间 22：00。

示例 4：

(ARR-OMA4010-ZSPD-ZZZZ0240 XIJIAO)

说明：从上海浦东起飞到西郊机场降落的 OMA4010 降落报。

由于西郊机场没有国际民航组织的地名代码，因此用 ZZZZ 表示，并在落地时间后随一空格，填入落地机场的补充说明。

6. 延误报（DLA）

1）电报等级：FF。

2）构成编组

编组 3　电报类别、编号和参考数据	编组 7　航空器识别标志和 SS 模式及编码
编组 13　起飞机场和时间	编组 16　目的地机场和预计总飞行时间，目的地备降机场
编组 18　其他情报	

示例 1：(DLA-CES5301-ZSPD2200-ZGGG-DOF/121120)

说明：从上海浦东起飞到广州降落的 CES5301 航班延误报。原领航计划报中含有

DOF/121120,航班延误至当天 22:00。

该航班的原计划起飞时间为 2012 年 11 月 20 日 19:00,航班延误至 2012 年 11 月 20 日 22:00。由于原领航计划报中含有 DOF/121120,因此需要在第 18 编组的 DOF 数据项中标注航班的执行日期为 2012 年 11 月 20 日。

示例 2:(DLA-CES5301-ZSPD2200-ZGGG-0)

说明:从上海浦东起飞到广州降落的 CES5301 航班延误报。原领航计划报中不包含 DOF 数据项。

该航班的原计划起飞时间为 2012 年 11 月 20 日 19:00,航班延误至 2012 年 11 月 20 日 22:00。

示例 3:(DLA-CES5301-ZSPD0045-ZGGG-DOF/121120)

说明:从上海浦东起飞到广州降落的 CES5301 航班延误报。该航班的原计划起飞时间为 2012 年 11 月 20 日 19:00,航班延误至 2012 年 11 月 21 日 00:45。由于航班延误超过了 UTC0000,因此需要在第 18 编组的 DOF 数据项中标注航班最后通知的执行日期,即 2012 年 11 月 20 日。

示例 4:(DLA-CES5301-ZSPD0245-ZGGG-DOF/121121)

说明:接上例,从上海浦东起飞到广州降落的 CES5301 航班再次发生延误的延误报。

该航班的原计划起飞时间为 2012 年 11 月 20 日 19:00,航班延误至 2012 年 11 月 21 日 00:45 后,再次延误至 2012 年 11 月 21 日 02:45。

航班发生再次延误,且和最早的计划相比较,延误时间也超过了 UTC0000,需要在第 18 编组的 DOF 数据项中标注航班最后通知的执行日期;由于该航班航班延误至 2012 年 11 月 21 日 00:45 时已经发送过延误报文,表示该航班延误至 2012 年 11 月 21 日执行(DLA 示例 3),因此,航班在 2012 年 11 月 21 日发生再次延误,DOF 数据项的值应为最后通知的执行日期,即 2012 年 11 月 21 日。

16.2.7 飞行计划的提交

航空器营运人及其代理人获得相关预先飞行计划批复后方可提交飞行计划。提交飞行计划的内容应当与预先飞行计划批复一致。

航空器营运人及其代理人可以采用国际航空电信公司(以下简称 SITA)电报、传真或者当面提交等方式提交飞行计划,不得使用 AFTN 提交飞行计划。使用 SITA 电报、传真方式提交时,航空器营运人及其代理人应当与报告室约定工作程序。

航空器起飞机场报告室应当为航空器营运人及其代理人提供我国境内收报单位地址。境外收报单位地址由航空器营运人提供。国内航空器营运人执行从境外起飞至我国境内的国际航班,需要向当地管制单位提交飞行计划及我国境内收报单位地址。

航空器营运人及其代理人应当于航空器预计撤轮档时间 2 小时 30 分钟前提交飞行计划。遇有特殊情况,经与计划受理单位协商,最迟不晚于航空器预计撤轮档时间前 75 分钟提交飞行计划。国内航空器营运人执行国内飞行任务不得早于预计撤轮档时间前 24 小时提交飞行计划;航空器营运人执行其他任务不得早于预计撤轮档时间前 120 小时提交飞行计划。航空器营运人及其代理人不得为同一飞行活动重复提交飞行计划。

当已拍发 FPL 的飞行计划需要取消或者预计需要取消时,航空器营运人及其代理人应当及时提交取消申请。需要时,可重新提交新的飞行计划,由管制单位再次拍发 FPL。CNL 的拍发不影响已批准的预先飞行计划。

当航空器飞行计划变化时,航空器营运人及其代理人应当于航空器预计撤轮挡时间前 45 分钟提交飞行计划修改,并应在最后通知的预计撤轮挡时间后 3 小时 30 分钟以内提交飞行计划修改。对于已经拍发 CHG 的飞行计划,不再重新提交新的飞行计划,管制单位不再拍发新的 FPL。

当航空器飞行计划预计或者已经推迟 30 分钟以上时,航空器营运人及其代理人应当立即提交飞行计划延误情况。当管制单位拍发电报需要补充信息时,航空器营运人及其代理人应当及时提供。

对于不再执行的预先飞行计划,国内航空器营运人应当于预计撤轮挡时间前将情况报民航局空管局运行管理中心、起飞机场所属地区空管局运行管理中心和起飞机场报告室。

16.2.8 附件

1.各飞行情报区飞行动态电报收电地址

飞行情报区飞行动态电报收电地址见表 16-30。

表 16-30 飞行情报区飞行动态电报收电地址

情报区名称	空中交通服务 AFTN 收报地址
北京飞行情报区	ZBPEZQZX
上海飞行情报区	ZSHAZQZX
广州飞行情报区	ZGZUZQZX
武汉飞行情报区	ZHWHZQZX
三亚飞行情报区	ZJSAZQZX
昆明飞行情报区	ZPKMZQZX
兰州飞行情报区	ZLHWZQZX
沈阳飞行情报区	ZYSHZQZX
乌鲁木齐飞行情报区	ZWUQZQZX

2.空管局运行管理中心(民航空管飞行计划处理中心 AFTN 收电地址)

民航空管飞行计划处理中心
SITA 地址:PEKFP8X 和 SHAFP8X
AFTN 地址:ZBBBZFPM 和 ZSSSZFPM
电话:021-22329999

传真:021-22322850

邮箱:fpc@atmb.net.cn

3. 举例说明

东航 CES220 航班从法兰克福前往上海浦东机场,途经北京、上海情报区。对于中国境内空管单位收电地址,仅需要向欧洲飞行计划处理中心提供下列 AFTN 地址:ZBPEZQZXZSHAZQZXZBBBZFPMZSSSZFPM。

16.3 SITA 报

SITA 电报由报头行、缓急标志、收电地址、发电地址、签发时间、电文、电报结束部分组成。供航空公司航务部门使用,电报格式见表 16-31。

表 16-31 中国民航电报

CAACTELEGRAM
报头 ZCZC Heading
缓急标志收电地址 Priority Addressee
发电地址电报识别 Originator Message Identity
电文 Text:
发电人签名 Signed By

16.3.1 SITA 电报组成

1. 报头

(1)电报开始符号:ZCZC

(2)电路识别代号和流水号:电路识别代号由三位字母组成。它紧跟在 ZCZC 之后,第一个字母表示发方,第二个字母表示收方,第三个字母表示电路编号。电报流水号由三位数字组成,从 001 开始到 999 顺序编发和循环,并于每日零时起从 001 开始。

(3)拍发时间:由四位数字组成,前两位数字为小时,后两位数字为分钟。即为HHMM。

2. 缓急标志

电报等级和缓急次序如下:

第一等级,遇险报,SITA 格式 QS;

第二等级,特急报,SITA 格式不使用;

第三等级,加急报,SITA 格式不使用;

第四等级,急报,SITA 格式 QU 或 QX;

第五等级,快报,SITA 格式 Q☆;

第六等级,平报,SITA 格式 QD。

注:☆为除 S、U、D、C 以外的其他任何字母。

QC 为保护系统的性能和安全而使用的电报等级。

注意事项:

(1) 在 SITA 电报中,具有标志 QS、QC、QU 或 QX 的电报,按紧急电报发出,两倍收费;

(2) 没有缓急标志的电报,按普通电报发出,按通常电报收费;

(3) 具有标志 QD 的电报,表明可缓办理,按 70% 收费,由于我国与欧洲及美洲的时差关系,应尽可能使用 QD 等级发报而节约报费;

(4) 发报时按世界时差图查找办公时间后发报;

(5) 本图绘制的各地区时差关系,办公时间按当地时间 8:00—17:00 计算。在发报时,可先按发报当地时间,横向查看收报人所在地区的当地时间,如已超过办公时间,而又非紧急性质的电报,应尽可能使用 QD 标志。

3. 收发电地址

SITA 电报的收电地址由 7 个字母组成,前 3 位为地名代码,第 4 位和第 5 位为航空公司单位代码,如 UO 为签派室,第 6 位和第 7 位为航空公司代码,如 CA 中国国际航空公司,MU 东方航空公司。其表示方法为:1234567。

如中国国际航空公司北京签派室的收电地址为:PEKUDCA。

当给未配备两字代码的单位发报,或由这些单位发报时,收电地址中部门代码在 SITA 格式时使用 XY,然后在电文开始处以单独一行写明具体的收电地址。编发 SITA 格式电报,每份最多允许编发 32 家收电地址。如果需要将电报抄送另一些部门,可在收电地址之后加上 CPYXXXX,随后加上抄送的具体地址,CPYXXXX 不能作为电报的第一个收电地址。发电地址的组成与收电地址一样,但发往国外的 SITA 格式电报的发电地址,可直接使用自己公司的签字,没有加入国际航空通信协会的公司可使用双签字。

4. 签发时间

由 6 个数字组成,其形式为 DDHHMM,前两位为日期,后 4 位为时间。如 PEKUDCA.130116。电报签发时间后,还可以附加发电人附注,附注不超过 10 个字符。附注内容由公司自己编制。

5. 电文

电文允许使用 26 个英文字母,0～9 十个数字和斜线、小数点等。当使用＋号时以 PLUS 代替,交发电文长度不得超过 2 000 字符。另电文允许使用数字简语和字母简语,数字简语和字母简语详见附录四。

16.3.2 SITA 电报的种类、结构及数据规定

1. 电报种类

(1) 动态电报(MVT)。SITA 动态电报(MVT)可分为以下几种：

① 起飞报(AD)；

② 起飞延误报；

③ 降落报(AA)；

④ 延误报(DL)(ED)(NI)；

⑤ 取消报(CNL)。

(2) 飞行预报(PLN)。

(3) 飞行放行电报(CLR)。

2. 电报的结构

(1) 固定格式航务管理电报报文开始，应使用电报类别标志，如"MVT"表示动态电报，其他类别的电报使用规定的代码作为电报的标志，如"PLN"表示飞行预报。

(2) 固定格式航务管理电报中所包含的信息数据由多行构成，每一行包含若干项目，每个项目间应使用一空格符号分隔。

(3) 其他各行应包括多项信息数据，每一项中，当包含两组字符时，应使用左斜线"/"分隔。

(4) 每一行编发完成前，不得插入与此无关的项目。

(5) 电报如需补充说明其他内容时，应在"SI"之后编写，可分若干行编写。

3. 数据规定

(1) 日期：使用两位数字与英文月份的三字代码连写表示。如 8 月 2 日，应写"02AUG"。

(2) 时间：使用 UTC 时间，前两位为小时，后两位为分钟。如北京时 16：30 则写为"04：30"。

(3) 航空器注册号：在国籍标志和注册号之间取消短划线"-"。如 B-2438 为"B2438"。外国航空器按国家规定的注册号填写。

4. SITA 电报中主要英文编写含义（见表 16-32）

表 16-32　英文编写含义

MVT	飞行动态	AD	实际起飞	AA	实际到达	SI	补充信息
ED	预计起飞	NI	下次报告时间	CNL	取消	DL	延误
EA	预计到达	DIV	改航	PX	旅客	IR	不正常原因
PAX	付费旅客						

16.3.3　SITA 电报格式及举例

1. 起飞报

第一行:动态报标志

第二行:航班号/日期　航空器注册号　起飞机场三字代码

第三行:起飞代码　撤轮档时间/离地时间

第四行:预计降落代码　预计降落时间　降落机场三字代码

第五行:补充信息代码:补充信息资料

举例:

MVT

CA1501/01AUG B2438 PEK

AD0050/0102

EA0232 SHA

SI：

说明:

(1) 严格按规定分行编写,每一项的位置不得任意更改,字符按规定数目填写。

(2) 航班号一项不得超过七个字符,前两位为航空公司代码。

(3) 起飞机场和降落机场,若无三字地名代码,均编写"ZZZ"然后在补充资料中说明,说明时使用汉语拼音表示,其表达方式如下:

AD/后接起飞机场地名代号或拼音名称;

AA/后接降落机场地名代号或拼音名称。

(4) 补充信息资料可使用附录三中的数字代码和字母代码,若不能充分说明,也可使用英文说明。

2. 起飞延误报

第一行:动态报标志

第二行:航班号/日期　航空器注册号　起飞机场的三字代码

第三行:起飞代码　撤轮档时间/离地时间

第四行:预计降落代码　预计降落时间　降落机场三字代码

第五行:延误代码　延误原因/延误时间

第六行:补充信息代码:补充资料

举例:

MVT

CA1501/04AUG B2446 PEK

AD 0110/0115

EA0245 SHA

DL GC/20

SI：

说明:延误在 30 分钟以内的航班,应拍发起飞延误报,当延误时间超过 30 分钟以上,有明确的延误原因和清楚的预计起飞时间时,应拍发延误报。

3. **降落报**

第一行:动态报标志

第二行:航班号/日期航空器注册号降落机场三字代码

第三行:降落代码降落时间/撤轮档时间

第四行:补充信息代码:补充信息资料

举例:

MVT

CA1502/01AUG PEK

AA 0510/0517

SI:

说明:有关返航备降的信息的资料,均在补充资料中编写,当飞机返航、备降落地时,除编发返航、备降落地时间外,应尽量将返航、备降的原因在补充信息中说明,其编写方式如下:

SI:RTN/后接返航原因

ALT/后接备降原因

4. **延误报**

第一行:动态报标志

第二行:航班号/日期航空器注册号起飞机场三字代码

第三行:预计起飞代码预计起飞时间

第四行:延误代码延误原因代码

第五行:补充信息代码:补充信息资料

举例:

MVT

CA1301/05AUG B2464 PEK

ED 0910

DL WX

SI:

当无法明确航班延误后的预计起飞时间时,应拍发长期延误报,格式如下:

第一行:动态报标志

第二行:航班号/日期航空器注册号起飞机场三字代码

第三行:长期延误代码下次通告时间

第四行:延误代码延误原因代码

第五行:补充信息代码:补充信息资料

举例:

MVT

CA1301/10AUG B2438 PEK

NI 1200

DL TD

SI：

当延误到下次通告时间仍无法明确预计起飞时间时,应继续拍发一份延误报。

5．取消报

第一行:动态报标志

第二行:取消代码　航班号/日期　航空器注册号

第三行:补充信息代码:补充信息资料

举例：

MVT

CNL CA1512/11AUG B2555

SI:DUE TO NO PAX

说明:取消电报为取消航班任务的电报,它表示航班因特殊原因不再执行,具体原因可在补充资料中用明语说明。

6．飞行预报

1）正班飞行预报

第一行:飞行预报标志

第二行:日期　航班号　航空器注册号　机号　机长天气标准（机组人数）　预计起飞时间

第三行:补充信息代码:补充信息资料

举例：

PLN

28AUG CA1501/2 B2458 ILS1/1(16) 0100

SI：

说明:正班飞行预报可省去预计起飞时间一组。如有多个飞行预报同时编写在一份电报中时,应在第二行前加编一项序列号,使用阿拉伯数字,在补充信息中也应加编序号使之与电报中的飞行预报序号相同。

2）非正班飞行预报

第一行:计划报标志

第二行:日期　任务性质　航班号　航空器注册号　天气标准机组人数　第一起飞站/预计起飞时间　第二起飞站/预计起飞时间……

第三行:补充信息代码:补充信息资料

举例：

PLN

28AUG C/B CA1591 B2532 ILS1/1(09) PEK/0010 CZX/0215

SI:AWY/PEK CZX SHA

说明:航空公司航班号不得超过 7 个字符,且只能编写单程航班的航班号,不得同时编写回程航班号。同一航班号,有多个起飞站时,在第二行最多只能编写三个起飞站和预计起飞时间,若起飞站超过三个,应换行编写,若有多个非正班需同时编写在一份电报中,应将有三个以上起飞站的航班飞行预报排除在外,单独编写拍发。

7．飞行放行电报

第一行:飞行放行电报标志

第二行:日期　预计起飞时间　航班号　航空器型别　航空器注册号

第三行:飞行航线(正班可不写)起飞机场　目的机场　备降机场　起飞油量

举例:

CLR

05AUG 0130 CA1501 B747 B2448

PEK SHA HGH 20T

第 四 部 分

航班实施阶段

第 17 章

航班运行保障

　　航班的顺利安全运行离不开公司运行控制部门的全力保障,同时也离不开飞行运行相关单位的通力合作。机场、航空公司、空中交通管理部门对航班的运行都起着重要的保障作用。实际运行中,各单位应建立信息共享机制和协同决策机制,及时向旅客和各航班保障部门提供必要的生产运营信息,同时协调合作,信息共享,共同决策。

　　机场运行指挥部门应及时将获知的航班起飞、落地时间提供给各航班保障单位。机场运行指挥部门负责发布航班停机位分配信息,并至少在航班到达前 30 分钟确定停机位。到港航班预计落地前 30 分钟,机场运行指挥部门原则上不得变更停机位。如停机位发生变更时,应及时通知各相关航班保障单位。

　　如机场委托其他保障单位执行停机位分配工作,被委托单位应将机位信息及变更信息及时告知机场运行指挥部门,机场运行部门通报各相关航班保障单位。

视频 17-1

航班实施阶段

　　对于航空公司而言,一般在 AOC 设置航站运行管理席位,作为 AOC 与公司各航站间运行保障的重要连接和纽带,以提高航站航班运行保障品质。

　　航站运行管理席位根据公司运行的要求,通过航班运行保障程序对各航站航班的运行保障实施监管,提高 AOC 与公司各航站间的生产运行信息传递效率,协助做好航班安全、航班正常、服务保障等工作,协助落实公司各航站关于航班运行保障的需求。

　　其工作内容多为对公司各航站航班出港的地面保障状态进行监控,航站出港延误的航班起飞后,判定其出港延误原因并录入相关系统,并且对缺失起飞时间和推出时间的航站出港航班,进行系统时刻补填。

　　航站管理部的职责主要有:

　　(1)业务规章管理:收集行业先进的地面业务规章信息,研究分析航空地面服务现状与发展趋势,根据公司和行业相关规定,制定公司统一的航站业务规章。

　　(2)运营考评管理:制定公司航站考核目标和方案并负责方案的实施,分析航站存在的问题,明确改进措施,提升航站整体运营服务水平。

　　(3)成本预算管理:研究分析机场运营政策和收费标准,完善机场收费管理;审核、监控航站可控预算,有效控制航站运营成本。

　　(4)代理协议管理:研究供应商市场和业界发展趋势,审定外站地面服务供应商,统一管理外站地面代理协议,建立地面服务供应商的质量管理控制程序,实施对外站服务供应商服务标准的考核评价,对不符合公司运营规范的违规行为予以坚决纠正并令其限期整改,确保公司地面服务采购工作的实效性和适宜性。

(5) 培训发展管理:制定公司航站培训规划,建立和完善航站及地面服务供应商培训体系,建设和培养培训师资队伍,完善培训管理制度,对航站人员提供专业化、系统化培训,提高航站人员综合业务水平。

(6) 人员选聘考核管理:制定和完善航站管理人员发展规划;实施对航站岗位管理和对管理人员的选拔、聘用、调整及考核工作;选拔培养航站管理后备人才,为公司提供有竞争力的航站人才储备。

(7) 航站支持管理:提供航站日常运行的管理支持和技术保障工作,建立与航站间的信息沟通渠道,协调处理航站与公司相关部门间的关系。

(8) 资源管理与资源保障:负责组织调研、咨询论证各航站的资源掌控、业务范围和运营模式,并提出优化和改进方案;制定航站设施、设备、标识、标签/牌等生产用品的需求规划、配置和制作标准,规范公司品牌形象在各航站的统一标准,并监督落实,以满足航班运营保障的需求。

(9) 对外协调与业务公关:负责协助航站与驻场各单位建立和保持有效沟通渠道,维护公司合法利益;同时针对各地机场设施设备变更、航空业政策变化及相关运营标准变更等情况,及时进行收集、分析,并提出应对建议;配合公司相关部门,协调航站进行 API、海关电子舱单、机组申报单等项业务的开展;协调各航站参加当地行业举办的专题会议及活动,并按时参加当地机场站长联席会议,维护公司利益。

(10) 简化商务与系统推广:根据航站发展规划,负责航站运营管理系统在各航站的推广和使用工作;根据各航站运营服务保障需求,负责协调各航站离港、销售、航班生产信息等系统的推广和使用工作;根据公司简化商务的发展计划,负责协调各航站自助值机、电子客票及网上值机等系统的推广实施工作,确保航站 IT 系统正常使用。

 本章测试

第 18 章

地面服务和签派代理业务

18.1 地面服务

飞机起飞前或着陆后的地面服务包括:旅客服务、行李运输、飞机行李和货物装卸、一般地面勤务、特种车辆设备保障、飞机清洁供应品配送、客舱清洁、航空食品装卸、飞机加油、飞机除防冰等。

18.1.1 地面服务部的职责

(1) 基地运行:组织、指挥和保障基地航站地面的正常运行,合理调配使用各类资源,协调沟通相关驻场及联检单位,确保基地航站的生产有序运行。

(2) 安全管理:根据公司安全管理目标,落实运行服务保障的安全管理责任,组织实施全员安全教育和管理,确保基地航站地面空防、站坪和消防安全。

(3) 旅客服务:为旅客提供乘机登记服务、登机口服务、中转服务、高端旅客服务、休息室服务、特殊服务、信息服务、票务服务、延伸服务,为不正常航班旅客提供膳宿服务,承担专包机、大型会议的接待服务等工作。

(4) 站坪服务:为航站进出港航班提供各类特种设备运行保障服务及客舱清洁、机上物品配置(送)、回收等服务。

(5) 载重平衡控制:负责基地航站进出港航班载重平衡工作。总部地面服务部负责组织实施中心配载工作,实现全球载重平衡的集中控制与管理。

(6) 行李服务:负责进出港航班及中转行李收运、分拣、运输、装卸、保管、交付,以及本站不正常运输行李的查询、赔偿分摊及转账等工作。

(7) 市场开发与维护:开发第三方市场,为国内外航空运输企业提供优质的地面服务代理业务,扩大市场占有率。

(8) 服务品质监控:建立和完善地面安全和服务质量控制体系,对服务品质、生产过程进行监控、评估,实施改进计划,全面提升地面服务品质,创建优质服务品牌。

(9) 设备设施管理:编制和落实设备设施投资计划,做好设备设施的维修保养、更新报废等工作,提高设备设施利用率和完好率。

(10) 人力资源管理:开发地面服务人力资源,优化组织结构,建立激励机制,实施人事、薪酬、福利等工作,建立培训体系,组织落实各类培训,提升员工服务技能。

18.1.2　地面服务工作的实施

（1）运控中心（AOC）、枢纽运行中心（HCC）、生产指挥中心负责指挥、协调和监督地面服务保障工作的实施；

（2）公司运行基地的地面服务部、各分公司地面服务部、各维修基地勤务部门，以及供餐、加油、除防冰等各协议代理单位负责地面服务保障工作的具体实施；

（3）驻外航站由公司航站管理部负责协调和监督，由各协议代理负责地面服务保障工作的具体实施；

（4）无派驻航站机场由各协议代理负责地面服务保障工作的具体实施，航站管理部和分公司运行质量管理部负责监督地面服务代理单位。

18.1.3　人员资质要求

（1）人员符合其岗位说明书列明的资质要求；

（2）完成地面服务保障人员岗位训练大纲规定的初始训练和复训；

（3）按岗位要求完成《危险品训练大纲》的培训，且复训资格有效；

（4）按岗位要求完成《除防冰大纲》的培训，且复训资格有效。

18.2　签派代理业务

签派代理业务就是根据航空公司之间签订的签派代理协议，按照协议中规定的内容，为别的航空公司作飞行签派工作。飞行签派业务的繁忙程度由航空公司的经营范围和规模所限定，航空公司的日常营运工作是以飞行签派为中心而展开的。由于航空公司的飞行签派力量有限或由于人力、物力不足，不可能在所有的起降机场设立签派机构，为做好本公司签派保障工作，保证飞行安全，并使航空公司的运营正常运转，就要委托有关起降站航空公司的签派机构，为本公司作飞行签派工作，并偿付一定的酬金。目前我国飞行签派代理工作多属这一种。

国际航线飞行，由于受国家、地域及国家经济政策和有关法律的约束（如就业保障法），飞行签派工作就必须委托给目的地所在国的有关航空公司的签派机构代理，我国与美国的签派代理业务多属这一种。

随着航空公司运营业务的不断发展，各航空公司飞行签派部门之间相互代理业务越来越多。为了做好签派代理业务，航空公司应明确下列问题。

18.2.1　飞行签派服务代理人条件

签派服务代理人是指在协议条件下，依照航空规章、航空公司运行手册和签派运行程序，根据约定的授权范围，提供有关飞行运行的计划、放行、监控等方面服务的单位。

签派服务代理人应有固定的运行机构、工作章程、工作手册及工作所需的资料。签派服务代理人必须具有民航地区管理局颁发的《航空承运人签派代理许可证》。

1. 代理人资格

担任飞行签派服务代理的工作人员应当符合下列要求：

（1）具备民航总局对飞行签派员所要求的知识和经历，持有有效飞行签派员执照；

（2）或者，担负空中交通管制工作，持有有效空中交通管制员执照，同时具有飞行签派业务知识和技能，了解和熟悉所代理的航空承运人的运行政策，机型性能，经民航地区管理局检查，对其具有飞行签派服务代理能力予以确认。

（3）为外航提供飞行签派服务代理的人员除符合上述条件外，还应具备相关专业的英语工作能力。

2. 代理人的设备要求

飞行签派服务代理人需配备的设备：

（1）所在地机场半径不小于 50 公里范围内能与机组保持陆空联系的通信和录音设备；

（2）传输 IATA 规范的航空固定格式电报的设备；

（3）能与所在机场空中交通管制、各地面保障单位保持有效通信的无线和有线设备；

（4）能与航空承运人签派部门保持联系的通信设备；

（5）具有获取航空气象和航行情报资料的设备或手段。

3. 代理人的服务能力

飞行签派服务代理人必须具备至少能提供如下服务的能力：

（1）向空中交通管制部门提交 ATS 飞行计划；对影响飞行正常的情况，能及时通知机长或航空承运人；

（2）根据航空承运人航班计划，收集、了解并提供本站和目的地机场、备降机场、航路的天气和航行通告等资料；协助机组做好飞行前准备；

（3）在航空承运人授权的情况下与机长共同签署飞机放行单；

（4）按照航空承运人的要求及时拍发动态电报；

（5）向所在地机场的各保障部门提供航班计划，及时通报动态和信息；

（6）遇有特殊情况或返航、备降、取消等情况，能及时通知航空承运人，协助做好各项处置；

（7）根据航空承运人运行的要求提供其他服务；

（8）签派服务代理人保存资料、服务记录至少 3 个月。

18.2.2　代理人的申请和审批

1. 代理人的申请

申请承办飞行签派服务代理应提前 3 个月向所在地的民航地区管理局提出书面申请。申请人应提交下列文件、资料：

（1）机构名称、固定工作场所的地址；

（2）主要负责人及工作人员的简历、执照、影印件和受训记录；

（3）工作章程、手册、资料的目录；

（4）所配置设备的清单，并有效性。

2. 代理人的审批

（1）民航地区管理局航务管理部门在收到飞行签派服务代理的申请后，对该申请人进行资格审查,自受理之日起,应在两个月之内作出批准或不批准的决定。

(2) 民航地区管理局根据总局授权对经审查合格的飞行签派服务代理人,以文件形式正式批复,有效期为 3 年。有效期满前 3 个月,飞行签派服务代理人如继续承办该业务,应向原批准机关申请续延。

(3) 飞行签派服务代理人在获得批准到期后未按规定申请续延者,其代理资格至有效期满后自动失效,并不得继续承担飞行签派服务代理工作。

18.2.3　代理原则

(1) 飞行签派服务代理工作,其性质是航空承运人飞行运行管理的组成部分。航空承运人应根据自己的运行政策和运行服务的需要,自行选择飞行签派服务代理人。为了便于实施飞行管理,根据航空公司签派工作的职能,在具备等同条件的情况下,应在航空公司间互相代理。

(2) 飞行签派服务代理协议内容应包括服务的具体事项、要求、代理的期限和付款方式等,应具体明确各方的责任。协议双方应按照协议规定履行职责。

(3) 飞行签派服务代理协议的修改,应在双方同意的情况下进行,任何一方不得擅自修改。修改后的协议副本报飞行签派服务代理人所在地的民航地区管理局部门备案。

(4) 航空承运人应根据运行要求对飞行签派服务代理人进行本公司有关运行政策和飞机性能的培训,并对受训人员进行合格认可,做出记录。

(5) 航空承运人应向其飞行签派服务代理人提供为其使用的公司现行有效的签派运行手册。

(6) 飞行签派服务代理人应参加民航总局、民航地区管理局和航空承运人组织的飞行签派业务培训,不断提高人员素质。

(7) 为做好飞行签派代理工作,保证飞行安全,民航局决定对飞行签派代理工作实行收费,收费标准如下:

① 飞行签派代理业务的收费,以航空器在本场每起飞一次为收费架次;

② 鉴于通用航空飞行的特殊性,确定其签派代理业务按实际飞行日为一个收费架次;

③ 国内航班每架次收费 100 元人民币。

18.2.4　实施程序

飞行签派代理业务的组织与实施的工作程序,按照飞行预先准备阶段,直接准备阶段,实施阶段和飞行后讲评阶段及正常情况和特殊情况的工作程序而展开的。代理与被代理的双方应在代理协议书中明确组织与实施各阶段的主要工作任务。当被代理方有特殊要求时应在协议书中明确指出,为了使代理方飞行签派员做好飞行签派代理工作,飞行签派员应明确下列问题:

(1) 飞行签派代理工作,应以"保证安全第一,改善服务工作,争取飞行正常"为指导方针,时刻将安全放在首位;

(2) 飞行签派代理工作是一项严肃认真的工作,飞行签派员在组织与实施的各个阶段都要认真完成各项工作,以科学的态度对待这一工作;

（3）飞行签派代理工作是一项服务性工作，服务对象是航空公司的航空器和机组，服务的好坏，关系着航空公司航班的正常率的提高和公司经营的正常运转；

（4）飞行签派代理业务只是地面服务代理工作的一部分，是各项服务代理工作中的重要一环，要与其他各项工作相互协作、配合，保证飞行安全。

18.2.5　代理协议的格式与基本内容

签派业务代理协议书，是根据双方具体的条件和要求经协商后而签订的。以下举例的代理协议书是一个基本格式，各航空公司在签订协议书时，可根据具体情况增减内容。

签派代理协议以中国民航现行规章和规定为依据。在协议中详细阐述双方应遵守的义务与责任。

签派代理协议基本内容为：总则、代理的业务范围与权限、实施代理的程序、财务结算、罚则、生效与终止日期。签派代理协议见附录。

附录　签派代理协议

为贯彻"保证安全第一，改善服务工作，争取飞行正常"的方针。经×××航空公司（以下简称甲方）和×××公司（以下简称乙方）充分协商，就甲方所属航空器在×××机场的飞行签派代理事宜达成如下协议。

一、总则

1. 甲方委托乙方为甲方在×××机场的飞行签派代理机构。

2. 乙方实施签派代理应以《中国民用航空飞行规则》《大型飞机公共航空运输承运人运行合格审定规则》(CCAR-121FS)、《×××××××》……以及甲方有关航空器《性能手册》《运行手册》《签派员训练手册》等现行的航行工作法规为依据，甲方亦应遵守上述规定。

3. 甲方应免费向乙方提供《性能手册》《航行手册》以及甲方内部有关航行工作的文件，遇有修改应及时通知乙方。

4. 甲方应免费向乙方提供与甲方航空器运行有关的签派业务培训，保证由乙方实施的签派代理工作符合甲方的技术标准和要求。

5. 乙方对甲方所属航空器提供服务时，应对飞行安全、航班正常负责。

6. 飞行的组织与保障工作，乙方应按照民航局的现行规定和制度执行，甲方亦应遵守。

二、签派代理工作职责

1. 掌握甲方所属航空器有关飞行动态，拍发有关动态电报，计算预达时间并通知有关单位。

2. 掌握甲方所属航空器在乙方所辖签派区域内空中及地面发生的不正常情况（如航空器故障、绕航、返航、备降等），并协助空勤组妥善处理。

3. 协助甲方空勤组做好飞行前的各项准备工作。

4. 根据双方协议,提供计算机飞行计划服务。

5. 了解、督促、检查有关地面勤务保障工作,争取飞行正常。

6. 应与甲方所属航空器的机长共同商定航空器的放行、延误、备降、改航、取消等,遇有重大问题时请示甲方基地签派室。

7. 代理甲方组织并实施的由甲方所承担的专机任务。

8. 协助有关应急指挥部门,做好甲方所属航空器发生空难或紧急情况下的救援工作。

9. 安排甲方所属航班延误、取消后空勤组的休息膳宿。

10. 按民航局规定办理有关人员加入甲方机组的手续,甲方机组应主动配合。

三、签派代理实施程序

1. 乙方的预先准备应在甲方航空器飞行前一日进行。

2. 根据甲方基地、外站发来的飞行预报和过夜机组的申请,编制甲方所属航空器次日飞行计划并通报有关单位。

3. 向甲方基地和国内有关航站以及甲方其他代理机构拍发 SITA 或 AFTN 格式飞行预报。

4. 直接准备应于甲方所属航空器起飞前××小时××分进行。

5. 根据飞行计划,按民航局现行规定,组织与提供各项保障工作,并了解和督促各项工作的实施情况。

6. 与甲方空勤组认真研究本场、航线、降落机场以及备降机场的气象预报和天气实况,并与甲方机组选择可靠的起飞站、降落站的备降机场,并提供该次飞行所必需的航行通告。

7. 与甲方机长共同商定是否放行航空器,并在签派放行单上签字。

8. 当双方对航空器放行意见产生分歧时,乙方应向甲方基地签派室请示报告,并按照甲方基地签派室指示办理,并由甲方负责。带故障飞行时应由甲方机长决定,取得甲方基地签派室的同意,并由甲方负责。

9. 当决定甲方所属航空器延误、改航、取消时,应向甲方基地签派室或所要求的其他代理机构拍发有关电报。

10. 甲方所属航空器在乙方所在地出现故障时,乙方应督促有关单位排除故障,争取正常飞行。

11. 乙方应向甲方所属空勤组织提供与该次飞行有关的航站、航路天气预报及天气实况,并向甲方空勤组提供天气讲解服务。

12. 由乙方所属航行情报室负责对甲方空勤组的领航计划进行检查,并提供航行通告服务,如双方另有计算机飞行服务协议,则向甲方空勤组提供计算机飞行计划。

13. 乙方对甲方所属航空器的重量控制负责。

14. 甲方所属航空器由外站起飞来本场,乙方应根据本场天气实况演变趋势及其他地面保障设备的工作情况,向起飞站提出提前、推迟或取消的建议。

15. 甲方所属航空器起飞后,乙方应及时掌握飞行动态,并向甲方及甲方在外站的有关代理机构拍发起飞电报和提供飞行动态信息。

16. 飞行中发生不正常情况,乙方应根据有关规定或甲方的要求,立即采取确保安全的措施,并将结果通报甲方。

17. 在处置不正常情况(如返航、备降、迫降、故障),双方对处置意见不一致时,由甲方航空器机长或基地签派室决定,并对决定的正确与否负责。

18. 双方应遵守无线电联系和守听的规定,遇有问题及时报告及时处理。

19. 在天气稳定的条件下,乙方随时满足甲方航空器备降的要求,如因天气原因不能提供备降时,协助甲方航空器选择其他备降机场。

20. 乙方应在甲方的统一安排下,实施飞行任务的调整,如加降、改航、合并航班等。

21. 乙方在收到甲方基地或其他外站发来的航空器起飞电报后,应计算该机的预达时间并通知有关单位。

22. 甲方所属航空器降落后,乙方应向甲方基地签派室或其他外站代理机构拍发降落电报。

23. 甲方所属空勤组应向乙方汇报飞行情况,乙方对甲方空勤组进行讲评,遇有重大问题应通报甲方基地签派室。

24. 乙方对甲方空勤组提出的要求和情况汇报及时向有关部门反映,并协助联系解决。

25. 飞机延误后,乙方负责联系安排甲方空勤组在适当地点休息。

26. 如航班取消,乙方应联系车辆接送甲方空勤组到招待所(宾馆)膳宿。

四、仲裁

双方在实施和解释本协议时,发生任何意见分歧,应由双方妥善协商解决,如无法解决,应报请民航局主管部门裁决。

五、结算

收费标准和结算方式按有关规定执行,详见本协议附件。(附件略)

六、效力

1. 对本协议及附件如有修改或补充,应经协议双方书面协商方能生效。

2. 乙方如欲终止本协议,应提前××天书面通知另一方,否则,本协议将继续生效。

3. 本协议一式××份,经双方签字后自××××年××月××日起生效。

4. 本协议于××××年××月××日签于××。

甲方(盖章)   乙方(盖章)

签字人: 签字人:

年 月 日   年 月 日

第19章

飞 行 监 控

19.1　飞行运行监控系统

　　运行监控系统是运行监控不可分割的一部分,航空承运人应使用与其运行区域和运行复杂性相适应的系统和程序,通过飞机通信寻址与报告系统(ACARS)、广播式自动相关监视(ADS-B)、第四代海事卫星航空宽带安全业务(SBB)、北斗卫星无线电测定业务(RDSS)、二次监视雷达(SSR)、民航运行数据共享与服务平台(FDSS)以及能够满足航空公司监控需求的其他技术手段,自动获取航班运行情况和飞机状态信息,对其在运行区域内的航班运行进行实时监控。航空承运人所使用运行监控系统和程序应在运行规范中予以描述。

19.1.1　系统监控要素

　　(1) 位置监控:飞机当前位置的经纬度坐标。

　　(2) 航迹监控:通过对飞机历史位置的持续显示,获取飞机飞行轨迹。

　　(3) 高度监控:飞机实时高度值。

　　(4) 油量监控:机上剩余燃油量。

　　(5) 气象监控:根据飞机当前飞行阶段,获取运行机场及航路气象条件,包括云高、能见度、风、降水、颠簸、积冰等影响运行的天气现象。

　　(6) 飞行动态:获取飞机运行信息,识别其推出、滑行、起飞、落地、滑入等各个关键节点。

　　(7) 异常机动:识别飞机偏航、低高度、备降、返航、复飞、紧急下降、中断起飞等偏离飞行计划的情况。

　　(8) 应答机编码:获取飞机设置的特殊应答机编码(7500/7600/7700)。

　　(9) 故障监控:影响飞行安全的系统或重要部件在飞行过程中发生故障时飞机产生的告警信息(以下称重要故障信息),包括但不限于发动机系统、液压系统、飞控系统、起落架系统、引气系统、空调系统。

　　(10) 信息延迟:确保实现监控系统各项功能所需信息的接收频次满足相关要求。

19.1.2　运行监控系统信息的获取

　　运行信息是航班运行监控的重要基础和依据。为确保飞机运行过程中运行信息被及

时接收,飞机与地面监控系统之间的信息交互需要满足以下要求:

(1) 对于飞机 4D 位置(经度、纬度、高度、时刻)、油量信息,监控频次间隔不超过 15 分钟,航空承运人可根据自身实际采用更短的监控间隔。

(2) 飞行中的重要故障信息,机载设备应当自动触发,并将信息传递给维修监控人员;对于受机载设备限制无法实施自动监控的,承运人应制定流程,由飞行机组主动报告的方式完成监控工作;航空承运人应在飞机制造商软件系统基础上积极开发、扩展监控功能。

(3) 对于要求的监控信息,除了飞机自动下发,运行监控系统应当具备主动获取飞机 4D 信息和油量的功能,以便于飞行签派员、维修监控人员根据运行需要,主动对运行状态进行监控和确认。

(4) 对于监控信息未及时获取的情况,航空承运人应当制定备份预案,确保运行监控工作持续开展。

19.1.3 系统告警

(1) 当航班运行已经出现或较大概率出现不正常情况时,监控系统应当给予地面监控人员可视化或者声音告警,告警信息只能由人工操作进行解除。监控系统告警应至少覆盖以下情况,航空承运人可以根据运行实际在此基础上增加告警项目:

① 巡航阶段飞机偏离计划航线 100 公里及以上。

② 巡航阶段飞机高度低于上一年度记录的航线历史最低高度(排除异常高度)1 200 米以上。

③ 飞机进行备降、返航、盘旋等待、中断起飞、紧急下降、复飞。起飞机场、目的地机场、备降机场气象条件处于或低于运行标准。

④ 运行机场出现或预期出现大雨、雷暴、低空风切变、大风超标、地面结冰条件等恶劣天气现象。

⑤ 航路出现颠簸、积冰、火山灰等恶劣天气现象。

⑥ 重要故障信息告警。

⑦ 系统超过 15 分钟没有收到飞机的下传 4D 位置信息。

(2) 航空承运人应当为运行监控项目制定系统告警逻辑。

(3) 运行监控系统对于监控项目进行可视化或者声音告警的设计应当足够明显,确保监控人员能够观察到告警信息。

19.1.4 飞行机组报告

在运行监控工作中,当监控人员无法通过运行监控系统获知全部的飞行情况时,飞行机组的主动报告是运行监控的一个重要信息来源。航空承运人应当设立第一联络人 (First Contact Principle)原则,规定签派作为管制以外的第一联络人,飞行机组在执行任务过程中遇到涉及飞行安全的不正常信息或需要地面协助时都应当及时通报飞行签派员。当遇到下列情况时,机组应尽快与签派员取得联系:

(1) 因各种原因发生航路偏航、燃油消耗增加、飞行时间延长、飞行高度偏差等偏离飞行计划,并可能影响航班正常运行时,机组尽快通报签派员,以便飞行签派员跟踪监控航班运行状况。

(2) 飞行机组在飞行中遇到预期之外的危险天气应当通报飞行签派员。飞行机组要尽可能获取有关危险天气的最新信息,包括询问空管单位和联系签派员等。

(3) 飞行期间,机组应当将飞行中的各种不正常情况(如复飞、返航和备降;发生雷击、雹击、鸟击、发动机停车、火警、座舱释压等)及时通过 ACARS、VHF、卫星电话等通信手段通知飞行签派员,以获取必要的地面支援。

19.1.5　运行监控人员

运行监控人员是指经合格证持有人授权的飞行签派、机务维修、飞行技术人员,使用运行监控系统和程序,对航班运行情况进行监控和处置。航空承运人应当在运行中心(AOC)配备了足够数量的、合格的运行监控人员,从事运行监控工作。飞行机组需对运行中机上发生的所有情况进行监控,并与 AOC 紧密配合。AOC 值班经理负责实时关注运行监控人员整体工作开展情况,对正常和不正常运行进行监控与指挥。

航空承运人应当明确航空气象、飞行情报、飞机性能监控职责和流程,对航班运行监控工作提供支持。

1. 飞行签派员职责

飞行签派员应当监控整个运行过程,掌握航班当前运行情况和影响运行的相关信息;签派员在向机组提供此类信息时,需要同时将针对该信息的处置意见提供给机组参考,以提高空地联合决策的效率。

如果航空承运人单独设置监控岗位,必须确保负责运行监控的飞行签派员具备所监控航班的放行资质,并且已经完成了满足其监控所需的运行区域、业务种类的全部培训并检查合格。航空承运人须在其运行手册中明确监控与放行的协作程序和权责划分。

1) 起飞前监控职责

在签派放行完成至飞机实际起飞之前,飞行签派员应当监控可能影响该次飞行安全的机场条件和导航设施不正常等方面的所有现行可得的报告或者信息,包括但不限于:

(1) 起降机场、备降机场等所有涉及相关机场的天气、通告的变化;

(2) 航路、情报区的航行通告、天气等变化;

(3) 飞机 MEL、CDL;

(4) 业载变化;

(5) 航班的 FPL、CHG、CNL 等报文的发送情况以及空管、代理等的反馈信息;

(6) 在风险控制系统中监控航班的风险值变化;

(7) 监控机组的 EFB 电子放行资料下载、更新和签字情况(如适用);

(8) 对于 PBN 运行,监控 RAIM 值。

2) 飞行中监控职责

在飞行期间,飞行签派员应当及时发现可能影响该次飞行安全的天气条件,有关设施、服务不正常,以及其他任何可以获得的补充信息,包括但不限于:

(1) 目的地机场、备降机场等所有相关机场的天气情况;

（2）目的地机场、备降机场服务和导航台不工作的情况；

（3）航路、飞行情报区临时飞行限制和恶劣天气情况；

（4）航班的燃油偏差情况；

（5）航班超过预计落地时间15分钟（或公司设定的告警阈值，原则上不得大于15分钟）未落地；

（6）航班偏离计划航路和（或）计划高度；

（7）不正常的机动飞行，如计划外的盘旋等待、返航、备降、紧急下降、复飞等；

（8）至少每15分钟能够获取一次飞机的4D信息；

（9）飞机应答机设置为特殊编码（7500/7600/7700）；

（10）机组发起的陆空数据联系或语音联系；

（11）航班的风险值变化；

（12）对于实施二次放行的航班，还需在其抵达二放点前评估初始放行的目的地机场、最终目的地机场以及任何可能对飞行安全产生不利影响的已知条件；

（13）对于实施ETOPS运行的航班，还需在其抵达等时点前评估航路备降场以及任何可能对飞行安全产生不利影响的已知条件；

（14）对于极地运行的航班，监控其改航机场天气状况、导航设备和服务状况。

2．维修监控人员职责

维修监控人员应当持有民用航空器维修人员执照。主要监控飞机飞行过程中的机载设备运行状况，当发现影响安全的飞机故障或设备不正常情况时，应尽快通知飞行签派员，必要时和飞行机组直接建立联系。承运人维修系统的生产控制人员（如MCC）应对AOC维修监控人员提供足够的支持和互援。

3．飞行技术人员职责

飞行技术人员与飞行签派员、维修监控人员共同就飞机飞行过程中出现的各类不正常运行事件进行协商、决策，尤其是针对运行监控中出现的告警信息处置。航空公司应当对参与运行监控的飞行技术人员资质做出规定，至少应持有航线运输驾驶员执照。

19.1.6　运行监控处置

在AOC中的各个岗位构成了AOC运行团队。当监控到天气、飞机故障、机场保障等影响航班运行的相关情况时，每个岗位根据AOC分配的工作职责，按照规定的流程，就本专业在实现预期目标中的责任提出处置建议。AOC各岗位应当密切合作、充分会商，为签派员做出决策意见提供支持，并将该意见告知机组，与机长协同决策。同时AOC应向地面保障单位进行工作布置，以达到控制运行风险、快速解决运行问题的目的。

运行监控程序和不正常情况处置程序应由飞行、签派、维修联合制定，并写入公司手册。不正常情况处置程序至少应当包括偏航、高度异常、异常机动（备降、返航、复飞、紧急下降等）、低油量、应答机紧急编码（7500/7600/7700）等。航空承运人在制定不正常情况处置程序时还应当考虑对应情况的发展阶段和风险程度，制定分级处理措施。

在飞机到达目的地机场或备降场，起始进近阶段以前，机组和签派应对落地机场天气情况进行判断，如落地机场天气处于或低于边缘天气条件，签派员应主动联系机组，提供周边备降机场情况及决策意见,为机组最终决策提供支持。

运行监控处置应满足以下原则:

(1) 监控过程中 AOC 各专业岗位收到监控系统提示、告警信息或通过其他渠道获知航班运行不正常时,应将信息和建议汇总至飞行签派员。

(2) 签派员应核实信息的准确性并分析当前的飞行状况。签派员应通过询问管制或与飞行机组直接联系等方式确认运行情况。如判断飞行发生不正常情况,则按规章、手册规定进行相应处置。

(3) AOC 相关岗位对运行异常信息进行会商并形成决策意见。

(4) 签派员将决策意见传达给飞行机组,同时提供与决策相关的支持信息,如天气、航行通告等,确认机组意图。

(5) 飞行签派员将信息传达情况和机组意图按需通报给相关单位。

(6) AOC 各岗位值班人员做好协调保障工作,及时更改相关系统中航班显示信息。

(7) 运行监控人员应当持续监控航班直至航班落地,并做好事件记录。

(8) AOC 应按照民航规章和公司手册要求,整理事件处置情况报告。

19.2　飞行中燃油管理

(1) 合格证持有人必须在运行手册中制定飞行中燃油检查和管理的政策和程序,并经局方批准。

(2) 机长必须随时确保机上剩余可用燃油量,不低于飞往可以安全着陆的机场的所需油量与计划最后储备油量之和。

(3) 如果飞行中燃油检查的结果表明,在目的地机场着陆时的机载剩余可用燃油量可能低于备降油量与计划最后储备燃油量之和时,机长必须评估目的地机场、备降机场与航路的空中交通情况和天气趋势、导航设备开放状况等运行条件,以确保安全着陆时的机载剩余可用燃油量不低于最后储备燃油量。

(4) 在决定在某一特定机场着陆时,如经计算表明对飞往该机场现行许可的任何改变会导致着陆时的机载剩余可用燃油量低于计划最后储备燃油量,机长必须通过宣布"最低油量"或"MINIMUM FUEL"向空中交通管制部门通知最低油量状态,并通知飞行签派员。

(5) 宣布"最低油量"是通知空中交通管制部门对现行许可的任何改变会导致使用低于签派的最后储备燃油着陆。这并非指紧急状况,仅表示如果再出现不适当耽搁很可能发生紧急状况。

(6) 当预计在距离最近的能安全着陆的合适机场着陆时的机载剩余可用燃油量低于计划最后储备燃油量时,机长必须通过广播"MAYDAY MAYDAY MAYDAY FUEL"宣布燃油紧急状况。

(7) 相关定义:

最低油量:是指飞行过程中应当报告空中交通管制员采取应急措施的一个特定燃油油量最低值,该油量是在考虑到规定的燃油油量指示系统误差后,最多可以供飞机在飞抵着陆机场后,能以等待空速在高于机场标高450米(1 500英尺)的高度上飞行30分钟的燃油量。

最后储备燃油:对于某次飞行,在指定目的地备降机场时,是指使用到达目的地备降机场的预计着陆重量计算得出的燃油量;或者未指定目的地备降机场时,是指按照到达目的地机场的预计着陆重量计算得出的燃油量:

① 对于活塞式发动机飞机,以等待速度在机场上空450米(1 500英尺)高度上在标准条件下飞行45分钟所需的油量;或

② 对于涡轮发动机飞机,以等待速度在机场上空450米(1 500英尺)高度上在标准条件下飞行30分钟所需的油量。

航线临界点(不可返回点):飞机能够从该点飞行到目的地机场以及特定飞行的可用航路备降机场的最后可能位置(地)点。

无可用备降机场的特定目的地机场(孤立机场):是指对于某一机型没有合适目的地备降机场的目的地机场。当从目的地机场决断高度/高或复飞点复飞改航至最近合适备降机场的所需燃油超过下列数值时,合格证持有人应当将该目的地机场视为无可用备降机场的特定目的地机场:

① 对于涡轮发动机飞机,以等待速度在机场上空450米(1 500英尺)高度上在标准条件下飞行90分钟所需的油量;

② 对于活塞发动机飞机,以等待速度在机场上空450米(1 500英尺)高度上在标准条件下飞行75分钟所需的油量。

第 20 章

不正常情况处置

　　飞行是在空中实施的,它不是一项孤立的活动,它依赖于各项地面的保障工作,否则飞行任务是难以完成的。航空运输是一项迅速、舒适、方便的服务性行业,它与外界有着千丝万缕的联系,由于飞行本身的复杂性和特殊性,在航空运输中可能出现这样或那样的不正常情况以及飞行中的特殊情况,为了正确处理在组织与实施飞行中出现的问题,根据航空公司飞行运行控制部门的职责与主要任务,提出以下几种情况的处置方法和措施。

20.1　不正常情况的运行管理

　　凡因气象、航空器故障、飞行保障设备不工作,以及其他原因造成航空器不能按预计时刻起飞或取消飞行的,以及飞行中的航空器发生返航、备降、事故征候都属于飞行签派工作的不正常情况。当发生上述情况时飞行签派员按下述程序工作。

20.1.1　延误飞行

　　如因起飞机场或目的地机场的天气低于标准,或航线上有不可绕越的危险天气及其他特殊规定,及航空器机械故障或有关机场关闭等原因,航空器不能按预定时刻起飞,延误 30 分钟以上,起飞机场的飞行签派员应将延误情况和原因及修正后的预计起飞时刻通知本公司各保障部门,空中交通管制单位和机场管理机构,以及沿航线签派部门或其代理人,并将延误情况和原因及时通知值班经理。

20.1.2　取消飞行

　　因受延误影响或机械故障无法排除,不能继续执行该次航班飞行任务,根据情况可以决定取消当天飞行任务,航班的取消应经上级部门批准同意,此时,飞行签派人员应立即向沿线签派部门或代理人、空中交通管制部门发出取消电报,并通知本公司内部有关单位做好旅客的工作。

20.1.3　返航或备降

　　返航或备降是保证飞行安全的措施,签派人员接到空中管制部门通知或航空器的报告需要返航或备降时应当立即查明原因,向机组提供返航或备降的必要协助措施,并协助机长选择合适的备降机场,提供备降机场的天气情况。航空器决定返航或去备降机场后应立即将此决定通知沿线有关的签派部门

视频 20-1
不正常情况下
飞行签派工作

或其代理人,以及当地空中交通管制部门和机场管理机构。

20.1.4 恶劣天气运行

1. 寒冷天气对飞机的影响

当机翼、操纵面、发动机进气口或飞机其他主要表面有雪、霜、冰时,任何人不得放行飞机。冰、霜、雪的污染会使飞机的空气动力性能变差,易受污染影响的飞机部件一般有以下几类:①增升装置;②操纵面;③发动机整流罩及导向叶片;④起落架;⑤传感器,以及其他部分;⑥机翼部分。

在结冰条件下,应严格按照飞机除冰程序进行除冰后方可放行飞机。

2. 低能见度条件下运行

低云低能见度飞行除遵守《中国民用航空飞行规则》仪表飞行规定外,还应遵守下列规定:

(1) 目的地机场通报天气接近标准边缘时,要及时索取目的地机场及备降机场天气预报和实况,做好充分准备,研究穿云程序和方法,明确分工;

(2) 在进近前,收到降落机场天气实况低于标准时,禁止试降;

(3) 一小时之内航线备降机场天气低于标准时禁止起飞;一小时以上目的地机场天气低于标准,但预报有好转,在飞机到达时可达最低天气标准同时有可靠的备降机场,可以起飞。

3. 低空风切变

低空风切变主要由对流性风暴(雷暴、阵雨、阵雪和锋面)所造成,严重影响飞行安全。

(1) 当冷锋以大于 30kt 的速度向机场推进时,在雷雨的前锋面将有严重的风切变存在;

(2) 暖锋过境且温差大于 10 华氏度时,将有风切变存在的可能;

(3) 当机场被雷雨覆盖时,将有强烈的风切变存在。

机组成员应尽可能使用一切可以采取的手段,去收集风切变的存在信息。当已被告知或探测到风切变时,使计划的离场和进场延迟一段时间,直至风切变状况消散为止。尽管飞行员在模拟机上进行过风切变识别和改出训练,但实际飞行中风切变的改出可能要困难得多,所以避开应是预防风切变的首选措施。当不能确定风切变的具体情况时,就应考虑采取预防措施:

起飞预防措施:

(1) 使用最大额定起飞推力;

(2) 使用最长的合适跑道;

(3) 使用推荐的襟翼调定;

(4) 使用增大的抬头空速;

(5) 不要使用以速度为基准的飞行指引仪。

进近预防措施:

(1) 不晚于 1 000 英尺(AGL)(300 米)建立稳定进近;

(2) 限制减小推力到最低值;

（3）使用最合适的跑道；

（4）使用推荐的襟翼调定；

（5）使用增大的进近速度；

（6）进近时尽量使用自动飞行系统。

4．雷雨天气飞行

雷雨活动区的飞行：

飞行前，机长和飞行签派员应当根据气象情报，特别是最近的天气报告和预报，分析雷雨性质、发展趋势、移动方向和速度，选择绕飞雷雨区的航线和备降机场，共同研究决定飞机的放行。

飞行前机组在进行飞机外部检查时，核实所有放电刷完好无损。检查机载气象雷达处于完好状态，工作正常。制订绕飞计划时应充分考虑飞机机载雷达的工作特点，以及各机型放电避雷击的能力。

当天气预报或天气实况表明在起飞机场或附近有雷雨活动时，起飞前机组应按规定使用气象雷达，观测起飞离港路径雷雨情况，选择绕飞计划，提早通知空中交通管制部门，防止误入雷雨区域。

飞行中遇到雷雨时，机长必须正确及时地使用机载气象雷达，判明雷雨的强度、性质、范围，以及移动方向、云底和云顶的高度，根据季节、飞行区域的不同特点，分析情况尽早决定绕飞或返航备降，并将所做出的决定立即报告空中交通管制部门并获得许可。

绕飞雷雨时严禁飞入积雨云和浓积云，严禁穿越雷雨。在绕飞雷雨时必须考虑到绕飞要有转弯和退出的余地，尽可能选择从雷雨的上风面绕飞。绕飞雷雨时必须保持与积雨云（浓积云）足够的安全距离。

在有空中走廊的机场，机组进入走廊前，使用雷达判明雷雨活动情况，如需要绕飞时提前向空中交通管制部门（ATC）报告绕飞意图，得到允许后方可进入；进入走廊后如发现雷雨，应尽快向 ATC 提出绕飞计划，或在管制员的协助下，安全飞出雷雨区域，未得到ATC 许可不得偏出空中走廊。

在绕飞雷雨时，机长还必须考虑运行所在区域、航路的特殊要求，如 RVSM、禁区、限制区、国境线等。

当距着陆航道 5 公里或复飞航道 3 公里有雷雨时，禁止机组继续进近着陆。机长应考虑空中等待或备降。

误入雷雨区的操作：

当飞机陷入雷雨区无法返航被迫在云中穿越时，机组应当沉着冷静、集中精力进行仪表飞行，切忌惊慌失措，并且应当遵守下列处置原则：

（1）迅速报告空中交通管制员，明确穿越雷雨区域的意图；

（2）应当选择气流较和缓的高度穿越，避开滚轴云和零度等温线区域，飞行真实高度不得低于 1 000 米；

（3）立即做好穿越雷雨区域的各项准备工作，检查安全带是否扣牢，打开座舱照明设备，接通客舱安全带信号灯，通知客舱乘务员对旅客进行安全广播；

（4）注意保持该型飞机规定的颠簸飞行速度飞行；

(5) 根据飞机地平仪、PFD 和有关仪表注意保持飞机姿态,柔和地操纵飞机,尽量减少升降舵的操纵;

(6) 尽可能保持所选定的航向飞行,必须改变航向时,不得使用大坡度转弯;

(7) 随时注意飞机位置,并且与地面保持通信联络;

(8) 注意发动机的工作情况,及时使用防冰/除冰设备。有必要调节发动机推力时,缓慢调节推力手柄。

恶劣天气下起降:

起飞:

(1) 当雷暴对起飞有影响时,不能起飞。

(2) 遇大雨、暴雨,起飞爬升路径报告有或探测有风切变时应推迟起飞。

(3) 当存在结冰条件时,正确使用发动机及大翼防冰。

(4) 进跑道起飞前应打开气象雷达以便确定绕飞的计划并尽早通知 ATC。

着陆:

在中到大雨中进近时,由于驾驶舱风挡玻璃上雨水影响飞行能见度并产生重影,诱发飞行员目视错觉,飞机状态不易保持,飞行员操纵反应时间加长,加上跑道积水刹车效应变差,易导致不安全事件发生。机组成员应遵循下述规定:

(1) 明确分工,密切配合,互相提醒;

(2) 操纵的驾驶员按仪表飞行,保持姿态稳定;

(3) 不操纵的驾驶员应保持随时可控制飞机,注意对外观察;

(4) 严格遵守公司复飞和稳定进近的有关规定;

(5) 公司规定禁止在大雨中着陆;

(6) 推荐使用监视进近程序。

5. 颠簸飞行

颠簸一般分为三个等级:轻度、中度和严重,机组之间沟通时要注意使用下述三个颠簸的等级术语,判断颠簸的剧烈程度并针对不同程度采取应对措施。

轻度颠簸:轻微、快速而且有些节奏的上下起伏,但是没有明显感觉到高度和姿态的变化或飞机轻微、不规则的高度和姿态变化。机上乘员会感觉安全带略微有拉紧的感觉。

中度颠簸:快速的上下起伏或摇动,但没有明显感觉飞机高度和姿态的改变或飞机有高度和姿态的改变,但是始终在可控范围内。通常这种情况会引起空速波动。机上成员明显感到安全带被拉紧。

严重颠簸:飞机高度或姿态有很大并且急剧的改变。通常空速会有很大波动,飞机可能会短时间失控。机上乘员的安全带急剧拉紧。

颠簸可分为不可预见颠簸和可预见颠簸两类。飞行机组应加强对颠簸程度的判断和预见,在保证客舱安全的同时提高服务品质。

可预知颠簸的操作程序:

(1) 航前准备会上飞行机组应告知客舱乘务员所有颠簸的信息。

(2) 飞行中,飞行机组告知客舱乘务员预知性颠簸的等级和准备时间。机长应避免穿越已知的中度以上颠簸区。

（3）在计划绕过颠簸区时,机长应报告空中交通管制部门,并考虑新航线的距离和飞越地域的地形。不要试图在有强颠簸的机场区域等待,安全的方法是备降。

（4）如果被迫穿越或遭遇中度以上颠簸时,机组应当:

① 按机型飞机《飞行机组使用手册》的规定操纵飞机(如:保持颠簸速度、接通发动机点火电门等);

② 接通安全带信号灯;

③ 机组须提前使用内话通知乘务组,"飞机预计××分钟后,遇有颠簸,乘务组做好准备";

④ 对客舱广播,提醒旅客系好安全带;

⑤ 颠簸发生时,机组使用两遍"系好安全带铃声"的方式通知客舱;

⑥ 根据天气情况与空中交通管制部门协调,选择另一高度层或以最短的路线穿越。遭遇中度以上颠簸时,机组成员应向 ATC 报告。

（5）"系好安全带"灯亮时,乘务员按照《客舱乘务员手册》可预知颠簸的处置程序执行,并充分考虑到颠簸升级的可能性。

（6）飞行机组或指定的机组人员广播通知旅客就座并系好安全带。

（7）如果停止服务,对旅客进行广播,说明服务暂停的原因。

（8）当被通知将遇有颠簸时,客舱乘务员应视准备时间完成以下工作:

① 先储藏大件物品,如餐车;

② 储藏热饮;

③ 固定厨房设施;

④ 检查客舱和厕所;

⑤ 固定、保护自己。

（9）"系好安全带"灯熄灭或接到通知后,客舱乘务员检查旅客、机组人员和客舱情况。

（10）客舱乘务员向乘务长报告客舱情况。

（11）颠簸结束后,客舱乘务长向飞行机组报告客舱安全情况。

不可预知颠簸的操作程序:

（1）飞行机组打开"系好安全带"灯,并广播通知客舱。

（2）乘务员按照突发颠簸的处置程序执行,并充分考虑到颠簸升级的可能性。

（3）检查旅客、机组人员和客舱情况。

（4）客舱乘务员—客舱乘务长—飞行机组的报告。

晴空颠簸(CAT):

（1）晴空颠簸存在于任何高度,特别是飞机在高于 14 800 英尺高度飞行时;

（2）晴空颠簸会对飞行产生非常严重的影响。

（3）飞行中遇到晴空颠簸应及时通报 ATC 包括时间、位置和强度(轻度,中度,强度,严重,极度),或在飞机与飞机之间的通信频率进行广播。

（4）晴空颠簸是不可预知的,因此,脱离颠簸后通知客舱乘务员检查客舱安全情况。

（5）更多情况下,晴空颠簸是由于高空激流所引起的,风速变化一般在 50Kt 以上,飞行中应注意收听来自 ATC 或飞行员的报告。

6. 火山灰

识别火山爆发时,喷入大气层的极微小的浮石微粒和其他岩石粉尘形成火山灰云。按照火山爆发的规模和持续时间不同,灰云漫延的范围和高度不同,可能漫延数百里,并达到很高的高度。尽管火山灰云不是一种天气现象,但是火山灰是存在于大气层中的一种极其危险的情况,必须同恶劣天气一样采取避让飞行。

飞行中遭遇火山灰的现象:

(1) 驾驶舱内出现烟雾或灰尘;

(2) 闻到一股类似电器设备冒烟的酸味;

(3) 可能诱发发动机工作不正常,如发动机喘振,排气温度(EGT)上升,尾喷管喷火和发动机熄火等;

(4) 夜间,发动机进气道外出现橙红色的光亮伴随着放电光球或者其他放电现象;

(5) 货舱发出火警。

20.1.5　其他不正常情况

1. 偏航

出现航空器偏航时,签派人员应通过监控系统确认飞机状态,分析偏航原因,对无法确认原因的偏航,需联系机组或管制部门,明确偏航原因;将偏航情况、机载剩油等信息通知 AOC 相关部门,之后将此航班进行重点监控直到飞机恢复正常航路飞行。

2. 复飞

出现航空器复飞时,签派人员应向当地管制部门明确复飞原因并通知 AOC 相关部门;对于因天气原因导致复飞的情况,需要通知气象部门进行气象分析,及时将分析结果告知机组;另外,复飞阶段应尽量避免联系机组以免对机组驾驶造成干扰,如无特殊情况,应在机组执行完复飞程序之后再联系机组。

3. 盘旋等待

出现航班盘旋等待时,签派人员应通过监控系统确认飞机状态,了解周边区域其他航空器运行状态,出现多架盘旋等待飞机时,向机组或管制了解盘旋等待的原因;后续监控航班状态和机载剩油,避免出现低油量情况。

4. 超时未落

有航班在经过计划的航程飞行时间后未落地时,签派人员应通过监控系统查看飞机位置、飞行高度和剩余油量。评估航班飞行高度剖面,当飞机正在发生连续的高度下降时,可不进行联系。当飞行剖面显示飞机发生了再次的持续爬升,或当飞机飞行轨迹明显偏离目的地机场时,应主动联系管制部门或机组核实航班是否发生返航或备降。一旦确认后,按照航班返航备降处置。

20.2　紧急情况的运行管理

任何时候遇到直接或间接危及飞行安全,需要机组立即采取非正常方法、程序等措施时,机长都应把它看作紧急情况。

飞机的紧急情况分为情况不明、告警和遇险三个阶段。

20.2.1　不明阶段

(1) 飞机和机上人员安全产生怀疑时;

(2) 飞机按照搜寻和救援程序工作时,无法通信并且通信检查无法沟通时;

(3) 飞机明确知道在按照非常规地方式运行,也就是,当出现导航、高度或通信困难时;

(4) 除紧急迫降外,飞机对正在进行着陆或已经着陆的非计划着陆机场的道面情况或这个着陆机场是否符合运行标准产生怀疑时;

(5) 已经收到飞机迷航的情报。

20.2.2　告警阶段

(1) 明确获知飞机和机上人员存在安全问题;

(2) 飞机在收到着陆或进近许可的 5 分钟内没有着陆,并且无法与飞机再次联系时;

(3) 在上述不确定阶段飞行的飞机,在其后进一步的通讯检查或询问中无法进行联系时;

(4) 在得到飞机设备故障并此故障将进一步会对飞机安全产生影响的情报时;

(5) 明确获知飞机正在危险状况下飞行;

(6) 飞机正在仪表气象条件下飞行或在夜间飞行,但是不适合此条件下的运行时。

20.2.3　遇险阶段

(1) 明确获知飞机和机上人员正处于严重和紧急危险的情况,并且需要紧急援救;

(2) 明确获知飞机正遭受严重非法干扰;

(3) 正处于警告阶段的飞机有可能造成遇险;

(4) 考虑到机上燃油的消耗,或不足以安全到达目的地机场;

(5) 飞机将要实施或正在实施,或已经实施了,迫降或水上迫降或坠毁。

飞行机组应当熟知紧急情况处置程序、机组成员分工和职责,提高紧急情况下的应变能力和处置能力。向 ATC 宣布紧急情况时,将应答机编码调到 A7700(飞机被劫持为 A7500)并使用工作的频率或 VHF 或 HF 国际通用的紧急频率拍发或通播紧急状态,内容包括:航班号、飞机位置、飞行高度、紧急情况的性质以及正在或准备采取的行动。

20.2.4　紧急情况下使用应急权利的原则和程序

(1) 在需要立即决断和处置的紧急情况下,机长可以采取他认为在此种情况下为保证飞行安全应当采取的任何行动。在此种情况下,机长可以在保证安全所需要的范围内偏离规定的运行程序与方法、天气最低标准和其他规定。

(2) 飞行签派员发现飞行期间出现需要立即决断和处置的紧急情况时,必须将此紧急情况通知机长,确实弄清机长的决断做好记录并上报公司值班经理,如果不能与机长取得联系,公司值班经理按照公司应急处置手册的规定启动应急程序。

(3) 当机长或者飞行签派员行使应急权力时,应当将飞行的进展情况及时准确地报告给相应的空中交通管制部门和签派中心。宣布应急状态的人员应当通过公司运行副总裁,向局方报告任何偏离。飞行签派员和机长应当在落地后立即向公司提交书面报告,由公司按规定期限限制要求向局方进行报告。

(4) 遇到紧急情况时,机组成员按各机型在紧急情况下的任务分工,完成其工作。机长有权利采取偏离手册规定的方法和程序,以保证人机安全,并对采取行动的后果负责。

20.3　紧急情况的处置

20.3.1　应急撤离

应急撤离是飞机或机上发生严重紧急情况时,机组在地面或水上所采取的,保证机上人员安全或减少飞机上人员伤亡的措施。

应急撤离分为两种。一种是无准备的陆上或水上应急撤离,多发生在飞机起飞和着陆过程中,机组没有时间做应急撤离的准备工作;一种是有准备的陆上或水上应急撤离,机组有时间做着陆前的应急撤离准备工作。

如果机上出现下列特殊情况,必须实施应急撤离:

(1) 机体明显破损;

(2) 机上烟雾火灾无法控制;

(3) 燃油严重泄漏;

(4) 飞机迫降;

(5) 机上有爆炸物;

(6) 机长认为需要执行应急撤离的其他情况。

20.3.2　机上火警

当 V1 后一台发动机发生火警,机组应在获得安全高度(最低 400 英尺 AGL)以上并且在控制好飞机飞行状态以后,按程序要求执行"发动机火警"程序,就近合适机场落地,并将机长意图通报 ATC。

(1) 机上除发动机失火、下货舱失火和主货舱失火按相应的灭火检查单处置外。客舱各类火情,需采取不同的灭火措施,为了旅客和机组的安全,应根据火情基本的类别,选择正确的灭火瓶灭火。

(2) 由于烟雾产生的有毒气体对机上人员直接造成危害,客舱乘务员应将湿毛巾发给旅客,并让旅客通过湿毛巾呼吸,这样可以避免吸入有毒气体。请记住所有旅客都有枕套,必要时可以用来保护自己。如果烟雾很大,则要求旅客俯下身,尽量靠近地板呼吸,减少有害气体的吸入。

(3) 无论机上发生任何火情,机长都应宣布紧急状态并及时将情况报告 ATC 或公司签派,以求得帮助。

(4) 驾驶舱出现火情,机组按程序处理完成之后通知乘务组。

(5) 客舱出现火情(含机组休息室),乘务组第一时间进行灭火,并尽快报告机长"火情类型、大小、位置、控制状况,是否存在人员伤亡",并将灭火情况不间断地向机组进行报告。

20.3.3　非法干扰、劫持

中国民用航空安全条例规定:任何人不得以任何方式劫持机组人员或机上其他乘客。凡是采取以武力威胁或恐吓方式干扰机组正常工作,企图非法劫持或控制航空器,或要求机组操纵航空器改变预定的飞行航线和降落机场;或以航空器作为武器,破坏工具,故意撞击或毁坏地面重要设施、目标、建筑物;或控制航空器进入飞行禁区;或毁坏航空器,故意造成机毁人亡的事件,危及国家安全,以达到报复社会、危害机上人员生命财产安全,都属于劫机犯罪行为。

在飞行中发生劫机行为时,机长对航空器和劫机者的处置有最后决定权。全体机组人员必须听从机长的指挥,并服从机长的决定。机组成员必须牢记:确保机上人员生命和航空器的安全是处置劫机事件的最高原则。

处置劫机事件的一般原则:

(1) 确保安全,以最大限度地保证机上人员的生命财产和航空器的安全。

(2) 争取地面处置,对飞行中发生的劫机事件,应尽最大努力争取使航空器降落在地面然后进行处置。对未起飞的航空器在地面遭劫持,要设法使航空器停留在地面进行处置。

(3) 坚持以和平解决为主,在可能的情况下,尽一切努力说服或劝降劫机者放弃劫机行为,以和平方式进行解决;但并不排除机组和机上旅客在确有把握的情况下,以武力或其他有效手段制服劫机者。

(4) 适时果断处置,抓住一切时机采取果断措施进行有效处置,力争将危害与损失降到最低;或在不得已的情况下,强行实施武力手段制服劫机者,以较少的损失避免重大事件的发生。

航空器在空中遇到劫持,签派人员处置原则:

(1) 接到机长或有关空中交通管制部门通知航空器被劫持,立即将劫持情况报告公司值班经理及有关部门。

(2) 根据劫持情况,立即与有关单位联系,将劫持发生的时间、地点、航班号、航空器型号和登记号,机长及机组名单、旅客人数、剩余油量、机长意图和拟采取的适当措施报告公司值班经理和有关空中交通管制部门。

(3) 通知被劫持的航空器可能飞去的国内机场的签派部门做好一切准备,并将准备情况通知空勤组。

(4) 当空勤组报告航空器将飞往劫持者要去的国外某地点着陆时,签派部门应立即通知沿线有关签派部门注意收听,可能的话通知国外中国民航办事处或有关部门。

视频 20-2
航空器被劫持
和应急撤离

（5）被劫持的航空器着陆前，着陆机场航空公司签派员应停止安排旅客登机和尽快疏散到达旅客。

（6）发给空勤组的指示和通知，若未收到空勤组的回答，应反复盲目拍发。

（7）在全部过程中应及时与空中交通管制部门保持联系，及时将其动态向有关部门报告。

20.3.4 爆炸物处置

航空运输中，我国对易燃、爆炸及其他危险物品有明文规定，禁止与旅客同机运输，但不法分子和少数有侥幸心理的人，往往会违法行事，或有意制造破坏事件，这都可能使航空器上存有危及飞行安全的爆炸品，无论是在飞行中的航空器，还是在地面上的航空器，一旦发现航空器上有爆炸品存在应立即采取措施正确处置。

爆炸物处理程序和政策。当接到表明自己身份或未表明身份的人，指明具体航班、某一航空器或有明显标识的航班有爆炸物的信息时，所有的威胁警报或信息都应被视为是真实的。

当局方和公司任何部门及人员接到这种警报时，应立即向公司运行控制部门报告，运控中心要立即采取应急处置措施。飞行机组在地面发现航空器上有爆炸物时，应立即报告公司飞行签派或空管部门，机组人员应在机长的统一指挥下，首先将机上人员迅速撤离，由地面有关人员采取进一步处置措施。空中发现机上有爆炸物时，机组人员要沉着、冷静地按照程序的规定或要求，采取最安全的措施进行处置。防止与避免爆炸物在机上爆炸是处置爆炸物的最高原则。

航空器在地面：

（1）当得知航空器上有爆炸物时，应当将该航空器所处位置和状况等情况立即报告公司值班经理、机场管理机构、空中交通管制部门和公安部门。

（2）暂停该航空器的放行，并立即通知机务或现场指挥，根据机场管理机构的安排，采取措施将航空器拖至远离停机坪、候机楼、油库及其他重要设施的安全地带。

（3）对航空器的检查，清除爆炸物等项工作由航空公司会同公安部门专门人员负责进行，经处理并确认安全无问题后，方可将航空器拖回规定位置继续执行任务。

（4）如果旅客已登机，通知运输部门将旅客及其手提行李撤至安全地带，并将航空器交专门人员处理。

（5）如果航空器在滑行中，待机长将航空器滑到指定地点后，签派人员应迅速通知运输部门撤出旅客和机组。

航空器在空中：

视频 20-3
发现航空器上
有爆炸品

（1）航空器在起飞过程中，如获悉航空器上有爆炸物，待航空器返航降落并滑到指定地带后，协助机长处置有关情况。

（2）航空器在飞行途中，机长报告航空器上有爆炸物时，公司签派人员应立即协助机长选择就近机场降落或迫降,并参与对航空器的援救和处置。

(3) 值班签派人员应当立即将有爆炸物情况报告公司值班经理、有关空中交通管制部门和公安部门。

20.3.5　无线电通信失效

紧急通信分两类:遇险电报(DISTRESS MESSAGE)与紧急电报(URGGENCY MESSAGE),分别供遇险与紧急状态使用。

这两种通信可以在工作的空/地通信频率上进行;通播使用的频率:121.5 kHz, 243.0 MHz(航空紧急频率)、500 kHz,2 182 kHz(国际遇险频率)、8 364 kHz(救生船舶电台)。拍发此类电报时,空中交通管制要求空中所有电台停止拍发电报,让紧急通信的飞机优先工作。因此,飞行组严格遵守国际通信规则,一般情况下不要随意使用该程序。发生遇险或紧急状态时,应将应答机编码放置 A7700。

20.3.6　机组成员失能

机组成员失能可发生在各年龄段和各飞行阶段。正确的机组标准喊话程序和驾驶舱及客舱的联络程序的执行可以帮助及时发现失能问题。当某一机组成员不回答与标准程序或标准飞行剖面相关的标准喊话时,应考虑其是否有某种程度的知觉迟钝或休克。如果对第二次提问没有回答,则视为失能,应立即接管飞机操纵,并查明和核实原因。

如果驾驶舱某机组成员感觉不佳,应让另一名驾驶员知道并由其来操纵飞机。机组成员失能应执行驾驶舱与客舱乘务组的联络程序。驾驶舱机组成员在执勤岗位失能时,另一名驾驶舱机组成员须立即告知乘务组。飞行机组成员失能时,按替换原则做好职责交接,并及时向运行控制部门报告。同样,客舱乘务员失能时,也须按替换原则做好职责交接,立即向机长进行报告。

飞行机组成员丧失能力后的处置程序:

如果证实一名驾驶员已丧失能力,另一驾驶员应接替操纵飞机并检查核实主要的操纵和电门的位置,并:

(1) 宣布紧急状态并衔接自动驾驶,以减轻工作负荷;

(2) 通知 ATC,以求得 ATC 的协助;

(3) 衔接自动驾驶以及飞机处于控制状态后,通知客舱乘务员,尽可能将失能的驾驶员移出驾驶舱;如有困难,应将其座椅向后拉到头,使用肩带将其固定好;

(4) 组织分工驾驶舱的工作,就近合适机场尽快着陆,做好进近和着陆的准备工作,必要时可求得旅客中可能有的驾驶员或其他空勤人员的帮助;

(5) 如果机长丧失了能力,只有副驾驶操纵飞机,必要时应通知 ATC 给予协助,请求雷达引导,尽可能使用自动着陆。

(6) 通知着陆机场准备好救护车,落地后尽快抢救丧失能力的驾驶员。

视频 20-4
驾驶员丧失能力的处置和航空器失事

20.3.7 燃油紧急状况

燃油紧急情况:当预计在距离最近的能安全着陆的合适机场着陆时的机载剩余可用油量低于计划最后储备燃油量时,即构成燃油紧急状况。

出现燃油紧急状况时,机长通过广播"MAYDAY MAYDAY MAYDAY FUEL"宣布"燃油紧急状况"后,应:

(1) 向空中交通管制员报告剩余的可用燃油还能飞多少分钟;

(2) 继续按照空中交通管制员同意的航路飞行;

(3) 通知飞行签派员,已宣布了"燃油紧急状况";

(4) 调整最佳力量上座;

(5) 请求航路直飞;

(6) 请求上升至较高的合适的最佳高度;

(7) 使用经济速度飞行;

(8) 按机型采用低油量操作程序;

(9) 避免大的机动动作操纵飞机,避免过急加减速动作;

(10) 推荐使用晚放襟翼、起落架,着陆襟翼的方法进近,按 1 000 英尺 AGL 以上完成着陆形态进行进近计划;

(11) 如果条件允许,推荐使用自动驾驶着陆;

(12) 落地后,按正常程序整理填写相关飞行文件,并及时将情况报告递交公司或当地 ATC 等管理部门。

20.3.8 紧急医学事件

紧急医学事件是指:飞机改航备降等不正常运行造成的人员伤病或死亡,飞机不正常运行导致人员伤病或死亡,正常运行时人员突发疾病或死亡,以及突发公共卫生事件。发生此类事件时应尽最大可能对病人进行及时救助。当需要改航时机组须向飞行签派人员报告。

20.3.9 空中拦截

所有执行国际航线飞行的机组人员必须了解和熟悉拦截程序和拦截信号。下列程序和信号是国际民航组织基本程序,世界大部分国家应用此程序和信号。少数国家的拦截信号略有不同。

飞机一旦被拦截,被拦截的飞机应立即:

(1) 听从拦截飞机发出的指令,判断和理解目视信号并做出反应;

(2) 如可能,告知相应的空中管制部门;

(3) 试与拦截飞机或有关拦截管理部门建立无线电联系,在 121.5MHz 紧急频率上通播,提供飞机的国籍、航班号和飞行性质;

(4) 除非空中交通管理部门另有通知,否则应在应答机上选择 7700。

拦截飞机发出的拦截信号:

以下信号是由拦截飞机发出和被拦截飞机做出的相应回答：

（1）拦截飞机的信号："你已被拦截，跟我来。"

白天——在被拦截飞机的左前上方晃动机翼并在确认后水平转向，通常左转到所需航向。

夜间——同白天一样，而且加上不规则地闪亮导航灯。

气象条件或地形可能要求拦截飞机占据被拦截飞机的上方，及右方随后右转；若被拦截的飞机无法跟上拦截飞机，后者会做一系列长方形等待航线，每次遇见被拦截的飞机时都会晃动机翼。

被拦截飞机回答："明白，将遵从。"

白天——晃动机翼并跟随；

夜间——晃动机翼并加上不规则地闪亮航行灯。

（2）拦截飞机信号："你可以继续飞。"

白天或夜间——突然离开被拦截的飞机做机动，包括爬升转向 90°或更大而不飞越被拦截飞机的航线。

被拦截飞机回答："明白，将遵从。"

白天——晃动机翼并跟随。

夜间——晃动机翼并加上不规则地闪亮航行灯。

（3）拦截飞机信号："在此机场着陆。"

白天——绕机场盘旋，放下起落架并在着陆方向通场；

夜间——同白天一样，并且保持着陆灯长亮。

被拦截飞机回答："明白，将遵从。"

白天——放下起落架，如果认为在通场着陆后是安全的，跟随拦截飞机并着陆；

夜间——同白天一样，并且加上保持着陆灯长亮。

20.4　事　件　调　查

20.4.1　相关定义与概念

民用航空器事件（以下简称事件），包括民用航空器事故、民用航空器征候以及民用航空器一般事件。

民用航空器事故（以下简称事故），指在民用航空器运行阶段或者在机场活动区内发生的与航空器有关的下列事件：人员死亡或者重伤；航空器严重损坏；航空器失踪或者处于无法接近的地方。

民用航空器征候（以下简称征候），指在民用航空器运行阶段或者在机场活动区内发生的与航空器有关的，未构成事故但影响或者可能影响安全的事件。

民用航空器一般事件（以下简称一般事件），指在民用航空器运行阶段或者在机场活动区内发生的与航空器有关的航空器损伤、人员受伤或者其他影响安全的情况，但其严重程度未构成征候的事件。

20.4.2 事件调查的基本原则

1. 独立原则

调查应当由组织事件调查的部门独立进行,不受任何其他单位和个人的干涉。

2. 客观原则

调查应当坚持实事求是、客观公正、科学严谨,不得带有主观倾向性。

3. 深入原则

调查应当查明事件发生的各种原因,并深入分析产生这些原因的因素,包括航空器设计、制造、运行、维修、保障、人员培训,以及行业规章、企业管理制度和实施方面的缺陷等。

4. 全面原则

调查不仅应当查明和研究与本次事件发生有关的各种原因和产生因素,还应当查明和研究与本次事件发生无关,但在事件中暴露出来的或者在调查中发现可能影响安全的问题。

20.4.3 调查责任的划分

在我国境内发生的事件由我国负责组织调查。在我国境内发生事故、严重征候,组织事件调查的部门应当允许航空器登记国、运营人所在国、设计国、制造国各派出一名授权代表和若干名顾问参加调查。事故中有外国公民死亡或者重伤的,组织事件调查的部门应当允许死亡或者重伤公民所在国指派一名专家参加调查。有关国家无意派遣授权代表的,组织事件调查的部门可以允许航空器运营人、设计、制造单位的专家或者其推荐的专家参与调查。

我国为航空器登记国、运营人所在国或者由我国设计、制造的民用航空器,在境外某一国家或者地区发生事故、严重征候,民航局或者地区管理局可以委派一名授权代表和若干名顾问参加由他国或者地区组织的调查工作。

我国为航空器登记国的民用航空器,在境外发生事故、严重征候时,但事发地点不在某一国家或者地区境内的,由我国负责组织调查。

我国为运营人所在国或者由我国设计、制造的民用航空器,在境外发生事故、严重征候时,但事发地点不在某一国家或者地区境内,且航空器登记国无意组织调查的,可以由我国负责组织调查。

由民航局或者地区管理局组织的事故、严重征候调查,可以部分或者全部委托其他国家或者地区进行。

根据我国要求,除航空器登记国、运营人所在国、设计国和制造国外,为调查提供资料、设备或者专家的其他国家,有权任命一名授权代表和若干名顾问参加调查。

20.4.4 调查组

调查组组成应当符合下列规定:

(1) 组织事件调查的部门应当任命一名调查组组长,调查组组长负责管理调查工作,并有权对调查组组成和调查工作做出决定。

（2）调查组组长根据调查工作需要，可以成立若干专业小组，分别负责飞行运行、航空器适航和维修、空中交通管理、航空气象、航空安保、机场保障、飞行记录器分析、失效分析、航空器配载、航空医学、生存因素、人为因素、安全管理等方面的调查工作。调查组组长指定专业小组组长，负责管理本小组的调查工作。

（3）调查组由调查员和临时聘请的专家组成，参加调查的人员在调查工作期间应当服从调查组组长的管理，其调查工作只对调查组组长负责。调查组成员在调查期间，应当脱离其日常工作，将全部精力投入调查工作，并不得带有本部门利益。

（4）与事件有直接利害关系的人员不得参加调查工作。

调查组应当履行下列职责：

（1）查明事实情况；

（2）分析事件原因；

（3）做出事件结论；

（4）提出安全建议；

（5）完成调查报告。

20.4.5　事件的调查

事发相关单位应当根据调查工作需要，立即封存并妥善保管与此次事件相关的下列资料：

（1）飞行日志、飞行计划、通信、导航、监视、气象、空中交通服务、雷达等有关资料；

（2）飞行人员的技术、训练、检查记录，飞行经历时间；

（3）航空卫生工作记录，飞行人员体检记录和登记表、门诊记录、飞行前体检记录和出勤健康证明书；

（4）航空器国籍登记证书、适航证书、无线电台执照、履历、有关维护工具和维护记录；

（5）为航空器加注各种油料、气体等的车辆、设备以及有关化验记录和样品；

（6）航空器使用的地面电源和气源设备；

（7）为航空器除、防冰的设备以及除冰液化验的记录和样品；

（8）旅客货物舱单、载重平衡表、货物监装记录、货物收运存放记录、危险品运输相关文件、旅客名单和舱位图；

（9）旅客、行李安全检查记录，货物邮件安全检查记录，监控记录，航空器监护和交接记录；

（10）有关影像资料；

（11）其他需要封存的文件、工具和设备。

调查组到达现场后，应当立即开展现场调查工作并查明下列有关情况：

（1）事发现场勘查；

（2）航空器或者残骸；

（3）飞行过程；

（4）机组和其他机上人员；

（5）空中交通服务；

（6）运行控制；

（7）天气；

（8）飞行记录器；

（9）航空器维修记录；

（10）航空器载重情况及装载物；

（11）通信、导航、监视、航行情报、气象、油料、场道、机场灯光等保障情况；

（12）事发当事人、见证人、目击者和其他人员的陈述；

（13）爆炸物破坏和非法干扰行为；

（14）人员伤亡原因；

（15）应急救援情况。

20.4.6　事件的报告

事故、严重征候报告应当包括以下内容：

（1）事发时间、地点和民用航空器运营人；

（2）机长姓名，机组、旅客和机上其他人员人数及国籍；

（3）任务性质，最后一个起飞点和预计着陆点；

（4）简要经过；

（5）机上和地面伤亡人数，航空器损伤情况；

（6）事发时的地形、地貌、天气、环境等物理特征；

（7）事发时采取的应急处置措施；

（8）危险品的载运情况及对危险品的说明；

（9）报告单位的联系人及联系方式；

（10）与事故、严重征候有关的其他情况。

20.4.7　事后管理

在调查的任何阶段，民航局、地区管理局应当按权限及时向有关部门、单位、国家以及国际民航组织提出加强和改进航空安全的建议。

收到民航局、地区管理局提出安全建议的部门或者单位，应当自接到安全建议 30 日内，书面回复安全建议的接受情况。

收到国（境）外调查机构发来安全建议的部门或者单位，应当自接到安全建议 90 日内，书面回复安全建议的接受情况。

民航生产经营单位违反规定，未按时限书面回复安全建议的接受情况的，由地区管理局责令限期改正，给予警告；逾期未改正的，处违法所得 3 倍以下、最高不超过 3 万元的罚款，没有违法所得的，处 1 万元以下的罚款。

 本章测试

第21章

应急管理

应急管理是对公司飞机发生的任何紧急事件/事故做出最快的反应,并采取最有效的救援行动。在制定和执行公司应急程序时,应避免与 ATC 相关程序和要求冲突。任何的处置措施和方案的宗旨是最大限度地减少人员伤亡。

公司应对运行人员进行应急培训,适时组织应急演练,对演练的结果进行讲评总结,并通报有关运行人员。

在保障人员安全的前提下,争取旅客的财产、货物以及飞机、设备等损失控制在最小的范围。任何公司职员在获知公司的飞机涉及事件/事故后,要立即报告公司运行控制中心。距离事件/事故发生地最近的公司派驻机构应安排人员以最快的速度赶往事件/事故现场。应急处置程序启动后,任何的应急行动和措施要听从应急指挥中心的统一指令。应急处置指令、行动与其他的指令、行动具有优先性。一定要遵守当地的法律法规,尊重当地的风俗习惯。

21.1　应急处置程序的启动

发生由于人为破坏、航空器设备故障、技术操作、自然灾害等因素造成的飞机坠毁、人员重大伤亡事件时或者飞机紧急迫降、被劫持、爆炸物威胁、飞行中危险品严重泄漏、失去通讯联系等事件的进一步发展而产生最坏结果时,由公司总运行控制中心值班经理先期宣布应急状态,报公司运行执行官同意后,启动公司的应急处置程序。根据应急程序的级别不同,由公司总运行控制中心值班经理或公司运行执行官在公司应急总指挥未到达公司应急指挥中心时行使临时指挥权。

21.2　应急处置有关单位和人员的职责

(1) 公司总裁担任公司应急处置总指挥,在总裁外出的情况下公司运行副总裁担任应急处置总指挥。

(2) 运行控制中心总经理担任应急指挥中心总协调,协助总指挥负责协调工作。

(3) 各所属公司总经理担任主飞行基地应急处置指挥长,负责组织和指挥发生在所辖范围内的应急处置。

(4) 值班的飞行签派员负责特大突发事件的报告和记录。与机组和公司相关部门保持联系,充分了解情况,传达应急指挥的指令。

（5）各所属公司值班经理根据突发事件的性质，负责启动本公司主飞行基地的应急处置程序，并立即组织先期处置。向应急指挥分中心指挥长移交应急处置权后，值班经理继续负责组织其他航班的正常运行。

（6）运行控制中心在应急处置过程中，按公司应急处置手册的规定，启动应急处置程序，由运行控制中心领导、各相关业务部门经理和技术人员组成协调指挥组，其职责如下：

① 负责与机组保持双向联络，了解当时情况和机长意图，向机组提供支持；

② 负责与上级或机场应急处置单位建立热线联系；

③ 协调公司各部门的救援行动；

④ 负责收集有关资料和记录，并向应急处置总指挥提供信息；

⑤ 传达上级部门和应急处置总指挥的指令；

⑥ 检查各部门应急救援部门的人员、设备的落实情况；

⑦ 作好应急处置过程的记录。

（7）公司指定发言人对外界统一发布信息。

21.3 应急处置程序

（1）在公司所属的飞机上或运输服务过程中发生突发事件，首先由事件发生的当事单位、航班乘务组或飞行机组根据本部门的工作手册规定，进行初步处置，控制事态的发展，并向部门领导或机长报告。

（2）部门领导负责判断突发事件的性质，并迅速将事件的详细情况向本公司运行控制中心报告。

（3）机长负责判断突发事件的性质，立即向与其联系的空管部门报告；并迅速将事件的详细情况报告所属公司的运行控制中心。

（4）公司运行控制中心接到报告后，根据事件的性质，在有利于应急处置的前提下，调动其所有的应急资源迅速进行处置。同时，向公司总运行控制主任报告，公司总运行控制主任报告公司运行执行官，公司运行执行官报告公司领导，并在必要时启动公司应急处置程序。

（5）特大突发事件发生时，启动公司应急处置程序，按公司《应急处置手册》规定进行处置，并向民航地区管理局和民航局报告。

（6）收集并保留与事件有关的签派放行单、天气资料、运行飞行计划和航行通告资料，并通知各相关部门立即保存与航班有关的其他各种单证、记录。

21.4 应急处置报告单

当值班飞行签派员得知突发事件发生时，应尽快获得相关航班的信息，采取有效措施控制事态的发展，立即报告总运行控制主任，并填写《紧急情况处置报告单》，报告单见表 21-1。

表 21-1　紧急情况处置报告单

填写项目	填写内容	备注
事件发生的时间		
事件发生的地点		
所涉及的航班		
飞机型号		
注册号		
飞机所剩油量		
已采取措施或机长的意图		
货舱内是否有危险品		
旅客人数		
机组名单		

 本章测试

测试 21.1

测试 21.2

第 五 部 分

航班讲评阶段

第 22 章

不正常事件信息处置

22.1 不正常事件信息处置原则

（1）监控过程中 AOC 各专业岗位收到航班不正常运行的信息时，将信息和建议汇总至飞行签派员。

（2）签派员核实信息的准确性并分析当前的飞行状况。签派员需要确认飞机当前运行情况，按规章、手册规定进行相应处置。

（3）AOC 飞行签派员、机务维修人员、飞行技术人员对运行异常信息进行会商并形成决策意见。

（4）签派员将决策意见传达给飞行机组，同时提供与决策相关的支持信息，如天气、航行通告等，确认机组意图。

（5）飞行签派员将信息传达情况和机组意图按需通报给相关单位。

（6）AOC 各岗位值班人员做好协调保障工作，及时更改运行控制系统中航班显示信息。

（7）运行监控人员持续监控航班直至航班落地，并做好事件记录。

（8）当航班处于应急状态时，在事件处置后，AOC 应按照公司《应急处置手册》要求，整理事件处置情况报告。

22.2 不正常事件信息处置工作的延续性

为确保运行不正常事件信息处置工作的延续性，交接班过程需要满足以下原则：

（1）交班人员应当对需要交接的内容进行整理，内容包括：

① 监控过程中监控到的不正常情况；

② 已经进行过的处置和处置结果；

③ 未完成的处置工作；

④ 需要持续监控的重点航班；

⑤ 特殊情况；

⑥ 其他需要接班人员了解或处置的内容。

视频 22-1
航班讲评阶段

（2）接班人员通过问询、查阅记录等形式掌握监控进展及后续监控重点等相关工作；

（3）交接班过程通常不少于 20 分钟；

（4）交接班过程按照交接班流程和检查单进行；

（5）交班人员对交接的内容和交接班质量负责，交接完毕后，接班人员对此后的监控和处置负责。

22.3　航空安全信息管理

（1）航空安全信息管理工作实行"统一管理、分级负责"的原则。

（2）公司及各生产运行单位 SMS 办公室依据《安全保证程序》获取信息，并持续监控。

（3）各生产运行单位监控本单位的运行数据，包括飞行记录器、值班日志、机组报告、工作卡、处理表单或来自员工安全报告和反馈系统的报告等。

（4）各生产运行单位建立周报制度。周报格式、发行时间和对象要固定，要具备综合性，并抄送公司 SMS 办公室。

（5）发生在外站的航空安全信息，由外站统一报告运行控制中心。

 本章测试

第 23 章

航班正常性管理

23.1 航班正常统计的意义与相关概念

航班正常统计是民航局及地区管理局实施航班时刻管理的手段。通过航班正常统计,航空承运人对于航班时刻的利用效率得以量化,其成果为局方进行航班时刻分配、回收,提高航班时刻利用效率提供了依据。

23.1.1 航班正常统计的意义与范围

航班正常统计旨在准确、及时、全面地反映航班运行实际情况,为各部门制定发展规划和相关政策法规提供重要决策参考依据。

航班正常统计的范围:

(1)民航航班正常统计范围为国内外运输航空公司执行的客货运航班,包括定期航班和不定期航班。机场放行正常统计范围为国内外运输航空公司在国内机场离港的客货运航班,包括定期航班和不定期航班。

(2)民航航班正常统计指标包括航班正常率、航班延误时间、航班离港正常率、机场放行正常率、早发航班放行正常率、单位小时机场离港航班正常率、机场地面滑行时间。

(3)民航航班正常统计以自然月为周期,每月 1 日 0 点(北京时,下同)起至当月最后一日 24 点止。每日统计从当日 0 点起至当日 24 点止。跨日航班按计划离港时间所在日期统计。

(4)航空公司的补班计划和提前一日取消的次日航班计划,不计入航班正常、航班延误时间、航班离港正常、机场放行正常、早发航班放行正常和单位小时机场离港航班正常统计范围。当日取消的航班不计入机场放行正常统计和早发航班放行正常统计范围。

23.1.2 航班正常统计相关概念

航段班次:航班一次离港至到港为一个航段班次。

计划离港时间:预先飞行计划管理部门批准的离港时间。

实际离港时间:机组得到空管部门推出或开车许可后,地面机务人员撤去航空器最后一个轮档的时间。

计划到港时间:预先飞行计划管理部门批准的到港时间。

实际到港时间:航班在机位停稳后,地面机务人员挡上航空器第一个轮档的时间。

机场放行班次:每一个航班离港起飞为一个放行班次。

计划过站时间:前段航班到达本站计划到港时间至本段航班计划离港时间之间的时段。

实际过站时间:前段航班到达本站实际到港时间至本段航班实际离港时间之间的时段。

机型最少过站时间:某种机型在某机场计划过站需要的最少时间(见表 23-1)。

标准机场地面滑出时间:按照民航局上一年度公布的机场旅客吞吐量划分,规定的航班在该机场从撤轮档到起飞的最大时间(见表 23-2)。

早发航班:计划离港时间在 6 点(含)至 9 点(不含)间的航班,新疆维吾尔自治区和西藏自治区内机场为计划离港时间在 7 点(含)至 10 点(不含)的航班。

表 23-1　机型最少过站时间(单位:分钟)

座位数	代表机型	机场	
		两条及以上跑道或年旅客吞吐量 2 000 万人次(含)以上	其他机场
60 座以下	E145、AT72、CRJ2 等	40	30
61～150 座	CRJ7、E190、A319、B737(700 型以下)等	50	40
151～250 座	B737[700 型(含)以上]B752、B762、 B787、 A310、 A320、A321 等	60	45
251～500 座	B747、B763、B777、A300、A330、A340、A350、MD11 等	75	65
500 座以上	A380	120	120

表 23-2　标准机场地面滑出时间分类表

机场名称	标准地面滑行时间/分钟
年旅客吞吐量 2 000 万人次(含)以上国内机场及境外机场	30
年旅客吞吐量 1 000 万人次(含)至 2 000 万人次(不含)以下国内机场	25
年旅客吞吐量 500 万人次(含)至 1 000 万人次(不含)以下国内机场	20
年旅客吞吐量 500 万人次(不含)以下国内机场	15

23.1.3　统计指标

1. 航班正常率

正常航班是指不晚于计划到港时间 15 分钟(含)到港的航班。

不正常航班是指有下列情况之一的航班:

(1) 不符合正常航班条件的航班;

(2) 当日取消的航班;

（3）未经批准，航空公司自行变更预先飞行计划的航班。

备注：

（1）实际统计中实际到港时间以航班入位后机组收起停留刹车时航空器自动拍发ACARS电报（或民航局认可的其他方式）报告的时间为准（下同）。

（2）当航班备降时，如备降机场与计划目的地机场属同一城市，且实际到港时间较计划到港时间在规定范围内，判定为正常航班。

航班正常率，是反映航班运行效率的指标，即正常航班的航段班次与计划航班的航段班次之比，用百分比表示。

计算公式：航班正常率＝正常航段班次/计划航段班次×100％。

航空公司自身原因造成航班不正常比率，指由于航空公司原因造成不正常航班的航段班次与计划航班的航段班次之比，用百分比表示。

计算公式：航空公司自身原因造成航班不正常比率＝航空公司原因造成不正常航班的航段班次/计划航班的航段班次×100％。

2. 航班延误时间

航班延误时间，指航班实际到港时间晚于计划到港时间 15 分钟（含）之后的时间长度，以分钟为单位。

计算公式：航班延误时间＝航班实际到港时间－（计划到港时间＋15 分钟）。

航班平均延误时间，是反映航班总体延误程度的指标，即不正常航班总延误时间与计划航班的航段班次之比，以分钟为单位。

计算公式：航班平均延误时间＝不正常航班延误总时间/计划航班的航段班次。

备注：

（1）航班延误总时间等于所有不正常航班对应的延误时间之和，发生返航、备降、当日取消的航班不正常情况用“无延误时间”表示。

（2）当日取消航班应列入当日计划总数之内。

3. 航班离港正常率

离港正常航班是指在计划离港时间后 15 分钟（含）之前离港的航班。

离港不正常航班是指不符合航班离港正常条件的航班，或者未经批准航空公司自行变更预先航班计划的航班。

航班离港正常率是反映航班离港阶段正常情况的指标，为离港正常航班的航段班次与计划离港航班的航段班次之比，用百分比表示。

计算公式：航班离港正常率＝离港正常航班的航段班次/计划离港航班的航段班次×100％。

备注：实际统计中实际离港时间以机组为执行航班，松开停留刹车时航空器自动拍发ACARS电报（或民航局认可的其他方式）报告的时间为准（下同）。

4. 机场放行正常统计

放行正常航班：符合下列条件之一的航班判定为放行正常航班。

（1）航班在计划离港时间后规定的标准机场地面滑出时间之内起飞；

（2）前序航班实际到港时间晚于计划到港时间的，航空器在计划过站时间内完成服务保障工作,本段航班在规定的标准机场地面滑出时间之内起飞。

机场放行正常率:反映机场保障能力的指标,即机场放行正常班次与机场放行总班次之比,用百分比表示。

计算公式:机场放行正常率=放行正常班次/放行总班次×100%。

备注:实际统计中实际起飞时间以空管部门拍发的航班起飞电报(或民航局认可的其他方式)报告的时间为准(下同)。

5. 早发航班离港正常统计

早发航班离港正常:早发航班在计划离港时间后规定的标准机场地面滑出时间之内起飞,则该早发航班离港正常。

早发航班离港不正常:如有下列情况之一,则该早发航班判定为离港不正常。

(1) 不符合早发航班离港正常条件的航班;

(2) 未经批准,航空公司自行变更预先航班计划的航班。

早发航班离港正常率:反映早发航班在起飞机场运行效率的指标,即早发航班离港正常架次与早发航班架次之比,用百分比表示。

计算公式:早发航班离港正常率=早发航班离港正常架次/早发航班离港架次×100%。

6. 单位小时机场航班离港正常统计

单位小时机场航班离港正常率:以自然小时为单位统计,该小时机场离港正常航段班次与计划离港航段班次之比,用百分比表示。

计算公式:某自然小时机场航班离港正常率=该自然小时机场离港正常航段班次/该自然小时机场计划离港航段班次×100%。

7. 机场地面滑行时间统计

航班滑行时间:反映单个航段班次地面运行效率的指标,分为滑出时间和滑入时间。滑出时间指航班从实际离港时间至起飞时间之间的时间;滑入时间指航班从落地时间至实际到港时间之间的时间。航班滑行时间以分钟为单位。

备注:实际统计中实际落地时间以空管部门拍发的航班落地电报(或民航局认可的其他方式)报告的时间为准。

计算公式:

滑出时间=实际起飞时间−实际离港时间;

滑入时间=实际到港时间−实际落地时间。

机场平均滑行时间:反映航空器在机场地面运行效率的指标,分为机场平均滑出时间和机场平均滑入时间。机场平均滑出时间是离港航班滑出总时间与离港航段班次之比;机场平均滑入时间是到港航班滑入总时间与到港航段班次之比。

计算公式:

机场平均滑出时间=离港航班滑出总时间/离港航段班次;

机场平均滑入时间=到港航班滑入总时间/到港航段班次。

备注:

(1) 离港航班滑出总时间等于所有离港航班滑出时间之和;到港航班滑入总时间等

于所有到港航班滑入时间之和。

（2）对发生滑回、中断起飞、返航、备降的航班在发生上述事件的机场不进行滑行时间统计。

8．航班延误原因

航班延误原因有天气原因、公司原因、空管、机场等共 12 类。

1）天气

（1）天气条件低于机长最低飞行标准；

（2）天气条件低于机型最低运行标准；

（3）天气条件低于机场最低运行标准；

（4）因天气临时增减燃油或装卸货物；

（5）因天气造成机场或航路通信导航设施损坏；

（6）因天气导致跑道积水、积雪、积冰；

（7）因天气改变航路；

（8）因高空逆风造成实际运行时间超过标准航段运行时间；

（9）航空器进行除冰、除雪或等待除冰、除雪；

（10）天气原因造成航班合并、取消、返航、备降；

（11）因天气原因（发展、生成、消散等阶段）造成空管或机场保障能力下降，导致流量控制；

（12）其他天气原因。

2）航空公司

（1）公司计划；

（2）运行保障；

（3）空勤组；

（4）工程机务；

（5）公司销售；

（6）地面服务；

（7）食品供应；

（8）货物运输；

（9）后勤保障；

（10）代理机构；

（11）擅自更改预先飞行计划；

（12）计划过站时间小于表 23-1 规定的机型最少过站时间；

（13）其他航空公司原因。

3）流量

（1）在非天气、军事活动等外界因素影响下，实际飞行量超过区域或终端区扇区保障能力；

（2）实际飞行量超过机场跑道、滑行道或停机坪保障能力；

（3）通信、导航或监视设备校验造成保障能力下降。

4）航班时刻安排

航班时刻安排超出民航局规定的机场航班时刻容量标准。

5）军事活动

（1）军航训练、转场、演习、科研项目等限制或禁止航班飞行,造成保障能力下降;

（2）军方专机禁航;

（3）军事活动导致流量控制;

（4）其他军事活动原因。

6）空管

（1）空管人为原因;

（2）空管系统所属设施设备故障;

（3）气象服务未及时提供;

（4）航行情报服务未及时提供或有误;

（5）擅自降低保障能力;

（6）其他空管原因。

7）机场

（1）机场跑道、滑行道等道面损坏;

（2）机场活动区有异物;

（3）人、动物、车辆进入跑道或滑行道;

（4）发生在飞机起飞阶段高度 100 米（含）以下或者进近阶段高度 60 米（含）以下,或与机组确认为机场责任范围内发生的鸟害;

（5）机场所属设施、设备故障;

（6）等待停机位或登机口分配;

（7）机场原因导致飞机、保障车辆等待;

（8）候机区秩序;

（9）机场运行信息发布不及时;

（10）未及时开放、增开安检通道或安检设备故障;

（11）机场施工造成保障能力下降;

（12）机场净空条件不良造成保障能力下降;

（13）机场或跑道宵禁造成保障能力下降;

（14）机场所属拖车等保障设备到位不及时;

（15）跑道查验;

（16）其他机场原因。

8）联检

（1）因联检单位（边防、海关、检验检疫）原因未及时为旅客办理手续,造成旅客晚登机;

（2）其他联检原因。

9）油料

（1）未按计划供油;

（2）油品质量不符合规定要求；

（3）加油设施设备故障；

（4）加油时损坏飞机；

（5）其他油料原因。

10）离港系统

（1）离港系统故障不能办理旅客登机手续，或离港系统运行效率降低造成旅客办理乘机手续时间延长；

（2）其他离港系统原因。

11）旅客

（1）旅客晚到；

（2）登机手续不符合规定；

（3）旅客突发疾病；

（4）旅客丢失登机牌，重新办理手续；

（5）旅客登机后要求下机，重新进行客舱及行李舱安全检查；

（6）旅客拒绝登机或前段航班旅客霸占飞机；

（7）其他旅客原因。

12）公共安全

（1）突发情况占用空域、跑道或滑行道，造成保障能力下降；

（2）因举办大型活动或发生突发事件，造成保障能力下降或安检时间延长；

（3）航班遭到劫持、爆炸威胁；

（4）发生可能影响飞行安全的事件，如机场周边燃放烟花导致能见度下降，发现不明飞行物、气球、风筝；

（5）地震、海啸等自然灾害；

（6）公共卫生事件；

（7）其他公共安全原因。

23.2　航班正常统计数据的收集与报告

23.2.1　统计单位职责

航空公司和空管部门为航班统计原始资料收集、填报和航班不正常原因界定的责任主体。

机场和其他相关保障单位辅助完成统计原始资料收集、填报和航班不正常原因的界定工作。

地区管理局负责监督检查辖区内各单位航班正常统计工作的落实情况。当不同单位对统计原始资料存在意见分歧时，由地区管理局负责进行裁定。地区管理局可以委托辖区内的单位进行航班正常统计的裁定工作，地区管理局应对裁定结果最终负责。

民航局负责汇总和发布航班正常相关数据。民航局负责开发和维护"民航航班正常统计系统"(以下简称统计系统)。

23.2.2　统计原始资料采集和报告

航空公司负责记录、汇总和报告:航班实际关舱门和开舱门时间、离港航班松停留刹车时间、进港航班入位后收停留刹车时间。以上数据航空公司应通过 ACARS 电报自动采集,执行航班的航空器无 ACARS 通信能力时,由执行航班的航空公司通过其他方式收集填报,并对所填报数据真实性负责。

空管部门负责记录、汇总和报告:航班报告准备好申请推出(开车)时间、管制员许可航班推出(开车)时间、航班起飞和落地时间、航班报告滑行入位时间。以上数据空管部门应通过自动化信息管理系统采集记录,执行航班的起降机场空管部门无自动化信息管理系统时,可以通过其他方式收集填报,并对所填报数据真实性负责。

23.2.3　不正常原因界定

1. 航班不正常原因的界定

航班不正常应当填写不正常原因。不正常航班在计划离港时间(含)之前关好舱门的,其不正常原因由离港机场的空管部门为主界定;在计划离港时间之后关好舱门的,其不正常原因由航空公司为主界定。航班离港机场可以根据自身掌握的信息辅助界定航班不正常原因。

当离港机场空管部门对航班空中飞行及目的地机场运行阶段不正常原因界定出现困难时,民航局空管局及其所属机构应当协助航班离港机场空管部门界定航班不正常原因,包括提供系统支持或者空中交通流量限制信息等。

航班不正常原因采取"一通到底"的原则进行判定。即一架飞机执行多段任务,当出现首次不正常并导致后续航段全部不正常时,后续原因均按首次不正常时原因填写。如果后续某航段转为正常,但其后续航段又再次不正常,则后续不正常原因按正常航段后发生的首次不正常原因填写。

在实施协同决策系统(以下简称"CDM 系统")机场离港的航班不正常,若前段航班晚到,按照"一通到底"的原则判定航班不正常原因。在本站首次不正常时,航班在 CDM 系统最后一次提示的计算撤轮档时间(以下简称"COBT")前离港的,航空公司标注"CDM 放行"标识后,由航班离港机场的空管部门负责界定不正常原因;未按 CDM 系统最后一次提示的 COBT 离港的,由航空公司负责界定不正常原因。

2. 机场放行不正常原因的界定

机场放行不正常应当填写不正常原因。机场放行不正常只统计在本站放行发生的不正常原因,与前段航班是否晚到无关。机场放行不正常航班如果在计划离港时间(含)之前关舱门的,其不正常原因由离港机场的空管部门为主界定;在计划离港时间之后关好舱门的,其不正常原因以航空公司为主界定。当前段航班实际到港时间晚于计划到港时间,在计划过站时间内完成服务保障工作并关好舱门的,其不正常原因由离港机场的空管部门为主界定;未在计划过站时间内完成服务保障工作并关好舱门的,其不正常原因以航空公司为主界定。航班离港机场可以根据自身掌握的信息辅助界定机场放行不正常原因。

3. 早发航班离港不正常原因的界定

早发航班离港不正常应当填写不正常原因。早发航班离港不正常的，如果在计划离港时间（含）之前关好舱门，其不正常原因由离港机场的空管部门为主界定；在计划离港时间之后关好舱门，其不正常原因以航空公司为主界定。早发航班离港机场可以根据自身掌握的信息辅助界定早发航班离港不正常原因。

23.2.4 核对和裁定机制

为了厘清航班不正常原因，使处于航班运行各保障环节的单位根据自身掌握的信息充分表达意见，提高民航航班正常统计原始资料的公正性、客观性和准确性，建立航班正常统计核对机制和裁定机制。

航班正常统计核对机制是以航空公司和空管单位为主，机场和其他保障单位参与的方式，对航班运行相关数据和不正常原因的界定进行相互比对和协调的过程。数据报告责任主体单位应当在规定时间内完成数据填报工作，以供其他单位比对；其他单位对数据报告责任主体单位所报告的数据有异议时，应当在规定的时间内主动与数据报告责任主体单位进行沟通协调并主动出示证据。

各单位在数据核对后仍不能达成一致意见时，可以向航班离港机场所在地区的地区管理局提出裁定申请，地区管理局应当在规定时限内使用民航航班正常统计系统完成裁定工作，各航空公司、机场和空管部门应当为航班正常统计裁定工作提供信息支持。

23.2.5 工作时限

航空公司、空管部门和机场应当于每日 15 点前完成前日航班正常统计的汇总、报告和核对工作。对统计原始资料不能达成一致意见的，最迟于 23 点前提出裁定申请。

地区管理局应当及时受理辖区内机场离港航班统计原始资料的裁定申请，并于下一个自然月第 2 日的 24 点前完成区内上月所有裁定申请的裁定工作。

23.2.6 人员设备要求

各地区管理局、航空公司、空管部门和机场应当指定专人负责航班正常统计工作。各单位应当配备可接入国际互联网的计算机，装配 IE9.0 或以上版本的浏览器，用以登录统计系统。各单位应当根据统计职责和权限，在统计系统上填报、核对相关数据或进行裁定工作。

23.2.7 工作要求

（1）各相关统计单位应当依据本办法制定本单位航班正常统计标准、工作细则和相关岗位工作程序。

（2）统计单位要遵照办法，严格统计标准，加强沟通协调，合理判定原因。

（3）地区管理局应当对辖区内各单位的航班正常统计工作实施监督检查，对于虚报、瞒报、拒报、迟报，以及伪造、篡改统计资料的行为，一经查实要立即上报，并按照相关规定给予处罚。

表 23-3　航空公司航班正常统计表

年　　　月

航空公司	航段班次			航班正常率/%	不正常原因													同比	环比
	计划	正常	不正常		天气	公司	流量	航班时刻安排	军事活动	空管	机场	联检	油料	离港系统	旅客	公共安全		
1	2	3	4	6	8	9	10	11	12	13	14	15	16	17	18	19	20	21
合计																		
各种原因占不正常航班比例/%																		

表 23-4　航空公司航班延误时间统计表

年　月

航空公司	航班班次				延误时间分布						平均延误时间（分钟）	同比	环比
	计划班次	不正常班次	有延误时间班次	无延误时间班次	30分钟以内	30分钟~1小时	1小时~2小时	2小时~3小时	3小时~4小时	4小时以上			
1	2	3	4	5	6	7	8	9	10	11	12	13	14
合计													
各时间段航班占不正常班比例 / %													

表 23-5　航空公司自身原因造成航班不正常统计表

年　　月

航空公司	计划班次	不正常班次	航空公司原因不正常班次	航空公司原因占计划航班比例	备注

表 23-6　机场放行正常统计表

年　月

机场	放行班次			放行正常率/%	不正常原因												同比	环比
	放行班次	正常	不正常		天气	公司	流量	航班时刻安排	军事活动	空管	机场	联检	油料	离港系统	旅客	公共安全		
1	2	3	4	5	6	7	8	9	10	11	12	13	14	15	16	17	18	
合计																		
各种原因占不正常航班比例/%																		

表 23-7 机场早发航班离港正常统计表

年 月

机场	早发航班离港航段班次				不正常原因													
	计划	正常	不正常	离港正常率/%	天气	公司	流量	航班时刻安排	军事活动	空管	机场	联检	油料	离港系统	旅客	公共安全	
1	2	3	4	5	6	7	8	9	10	11	12	13	14	15	16	17	18
合计																		
各种原因占不正常航班比例/%																		

表 23-8　单位小时机场航班离离港正常统计表

年　　月

单位小时机场航班离离港正常率

机场	0~1	1~2	2~3	3~4	4~5	5~6	6~7	7~8	8~9	9~10	10~11	11~12	12~13	13~14	14~15	15~16	16~17	17~18	18~19	19~20	20~21	21~22	22~23	23~24

表 23-9　机场地面滑行时间统计表

年　月

机场	滑出				滑入			
	离港航段班次	平均滑出时间（分钟）	同比	环比	到港航段班次	平均滑入时间（分钟）	同比	环比

第 24 章

航空公司飞行运行控制简介

24.1　美国联合航空公司

美国联合航空公司(United Airlines),简称"美联航",是美国一家大型航空公司,总部位于美国伊利诺伊州芝加哥,是世界最大的航空公司之一,其主要枢纽机场是芝加哥奥黑尔国际机场。

美国联合航空公司成立于 1926 年,当时的身份是作为 4 家航空公司的管理公司(这些公司都成立于 1926 年或 1927 年),主要是在美国国内交付邮件。这 4 家公司是波音航空运输公司、太平洋航空运输公司、国家航空运输公司和瓦尼航空公司。联合航空公司是UAL 股份公司的主要子公司。

24.1.1　公司运营简介

美联航主要经营美国中西部及西岸国内航线网络,跨越大西洋及太平洋等洲际航线。开拓国际航线为联合航空带来更多高消费乘客,避开美国本地市场来自廉价航空公司的竞争。美联航通过联航、联航快运和泰德(Ted)航空每天运营的 3 700 多个航班从其在芝加哥、丹佛、洛杉矶、旧金山和华盛顿特区的航空枢纽港飞往美国国内以及国际的 210 多个目的地城市。美国联合航空公司可以通过其营销计划,安排美国六个地区航空公司经营联航快运品牌,提供连接航班网络。美联航在亚太地区、欧洲及拉丁美洲拥有主要的全球航权,航线网络遍布北美、欧洲、亚洲、拉丁美洲、中东。

美联航是前往夏威夷及亚洲航线的最大美国航空公司,并且是在百慕大 II 协议中,两家可以飞往伦敦希思罗机场的美国航空公司之一,及唯一一家由美国本土大陆飞往澳洲的美国航空公司。美联航还是历史上唯一飞往越南和科威特的美国航空公司。美联航主要开拓国际航线,包括中国,开办由芝加哥及旧金山前往北京及上海的每日直飞航班,2007 年开通连接中美两国首都华盛顿与北京的不停站每日直飞航班。美联航是星空联盟的创始成员之一,通过该联盟为其客户提供去往世界各地 162 个国家和地区的 975 多个目的地城市的航班服务。美联航通过星空联盟以及地区性合作伙伴的代码共享航班将搭乘美联航的便利拓展到美联航航线以外的城市。至 2006 年 7 月 31 日为止,以总乘客量计算,联合航空是世界第四大航空公司,居于美国航空、达美航空与西南航空之后。

2010 年 5 月 3 日美国联合航与美国大陆航空正式宣布合并,合并完成将成为世界最大的航空公司。

24.1.2　运行管理体系

1. NOC 组织架构

美联航的网络运行中心(NOC)位于芝加哥城区,负责所有航班的运行管理。

美联航设立了一名网络运行副总裁(VP),专门负责对 NOC 实施管理,副总裁下设了 6 名总监(MD)及一个专家机组团队。6 名总监分别负责 NOC 的运行安全政策和培训、运行计划、网络运营和 ATC 策略、运行控制、机组排班、自动化和技术革新等六大模块。其中运行安全政策主要负责运行安全管理、NOC 质量保证与分析、安全与规章制度制定;运行计划模块主要负责 NOC 技术规划、NOC 运行分析、行动计划分析;网络运行模块主要负责 ATC 和机场运行、国内空中交通系统、行业事务;运行控制模块主要负责飞行签派、运行控制、NOC 协调、旅客恢复、载重平衡;机组计划模块负责飞行员排班、乘务员排班;自动化和技术革新模块主要负责飞机计划、运行监控、性能分析。

各总监下设若干管理人员负责相关业务管理,其中运行控制总监下设网络运行主管、飞行签派主管和运行协调主管。飞行签派主管下设 4 名高级经理分别负责运行政策、国内运行、国际运行和培训管理,还设置了导航数据库、飞行签派员训练、MEL 等岗位监督管理人员若干人。

2. NOC 核心部门与职责

美联航 NOC 中的 24 小时日常运营管理席位包含了网络运行主管、飞行运行值班经理、签派运行经理、机务运行经理、机组排班经理、安保代表等。飞行签派员的工作时间为 7×24,实行三班倒作息制度,其中只有国内和国际签派席需满足局方的签派员执勤时间限制。

1) 签派运行和载重平衡

飞行签派和载重平衡是 NOC 的核心部门,负责航班载量和油量的计算与评估,并可独立运转。飞行签派员主要负责航班的签派放行和运行监控(由同一名签派员负责实施),在班表时刻前 4 小时制作计算机飞行计划,并与 ATC 和机场当局合作,根据天气、飞机以及 VIP 活动等情况调整航路,根据机场和空域流量情况控制航班进程。飞机起飞后,飞行签派负责航班的跟踪监控,通过 ACARS、VHF、HF 和卫星电话等手段实现与机组的地空通信,同时为机组提供包括颠簸和其他可能出现的情况的信息。

2) ATC 协调

美联航公司 ATC 岗位包括高级 ATS 管理人员、ATC 协调席和机坪塔台席位。ATC 岗位作为公司和空管的联络人,主要负责持续监控和获取最新的空中交通信息,通过内外部合作和相关的信息收集识别公司航班在机场和国内空域运行的潜在影响;协调空管和机场制定公司航班的地面延误方案(GDP),并协同 NOC 签派岗位,优化飞行计划航路方案,提高公司各枢纽机场的进离场交通量和机场跑道利用率。

此外,FAA 每两小时召开运行协调会,对系统性天气、大面积改航或影响枢纽机场运行的情况进行预报,发布枢纽机场分时段流量限制措施,并在系统中向航空公司公布受影响航班的预计延误时间,航空公司可依据此信息在 FAA 网站进行内部时刻置换,并查询时刻置换或取消航班后对公司后续航班的影响情况,以此为参考依据统筹调整航班。

3) 气象

美联航在 NOC 设立了气象支持席位,该席位由第三方机构(WSI)直接派驻人员向 NOC 提供气象服务,但同时拥有自己的气象分析专家,负责分析国内外气象信息,并发布相应的气象预报,不仅在飞行安全、旅客舒适度和运行条件等方面有应用价值,同时也为飞行签派员的航路选择、飞行计划制作、航班运行监控等提供实时支持,对公司的运行效益有所帮助。

4) 网络操作、空中交通管制及战略

负责与 ATC、机场当局以及其他提供潜在运行风险信息的机构进行沟通和协调。

5) 飞机排班

按照机队分组,负责飞机排班和监控,两项主要工作是:计划席位负责所有飞机的排班计划和临时调整,控制席位负责与空中或地面机组以及机务部门的沟通,实时监控飞机各系统的运行状态,协助机组解决飞行中的突发问题。

6) 机组排班

负责机组排班和临时调整,也负责机组的酒店、中转、运输和执勤时间的管理以及通知备份机组接受任务。

7) 旅客恢复

在航班出现不正常运行情况时,负责提供航班调整建议,通知旅客,并为旅客重新订票或安置。旅客重新订票的工作可以通过计算机系统在很短的时间内自动完成,并会考虑每位旅客的状态以及优先权情况。

此外,美联航在 NOC 还设置了专门的数据库/系统技术支持岗位,确保运控系统日常运行维护。NOC 其他支持性岗位包含 11 名性能工程师、5 名 MEL 工程师、若干情报人员(均持有飞行签派执照)。

3. 主要运行管理系统

得益于运行数据和经验的积累以及计算机技术的不断进步,也由于美国的人工费用相对较高,美联航运行系统的自动化程度很高,更为重要的是集成度高,并为 NOC 和双数据中心设计了冗余即数据和程序的备份系统。尽管 NOC 集成了各部门的不同系统,例如飞行信息 FLIFO(Flight Information)、飞行计划(Flight Planning)、载重平衡(Weight and Balance)、飞行跟踪(Flight Following)、飞机航迹(Aircraft Routing)、机组管理(Crew Management)、维修中心(Maintenance Center)、信息发布(Disruption Management)、地空通信(Ground-to-Air Communications)和天气系统(Weather)等超过60 个,但所有实时应用程序都集成在云端,可以使用户方便地获取任何一类信息,并且不离开席位就能完成系统间的一键切换。

1) 运行控制系统

美联航的运行控制工作主要靠系统自动完成,当出现航班大面积延误时,运行控制人员只需使用航班自动调整系统就能自动生成航班调整方案,并通过 NOC 其他席位和系统自动完成飞机调整、机组调整和旅客保护等工作。运行控制人员使用多个计算机系统完成相关工作,主要包括航班自动调整系统、ATC 流量信息系统、签派放行系统、气象信息系统、终端区信息系统、监控系统、配载信息系统等,可以根据需要整合到一个屏幕显示。

2) 签派放行系统

美联航使用的放行系统为 SABRE 公司的 Flight Plan Manager(FPM)系统,SABRE/FPM 系统是国航目前使用的 SABRE/DM 系统的换代产品,主要功能特点包括:

飞行计划全流程自动化:客户化定义自动化流程;自动化的适航检查和复杂的运行计算;通过系统告警通知签派员对关键因素和飞行计划进行回顾审查;可配置的成本、优化政策和机型特性等。

降低运行成本:多变量的动态成本分析和索引;4-D 航路优化(同时考虑航路、高度、速度和时间);在成本优化中考虑飞越成本和延误成本;基于如机型等参数配置机场选项等。

4. 航班正常管理

UA 重点抓始发航班,制定了涵盖公司各个部门的正常性指标,同时 NOC 将协同各枢纽和航站共同监控航班运行的关键指标,协同解决运行不正常情况。定期分析航班改航备降的具体原因,主要关注由于天气和空管原因导致的备降情况。

5. 应急管理

1) 应急组织架构

美联航的应急指挥运行中心 EOC(Emergency Operations Center)设置在 NOC,备份中心位于 EUK Grove Village,是美联航用于应对紧急事件的核心指挥场所,负责处理突发情况下通信沟通、旅客安抚、救援团队及应急指挥等工作,已经处理过包括飓风桑迪、韩亚 214 等事件,并且每年会举行一次真实模拟的应急演练。

2) 美联航应急处置程序

美联航应急处置程序手册共定义了 14 类突发事件,一旦列表中(不仅限于列表事件)事件发生,NOC 值班经理将与 NOC 总经理以及业务连续性与应急响应团队主管紧急会商,以决定是否启动相应的应急程序。

一旦发生影响公司运行的突发事件,NOC 值班经理将与 NOC 总经理以及业务连续与应急团队主管紧急会商,决定是否启动应急中心,并召集公司各部门主管出席应急会议。一旦确定启动应急指挥中心,NOC 值班经理将按照值班经理应急检查单执行应急启动程序,并通过 Communicator 通知各部门主管,公司已进入紧急运行状态,在规定时间赶赴应急指挥中心集结;业务连续与应急响应团队负责持续向全公司通报事件进展状态;公司领导与各部门主管抵达应急指挥中心后,将按照各自应急检查单卡进行响应处置。

3) 美联航航站应急响应程序(或信封程序)

"信封"是指使用类似信封或背包、行李箱等涵盖物将各角色应急处置所需用品,如检查单卡、程序手册、文具、反光背心、通信手机等收纳在内。一旦启动应急,各角色领取信封程序包,按照检查单卡执行各自职责。此程序已受到全星空联盟成员公司认可,已于2017年全面推行。

24.2 德国汉莎航空公司

德国汉莎航空公司是德意志联邦共和国最大的国际航空公司,也是居于世界领先地位的航空运输公司,在1926年1月6日于柏林成立,合并了"德意志劳埃德航空"和"Luftverkehr"两家公司,该公司原来的名字是德意志汉莎航空股份公司。自1933年以后改名为德国汉莎航空公司。总部位于德国科隆,客运和货运服务的经营中心位于法兰克福。德国境内主要枢纽机场有慕尼黑、柏林和汉堡。质量和创新、安全和可靠永远都是汉莎航空公司的特色。汉莎航空由400多家子公司和附属公司组成,核心业务是经营定期的国内及国际客运和货运航班,其业务面极为广泛。汉莎航空已发展成为全球航空业领导者和成功的航空集团。

1. 公司运营简介

汉莎航空拥有六个战略服务领域,包括客运、地勤、飞机维修(飞机维护、修理和大修)、航空餐食、旅游和IT服务。在全球拥有海外子公司及附属机构。航线遍及全球六大洲。汉莎航班服务全球190余个目的地,其中包括亚太地区20多个门户城市。德国汉莎航空公司集团是一个全球性的公司。本集团经营五大业务板块,每个致力于高品质标准。五个业务组成是客运航空业、物流、MRO、餐饮和IT服务。它们在行业中发挥主导作用。德国汉莎航空公司集团共包括400多家子公司和联营公司。

集团旗下拥有"汉莎"和其他品牌,1997年,汉莎航空与其他四家世界顶级航空公司成立了全球第一个航空联盟——"星空联盟"。今天,"星空联盟"已成为全球最大的航空联盟,拥有14家成员航空公司,每天提供11 000个航班飞往124个国家的729个航空目的港。

2. 运行管理体系

汉莎的运行模式自2007年从基于航线的管理模式转向基于OD的多枢纽管理模式,目前采用以法兰克福、慕尼黑两大枢纽为管理单元的运行模式。

在枢纽运行模式上,汉莎采用部分分权制管理模式,两个主要HUB有一定的管理权和控制权,客运组织结构中,在网络、采购及IT、服务与人力、市场和销售、飞行运行拥有集权。而从国际枢纽运营管理模式来看,商务版块的主要职能、IT、运行控制和机组管理是中央集权的,枢纽保障部门多为分权。

汉莎客运航空公司在运行方面按照枢纽划分,销售方面按照地区划分,具体可参见图24-1~图24-5。

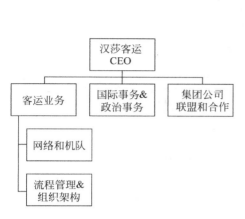

图 24-1　汉莎客运业务结构

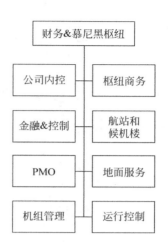

图 24-2　慕尼黑枢纽结构

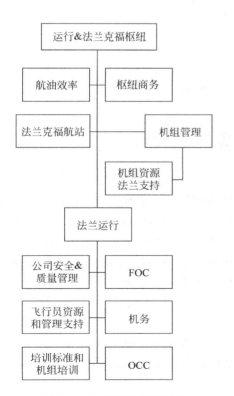

图 24-3　法兰克福枢纽结构

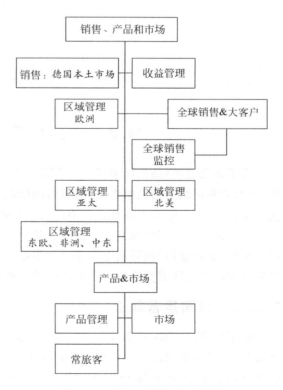

图 24-4　销售、产品和市场结构

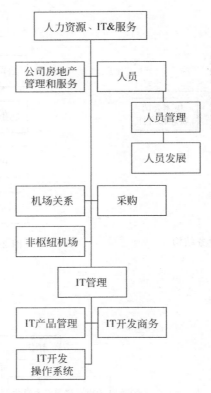

图 24-5　人力资源、IT 和服务结构

24.3　中国台湾长荣航空公司

　　长荣航空公司(英语译名:EVA AIR)是中国台湾的一家民营航空公司,于 1991 年开航,属长荣集团旗下的航空事业,以桃园国际机场作为枢纽。长荣航空拥有良好的飞行安全纪录,从未发生过有人员死亡的事故,2004 年,德国《Aero International》杂志评选长荣航空为全世界十大安全航空公司之一。长荣航空成为中国台湾地区第一家以"零缺点、零建议事项"正式通过"国际航空运输协会作业安全查核认证(IOSA)"的航空公司。长荣航空是中国台湾地区消费者心目中理想品牌调查国际航线第一名品牌。

24.3.1　公司运营简介

　　长荣航空自 1991 年 7 月 1 日正式开始运营,发展至今机队规模已达 74 架,航行目的地遍及四大洲(非洲除外)64 个目的地,并且仍在稳步扩大其运营网络与航空机队。长荣航空公司于 2013 年 6 月 18 日正式加入星空联盟。

24.3.2　运行管理体系

　　长荣航空航行本部包含了航行管制部(FCD)、航行技术部、巡航性能部、航行标准部、航员管理部和航员训练部。

航行管制部(FCD)即签派部门,负责签派中心、飞行监控和动态控制。长荣航空的签派员力求在保证安全的前提下和组员执勤时间限制中,达到客、货、邮的最高满意度,并选择最优航路。其中,签派员职责包括:

(1) 飞行前:飞行计划的制作、飞行简报。

(2) 飞行中:飞行监控(包括天气、油量、航路和机长反馈的信息等)。

(3) 飞行后:当必要时,进行签派员反馈和飞行员反馈。当签派员关于航行活动、航班取消等做决策时需要考虑到以下因素。

① 安全;

② 机组航行和值班时间限制;

③ 对、客、货邮的裁量较小,或者更改业载可能导致的航班延误;

④ 随后其他航班的活动;

⑤ 机组的配置和保护其他航行的装备;

⑥ 为飞机规划路线或对飞机必要的检查;

⑦ 最低摆渡里程;

⑧ 减少飞机在大面积恶劣天气下的活动。

航行技术部、巡航性能部和航行标准部负责的则是航务作业相关的业务。

其中APM(飞机性能分析)主要监控飞机性能衰退情况,纳入燃油消耗率、所需推力、燃油流量等数据,计算出飞机性能衰退指数,有利于实施飞行计划的精确用油和飞机性能衰退状态分析,以减少安全风险并增加飞行员信心。

航员管理部和航员训练部主要是针对飞行员的管理和训练。为了保障安全,长荣航空将必要的模拟机训练优先占用排班资源,普通飞行员升级到机长至少需要 3 000 小时,并且和起降架次不能相互替代,新机长在升级后至少经历 20 次起降后才可让副驾实施起降操作,但是新机长在起飞着陆标准上没有额外的增加。

24.3.3　运行系统简介

1. 航班动态监控系统

长荣的航班动态监控系统由四大部分组成,分别是 ADS-B 系统、Flight Trace System、Dynamic Display System 和 SSR 场站雷达。其中 ADS-B 系统由于具备秒级的更新频率,所以能够实现航班实时的跟踪,同时它可以实现对全球大多数机场的场站监控,由于 ADS-B 的建设成本低廉,于是它被作为一种监控手段而广泛推广。工作中可以通过 ADS-B 系统来观察场站的交通态势,为航班的运行做决策,或是通过观察之前航班的运行状况指导后续航班的运行。

2. 气象信息服务系统

长荣所使用的气象产品包括 WNIFOSTER、JETPLAN、LIDO 所提供的气象信息,以及以 AVIATION WEATHER CENTER 为代表的一系列第三方提供的产品。FOSTER 可以将气象信息与计划航路相结合,提供各种雷达回波图、卫星云图、METAR 和 TAF 报,还可查询不同时段的报文。JETPLAN 提供的气象信息更加细致,它所涵盖的高度层是连续的,当提供给飞行员的信息越准确飞行员可选择的飞行高度层越多、越优化。其次,生成一份计算机飞行计划后,气象信息中的一幅飞行剖面图中将不同高度层的风与飞行剖面相结合,并有高度能力限制、对流层顶和地形分布的显示。使飞行员可以一目了然地对本次飞行航路的天气有所印象。

3. 签派放行系统

长荣航空签派放行所使用的系统是由汉莎航空引进的 LIDO 系统,它包含很多强大的功能,主要可以归纳为以下三点:

(1) 完善的数据支持和强大的自动化处理能力。基于航班的精准告警和整合的运行控制系统,在数据支持方面,它包含了气象数据、导航数据、航行通告、其他基础数据和公司数据,这为签派放行提供了完整、强大的数据支持。

(2)在自动化处理方面,系统实现了自动选择备降场,自动计算最优路线及避开火山灰、台风区域,自动制作飞行计划等功能,极大地减少了签派放行的工作量。

(3)LIDO 系统还可以对每个航班的状态进行监控,比如说飞机的燃油燃烧情况,对于那些系统被认为处于不利状态的飞机,LODO 系统会向签派员发出告警,提醒签派员注意航班动态,预防可能发生的风险。LIDO 系统的使用极大提升了签派放行的效率和安全性,可以说它是签派员放行工作中的得力助手。

第 25 章

创新引领未来

　　创新是指以用现有的思维模式提出有别于常规或常人思路的见解为导向,利用现有的知识和物质,在特定的环境中,本着理想化需要或为满足社会需求,而改进或创造新的事物、方法、元素、路径、环境,并能获得一定有益效果的行为。它既是一个过程,也是一个结果。

　　创新是人类特有的认识能力和实践能力,是人类主观能动性的高级表现,是推动人类进步和社会发展的不竭动力。而当今世界呈现出经济全球化、区域经济一体化的局面,全世界的脉搏通过经济的脉络紧密地联系在一起,牵一发而动全身。全球化趋势对于航空运输企业来说既是一个机遇,也是一个挑战,如何把握世界经济的发展潮流,用世界的眼光审视企业自身发展的有利因素和不利条件,通过改革创新,推动企业自身发展,在优胜劣汰的市场竞争大潮中立于不败之地,这是一个重大的课题,也是一个重大的挑战。

　　面对新冠疫情的发生和秋冬季节在世界范围内的反复,世界航空运输业和旅游业受到了严重的冲击,欧洲航空安全组织 Eurocontrol 预测欧洲航空业的复苏可能要到 2029 年才能实现。中国的国内航班量虽然在 2020 年 11 月已经基本恢复到了疫情前的水平,但是未来航空公司的发展之路将何去何从,中小型航空公司的盈利模式和生存之道将如何维持,民航企业的招聘规模和人才储备将如何规划,都将是民航人和象牙塔里的准民航人关心、关切、关注的问题。

　　当前我国作为世界民航大国的地位已经牢固确立,民航战略产业作用不断增强,民航强国建设具备了坚实基础,但行业资源保障能力不足、发展不平衡不充分现象比较突出等矛盾和问题,严重制约了民航发展质量和效益的提升。

　　为高质量推进民航强国建设,必须充分发挥科技创新对民航发展的核心驱动作用,构建高水平航空服务体系,打造现代民航产业体系,为国家战略安全、经济发展、区域开发以及在国际交流中发挥不可替代的战略性支撑作用,积极应对民航发展面临的重大形势和困难,推进民航重点领域关键技术的重大突破,培育新产业、新业态和新模式。我国是具有较大市场空间和经济体量的民航大国,简单的技术引进和复制借鉴不足以支撑民航由"大"到"强"的转变,必须提升自主创新能力。

　　全球民航正面临着以云计算、大数据、物联网、人工智能和移动互联网为代表的新一轮技术革命带来的创新发展机遇,中国民航需要在民航智慧运行、智慧服务和智慧管理等领域积极布局,加快构建面向民航运行、服务和管理各主体的智慧化发展模式。近年来,国内"智慧民航"建设初显成效。"人脸识别"、无纸化乘机在全国推广;以机场为运行主体的 A-CDM(机场协同决策建设)和以空管为主体的 CDM(协同决策系统)技术迅速推广;

全国主要航路开始实施 PBN（基于性能导航）运行；ADS-B（广播式自动相关监视系统）空管运行进入全面实施阶段；HUD（平视显示器）技术全面开花……随着 5G、超高清等技术的不断发展，民航智能化升级步伐加快。为支撑未来中国民航的超大规模运行系统，民航发展必须以安全、容量和效率为核心，突破关键技术瓶颈。加快构建新一代民航运行体系，要突破复杂空域高密度运行、大型机场多跑道运行、区域多机场协同运行、流量管理和协同运行等关键技术，要以航班运行大数据为支撑，提升安全运行水平，最重要的，是要加快培养造就一支懂得民航运输业发展规律、掌握行业标准和国际规则，具有战略思维、市场开拓精神、管理创新能力的创新人才队伍。培养高质量的创新人才，是决定生产力发展水平的决定性环节，是当前和今后的一项重要任务，更是实现民航强国之梦的重要保障。

　　未来航空公司的竞争，除了机队建设、航线网络、盈利能力等方面，更多的也是最核心的部分将是人才的竞争。作为民航交通运输和交通管理专业的未来航空公司飞行运行控制中心的核心岗位人才，象牙塔里的大学生应坚定自己的信念，努力提升自己的综合能力和创新意识，与时俱进，以满足民航快速发展变化的岗位需求为核心，以民航强国建设为方向，以建设智慧民航、智慧空管、智慧机场为抓手，培养岗位胜任力，保持终身学习的能力，把自己磨炼成为未来民航发展需要的创新人才。

参 考 文 献

[1] 彭怀南、彭巍. 公共航空运输概论[M]. 中国民航出版社,2003.

[2] 任晓京. 浅谈如何破解航空公司 AOC 的"方圆"困境[J]. 民航管理,2011(7).

[3] 白若水. 创新人才是建设民航强国的基石[ED/OL]. 中国网,2013 年 7 月 2 日.

[4] 徐雪松. 关于现代企业创新的两点思考[J]. 辽宁行政学院学报,2009,11(12):78-79.

[5] 綦琦. 关于新时代我国中小机场高质量发展路径的创新思考[N]. 中国民航报,2018 年 8 月 30 日.

[6] 张瑞珠. 从安检工作实践看民航创新的系统性[N]. 中国民航报,2019 年 8 月 16 日.

[7] 赵宏梅、李洪刚、苏丹、陈静媛. 基于创新能力培养的"产品设计方向"课程群建设的研究[J]. 设计, 2016(5).

[8] 廖宏、钟辉登. 广西信息技术产业发展现状与展望[J]. 广西科学院学报,2017(1).

[9] 訾谦. 从民航大国向民航强国迈进[N]. 光明日报,2018 年 12 月 12 日 10 版.

[10] 肖磊. 工厂"无人化",新的岗位在哪[J]. 金融经济:上半月,2018(10).

[11] 李艳峰. 破译 AOC 密码:让航空公司成为会跳舞的大象[ED/OL]. 民航资源网,2017 年 9 月 13 日.

[12] 朱瑾亮. 我国开放第五航权应注意增加限制条件[J]. 民航管理,2004(000)003:12-13.

附录 A 航空公司两字部门代码

附录 B 航空公司代码

附录 C 在飞行动态电报中表示不正常原因的标准代码含义

附录 D 中国民用航空常用机场三字和四字地名代码

附录 E 定   义